dtv

Alexander Frater erfüllte sich einen Kindheitstraum, als er 1986 nach Indien reiste, um mit dem Monsun hinauf in den Himalaya zu ziehen. Während seiner sechswöchigen Reise mit dem Regen interviewte er Meteorologen und »Regenmacher«, beobachtete die Reaktionen der Bevölkerung und erlebte verheerende Überschwemmungen. Doch die Regenzeit selbst ist eine hocherotische Zeit: Wenn der Monsun kommt, mit schwarzen Wolken, Blitzen und dem langersehnten Regen, dann beginnt für Indien die Zeit der Feste, der Liebe und der Musik. Wildfremde Menschen tanzen im Regen miteinander, Regen-Ragas werden zitiert, jene klassischen Kompositionen, die den Monsun feierlich besingen. Alexander Frater hat ein außergewöhnlich schönes Reisebuch geschrieben, das weltweit mit den Bestsellern von Bruce Chatwin und Paul Theroux verglichen wird – denn Alexander Frater vermag es nicht nur, das Reisen als eine Form der Lebenskunst darzustellen, er vermittelt uns sonnenhungrigen Mitteleuropäern auch, welch erotische Lebensfreude der Regen in sich birgt. Atemberaubende Naturbeschreibungen und dichte Reportagen über Land, Leute und Klima machen dieses Buch zu einer kleinen Indienkunde, einer Monsun-Geschichte und einem handfesten »travel book« zugleich. »Das kongeniale Reisebuch« (Frankfurter Allgemeine Zeitung).

Alexander Frater, Sohn eines schottischen Arztes, wurde auf einer kleinen Insel im Süd-Pazifik geboren, ist Reisekorrespondent des ›Observer‹. Gelegentlich arbeitet er auch für andere renommierte Zeitungen und Zeitschriften, etwa für den ›New Yorker‹.

Alexander Frater

Regen-Raga

Eine Reise mit dem Monsun

Aus dem Englischen von
Bettina Runge

Klett-Cotta
Deutscher Taschenbuch Verlag

Ungekürzte Ausgabe
Juli 1997
Deutscher Taschenbuch Verlag GmbH & Co. KG, München

Titel der englischen Originalausgabe:
Chasing the Monsoon
Viking, London 1990

ISBN 3-608-93284-4
Umschlagkonzept: Balk & Brumshagen
Satz: Peter & Partner, Hochberg bei Würzburg
Druck und Bindung: C. H. Beck'sche Buchdruckerei, Nördlingen
Gedruckt auf säurefreiem, chlorfrei gebleichtem Papier
Printed in Germany · ISBN 3-423-20032-4

Für meine Mutter

Prolog

Das erste Geräusch, das ich vernahm, war das von Regen. Von tropischem Regen, der mit metallischer Wucht zu fallen scheint. Er setzte ein, als die Wehen bei meiner Mutter in dem kleinen Missionshospital im Südwestpazifik begannen. Er dauerte während der Entbindung und noch einige Zeit nach meiner Geburt an, trommelte auf das Wellblechdach und peitschte durch das dichte Laubwerk draußen.

Die Entbindung wurde von meinem Vater vorgenommen, dem einzigen Arzt im Umkreis von tausend Kilometern. Mehrmals die Woche wurde er über Funk zu Notfällen gerufen und mußte oft weite Strecken mit seinem Motorboot zurücklegen, um zu den entfernten Dörfern oder Siedlungen seiner Patienten zu gelangen. So hatte das Wetter für ihn mehr als nur nebensächliche Bedeutung. Mit Hilfe eines geeichten Pegels und eines quietschenden Windmeßgeräts, die er im Garten angebracht hatte, maß und registrierte er, hielt Niederschlagsmenge, Anzahl der Sonnenstunden, Windgeschwindigkeit und -richtung fest.

Als er viele Jahre später auf diese Aufzeichnungen zu sprechen kam, erklärte er mir, daß am Tag meiner Geburt innerhalb von nur sieben Stunden und zwölf Minuten dreiundfünfzig Millimeter Niederschlag fielen. Der Regen riß die Blüten von den Bäumen, trug die Ackerkrume davon; unsere kleine Insel war mit feuchten, süßriechenden Blüten bedeckt, die sie umgebende Lagune dunkel von Tonnen fortgespülten Erdreichs. Die See war ruhig gewesen, die Dünung leicht.

Natürlich habe ich keine bewußte Erinnerung an diese Ereignisse, doch ich denke, sie müssen Spuren hinterlassen haben. Fünf Jahre habe ich dort gelebt, bis die Angst vor einer drohenden japanischen Invasion meine Mutter veranlaßte, sich mit meiner Schwester und mir auf einem alten verrosteten Frachtdampfer nach Australien einzuschiffen. In diesem Zeitraum aber habe ich Tausende Stunden mit Regen und klimatischen Extremen durchlebt.

Tropische Tiefdruckzonen bewegten sich wie Züge kreuz und quer über uns hinweg, heftige Niederschläge, Stürme und hohen Wellengang hinter sich herziehend. Sie wurden stets freudig von mir erwartet. Die unvermeidlichen Blitz-und-Donner-Vorspiele waren berauschend, doch man hatte mich gelehrt, sie analytisch zu beobachten, die Sekunden zwischen Blitz und Donner zu zählen, um die Entfernung zum Gewitter zu errechnen (fünf Sekunden gleich eine Meile), die Richtung des Sturmes zu verfolgen, den schäumenden Ausbruch des Regens selbst vorherzubestimmen – tröstlicher, kühlender Regen, der das Haus mit den Gerüchen des triefenden Gartens erfüllte. War es atmosphärische Elektrizität, die geheimnisvolle Duftwogen von Jasmin durch die Zimmer trieb und noch lange, nachdem der Regen vorüber war, in manchen Winkeln zurückbehielt? Ich liebte dieses Gefühl von Einsamkeit, das er hervorrief, wenn sich die himmelhohen Vorhänge um die Insel legten und sie vom Rest der Welt abschirmten.

Neben meinem Bett hing ein Bild, das diese Stimmung aufs genauste einfing. Es war ein alter, geheimnisvoll kolorierter Stich, der eine Bergkette darstellte, deren steile grasbewachsene Hänge überflutet waren. Tempel auf den Kämmen ließen darauf schließen, daß es sich um eine orientalische Landschaft handelte. In kleinen Waldstücken weiter hinten waren Tiger und nackte Pygmäen mit Wurfspeeren zu erkennen; in einigen wichen die Tiger den Pygmäen aus, in anderen rannten die Pygmäen vor den Tigern davon. Das Bemerkenswerte an dem Bild aber waren Dichte und Schwere des Regens. Gewaltige Wassermengen strömten aus tieftreibenden Wolken und schossen in unzähligen schäumenden Sturzbächen die Hügel hinab. Klatschende Laken aus Wasser hingen wie riesige Segel in der Luft, andere jagten flatternd die Hänge hinab. Die sonderbare flaschengrüne Färbung schien anzudeuten, daß der Künstler (der Signatur nach L. Geo. Lopez) seine Landschaft auf den Grund eines Sees verlegt hatte.

Dieses Meisterwerk – ›Cherrapunji, Assam: der nasseste Fleck auf Erden‹, so lautete in schwungvollen Lettern sein Titel – war ein Hochzeitsgeschenk an meine Eltern gewesen. Seine Wirkung auf mich war so stark, daß ich später als Kriegsevakuierter in Australien Anfälle von Heimweh beschwichtigen konnte, indem ich es vor meinem geistigen Auge heraufbeschwor. In meiner Vorstellung besaß es einen dunklen ikonenhaften Glanz, der selbst die Düsterheit meines Internatsschlafsaals aufzuhellen vermochte.

Auch mein Vater liebte das Bild. Er bezeichnete es als eine Studie konvektiven Aufruhrs. Es war gleichzeitig eine Darstellung des indischen Monsuns, der eben dabei ist, die weltweit heftigsten Regenfälle hervorzubringen. Was L. Geo. Lopez hier dargestellt hatte, wohl ohne sich dessen bewußt zu sein, waren die übermäßigen Niederschläge, die entstehen, wenn der obere troposphärische Gürtel sich solch hohen Bergen nähert. »Das heißt natürlich, wenn er sich in schräger Neigung bewegt«, pflegte mein Vater zu sagen. Er kannte sich da aus. Der Stifter des Bildes war ein alter Freund aus Glasgow mit Namen Wapshot, der als Missionar in Cherrapunji arbeitete; ihre Korrespondenz war vor allem ein Austausch von Wetterberichten. Manche von Wapshots Regendaten ließen sogar meinen Vater verstummen. Achthundertneunzig Millimeter an einem einzigen Tag! Wasserdurchtränktes Erdreich machte Beerdigungen unmöglich, so daß die Leichen in Bottiche mit wildem Honig gelegt werden mußten, bis der Boden trocken genug war, um sie aufzunehmen. Der Honig schmeckte leicht nach Orangen und verlieh den Leichen – so Wapshot – ein schlüpfriges, aalglattes Äußeres, das ihren Transport erschwerte.

Mein Vater redete oft davon, nach Cherrapunji zu reisen. Er verglich es, meteorologisch betrachtet, mit einer der Stationen des Kreuzwegs und gab damit zum Ausdruck, daß ein Besuch mit seinen Meßgeräten während des Höhepunkts der Regenzeit einer Pilgerreise gleichkäme.

Zwei- oder dreimal im Jahr kamen auch wir in den Genuß einer bravourösen klimatischen Darbietung. Hurrikane kündigten sich gewöhnlich durch einen roten Mond, eine purpurfarbene Dämmerung und einen ölig grünen Morgenhimmel an. Die Sonne, wenn überhaupt sichtbar, war von einem Hof umgeben, dessen offene Seite andeutete, aus welcher Richtung der Wind zu erwarten war. Das Barometer sank so schnell, als wollte es von der Wand fallen. Das Meer wurde glasig, und eine sonderbare Stille setzte ein. Aus den Dorfkaminen stieg der Rauch in strukturierten, architektonischen Gebilden auf, formte Säulen und Stützpfeiler, die ein gewölbtes Dach aus schwerer schwarzer Wolkenmasse trugen. Von den benachbarten Inseln konnte man deutlich Hundegebell und Säuglingsgeschrei vernehmen. Kleine Boote brachten sich eilig in Sicherheit. Sturmfensterläden wurden angebracht.

Mein Vater holte die Hurrikanflaggen hervor, die gewöhnlich von einer Fahnenstange auf dem Anlegeplatz des Hospitals flatterten – weiß für ›später‹ (in zwölf Stunden), gelb für ›bald‹ (sechs Stunden), schwarz für ›unmittelbar bevorstehend‹. Sie waren aus bestem reinwollenen, doppeltgewebtem Fahnentuch, um auch den extremsten Bedingungen standzuhalten, und es war meine Aufgabe, sie rauf- und runterzuziehen. Das Hissen der schwarzen Flagge wurde von den Bewohnern der tiefer gelegenen Inselregionen zur Kenntnis genommen, die später auf Kokospalmen klettern, die Palmwedel abhacken und sich festbinden mußten. Stromlinienförmige Bäume behinderten den Wind nicht; Riesenwellen würden ungefährlich unter ihnen branden.

Einmal nur erlebten wir das gefürchtete Auge des Hurrikans, das mit der Präzision eines ferngelenkten Flugzeugs über uns hinwegzog. Bevor der Windmesser wie ein junger Baum umknickte, registrierte er hundertdreißig Knoten, was der doppelten Stärke des Maximums auf der Beaufort-Skala entspricht. In haushohen Wellen flutete das Meer über die Insel hinweg, und der Wind war so ohrenbetäubend laut, daß wir uns die Worte von den Lippen ablesen mußten. Er hämmerte wie mit Fäusten gegen das Haus, so daß es bebte und knarrte. Bei den heftigsten Schlägen glaubten wir, auf einem aus der Kontrolle geratenen Schiff zu sein; das ganze Gebäude wurde von kleinen ruckartigen Stößen erschüttert, und die Kiefernbalken des Dachs bogen und krümmten sich. Unsere Sorge um das Dach steigerte sich noch, als wir feststellten, daß andere Häuser das ihre bereits eingebüßt hatten. Wir sahen fünfzig Quadratmeter hellblaues Wellblech, das eben noch Mr. Tallboys, dem Leiter des Bauamts, gehört hatte, am Ende unseres Gartens vorüberfliegen, bevor es eine steile Kehrtwende machte und in südlicher Richtung nach Australien entschwebte.

Und trotz allem nahm ich in den Augen meines Vaters ein seltsames Leuchten wahr. Besorgt war er wohl, doch auch freudig erregt. Dasselbe galt für mich. Für einen wahren Wetternarren war dies ein überwältigendes Ereignis, eine erstklassige Darbietung, gleichsam auf Logenplätzen erlebt.

Eines Abends in der Regenzeit des Jahres 1941 betrat mein Vater die Küche und teilte uns mit, daß die Japaner Pearl Harbour bombardiert hätten. Es war ein Tag mit mäßigem Südwind und teilbewölktem Himmel (Altokumulus), und mein Vater war blaß und verstört, wie ich ihn noch nie gesehen hatte. Zornig war er auch, sein schottischer Akzent war plötzlich sehr ausgeprägt. Er wußte, daß dies das Ende unseres Lebens auf der Insel bedeutete, obwohl ich das zunächst nicht erkannte. Fast augenblicklich gingen Gerüchte um – ein Pflanzer auf Malekula sah die Kaiserliche Kriegsflotte im Dämmerlicht vorübergleiten; ein in Jokohama registrierter Frachter hatte in Santo Hunderte von Fahrrädern ausgeladen, die für die Ankunft von Tojos Infanterie bestimmt waren, ein ortsansässiger Japaner, Besitzer einer ertragreichen Pfefferplantage auf Efate, empfing mit seinem Kristalldetektor verschlüsselte Invasionsanweisungen.

Mein Vater überwachte die Aushebung eines Grabens in einem Süßkartoffelbeet hinter seinem Haus. Er bezeichnete ihn als Luftschutz-Unterstand, doch in kurzer Zeit war dieser nicht mehr von den zahlreichen Tümpeln zu unterscheiden. Purpurroter Lotus schlug Wurzeln und blühte. Frösche siedelten sich an, selbst eine Art von Wassermolchen, die, wie mir unser Gärtner erklärte, mit einem kürzlich erfolgten Regenguß heruntergekommen seien. Die verdunstende Kraft der südpazifischen Sonne schien zu bewirken, daß sie, einer riesigen Pumpe gleich, Leben, schlängelndes Getier, direkt aus dem Meer aufzusaugen vermochte.

Eines Nachts schließlich vernahmen wir Fluglärm in der Luft. Wir sprangen aus unseren Betten und krochen in den Unterstand. Viel zu aufgeregt, um Unbehagen zu empfinden, starrte ich hinauf, während die Teichfauna ringsum friedlich quakte und planschte.

»Es ist nur eins«, sagte mein Vater nach einer Weile.

Er wußte, wovon er sprach, hatte er doch in Übersee Flugzeuge gesehen; hier draußen waren sie unbekannt, und dies war meine erste Begegnung mit einem, doch zu meinem Unglück war der Himmel dunkel und mondlos. Auch Sterne waren nicht zu sehen. Normalerweise warfen sie ein Licht von solcher Leuchtkraft, daß man fast eine Nadel dabei einfädeln konnte, doch heute nacht war alles von hohen Zirruswolken verdunkelt.

»Sicher ein Aufklärer«, meinte mein Vater. »Er scheint zu kreisen.«

Vom Grundstück des Residency, dem Amtssitz des Generalgouverneurs, etwa dreihundert Meter entfernt, schoß plötzlich ein phantastischer Lichtstrahl in den Himmel mit einer Zielsicherheit, als wollte er die Atmosphäre durchschneiden und nach vorbeifliegenden Asteroiden absuchen.

»Dickie hat seinen Suchscheinwerfer angemacht«, sagte meine Mutter überrascht.

Der Scheinwerferkegel schwankte hin und her, während Dickie mit der Mechanik kämpfte, dann aber begann er ganz ruhig den Himmel abzutasten, und mit einemmal sahen wir das Flugzeug – einen kleinen Silberflimmer hoch über uns. Zwei gewaltige Detonationen dröhnten vom Residency herüber. Dickie war Großwildjäger in Afrika gewesen und gab jetzt zwei Schüsse mit seiner Elefantenflinte auf den Eindringling ab. Er verfehlte sein Ziel. Wir hörten den Japaner in nördlicher Richtung zu seinem Flugzeugträger davonfliegen. Der Scheinwerferstrahl schwankte und erlosch.

Das war's dann. Die Gerüchte nahmen nun die Dringlichkeit und Autorität von gesicherten Geheimdienstinformationen an, und drei Wochen später verfrachtete uns mein Vater auf diesen von Ungeziefer verseuchten, verrosteten Dampfer, der uns nach Australien brachte. Zu unserem Abschied versammelte sich eine große Menschenmenge. Obwohl Briten und Franzosen die Neuen Hebriden ein halbes Jahrhundert gemeinsam verwalteten, hatten es weder die einen noch die anderen fertiggebracht, eine Schule zu bauen. Als meine Mutter auf die Insel kam, nahm sie das Problem selbst in die Hand. Sie ließ einen strohgedeckten Pavillon errichten und schickte die Schüler in die Wälder, um Holz für die Schulbänke zu schlagen. Über hundert von ihnen kamen an diesem frühen Morgen zum Landesteg, die einzigen Eingeborenen der Insel, die lesen und schreiben konnten, und sie verabschiedeten uns mit ihren Inselliedern. Unter ihnen war unser alter Gärtner Moses, der mir eingeredet hatte, ich sei die Reinkarnation eines bekannten Regengottes. Diese Kenntnis, die auf Befragungen von Hühnereingeweiden und einem seltsamen krebsförmigen Muttermal auf meinem Rücken basierte, war so verlockend, daß ich sie als brauchbare Berufsaussicht nie in Frage stellte. (Das blieb einem ungläubigen Religionslehrer in der Melbourner Schule überlassen.) Der Abschied von Moses tat weh.

Auf unserer Überfahrt nach Australien durchquerten wir eine gewaltige Tiefdruckzone mit Windgeschwindigkeiten von fünfzig Knoten und tobenden, schaumbedeckten Wellen und Gischt, der die Luft fast undurchsichtig machte. Obwohl ich mich hundeelend fühlte, machte ich Aufzeichnungen über Wetterlage und Barometerstand, so daß ich meinem Vater einen wirklich interessanten Brief schicken konnte.

Melbourne lieferte ein völlig neues Klimaphänomen – den Winter. Obwohl die Winter hier in Wahrheit recht mild waren (ein lokaler Radiosender verursachte ein regelrechtes Chaos, als er zum Spaß berichtete, auf der Collins Street sei Schnee gefallen), war mir das Gefühl von Kälte fremd und unangenehm. Noch nie hatte ich vor Kälte gezittert. Auch hatte ich niemals unter Decken geschlafen; ihr Gewicht ließ mich träumen, ich läge im Grab unter Tonnen von Erde.

Ich sah Blitze ohne Donner, gefolgt nur von unendlicher Stille, von Hunderten umsonst gezählter Sekunden, während der Himmel stumm blieb.

Der Regen war kalt, oft dünn, stets unangenehm. Für einen Schulkameraden aus den Dürrezonen des Landesinneren dagegen war er eine Errungenschaft; dort, wo er herkam, gab es manchmal jahrelang überhaupt keinen Regen, und die Hitze war so groß, daß ein Streichholz, das auf die Erde fiel, sich entzünden konnte. Er liebte diesen südlichen Winter, der ihn mit Wohlbehagen und Kraft erfüllte. Das war gewiß auch bei mir der Fall, sorgte aber anfangs hauptsächlich dafür, daß mein Heimweh noch wuchs. Als ich mich bei meinem Vater über die Kälte beklagte, machte er sich in seinem Antwortschreiben über mich lustig, erkundigte sich nach meinen Schlittenhunden und fragte, wie mir Pemmikan schmecke. In Melbourne, so wurde ich dann belehrt, herrschten die gleichen gemäßigten Temperaturen wie im portugiesischen Porto, das berühmt sei für seine guten Weine und sein mildes Klima; so schlimm sei ich also nicht dran.

Er berichtete mir auch das Neueste von der Insel, die nicht

von den Japanern, sondern von den Amerikanern besetzt sei. Die seien zuerst gekommen und hielten die Japaner in sicherem Abstand auf den Salomoninseln fest. Ein gewaltiger Stützpunkt der US-Marine befände sich jetzt auf der Insel Efate, nur wenige hundert Meter von seinem Hospital entfernt, und er käme jetzt in den Genuß von Brathähnchen, frischgemahlenem Kaffee und Riesensteaks, so zart, daß man sie fast mit der Gabel schneiden konnte. In seinen Briefen schwang Erstaunen mit; wenn er von seinem Schreibtisch aufblicke, sehe er Kriegsschiffe in den Hafen ein- und ausfahren, Jagdbomber umherschwirren, Catalina-Flugboote schäumendes Kielwasser hinter sich herziehen, und das nur einen Steinwurf von seinem Fenster entfernt. Aber auch von anderen Dingen schrieb er: von Sonnenschein und Niederschlägen, von einem heimtückischen Abendwind, der merkwürdigerweise von Süden her wehe, von Wasserhosen vor der Küste von Tanna, von vermehrter Phosphoreszenz in unserer Lagune und von einem interessanten Regenbogen mit einem eindrucksvollen Zweitbogen in umgekehrter Farbfolge, der neun Grad außerhalb des Hauptbogens stand.

All dies aber wurde eher beiläufig erzählt, was außergewöhnlich für ihn war. Er schien sein Interesse an Wetterangelegenheiten zu verlieren. Ich las mehr Begeisterung über seinen ersten Pfefferminz-Julip zwischen den Zeilen als über den Hurrikan – eine australische Zeitung berichtete davon –, dessen westlicher Scheitelpunkt unsere Insel gestreift hatte, und so vermutete ich, daß ihm die Amerikaner wichtiger geworden waren. Ich wurde regelrecht eifersüchtig, wenn ich mir vorstellte, wie sie ständig mit Delikatessen, mit Drinks und mit Büchern aufkreuzten, ihm Witze erzählten und ihn zu Filmen und Shows einluden. Er sah die Andrews Sisters *live* und bekam beim Thanksgiving-Essen Truthahn serviert. Truthahn! Im Südpazifik! Und als er sie vor einem gefährlichen, nicht verzeichneten Riff warnte, das er auf einer seiner frühen Motorbootfahrten ausgemacht hatte, änderten sie die Seekarte und vermerkten seinen Namen direkt über dem

Riff. Er wurde registriert und amtlich. Sie ließen ihn sogar auf der offiziellen Karte eintragen.

Für einen schüchternen, in Armut aufgewachsenen jungen Schotten, der nach den Idealen von Dienst und Opfer erzogen worden war und den man gelehrt hatte, wenig Lohn und Dank in diesem Leben zu erwarten (die bekam man im nächsten), mußten die Amerikaner überwältigend erschienen sein. So machte ich sie für seinen Wandel verantwortlich, doch heute weiß ich, daß er nur deshalb so leichthin und unterhaltsam schrieb, weil er in Wirklichkeit einen schrecklichen Krieg durchlebte. Der war alles andere als glorreich. Er war nicht direkt daran beteiligt, sondern schlug sich mit den Krisen zu Hause herum. Eine Masernepidemie raffte zahllose Einheimischenkinder dahin, die ohne natürliche Abwehrstoffe wie die Fliegen starben. Auf einer Insel nach der anderen diagnostizierte er Ausschlag und die verräterischen Koplik-Flecken auf den Wangenschleimhäuten. Sein Boot war angefüllt mit borhaltigen Lotionen für ihre Augen und Bismut und Opium für ihren Darm, mit Sulphonamiden und Epsom-Salz für den Fall, daß eine Lungenentzündung folgte. Und gewöhnlich stellte die sich dann auch ein.

Antibiotika gab es nicht. Sulphonamide waren seine Wundermittel, die, nach heutigen Begriffen, nicht gerade Wunder wirken; viel Hoffnung ging mit dem Serum durch die Nadel. Das Sensationellste am Auftauchen des Penicillin war, daß es die Amerikaner kistenweise auf der Veranda meines Vaters stapelten. In einem Brief, den die Zensur so beschnitten hatte, daß er wie Origamipapier aussah, berichtete mein Vater, daß Penicillin bei Lungenentzündung, Meningitis und Geschwüren, nicht aber bei Malaria wirksam sei. Man müsse alle drei Stunden zehntausend Oxford-Einheiten injizieren, und es verderbe schließlich, wie Fisch, selbst wenn man es in Kühlboxen aufbewahrte.

Auf die Masern folgte eine Grippeepidemie und darauf wieder die Masern. Später sagte er mir, daß die einheimische Bevölkerung im Begriff schien, gänzlich auszusterben. Ein Albtraum alttestamentarischen Ausmaßes, der sich weiter wiederhole.

Und während dieser Zeit kamen auch noch die Verletzten aus den Kämpfen um die Salomoninseln ins Missionshospital. Die Amerikaner, deren eigene Hospitäler hoffnungslos überfüllt waren, schickten ihm Medikamente, Instrumente und kistenweise Bourbon. Eines Morgens klagte Moses, unser Gärtner, über Fieber und seltsame Beulen an den Ohren. Mein Vater diagnostizierte Lepra und gab ihm eine Moogrol-Spritze; aber es stellten sich grippeähnliche Komplikationen ein, und er starb nach wenigen Wochen. Kurz darauf zog ein abgeschossener japanischer Aufklärungspilot, der mit Verbrennungen eingeliefert worden war, den Sicherungsstift einer versteckten Handgranate, als sich die Oberschwester, eine ziemlich verrückte Australierin namens Molly – sie hatte meiner Geburt beigewohnt –, eben über ihn beugte. Mein Vater hatte Sekunden zuvor den Raum verlassen, um sich für eine Kataraktoperation die Hände zu desinfizieren.

Ich hatte mich inzwischen unten in Melbourne akklimatisiert und begann, an jahreszeitlich bedingten Ereignissen wie Lagerfeuern und Waffelessen Gefallen zu finden. Mein Physiklehrer, ein Portugiese, bestätigte mir, daß das Klima von Porto dem von Melbourne entspreche und in ganz Europa als gemäßigt und angenehm gelte. Niemand in der Schule teilte mein meteorologisches Interesse, und so gab ich es allmählich auf und wandte meine Aufmerksamkeit anderen Dingen zu.

Nach der Kapitulation traf mein Vater krank und geschwächt in Australien ein und bedurfte einer langen Erholungspause. Er war außerdem völlig pleite und nahm sofort einen besserbezahlten Posten als Leiter der Medizinischen Schule der Fidschi-Inseln an, einer Einrichtung, die Insulanern eine Vierjahres-Ausbildung in den Grundkenntnissen der Chirurgie, der Geburtshilfe, der Allgemein- und Tropenmedizin ermöglichte. Aus praktischen Überlegungen drängte ich ihn, Meteorologie hinzuzufügen; eines Tages würden seine Studenten selbst Motorbootsfahrten zu entfernten Inseln machen müssen. Seine belustigte Antwort bestätigte mir, daß von seiner einstigen Leidenschaft nichts geblieben war. Die Abgeschiedenheit der Neuen Hebriden hatte Unabhängigkeit von fremder Hilfe hervorgebracht; das Klima, launisch und unversöhnlich, hatte ihn gleichsam zu einem zwanghaften Spieler gemacht, der stets auf der Hut sein mußte, um seinem unbeständigen Gegner zuvorzukommen. Doch hier in Suva, der geschäftigen Inselhauptstadt der Fidschis, gab es Regierungsexperten mit raffinierten Instrumenten, die das für ihn besorgten. Ihre Prognosen wurden täglich im Radio verkündet, doch er hörte nur mit halbem Ohr zu. Seine dramatischen Bootsfahrten lagen weit zurück, und das einzige, was er wissen mußte, war, ob er einen Regenschirm zur Arbeit mitnehmen sollte oder nicht.

Von einer Reise nach Cherrapunji, dem nassesten Fleck auf Erden, war nicht mehr die Rede. Wapshot war – nicht weit entfernt, in Kohima – im Kampf gegen die Japaner gefallen, in einer erbitterten Schlacht während des Höhepunkts des Monsuns. Er wurde auf dem Grastennisplatz der Villa des früheren Britischen Hochkommissars beerdigt, und ich fragte mich bisweilen, ob man auch ihn mit Honig einbalsamiert hatte.

Die Engländer verliehen meinem Vater eine Medaille, die ich, zusammen mit seinem alten Smart & Mason Barometer, erbte. Die Medaille in dem kleinen Lederkästchen mit der Aufschrift ›MBE Civil‹ besteht aus einem silbernen Malteserkreuz mit einer Krone darüber und ist an einem hummer-, jetzt zu korallrot verblichenen Band befestigt. Ein beigefügtes Papier besagt, daß es sich um ein Abzeichen Fünfter Klasse des Höchsten Ordens des Britischen Weltreiches handelt; ich frage mich manchmal, welcher Art die Kriterien in solchen Angelegenheiten sind und warum das Komitee, das über die Auszeichnungen zu entscheiden hatte, ihm nicht den Orden Vierter Klasse verliehen hat. Auf dem begleitenden Papier bat man auch, daß nach dem Tod des Besitzers dieses Ordens überlebende Angehörige die Zentrale Kanzlei der Ritterorden im St. James's Palace, unter Angabe des Sterbedatums, benachrichtigen sollten.

Und das tat ich dann ordnungsgemäß, als seine Zeit gekommen war.

Kapitel eins

Im Herbst 1986 führte mich eine seltsame Kette von Ereignissen über eine Wüstenoase im chinesischen Turkestan und ein berühmtes Londoner Lehrkrankenhaus anstelle meines Vaters nach Cherrapunji.

Ich war auf dem Landweg von Pakistan ins westchinesische Kaschgar gereist. Die dreitägige Fahrt begann auf dem neueröffneten Karakorum Highway, einer siebenhundertfünfzig Kilometer langen Paßstraße, die auf der alten Seidenstraße zur chinesischen Grenze hin verlief. Sie führte uns durch das geheimnisvolle, zauberhafte Hunzatal, wo Felder reifenden Buchweizens im Abendlicht rosig schimmerten und leuchtende Seidenbanner zwischen Walnußbäumen flatterten, vorbei am Rakaposhi, einem der schönsten Berge der Welt; flankiert von zahlreichen weniger hohen Bergen, glich er einem alternden Varietéstar, der mit seinen Revuegirls auftrat. Wir hielten an, um Aprikosen in der Nähe einer Rubinmine zu pflücken, die nur bei Bedarf ausgebeutet wurde, und einer mittelalterlichen Festung, in der Reisende auf der Seidenstraße ihr Wegegeld zu entrichten hatten. Versäumten sie es, so mußten sie mit Kugeln aus den Schießscharten der Weinkellerei rechnen.

Die Reise auf dem mit Schlaglöchern übersäten KKH wurde in Formel-Eins-Geschwindigkeit zurückgelegt, wobei der Fahrer nur durch geschickte Ausweichmanöver dem Steinschlag zu entgehen vermochte. Pakistan kann sich die technischen Mittel nicht leisten, um senkrechte Felsabhänge zu stabilisieren, dafür aber scheint es eine Schwemme an Schildermalern zu geben, denn wir wurden allerorts mit deutlichen Hinweisen vor den Gefahren von oben gewarnt. Wir überquerten den eisigen Khunjerab-Paß und fuhren in viertausend Meter Höhe über das eisbedeckte, staubige Dach Chinas, die Kunlun-Kette auf einer Seite, die Pamir-Berge auf der anderen, das Karakorum majestätisch vor uns aufgetürmt – Landschaften, die so gewaltig sind, daß das menschliche Auge außerstande scheint, sich ihnen anzupassen; die meinem Gehirn zugesandten überwältigenden Botschaften mußten zur Nachprüfung immer wieder zurückgeschickt werden.

Die Straße besaß eine steinige, gewellte Oberfläche, auf der unser Fahrer das Tempo beschleunigte, um es nur zur Durchquerung von Flußbetten zu verlangsamen, nicht aber bei den langen Umwegen über bucklige Yakweiden. Auf dem Weg hinab zur Wüste Takla Makan ging es durch trostlose Geröllfelder, von Erdbeben und Dynamit verheert. Hier war die Straße noch im Bau, freilich ganz und gar willkürlich, als würden mehrere sich widersprechende Pläne gleichzeitig ausprobiert. Rivalisierende Bulldozer wühlten Abschnitte auf, die andere eben erst planiert hatten; Horden wild wütender Erdarbeiter (»Alles Sträflinge«, knurrte der Fahrer) luden Felsbrocken an Stellen ab, die von gegnerischen Horden eben erst freigeräumt worden waren. Statt Ordnung in die Gegend zu bringen, vergrößerten sie das urzeitliche Chaos nur noch und füllten die Luft mit Staub, Gefahr und verstecktem Groll.

Wir schlichen hinter Bulldozern her, die Felsbrocken und umgekippte Lastwagen in nordwestlicher Richtung, in unserer also, vor sich her schoben, und wichen Lastwagen aus, die spaßeshalber versuchten, uns in das Flußbett unter uns zu drängen. Unser eigener Fahrer, der ihre Spielchen kannte und meisterhaft seinen Allradantrieb zu nutzen wußte, brachte uns jedesmal aus der Gefahrenzone und lenkte den Wagen, dessen Unterseite wie eine Glocke schepperte, über den schrundigen Basalt.

Die restliche Strecke, eine wilde Berg- und Talbahn durch

die Takla Makan, legten wir mit hundertdreißig Stundenkilometern zurück. In Kaschgar aßen wir, staubbedeckt und mit schmerzenden Gliedern, Melonen, die nur Pfennige kosteten und in solchen Mengen vorhanden waren, daß die Luft von ihrem Geruch erfüllt war.

Dann, nach mehreren Tagen in Kaschgar, machten wir kehrt und fuhren dieselbe Strecke in umgekehrter Richtung zurück.

Als ich eine Woche wieder in London war, mußte ich morgens feststellen, daß ich kein Gefühl mehr in den Füßen hatte. Die Empfindung war merkwürdig, beunruhigte mich aber anfangs nicht. Zu enge Schuhe, dachte ich, oder eine ungünstige Schlafstellung. Am nächsten Tag hatte das taube Gefühl bereits die Knie erreicht, am übernächsten die Taille. Inzwischen war ich in Sorge, aber noch nicht in Panik. Vielleicht war es eine Entzündung, ein Virus, irgendwo auf der Reise eingefangen, vielleicht sogar etwas Psychosomatisches, und ich sträubte mich weiter gegen die Vorstellung, es könne etwas Ernsthaftes sein. Wenn man genug Phantasie besitzt, kann man solchen Widerstand zu einer Kunstform erheben.

Meine Zuversicht wurde erschüttert, als das taube Gefühl den Brustkorb erreicht hatte und auf meine Hände überging, die kribbelten, als hätte man Aderpressen an meine Handgelenke gelegt. Panik stellte sich dann im späteren Verlauf dieses Tages ein, als es mir plötzlich dämmerte, daß ich erste Symptome von Multipler Sklerose aufwies.

Mein Arzt gab sich betont routiniert, was darauf schließen ließ, daß es nicht viel zu lachen geben würde. Schließlich meinte er: »Ich fürchte, es ist etwas Ernstes.«

»Wie ernst? Was habe ich?«

»Das weiß ich nicht.«

»Ist es MS?«

»Ich bin mir nicht sicher. Dafür sind Sie eigentlich zu alt. Nach vierzig bekommt man sie selten.«

»Was könnte es sonst sein?«

»Alles mögliche. Sie sollten einen Spezialisten aufsuchen. Wenn wir Glück haben, können wir Sie an John Morgan-Hughes überweisen.«

Er griff zum Telefon und rief im National Hospital für Neurologie am Queen Square an. Der diensthabende Arzt in der Aufnahme hörte zu und stellte dann eine Frage, die mir übermittelt wurde.

Wie sei's denn bei mir mit einer Erektion...

»Er ist Australier«, murmelte mein Arzt.

Das gab der Frage vermutlich einen eher beiläufigen Charakter, und ich versuchte, in diesem Sinne zu antworten. Der Aufnahmearzt sagte, ich solle mich am folgenden Morgen um neun Uhr einfinden: John Morgan-Hughes selbst würde mich untersuchen, ein Bett stände bereit für mich.

Beim Abschied meinte mein Arzt, das National sei wohl das beste auf diesem Sektor, gewissermaßen das Flaggschiff der Neurologie. Was ich vorfand, war ein baufälliger Block aus der Jahrhundertwende an einem kleinen Platz mit enormen Parkproblemen. Drinnen herrschte der übliche Anstaltsgeruch nach Bohnerwachs und Küche, und der Aufzug, den man mir wies, funktionierte nicht. Ich wandte mich hilfesuchend an einen Bauarbeiter, der mißmutig auf einer hohen Leiter an den viktorianischen Installationen der Flurdecke hantierte. »Keine Ahnung, mein Sohn«, antwortete er geistesabwesend. Während ich weiter durch Korridore irrte, kam ich in eine Abteilung mit ambulanten MS-Patienten, die zuckend und zitternd in ihren Rollstühlen saßen.

Im Untersuchungszimmer betrachtete mich ein junger Neurologe eine Weile aus einiger Entfernung, ehe er näher kam und mich aufforderte, meine Kleider abzulegen. Für Neurologen sind erste Eindrücke von Bedeutung: Gibt es neben Symptomen physischer Behinderung noch subtilere Anzeichen? Ist der Patient zum Beispiel reizbar, argwöhnisch, feindselig, depressiv oder zerstreut? Ich jedenfalls war all das, und Angst hatte ich obendrein. Der Arzt stand neben meinem Bett und stellte mir Fragen, während er nachdenklich mit Wattebäuschchen über meine Glieder strich oder sie leicht mit Nadeln kratzte. Und nachdem er eine schwingende Stimmgabel an meinen Fuß gehalten und gefragt hatte: »Spüren Sie das?« erzählte er mir, daß die Arbeit eines Neurologen anstrengender sei als die eines Fußballspielers in der Ersten Liga. »Vielleicht gebe ich's auf, um zum Blut überzuwechseln.« Er machte sich Notizen. »Hämatologie, verstehn Sie? Ist bei weitem nicht so elitär, doch man schont seine Ellenbogen. Hämatologen haben Zeit für ihre Ehefrauen und denken rechtzeitig an die Geburtstage ihrer Kinder.«

»Was fehlt mir?« wollte ich wissen.

»Wenn wir's rausgefunden haben, erfahren Sie's sofort«, versprach er.

Ich wurde auch von einem jungen Amerikaner untersucht. Er kam aus Dallas, Texas, und sagte mir, diese Klinik sei das Mekka der Neurologen. Und während er einen gespitzten Bleistift über die Quadranten meines Unterleibs führte, um die Reflexe zu prüfen, fügte er hinzu: »Die Gläubigen kommen aus einem Dutzend Länder hierher gepilgert. Vielleicht sogar mehr. Der nächste, der Sie untersuchen wird, ist übrigens ein Türke.«

»Habe ich Multiple Sklerose?« fragte ich.

»Na, hören Sie mal, wo haben Sie denn dieses schlimme Wort aufgeschnappt?« rief er, indem er mit seinem Stift energisch über meine Fußsohlen fuhr.

Der Türke war nett, aber grober mit seinen Nadeln. Er ließ mich auf einem Bein stehen und meine Nase mit bestimmten Fingern berühren. Dann setzte er sich auf mein Bett und machte sich in Türkisch Notizen.

»Werde ich die Nacht überleben?« fragte ich.

»Ja«, erfuhr ich, »wenn Allah es will, kein Problem.«

Eine hübsche chinesische Neurologin aus Hongkong sah das Buch, das ich gerade las, und äußerte Grundsätzliches über das Werk des Autors, Bruce Chatwin. Dann bat mich ein dänischer Neurologe, meine Finger zu biegen, und sagte: »Ein Glas können Sie wohl noch halten! Ich verordne Ihnen zwei

Bier im Pub gleich gegenüber!« Ein junger Brite untersuchte mich lächelnd, behielt aber seine Meinung für sich und ordnete eine Reihe von Tests an. Schließlich erschien der Chefarzt an der Spitze einer Gruppe ernst dreinblickender Nachwuchsneurologen. John Morgan-Hughes, robust, elegant gekleidet, Kompetenz und Vertrauen ausstrahlend, wünschte mir einen guten Abend und schlug dann mit einem kleinen Hammer gegen mein Knie. »Ich habe mit Ihrem praktischen Arzt gesprochen. Er hat mir erzählt, daß Sie im Jeep durch Westchina gereist sind.«

»Ja, stimmt.«

»Wie waren die Straßen?«

»Entsetzlich.«

»Wie entsetzlich?«

Ich gab ihm eine kurze Beschreibung, und er nickte.

»Könnte das von Belang sein?« fragte ich.

»Durchaus möglich, aber zunächst müssen wir ein paar andere Ursachen ausklammern.« Er lächelte, drückte meine Hand und trat ans Bett des nächsten Patienten, um auf dessen Knie zu hämmern.

An diesem Abend gingen alle aus meiner Abteilung gemeinsam ins Pub. Wir spendierten uns gegenseitig Drinks und sprachen über Symptome und Behandlungsmethoden. Ein braungebrannter junger Börsenmakler erzählte ganz ruhig von einem Gehirntumor, der ihm in zwei Tagen entfernt werden sollte. Zwei Männer mit MS unterhielten sich angeregt über einen neuen Rollstuhl, der so stabil sei, daß man drei Leute hineinsetzen und mit Höchstgeschwindigkeit Hänge herunterfahren könne. Ein junger Schwarzer sagte, was er im National am meisten hasse, seien die Nadeln. »Ich hab Albträume davon. Haben Sie schon das Myelogramm hinter sich? Im Rücken? Die jagen einem *Nägel* rein, Mann!« Als das Pub geschlossen wurde, wankten wir alle in unsere Station zurück, wo wir von zwei lächelnden philippinischen Nachtschwestern Kakao bekamen und ins Bett gebracht wurden.

Am nächsten Morgen begannen die Tests. Sie erstreckten sich über zehn Tage, mit Nadeln in allen Größen – von den Elektroden in meinen Händen bis hin zu dem schwertähnlichen Stift bei dem Myelogramm. Als der Radiologe ihn zwischen meinen dritten und vierten Rückenwirbel stieß, sagte ich mit zusammengebissenen Zähnen, daß ich jetzt wisse, wie es sei, einen Dolch in den Rücken zu kriegen. »Ach, wirklich?« lautete sein Kommentar. Er entnahm eine Spritze voll gin-klarer zerebrospinaler Flüssigkeit, ersetzte sie durch ein röntgendichtes Kontrastmittel und überwachte sein tropfenweises intraspinales Vordringen auf dem Röntgenschirm, wobei er mit seinem Assistenten über die Abfahrtzeiten der Züge nach Yorkshire stritt.

Nach dem Myelogramm fühlt man sich eine Woche lang hundeelend. Einen Großteil der Zeit verbrachte ich in verschiedenen Scannern. Sie klickten, summten, bewegten sich, während sie die Tiefen meines Nackens ergründeten; einer, ein Zwei-Millionen-Pfund-Sterling-Monster mit nuklearmagnetischer Bildtechnik, war so präzise, daß er ein verschlucktes Pennystück anpeilen und es, wenn der Arzt es wünschte, wie eine Vergrößerung des Ohrrings am rechten Ohr der Queen erscheinen lassen konnte.

Die Ergebnisse wurden von mehreren Koryphäen auf dem Gebiet gelesen und ausgewertet. Sie arbeiteten gewissenhaft, klammerten zunächst die Krankheiten aus, die ich auf jeden Fall nicht hatte – Multiple Sklerose war dabei –, und konzentrierten ihr Interesse dann auf einen seltenen, angeborenen Defekt im oberen Bereich des Rückgrats. Sie nannten ihn eine Arnold-Chiari-Mißbildung und meinten, es gebe vielleicht tatsächlich einen Zusammenhang mit der Straße nach Kaschgar. Dann wurde diese Theorie wieder verworfen. Einer der Scanner hatte einen kleinen Tumor im Rückgrat aufgedeckt, und plötzlich sah ich mich mit der finsteren Aussicht auf eine Hirnoperation konfrontiert. Mehrere Tage murmelte ich inständig meine Gebete, sorgte mich wegen Versicherungspolicen und fand während der Besuchsstunden meine eigenen

Ängste in den Augen meiner Angehörigen wieder. Und, zum erstenmal seit Jahren, träumte ich von dem Cherrapunji-Bild. Weitere Scans ergaben jedoch, daß wir gegen Schatten boxten. Eines sonnigen Morgens verkündete mir der junge Stationsarzt, von einem Ohr zum anderen grinsend, daß sich der Tumor auf wundersame Weise in nichts aufgelöst habe.

»Was soll das heißen?« fragte ich.

»Es war eine optische Täuschung. Ein Schatten auf dem Computerbild!«

John Morgan-Hughes erschien mit seinem weißgewandeten Gefolge zu einer Abschiedsvisite, um das Urteil zu verkünden. Er erklärte, ein heftiger Stoß in dem chinesischen Jeep habe diese Arnold-Chiari-Kondition verschlimmert; eine Kleinhirntonsille würde nun die Spitze des Rückgrats berühren und das taube Gefühl und das Kribbeln verursachen. Dies könne von selbst wieder verschwinden – oder auch nicht. Eine medizinische Behandlung sei nicht bekannt. Man händigte mir eine riesige unansehnliche Halskrause aus und riet mir, sie bei jeder Fahrzeugart zu tragen. Zunächst einmal solle ich Jeeps und holprige Straßen meiden; jede heftige Erschütterung könne mich für immer an den Rollstuhl fesseln; dasselbe gelte für einen schweren Sturz. Zum Abschluß bat er seinen Kollegen David Grant, einen Neurochirurgen, sich meines Falls anzunehmen. Ein chirurgischer Eingriff sei vielleicht eine Lösung, aber das könne nur er entscheiden.

Mr. Grant erschien eines Abends, nach einem langen Tag im Operationssaal, sperrte sich eine Stunde im Schwesternzimmer ein – ich konnte seine Silhouette durch die Milchglasscheibe sehen – und vertiefte sich in meinen Krankenbericht. Schließlich kam er heraus, ein elegant gekleideter Herr mit beunruhigend festem Blick, und erklärte mir, er würde keine Operation empfehlen. Die Erfolgschancen lägen nur bei fünfzig Prozent, und er könne keine dauerhafte Besserung garantieren. Ich dankte ihm und verabschiedete mich von jedermann in meiner Abteilung. Mit dem Gedanken, daß ich für weniger als ein britisches Pfund – den Preis von ein paar Schokoriegeln aus dem Automaten vor der Ambulanz – in den Genuß der bestmöglichen neurologischen Betreuung gekommen war, eilte ich zum Russell Square, um die U-Bahn nach Hause zu nehmen.

Nach wenigen Tagen setzten die Depressionen ein. Es begann mit Hemdknöpfen und Schnürsenkeln und den langen peinvollen Minuten, die ich brauchte, um ihrer Herr zu werden. Diese alltäglichen Verrichtungen erforderten jetzt enorme Anstrengung und Konzentration, manchmal sogar die Hilfe meiner Frau. Das Problem dehnte sich auf die Aktivitäten außerhalb des Hauses aus, und obwohl ich praktische Vorkehrungen traf, um die Demütigung zu mindern (nachdem ein Zeitungsverkäufer mein arthritisches Fummeln nach Münzen mit einem Augenaufschlag bedacht hatte, gewöhnte ich mir an, das passende Kleingeld bereitzuhalten), fühlte ich mich unbeholfen und lächerlich. So etwas wie ein Wetterumschwung fand statt. Ich wurde lustlos. Die Arbeit fiel mir schwer. Das taube Gefühl in den Händen – ein Anspannen der Muskeln verschuf für Sekunden Erleichterung – schien auch auf meinen Geist überzugreifen. Dort tat sich nicht mehr viel. Früher war er einmal ein behaglicher Wohnort gewesen, wenn man so sagen kann, nicht sonderlich groß vielleicht, doch mit geschätzten, vertrauten Dingen ausgestattet. Jetzt war er eine Höhle, kalt, dunkel, fast unbewohnbar; also zog ich aus, um bei dem Bild zu bleiben. Meine Aufmerksamkeit ließ nach. Ich trank ziemlich viel. Eines Abends, auf einer Party, begegnete ich meinem Arzt. Er kam auf mich zu und sagte: »Das ist Ihr dritter Whisky.«

»So ist es«, erwiderte ich.

»Alkohol ist keine Lösung, Alex. Kurzfristig mag er helfen, doch er kann dem Nervensystem schaden. Sie schütten sich Sand in den Motor.«

»Okay«, sagte ich, stellte den Whisky ab und nahm mir einen Orangensaft. Kaum hatte sich mein Arzt abgewandt, fügte ich rasch einen kräftigen Schuß aus der Wodkaflasche hinzu und drehte weiter meine Runden, wobei mein Motor auf allen Zylindern Funken sprühte. Ärzte! Sie waren mein Verderben.

Die Wirklichkeit meldete sich am nächsten Morgen zurück, als ein heftiger Wind die ersten Herbstblätter von den Bäumen fegte. In der Klinik hatte man uns eindringlich gewarnt. Regenfeuchte Blätter seien die Hauptursache für Stürze, heimtückischer noch als Schnee und Eis, weil der Spaziergänger vor ihnen nicht auf der Hut sei. Jetzt machte mich schon ein Bummel durch den Park unsicher. Mit dem schlurfenden Schritt eines Greises bewegte ich mich ängstlich durch eine Welt voller Fußangeln und Stolperdrähte.

Im Auto, im Bus und im Zug trug ich meine Halskrause. Es war eine Brustplatte aus Schaumstoff, die von meiner Unterlippe bis zum Schlüsselbein reichte und mich in einen aufgeblähten Frosch verwandelte. Schulkinder kicherten, Erwachsene schauten betreten zur Seite, wenn sich unsere Blicke begegneten. Als eines Tages eine alte Dame aufstand, um mir ihren Platz anzubieten, ging ich nach Hause und warf das verhaßte Ding in die hinterste Ecke eines Schrankes. Der Schaden, den es meinem Selbstwertgefühl zufügte, konnte kaum erheblicher sein als jeder physische Schaden, der entstehen konnte, wenn ich es nicht trug.

Mehrere Monate nach meiner Entlassung aus dem National Hospital wurde ich zu einer routinemäßigen Abschlußuntersuchung bestellt. Es war ein trüber Märznachmittag, und im Wartezimmer saß die übliche Anzahl kranker, verzweifelter Patienten und ihre deprimierten Angehörigen. Eine Dame erschien, deutete auf einen leeren Stuhl neben mir und fragte, ob er frei sei. Ich bemerkte die samtene zimtfarbene Haut und das aparte Gesicht – eine breite, gewölbte Stirn, hervortretende Wangenknochen, strahlend grüne Augen. Auch ihre Kleidung war auffallend. Sie trug einen breitkrempigen spanischen Reiterhut, glänzende kniehohe Stiefel und einen sehr kurzen Rock mit goldseidenem Schimmer. Ihre Beine waren tadellos.

Seufzend machte sie eine unerwartete Geste, die den ganzen Raum umschloß. »Gott!« sagte sie.

»Nicht gerade amüsant«, stimmte ich zu.

»Auf wen warten Sie?«

»Auf niemand. Ich bin selbst Patient.«

»Oh?« Sie heftete ihre schönen, etwas kurzsichtigen Augen auf mich. »Sie sehen nicht sehr krank aus.«

Sie sprach typisches Upper-class-Englisch, ohne es zu sein. Engländerinnen waren nie so direkt. Sie hörte aufmerksam zu, als ich ihr in kurzen Worten meine Situation erläuterte, öffnete dann eine geräumige Ledertasche und zog eine Schachtel mit Schweizer Zigaretten hervor.

»Darf man hier rauchen?«

Fast die Hälfte der Anwesenden rauchte, und sie bot mir eine von ihren Zigaretten an. Mit dem alten benzingefüllten Zippo entzündet, hatte sie einen leichten Lakritzgeschmack.

»Wissen Sie, mein Mann ist hier«, sagte sie. »Ein Patient wie Sie. Er hat einen Termin bei einem Spezialisten und will mich um drei Uhr hier treffen. Vielleicht denkt er dran, vielleicht auch nicht.«

»Was fehlt ihm denn?«

»Migräne. Er bekommt sie alle drei Jahre, fast auf den Tag genau. Man nennt sowas Akkumulationseffekt. Dann beginnt die manische Phase, in der er völlig überdreht ist. Im Augenblick singt er dem Arzt vielleicht ein paar lustige Liedchen vor.«

Ich lachte und nahm in meinem Geist, der in den letzten Wochen immer mehr wie versteinert schien, eine leichte, aber spürbare Regung wahr.

Sie erzählte mir, daß ihr Mann Aloysius hieß und daß er in gewissen Kreisen als reich und nichtsnutzig gelte. Er sei nebenbei im Verlagswesen tätig, sehe sich aber vor allem als Segelflieger. Neben ihrem Haus in Bombay sei ein kleiner Flugplatz, und er verbringe einen Großteil seiner Freizeit hoch oben in den Lüften. Einmal hätte er sogar den indischen Höhenrekord gebrochen, ein tollkühnes Unternehmen über den Westghats; durch starke Monsunwinde angetrieben, sei er so hoch gestiegen, daß sie ihn aus den Augen verloren hätten. Sie sei damals überzeugt gewesen, daß er bis nach Burma getrieben worden sei.

Sie warf mir ein rasches kurzsichtiges Lächeln zu und beugte sich dann vor, um ein Haar von meinem Mantelkragen zu pflücken. »Entschuldigen Sie«, murmelte sie.

»Ich wußte gar nicht, daß es beim Monsun Winde gibt.«

»Doch natürlich! Sie bringen die Regenwolken. Haben Sie noch nie erlebt, wenn der Monsun ausbricht? In Bombay ist das ein sehenswertes Spektakel. Monatelang ist die Stadt wie ein glühender Ofen, und dann, meist um den zehnten Juni herum, türmen sich allmählich riesige Wolken über dem Meer auf. Bald kommen Ihre Winde, so stark, daß sie jedes kleine Boot zum Kentern bringen, das nicht vorher an Land gezogen wurde. Der Wind legt sich, es wird finster, Blitz und Donner setzen ein und dann – die Sintflut! Plötzlich ist die Luft sehr kalt und von Blumenduft erfüllt. Es ist eine Zeit der Freude. Der Erneuerung.« Sie blickte mich ernst an. »Es ist auch die Zeit, in der ich mich am intensivsten als Inderin fühle.«

Während ich ihr zuhörte, erinnerte ich mich plötzlich an unseren Inselregen. Jahrelang hatte ich nicht mehr an ihn gedacht, doch da war er nun wieder, prasselte lärmend in meinem Kopf. Das Bild war von solcher Klarheit, daß ich die Ritzen zwischen den Dielen unserer Veranda sehen konnte, die Spinnweben an der Decke, meinen Vater, der unter seinem alten, halbzerfetzten Regenschirm den Weg durch den Garten entlang stapfte. Das Licht war sanft und diffus. Für einen flüchtigen Augenblick empfand ich das sonderbare Gefühl der Gnade, das der Regen stets auszulösen schien, die Art, wie er meine Sünden wegwusch – nicht wörtlich, denn ich blieb ja gewöhnlich im Haus –, sogar schlimmste Verfehlungen, wie das phantasierte Entkleiden der dicken Golightly-

Schwestern in der Kirche (ihr halbirrer Vater war Kapitän des Schoners *Parsifal* gewesen). Jetzt empfand ich ein wenig von diesem Trost und Frieden, und ich erzählte ihr, daß auch ich als Kind solchen Regen erlebt hätte. Das alte Cherrapunji-Bild kam mir wieder in den Sinn.

War sie in Cherrapunji gewesen? Kannte sie es? Sie warf mir wieder einen ihrer undefinierbaren, durchdringenden Blicke zu. Der Ort dort oben in Meghalaya? Heute ginge niemand mehr dorthin. Ein Sperrgebiet, ein Unruheherd, doch ihr Vater hätte es in seiner Armeezeit besucht und schien seltsam berührt gewesen zu sein. Er nannte es unirdisch. Nackte Jäger mit Pfeil und Bogen zögen lautlos durch die Wälder, und als er eines Tages im Nebel umherwanderte, sei er auf einen britischen Friedhof gestoßen, angefüllt mit Menschen, die alle durch eigene Hand gestorben seien. Sie schauderte ein wenig und berührte meinen Arm. »Haben Sie Partys auf Ihrer Insel gefeiert, wenn es regnete?«

»Partys?« Das war nicht unser Stil gewesen. »Nein.« Ich dachte an Wapshot.

»Aber wir. Selbst heute noch. In Goa. Ein Familientreffen sozusagen. Ein paar Tage nach Ausbruch des Regens fliegt jeder zu einem Monsunfest ins herrlich nasse Goa. Für mich ist das ein Höhepunkt des Jahres.«

Ich sah einen kleinen gepflegten Inder mit schütterem Haar, der sich, ängstlich umherblickend, durch die Menge schob. Im Knopfloch seines Doppelreihers blitzte etwas auf, das sich, als er uns erblickte und näher kam, als ein winziges Flugzeug aus Spiegelglas herausstellte.

»Hallo!« rief er.

»Haben sie dir etwas verschrieben?« fragte sie.

»Sie haben mir Zäpfchen gegeben.« Er beugte sich herab, damit sie ihm einen Kuß auf die Wange drücken konnte.

»Die du natürlich nicht nimmst.«

»Genau. Ich sagte dem Doktor, sie würden mich an Kleinkaliber-Munition erinnern, und er: ›Heißt das, Sie ziehen ein

Kaliber vor, das für die Elefantenjagd geeignet ist?‹ Ich sagte: ›Nana, und das aus dem Mund eines Jüngers der heilenden Zunft! Schämen Sie sich.‹ Gib mir eine Zigarre, Liebes. Ich lechze danach.« Er ließ sich auf den Stuhl neben sie sinken.

Sie öffnete ihre Handtasche und sagte: »Dieser freundliche Herr hat mir Gesellschaft geleistet.«

»Dürfte nicht unangenehm gewesen sein.« Er schenkte mir ein warmes, scheues Lächeln und streckte mir die Hand entgegen. »Baptista«, sagte er. »Ist sie nicht hübsch?«

Mrs. Baptista erklärte ihm, daß auch ich Patient sei.

Er fummelte erfolglos an dem Zippo herum. »Das Ding taugt nichts. Man kriegt eher Feuer, wenn man zwei Holzstücke aneinander reibt.«

»Er hat was mit dem Nacken«, fuhr sie fort und zündete die Zigarre für ihn an.

»So? Ich mache euch einen Vorschlag: Wir nehmen ein Taxi und fahren zum Zanzibar. Ich könnte einen Daiquiri gebrauchen, oder drei.«

»Er war noch nicht bei seinem Arzt«, sagte sie.

»Der Nacken ist ein äußerst heikler Bereich«, verkündete Mr. Baptista. Er blickte auf und betrachtete die Rollstuhlfälle, die ringsum parkten. »Was fehlt diesen Menschen? Alles Nackenfälle?«

»Ich weiß nicht«, sagte ich.

»Sie sollten das Fallschirmspringen aufgeben. Das ist mein Rat.« Er hob die Stimme und sprach in die Runde. »Diese Fallschirmspringerei muß ein Ende haben, lassen Sie sich das von mir gesagt sein.«

Tiefes Schweigen folgte. Mrs. Baptista murmelte: »Aloysius, ich bitte dich... Wir müssen sofort gehen.«

»Ich will erst meine Zigarre zuende rauchen«, protestierte Mr. Baptista. Um uns herum wurden die Gespräche im Flüsterton wieder aufgenommen. Zwei Krankenschwestern beobachteten uns mit Raubvogelaugen. »Worüber habt ihr zwei gesprochen?«

»Über den Monsun«, sagte ich.

»Ach wirklich? Mögen Sie diese Jahreszeit?«

Ich erklärte ihm, daß ich den Monsun noch nie erlebt hätte. Dann sei es aber Zeit, meinte er. Was ich von Beruf sei? Schriftsteller? Fabelhaft! Und was für ein Zufall! Er sei nämlich auch Schriftsteller. Und ohne auf den erstaunten Blick seiner Frau zu achten, fuhr er fort, der Monsun sei ein solch aufregendes, befruchtendes Phänomen, daß er seit Jahrhunderten Künstler aller Disziplinen inspiriere. Er sprach von den Monsun-Ragas, klassischen Kompositionen für Gesangsstimme und Saiteninstrumente, und von kostbaren Miniaturmalereien mit Darstellungen von Maharajas und ihren rehäugigen Konkubinen, die sich in der Regenzeit lustvollen Spielen hingaben. (Es gebe einige hübsche Monsun-Miniaturen, alle von den Briten gestohlen, im Victoria and Albert Museum zu sehen.) Verschiedene Maharajas hätten sogar kunstvoll verzierte Monsun-Pavillons errichten lassen, in denen sie den Ausbruch und das Anschwellen des Regens beobachten konnten.

Und erst die Dichtkunst! Ob ich Kalidasa gelesen hätte? Er lebte im fünften Jahrhundert und war Dichter am Hof der Guptakönige. Er schrieb das *Meghaduta*, ein Buch über die Wolken, und ein episches Gedicht über die Jahreszeiten, das, obwohl fünfzehnhundert Jahre alt, immer noch ein Lieblingswerk der Inder sei.

Er zitierte:

Die wilden Ströme, gleich den losen Mädchen
Ergreifen liebeslüstern wie im Nu
Die Uferbäume, welche ringsum taumeln
Und eilen rasch dem Ozeane zu.

Mrs. Baptista sagte: »Es ist ein außerordentlich erotisches Gedicht. Wenn Sie mal nach Indien kommen, werden Sie verstehen, warum. Das Zusammentreffen der Erde mit den Wolken ist so etwas wie ein Liebesakt.«

»Ja, die Regenzeit ist eine schrecklich erotische Zeit«, erklärte ihr Mann. »Es heißt traditionsgemäß, man lasse alle

Hemmungen fallen. Liebesabenteuer werden begonnen, und so kommen im folgenden März viele uneheliche Kinder zur Welt. Na, jedenfalls soll es am Land so sein. In Bombay sieht man nicht viel davon.«

»Einiges schon«, meinte seine Frau. »Und der Regen verjüngt. In der Zeit fährt Aloysius zu seinen Massagen.«

»In den Süden, nach Kerala«, sagte er, »zu meiner jährlichen Monsun-Kur. Und Kerala ist auch der Ort, wo alles beginnt.«

»Was beginnt?«

»Der Monsun. Am ersten Juni. Dann zieht er hinauf bis zum Himalaya. Dort gibt's ein kleines Nest, Cherrapunji. Steht im Guiness Buch der Rekorde als nassester Ort der Welt. Dort erreicht der Monsun sozusagen seinen Höhepunkt.«

»Wir haben gerade von Cherrapunji gesprochen«, sagte Mrs. Baptista.

Eine Schwester rief meinen Namen auf. Der Arzt erwarte mich. Wir erhoben uns. Mrs. Baptista knöpfte ihren Mantel zu und rückte ihren Hut zurecht.

»Kann man nach Cherrapunji reisen?« fragte ich.

»Nein«, sagte er. »Es sind Unruhen dort. Die Einheimischen lehnen sich gegen die indische Regierung auf, und Delhi hat es zum Sperrgebiet erklärt. Ausländer dürfen es nicht betreten.«

Mr. Baptista gab mir seine Karte. »Rufen Sie uns an, wenn Sie nach Bombay kommen«, sagte er. Und seine Frau fügte hinzu: »Und wenn Sie zufällig im Juni in unserer Gegend sind, müssen Sie zu unserer Goa-Party kommen.«

»Der Monsun zieht also von Süden nach Norden uber Indien hinweg?«

»Er kommt pünktlich mit dem Wind aus dem Süden, der ihn nach Norden trägt«, sagte Mr. Baptista. »Es heißt sogar, daß er immer am gleichen Tag den gleichen Ort erreicht. Verzaubert durch seine unglaubliche Gewalt, vergessen wir allerdings manchmal, daß der Monsun ein sehr komplexes meteorologisches Phänomen ist. Es gibt zwei Arme, den östlichen und den westlichen, und die treffen sich in...«

»Wie lange dauert das?«

Er zuckte die Schultern. »Delhi erreicht er am neunundzwanzigsten Juni. Also vielleicht einen Monat bis Delhi und dann...«

»Mr. Frater!« rief die Schwester.

»Könnte man mit ihm reisen?«

Beide starrten mich an. »Ja«, meinte er. »Ich glaube schon. Wenn Sie ihn in Trivandrum erwarten, wo er auf Indien trifft, und dann sozusagen mit ihm um die Wette laufen. Ja, das müßte möglich sein.«

»Ein Wettlauf mit dem Monsun!« lachte Mrs. Baptista. »Vom Kap Komorin bis zum Himalaya. Das wäre was!«

Der Neurologe, der mich erwartete, war ein junger Texaner aus Dallas. »Sie sehen ja recht munter aus«, bemerkte er.

»Ich fühl mich großartig«, sagte ich.

»Was macht Ihr Nacken?«

»Ich kann damit leben.«

Es war das erstemal, daß ich es zugegeben hatte, und ich wußte, daß es stimmte. Er nickte und sah mich prüfend an. »Was haben Sie getrieben?« fragte er.

»Nicht viel. Hab versucht, mich damit abzufinden. Und mich zwischendrin schrecklich bemitleidet.«

»Und jetzt?«

»Jetzt«, sagte ich, »geh ich nach Indien.«

Kapitel zwei

Sonderbar, sich nach so langer Zeit wieder fürs Wetter zu interessieren. Irgendeine schlafende Zelle schien neu erwacht zu sein und eine ganze Konstellation von anderen anzufeuern, die sich dann, sanft und perlmutten schimmernd, über meinen geistigen Horizont erhoben. Meine Recherchen ergaben indes ein paar beunruhigende Veränderungen im Gebaren des Monsuns. Während der letzten zwei, drei Jahre war er launisch und bösartig geworden. Einige Teile Indiens suchte er nur flüchtig auf, andere gar nicht. Diese Willkür verwirrte die Meteorologen und beunruhigte die Politiker; ein ausgefallener Monsun konnte Aufstände und verlorene Wahlen zur Folge haben. Am meisten aber erschrak die einfache Landbevölkerung, deren Ernte, ja, Existenz vom Monsun abhing. Für diese Menschen, seit langem an seinen alten Rhythmus und seine unerschütterliche Verläßlichkeit gewöhnt, bedeutete sein Ausbleiben etwas so Erschütterndes wie etwa der Tod oder die Geisteskrankheit eines Familienangehörigen.

Es gebe Anzeichen dafür, berichteten die Londoner Zeitungen, daß der Monsun auch dieses Jahr unberechenbar sein würde.

Bei meinen weiteren Nachforschungen erfuhr ich von Panikmaßnahmen, die ergriffen wurden, wenn er sich nicht einstellte. Im vergangenen Jahr zum Beispiel hatten die Stadtväter von Bangalore einen Yogi bezahlt, der um Regen beten sollte. Auf einem Tigerfell neben dem Amt für Wasserversorgung und Kanalisation von Bangalore hockend, sang der Yogi zwei Stunden und vier Minuten, während seine Anhänger Blätter kauten und brennenden Kampfer herunterwürgten. Später konnte er die hohen Beamten des Wasseramtes, die mit Kokosnüssen als Opfergaben vor ihm knieten, davon in Kenntnis setzen, daß der Regengott Varuna, wenngleich dem nackten Auge unsichtbar, sich jetzt ›wie Wogen von Wolken‹ näherte. Tatsächlich fiel Regen, sogar im Übermaß, freilich nur im benachbarten Cochin. Als sich die Stadtväter von Bangalore beschwerten, erinnerte sie der Yogi in scharfem Ton daran, mit wem sie es zu tun hätten: Schließlich sei er nicht nur für seine Fähigkeit berühmt, Zyklone umzuleiten, sondern er sei außerdem von der Regierung zum offiziellen Segner ihres Weltraum-Programms ernannt worden. Nachdem Indiens erste Rakete zerschellt sei, hätten sie ihn mit dem Hubschrauber zur Startrampe der zweiten geflogen, die dank seiner kraftvollen Fürsprache ohne den geringsten Zwischenfall aufgestiegen sei. Mit diesen Worten steckte er seine Prämie ein, fuhr davon und ließ die Stadtväter um einige Rupien ärmer und völlig ratlos zurück. Eine traurige, aber alltägliche Geschichte.

Im luftigen Büro eines Attachés der Indischen Hochkommission am Aldwych brütete ich weiter über den Monsun nach. Ich erzählte dem Mann, meine Recherchen hätten außerdem ergeben, daß das Trinken der Milch einer weißen Kuh den Erfolg meines Unternehmens begünstigen würde. Was er davon hielte? »Das ist vielleicht die beste Empfehlung, die ich geben kann«, antwortete er.

»Wird man mich nach Cherrapunji fahren lassen?«

Er lachte. »Unsere Leute in Delhi entscheiden jetzt über Ihr Ersuchen. Doch ich fürchte, die Zeichen stehen schlecht.«

Nachdem ich die bekannten Fakten noch einmal überdacht und eine Münze geworfen hatte, beschloß ich eines Nachts, nach Indien zu reisen.

So kam es, daß meine 747 dreizehn Tage vor dem offiziellen Beginn des großen Regens durch den staubtrockenen leeren Himmel über Bombay, der Farbe und Glanz von geöltem Teakholz angenommen hatte, der Landepiste entgegenschwebte.

Es war erst sieben Uhr morgens, und schon hatte der pralle, gierige Sonnenball die letzten Nachtwolken verschluckt. Die Luft flimmerte, und die Erde von Bombay schien zu schwelen. Zahllose kleine Vorortfeuer – die auf geheimnisvolle Weise spontane Brände tief unten erahnen ließen – verursachten staubigen braunen Qualm und verstärkten noch den Smog über der Stadt. In diese verschmutzte Atmosphäre trieben wir hinein, Fahrwerk und Landeklappen ausgefahren, gerüttelt und geschüttelt von kraftvollen Hitzeturbulenzen. Beim Verlassen der Maschine blinzelten wir wie Eidechsen ins stechende Sonnenlicht.

Ich war äußerst pessimistisch geworden. Während des Flugs hatte ich mich mit mehreren indischen Passagieren über das Vorrücken des Monsuns unterhalten. Jeder nannte mir ein anderes Ankunftsdatum, jeweils auf vertraulichen Informationen aus wohlunterrichteten Kreisen basierend. Ein Steward bot mir sein eigenes Datum an, zusammen mit einem Exemplar des *Indian Express* vom Vortag, der sich über die Geschichten ausließ, die ich zu Hause gelesen hatte.

Sieben indische Staaten litten an akutem Wassermangel (an einigen Orten hatte es seit vier Jahren nicht mehr geregnet), während viele Tausende Inder weiter flehentlich um den sofortigen Ausbruch des Monsuns beteten. In Kerala, wohin ich am nächsten Tag fahren wollte, wurde an zwölftausendfünfhundert Sammelstellen Trinkwasser in Tanklastwagen transportiert, während Ingenieure elftausendzweihundertsechzehn Straßenhydranten installierten. Mehr als fünfhundert Rohrbrunnen und vierhundert Bohrbrunnen waren überall im Staat ausgehoben worden, doch noch immer litten die Armen Durst.

In weiten Teilen von Andhra Pradesch wurde nur jeden zweiten Tag Wasser ausgegeben. Reservoire, die mit Chemikalien besprüht wurden, um den Verdunstungsprozeß zu reduzieren, gingen trotzdem zur Neige, weil sie einfach leergetrunken wurden. In Madras bekam jede der hundertachtzigtausend in Slumsanierungsgebieten wohnenden Familien kostenlos einen Plastikeimer zur Verfügung gestellt, aber wenig, um ihn zu füllen. Die lokale Eisenbahn mußte immer wieder anhalten, wenn ›verdurstende Anwohner mit leeren Töpfen‹ die Schienen besetzten. In Rajkot wiederum wurden Züge beschlagnahmt, um Wasser in die Stadt zu befördern, wo einfallsreiche Köpfe einen Wasserlieferservice mit Traktoren und Rikschas einführten. In Palghat hatte eine durch Wasserknappheit hervorgerufene Magen-Darm-Grippe zweiundzwanzig Menschenleben gefordert. Brunnen wurden gechlort, Soft Drinks verboten, Toddy Shops, in denen Palmwein ausgeschenkt wurde, von den Behörden geschlossen.

Das Taxi, das mich in die Stadt fuhr, war eine alte Rostkiste, nur von diversen Farbschichten zusammengehalten. Diese waren mit einem Pinsel dick aufgetragen worden – man sah noch die Spuren –, und ich stellte mir vor, wie ein tiefes Schlagloch das ganze Gefährt in ein Häufchen flockigen roten Staubs verwandelte. Die Straße mit ihrer aufgeweichten Teerdecke führte uns an Barackensiedlungen vorbei, in denen alle Bewohner von einer unsichtbaren Last gebeugt schienen. Selbst die Bettler, die den Verkehr regelten, sonst flink und aufdringlich wie Affen, kamen uns matt entgegengetorkelt.

Der Ventilator in meinem Hotelzimmer drehte sich mit dem gleichmütigen Knarren eines Butterfasses. Ich versuchte, mit dem Wetteramt von Bombay zu telefonieren, traf aber immer nur auf eine einsilbige, Hindi sprechende Frau, die nach meinem dritten oder vierten Anlauf in den schrillen, durchdringenden Ton eines Menschen verfiel, der eine Ansprache vor einer Massenversammlung hielt. Ich wandte mich hilfesuchend an die Telefonistin und erfuhr, daß das Wetteramt eine neue Nummer hatte. Dort aber antwortete überhaupt niemand; ich rief ein verlassenes Büro an und fragte mich, ob sie alle heimgegangen waren, weil es nichts vorherzusagen gab. Die Telefonistin bestätigte meine Vermutung, ja, natürlich seien alle heimgegangen. Heute sei ein Staatsfeiertag.

Sie hatte eine angenehme, vertrauliche Altstimme, und nur, um sie länger hören zu können, fragte ich sie nach dem Verbleib des Monsuns.

»In der südlichen Andamanensee, Sir«, bekam ich zur Antwort.

Über meinem Bett hing das gerahmte Bild eines Berggipfels. Die Zeit hatte den Schnee verdunkelt und an der Eisdecke genagt. »Was sagten Sie?«

»Man hat es heute morgen im Radio bekanntgegeben. Auch in der Zeitung. Noch ist er sehr klein und ziemlich langsam, doch er kommt voran. Keine Angst, Sir, der Monsun ist unterwegs!«

Ich ließ sie wissen, daß sie die schönste Stimme in ganz Indien habe, hörte ihr überraschtes Lachen und verließ dann eilig das Hotel.

Zum erstenmal seit Monaten reichte ich einem Zeitungsverkäufer Kleingeld, ohne mich auf diese Transaktion vorbereitet zu haben. Unter einem prächtigen Flammenbaum schlug ich den *Indian Express* auf, und da stand es mit der Überschrift: Wetter-Sonderausgabe. ›Südwestmonsun nähert sich über südlicher Andamanensee als schwache Luftströmung. Das übliche Datum für den Beginn des Monsuns über der südlichen Andamanensee ist der 20. Mai. Dieses Jahr verzögert er sich um eine Woche.‹

Ich kehrte in mein Hotelzimmer zurück und rief bei den Baptistas an. Eine freundliche männliche Stimme ließ mich wissen, sie seien für ein paar Tage in Delhi, und nannte mir eine Nummer, unter der ich sie erreichen könnte. Doch ich stieß nur auf tiefes Schweigen, durchdrungen von einem geheimnisvollen Säuseln, wie wenn Luft über Schwalbenflügel streicht, das Geräusch von unzähligen fernen flüsternden Stimmen. In Wirklichkeit schrien wahrscheinlich alle nach dem Fräulein vom Amt, und schließlich erklärte mir eines von ihnen, der Anschluß sei defekt. Als ich eben aufgelegt hatte, läutete es. »Haben Sie schon den *Afternoon Dispatch and Courier* gelesen, Sir?« fragte die Telefonistin. »Es steht ein Monsun-Artikel von Busybee drin! Ich schicke einen Boy damit hoch!«

Ehe ich ihr danken konnte, hatte sie bereits aufgelegt. Wie ein Geschenk wurde mir der Artikel überreicht, auf dem mit großzügiger Handschrift vermerkt war: ›Mit den besten Wünschen, Miss Geeta Contractor, Tlfnstn‹. Ich setzte mich und begann, Busybees luftiges Fünfzig-Zeilen-Opus zu lesen. Es begrüßte zunächst die Zeichen von Aktivität in der südlichen Andamanensee, bevor es mit den Worten schloß: ›Es ist eine beruhigende Gewißheit. Beruhigend, weil es bedeutet, daß sich die sengende Hitze bald in kühlem Regenwasser auflösen wird, wenn der Monsun endlich unsere Breiten erreicht.‹

Was bedeutete das? Ich rief Miss Contractor an, um es in Erfahrung zu bringen, doch eine energische, matronenhafte Stimme teilte mir mit, daß sie eben ihre Frühschicht beendet und das Hotel verlassen habe. Sei etwas auszurichten? Ich verneinte und wandte mich wieder Busybees Text zu.

> Wenn der Monsun erst einmal in Indien eingedrungen ist, bewegt er sich mit großer Geschwindigkeit voran, wobei er kräftige Tiefs und Luftlöcher hervorruft, Stürme entfacht und die späte Mangoernte überschwemmt.
>
> Die frühen Monsunberichte haben mich immer schon fasziniert. Eines Morgens hat er den Strand von Kovalam erreicht, streift Trivandrum und ist gegen Mitternacht schon viele Kilometer weiter im Norden über den grünen Küstenebenen von Kerala. Am nächsten Tag ist er in Cochin, bläst durch die chinesischen Fischernetze; zuerst biegt der Sturm nach Belieben die Palmen, dann der Regen. Ich habe in der Vergangenheit sein militärisches Vorrücken entlang der Küste skizziert. Doch der Monsun verweilt nicht. Er treibt unterwegs die Wolken zusammen, und dann, eines frühen Morgens, bersten sie über Bombay.

Am folgenden Morgen in aller Frühe wollte ich nach Trivandrum fliegen, mir in Kovalam ein Zimmer suchen und dort die Ankunft des Monsuns abwarten. Ich schlief unruhig, verfolgt von Träumen mit heißen Himmeln und einem spiegelglatten Meer. Vom Horizont her ertönte ein gedämpfter Gongschlag, dann die Stimme von Miss Contractor, die sich wie die einer Ansagerin in einem Flughafen anhörte: »Sehr verehrte Damen und Herren, wir bedauern, Ihnen mitteilen zu müssen, daß Ihr Monsun wegen eines Maschinenschadens annulliert werden mußte. Wir bieten Ihnen eine zusätzliche Erfrischung an, während wir auf den nächsten warten. Ich schicke einen Boy damit hoch.«

Auf dem Flug die Westghats hinunter, dem fast tausend Kilometer langen Gebirgszug, der sich aus dem Arabischen Meer erhebt, kam der Airbus A-300 durch so viele Turbulenzen, daß das An- und Ausflackern der Signale zum Anlegen der Sitzgurte verschlüsselte Nachrichten zu übermitteln schien. Optimistisch, wie ich war, hielt ich es zunächst für ein Zeichen schlechten Wetters, das vom Meer heranzog, doch eine Stewardess klärte mich auf, daß es von der steigenden Hitze herrühre. »Ich kann die Stöße deuten«, versicherte sie mir. Es war kühl im Flugzeuginnern, doch der Anblick der Sonne und der schimmernden roten Erde schien bei allen, die einen Fensterplatz hatten, großen Durst auszulösen: Knöpfe wurden gedrückt und Finger geschnippt, um Gläser mit lauwarmem Wasser nachfüllen zu lassen. Irgendwo hier, dachte ich, mußte Aloysius Baptista seinen halsbrecherischen Höhenrekord mit seinem Segelflugzeug aufgestellt haben. Der hagere reservierte junge Mann neben mir bot mir plötzlich ein Erfrischungstüchlein an. »Fürs Gesicht«, sagte er mit ernster Miene. »Es wird Ihnen guttun.«

Er erzählte mir, daß er in Dubai Klimaanlagen warte und jetzt zu einem zweimonatigen Urlaub nach Hause reise. »Zum Id-Mond-Fest am Ende des Ramadan und zum Monsun. Nach zwei Jahren in der Wüste träume ich davon.«

»Er soll schon unterwegs sein«, sagte ich.

Er lächelte und entblößte dabei rotes Zahnfleisch und kleine heruntergebissene Zähne. »Oh, ja. Meine Mutter hat die Jakobinerkuckucks gesehen. Sie fliegen von Afrika direkt vor dem Regen her. Wenn sie kommen, kommt auch der Monsun.« Er zögerte. »Und außerdem werde ich heiraten. Am Flughafen warten die Mädchen. In dieser Maschine sind viele Männer aus Kerala, die wie ich im Nahen Osten arbeiten, und die Mädchen sind dort am Flughafen mit ihren Vätern und wollen sehen, was wir mitgebracht haben.« Er räusperte sich und zählte an den Fingern ab. »Ich bringe einen Hitachi Fernseher mit, einen Hitachi Videorecorder, eine Aiwa-Compactanlage mit Graphic Equalizer und eine Bendix Wäscheschleuder.«

Ich blickte ihn erstaunt an. »Und wer ist das Mädchen, das Sie heiraten?«

»Das weiß ich noch nicht«, antwortete er. »Aber sie wartet am Flughafen.«

Als wir uns Trivandrum näherten, gab ein Flugbegleiter bekannt, die Außentemperatur betrage neununddreißig Grad Celsius. Die Maschine überflog weite sumpfige Lagunen und endlose Reihen von Kokospalmen. Mein Nachbar schluckte und leckte sich die Lippen. Er sagte, sein Herz mache bumbum. In dem kleinen Flughafen war die Hölle los. Der Balkon über der Zollhalle wimmelte von Mädchen mit weit aufgerissenen Augen und ihren ernst dreinblickenden, wachsamen Eltern. Dies war offenbar ein ähnliches jahreszeitlich bedingtes Phänomen wie die Ankunft der Jakobinerkuckucks; neugierige Zuschauer drängten sich vor den Glasscheiben und günstigen Aussichtspunkten. Junge Männer stolzierten umher. Sie hievten riesige Kartons vom Förderband, schauten dabei ständig nach oben und winkten Gepäckträger mit Rupienscheinen herbei, die sie demonstrativ aus dicken Bündeln zogen.

Im Gedränge verlor ich meinen Freund aus den Augen. Ich weiß nicht, wie es ihm erging, denn als ich schließlich ein

Taxi bestieg, standen die Mädchen noch immer auf dem Balkon und blickten auf ihre potentiellen Ehemänner wie Bieter bei einer Viehversteigerung.

Ich bat den Taxichauffeur, mich nach Kovalam zu fahren.

Immer im späten Mai konzentriert sich das Interesse auf Trivandrum, eine wildwuchernde, lärmende, aber freundliche Stadt an der Malabarküste. Ihre Einwohner sind dunkelhäutig und berüchtigt für ihre prokommunistischen Neigungen. Sie sind redselig und stets bereit, Fremde in Kaffeehausdebatten zu verwickeln. Sie haben die höchste Bildungsrate Indiens und lesen täglich nicht weniger als vierzig lokale Zeitungen, die sich mit Angelegenheiten wie radikaler Politik, dem allgemeinen Zustand des internationalen Gewürzmarktes und – angeregt durch ihre Leser – der Inkompetenz der Zentralregierung in Delhi befassen. Dafür und natürlich für seine atemberaubend scharfen chili-gewürzten Curries ist Trivandrum bekannt. Doch wenn Ende Mai die Hundstage beginnen, drängt sich ein anderes Thema in das nationale Bewußtsein.

Der alljährliche Besuch der indischen Medien hat Trivandrums Meteorologisches Zentrum zur berühmtesten Wetterstation des Subkontinents gemacht. Achtzehnhundertvierzig von einem an westlicher Wissenschaft interessierten Maharaja errichtet, gewährt ihre Hügellage einen umfassenden Blick über das Arabische Meer und rückt sie dem Himmel ein wenig näher. Diese luftigen Höhen ermöglichten es den Angestellten der alten indischen meteorologischen Abteilung in der Zeit vor Radar und Satellitenbild, von ihren breiten Veranden aus das dramatische Nahen des Monsuns durch Teleskope zu beobachten. Von hier, der südlichsten der meteorologischen Zentren, wurde seine Ankunft in Indien offiziell bekanntgegeben oder eben ›verkündet‹.

Vieles hat sich seither im Lande geändert, dies eine aber wenigstens bleibt, wie es war. Der Monsunausbruch ist noch immer ein Ereignis von herausragender Bedeutung, das noch heute in Trivandrum offiziell bekanntgegeben oder eben ›verkündet‹ wird.

Mein rikscha-großer Zweitakter knatterte und qualmte bei den Steigungen. Die gewundene Straße aus rotem Lehm führte an einem Wasserreservoir vorbei, in dessen Zementwand ein kleiner grellfarbener Gott eingelassen war, und am alten Königlichen Observatorium, wo John Allan Brown, Fellow of the Royal Society, ein aufgeschlossener staatlicher Astronom, zwischen achtzehnhundertzweiundfünfzig und achtzehnhundertneunundsechzig dazu beitrug, daß Trivandrum zum wichtigsten wissenschaftlichen Zentrum Nordwestasiens avancierte. Jedes Jahr, gewöhnlich zwischen dem fünften und siebten Tag im Juni, stellte er das Erscheinen des Mirg, oder Monsun-Sterns, fest und gab seine weiteren Beobachtungen dann wohl an die Kollegen im benachbarten Meteorologischen Zentrum weiter.

Dies war so luftig und elegant wie ein kleiner Palast der Gewürzküste mit einem steilen Giebeldach, dessen verwitterte Ziegel in der Nachmittagssonne gelblich schimmerten. Eine lange, ebenfalls überdachte Treppe führte auf die Veranda, auf der mehrere junge Männer umherschlenderten. Ich erklärte mein Anliegen und präsentierte mein Empfehlungsschreiben.

»Sie wollen den Monsun-Beauftragten sprechen?« fragte einer.

»Ja.«

Er führte mich an einem düsteren, höhlenähnlichen Raum vorbei, in dem Reihen von finsteren Beamten wie Examenskandidaten saßen – das Papierrascheln und Kratzen der Federn war deutlich zu hören –, und blieb schließlich vor einer Tür mit der Aufschrift ›Julius Joseph‹ stehen. Dann richtete er sich auf, räusperte sich und klopfte energisch. Wir betraten ein halbdunkles, mit Karten behangenes und grünen Aktenschränken vollgestopftes Büro.

Julius Joseph telefonierte gerade. Er betrachtete meine Visitenkarte, nickte und wies mir einen Stuhl an. Er war klein und beflissen mit einem kleinen gestutzten Schnurrbart und dem strahlenden Aussehen eines Filmstars der dreißiger Jahre. Mit der Hand über der Sprechmuschel sagte er: »Bin gleich soweit.«

Der junge Mann, der mir wohl andeuten wollte, welch ein Privileg es sei, hier sein zu dürfen, flüsterte: »*Times of India*-Anruf vor zehn Minuten. Davor Kabinett in Delhi. Der Ministerpräsident *höchstpersönlich*. Alle sind äußerst… besorgt.«

Er schlüpfte hinaus. Durch die Ritzen der Fensterläden sah ich schimmernde korallrote Dächer und dichte tropische Gärten. Eine gehetzte, schwitzende Frau in einem smaragdfarbenen Sari steckte den Kopf zur Tür herein und sagte: »BBC für Sie am Apparat.«

Mr. Joseph nickte und sprach weiter mit seiner ruhigen, leicht pedantischen Stimme in den Hörer: »Um acht Uhr morgens überquerte er das nördliche Sri Lanka… Ja, sechzig Kilometer nördlich von Kandy. Im Augenblick bewegt sich der äußere Rand hundertsechzig Kilometer südlich von Kap Komorin… Naja, zwei Tage oder drei. Das kann ich nicht so genau sagen. Das letzte Satellitenbild zeigt ein Tiefdruckgebiet über der Andamanensee, das ihn in den Golf von Bengalen ziehen könnte. Das ist etwas beunruhigend… Ja, wir beobachten es sorgfältig.«

Etwas ähnliches sagte er dem Anrufer von der BBC und legte dann seufzend auf. »Ich kann es mir nicht leisten, falsche Vorhersagen zu machen. Dabei ist alles so unberechenbar. Ich rede als Wissenschaftler, doch die Leute hören mit ihrem Herzen und ihren Gefühlen zu.«

Ich erläuterte ihm mein Interesse am Monsun und die Reise, die ich in seiner Begleitung bis hinauf zum exzentrischen wolkenverhangenen kleinen Cherrapunji zu machen gedachte. »Du lieber Himmel!« rief er und sah mich ungläubig an. Dann fragte er, ob ich schon eine Einreisegenehmigung hätte. Noch nicht, sagte ich, aber Delhi habe bereits mein Gesuch. »Das könnte problematisch für Sie werden«, warnte er mich. »Seien Sie nicht enttäuscht, wenn es nicht klappt.«

»Könnte Ihnen das Tief über den Andamanen Probleme bereiten?« fragte ich.

Er lächelte. »Das ganze System ist fein wie ein Spinnennetz – schon ein heftiges Niesen könnte mir zum Problem werden.« Er zögerte. »Verstehen Sie was davon?«

»Ich habe ein bißchen drüber gelesen.«

»Die Grundphysik des Monsuns – das Wort kommt aus dem Arabischen, *mausim* bedeutet Jahreszeit – ist seit dem siebzehnten Jahrhundert bekannt, als Edmond Halley, Sekretär der Royal Society und Entdecker des Kometen, eine bemerkenswerte Monsun-Strömungskarte anfertigte. Obwohl die Monsunwinde eines der größten Wettersysteme der Erde darstellen und seit damals intensive Forschung betrieben wurde, bleiben viele Fragen ungeklärt. Er ist wie das menschliche Gehirn. Wir kennen es und kennen es doch nicht.«

Wieder läutete das Telefon. Er hob ab und sagte: »Ja, okay, ich bringe sie auf dem Heimweg mit. Nein, es wird später als acht. Du weißt doch, was heute los ist.«

Er hängte ein und kritzelte mit einem Bleistift die Worte ›Dattelpflaumen‹ und ›Sodawasser‹ auf das Satellitenfoto vom Morgen, genau über der Rajasthan-Wüste.

»Der Monsun ist ein gewaltiger Naturmotor«, meinte er dann, »angetrieben durch die Temperaturunterschiede über Land und Meer. Im Sommer wird die Luft über dem Land enorm heiß. Dabei dehnt sie sich aus und steigt hoch, und so muß kühlere Meeresluft einströmen, um den Druck auszugleichen. Diese unterschiedliche Erwärmung setzt eine starke Luftströmung über dem Indischen Ozean südlich des Äquators in Gang, die sich dann auf Indien zu bewegt. Das verdunstende Wasser, das sie vom Ozean aufnimmt, geht über dem Festland als Regen nieder. Diese Dampfkondensierung setzt latente Energien frei, die die Luft erwärmen und aufsteigen lassen und so dafür sorgen, daß noch feuchtere Luft vom Meer nachkommt. Doch sie läßt das Land auch abkühlen, indem sie diese Erwärmung und Aufwärtskonvektion weiter ins Innere von Indien treibt. Dies ist der Grund, weshalb der Monsun ein wanderndes Phänomen ist, das stets auf jener Route weiterzieht, die Sie einschlagen wollen. Verstehen Sie?«

»Ich glaube schon.«

»Noch komplizierter wird das ganze dadurch, daß der Monsun zwei Arme hat. Der vom Arabischen Meer, der uns hier betrifft, prallt auf die Westghats und gibt so viel Feuchtigkeit in Form von Regen ab, daß wenig übrig ist, wenn er über das restliche Land zieht; nur der Luftstrom, der auf der Westseite der Westghats aufsteigt, birgt wirklich heftigen Regen. Der andere Arm kommt vom Golf von Bengalen und setzt zur gleichen Zeit ein – in Cherrapunji beginnt er nur wenige Tage später als hier –, wird aber durch den Himalaya nach Westen gelenkt, und so fällt der Regen über der Gangesebene. Der Monsun von Kalkutta beginnt drei Tage früher als der von Bombay.«

»Und so wird Indien jeden Sommer von diesen beiden feuchten Armen umschlossen?« fragte ich.

Mr. Joseph blickte etwas gequält drein. »Das ist die Sprache der Boulevardpresse. Trotzdem stimmt es in gewisser Hinsicht. Die beiden Strömungen vereinen sich schließlich; das geht so weit, daß meine Kollegen in Delhi manchmal nicht wissen, von welchem Arm ihr Regen kommen wird. Wir sprechen hier von einem sehr komplizierten Wetterkreislauf, bei dem viele Faktoren im Spiel sind. Da ist einmal die Erwärmung der tibetanischen Hochebene im Frühling. Dann haben wir die Passatwinde aus der südlichen Hemisphäre, insbesondere den Somali-Jet, der Kenia, Somalia und die Sahelzone überquert, die afrikanische Küste bei neun Grad nördlicher Breite verläßt und sich tief und sehr schnell auf Indien zubewegt. Dazu kommt, daß die Winde, die den Äquator überqueren, durch die Corioliskraft, die wiederum durch die Erdrotation entsteht, nach rechts zum intertropikalen Konvergenzgebiet abgelenkt werden, also zum Verbindungspunkt von Nord- und Südpassat. Und dann die Sache, daß das Land wärmer bleibt als das Meer. Das ist wirklich der Schlüssel zum Geheimnis des Monsuns.«

Es klopfte. Ein Mann mit Brille und kariertem Hemd steckte den Kopf zur Tür herein. »Es ist vier Uhr fünfundvierzig, Sir. Zeit für den Start.«

Im trockenen steinigen Garten stand ein anderer Mann mit einem aufgepumpten Wetterballon, an dem ein Metallkanister und eine quadratische Folie hingen. »Montags, mittwochs und freitags benutzen wir importierte Ballons, dienstags, donnerstags und samstags indische; ähnlich wie das indische Wetter ist ihre Qualität sehr unterschiedlich. Alle sind mit Wasserstoff gefüllt. Der Kanister enthält einen Sender, ein Aneroidbarometer, einen Thermistor und ein Hygrometer. Das bedeutet, daß unsere Bodenempfangsstation Luftdruck, Temperatur, Luftfeuchtigkeit und Windgeschwindigkeit bis zu fünfundsiebzigtausend Fuß aufzeichnen kann. Und die Folie ist für das Windradargerät. Bevor es diese Ballons gab«, fügte er hinzu, »behalf man sich mit Drachen.«

Er nickte und machte eine wegwerfende Handbewegung. Der Ballon stieg langsam und gleichmäßig durch die windlose Luft empor, und ich fragte mich, ob er Indien wohl endlich die so sehnlich erwartete Nachricht bringen würde. Als hätte er meine Gedanken gelesen, fuhr Mr. Joseph fort: »Was ich mir wünsche, ist der Nachweis eines anhaltenden Westwinds mit einem östlichen Jetstream von sechzig Knoten darüber.«

»Was geschieht mit dem Ballon?« fragte ich.

»In einer Höhe von fünfundzwanzig oder dreißig Kilometern platzt er und fällt ins Meer. Und – päng – sind wieder mal fünfhundert Rupien verpufft.« Er beschattete die Augen mit einer Hand. »In der Monsunzeit lassen etwa vierzig Wetterstationen in Indien täglich vier Ballons aufsteigen. Wegen der hohen Kosten sind diejenigen, die über Land fliegen, mit einem Hinweis für den eventuellen Finder versehen, ihn bei der nächsten Polizeistation abzugeben. Das geschieht aber nur in den seltensten Fällen. In den Ballons, die vom Flughafen von Kalkutta aufsteigen, sind Kugelschreiber, Spielzeug, Kassetten und Werbesticker des Wetterdienstes. Damit sollen die Leute animiert werden, sie abzuliefern, doch meistens behalten sie die Geschenke und verwandeln die Kanister in Kochtöpfe und Wasserbehälter. In Assam haben wir sogar Kanister mit Propagandamaterial aus Taiwan gefunden, das für China bestimmt war. Da entwickelt sich eine ganz schöne kleine Subkultur um die Wetterballons.«

Mr. Joseph schaute auf die Uhr und entschuldigte sich. Ein Mann von *All India Radio* wartete auf ein Interview für die Nachrichten. Der Monsun-Beauftragte erklärte pragmatisch: Er könne in zwei Tagen oder in einer Woche kommen; im Augenblick ließen sich keine präziseren Angaben machen.

»Wäre es denn auch denkbar«, fragte der Interviewer, »daß er überhaupt nicht kommt?«

Mr. Joseph zeigte auf seine Karten und wich den unbequemen Fragen aus. Er wies nachdrücklich auf die Andamanensee und die schwache Strömung darüber hin, betonte, daß nur wenige Dinge im Leben sicher seien, und ich stellte mir vor, daß viele Inder gern wissen würden, was wirklich in seinem Kopf vorging. Vielleicht war er nur ein einfacher Beamter, der still vor sich hin arbeitete, doch es wurde allgemein – und gewiß auch von mir – angenommen, daß er ein gottähnliches inneres Auge besaß, das irgendwie imstande war, in die Himmelssphären selbst zu blicken. Obwohl diese Vorstellung natürlich verführerisch war, blieb er bis zum Schluß beamtenmäßig.

Später plauderte ich mit einem seiner gescheiten jungen Assistenten über die Grundregeln der Monsun Vorhersage. Regen, der vor dem zehnten Mai fiel, wurde nicht als Teil des Monsuns betrachtet. Erst wenn fünf von Keralas Wetterstationen an zwei aufeinanderfolgenden Tagen einen Millimeter oder mehr registrierten, konnte der Monsun als solcher angekündigt werden; und selbst dann erfolgte die Ankündigung erst am zweiten Tag. Instabilität war eine stets gegenwärtige Möglichkeit. Niemand atmete auf, bevor der Regen nicht den 13. Breitengrad erreicht, bzw. ein Drittel der Westghats in nördlicher Richtung zurückgelegt hatte. Manchmal kamen Frühwarnungen über Monsun-Aktivitäten von Schiffen der

Indischen-Ozean-Routen; Schiffe meldeten ihnen auch den Beginn von Wirbelstürmen, die sich in manchen Jahren wenige Tage vorher vor der Küste Keralas bildeten. Das war ein äußerst wichtiger Hinweis.

Und schließlich riet mir der junge Mann zu Geduld und empfahl mir dringend, die Sonne zu meiden.

Das allerdings kam mir geradezu schockierend selbstverständlich vor. Trivandrum briet in der Sonne, die Temperaturen kletterten auf ihren jährlichen Höhepunkt. Dies geschah in einem solchen Ausbruch vulkanischer Hitze, daß es schien, als würden gigantische Vergrößerungsgläser alle Sonnenstrahlen bündeln und unmittelbar auf die Stadt richten und als müßte sich bald der ganze Ort mit einem plötzlichen Zischen und Knistern entzünden.

Am Strand von Kovalam war die Luft so stickig wie in einem verschlossenen Raum und das Meer eine bewegungslose silberne Ebene, getüpfelt mit zerbrechlichen, bleistiftdünnen Fischerbooten. Am Horizont glitten Schiffe auf Schienen dahin, und ihr Rauch dröselte sich nach achtern in tiefen seitlichen Linien auf, die sich manchmal annäherten und verbanden wie die Trossen einer Hängebrücke. Riesige Krähen hockten auf Kokospalmen am Wasser. Unten am Strand badete ein junges Paar, die Frau in einem leuchtend roten Sari, ihr Mann in einem wollenen Badeanzug in der Mode des Jazz-Zeitalters. Schwache Brandungswellen rollten überdrüssig heran, dickflüssig wie Sahne. Die dunkle Hautfarbe der Badenden ließ erkennen, daß es Einheimische waren, doch die Hitze setzte ihnen sichtlich zu, und sie zogen sich bald in den tiefen Schatten zurück, wo sie einander lustlos mit Sonnenöl einrieben.

Der Monsun drängte sich in jedes Gespräch. Überall glaubten die Menschen Vorzeichen zu sehen. Ein Mann erzählte mir, er hätte Rebhuhnfederwolken beobachtet, einem anderen waren Spatzen aufgefallen, die im Staub badeten. Beides wurde als günstig gedeutet. Ein heißer Südwind, der Loo, blies launenhaft.

Eine Sonne wie diese hatte ich noch nie erlebt. Sie drang durch die Schädeldecke und implodierte im Gehirn, so daß man innen wie außen geblendet und verwirrt war. Schon die kleinste Bewegung aktivierte die Schweißdrüsen. Sie durchtränkten Kleider und Schuhe; das Gehen wurde zu einer breiigen Angelegenheit, als würde man Weintrauben stampfen. Die Temperatur lag bei zweiundvierzig Grad Celsius, doch man empfand sie als weit höher. Eines der Lokalblätter warnte vor den Auswirkungen solcher Hitze, wie übergroßem Streß, und riet seinen Lesern, die Unterwäsche – die aus leichtester Naturfaser sein sollte – täglich mehrmals zu wechseln.

Der Streß forderte seine alljährlichen Opfer. Am 29. Mai trieb ein gereizter Mann aus dem Dorf Vilappilsala seine zweiunddreißigjährige Ehefrau in den Selbstmord. ›Sie erhängte sich mit dem Ende ihres Saris an einem Baum‹, wie im *Indian Express* zu lesen war. Am selben Tag gerieten rivalisierende politische Parteien bei einer lokalen Wahl in Kottayam heftig aneinander. Die eine behauptete, ›Horden aufsässiger marxistischer Arbeiter hätten beim Austeilen der handgedruckten *bindi* weibliche Zeigefinger mit Wahltinte versehen‹. Die Beschwerde war von einem lautstarken ›neun-Frauen-Block‹ vorgebracht, von den Marxisten aber ebenso entschieden zurückgewiesen worden. In der Erdnuß-Stadt Amreli gab es bei einem Streit zwischen Karrenziehern und Ladenbesitzern zwei Tote und neun Verletzte. In Attingal wurde ein Mann namens Nirmal Kumar von seinen Nachbarn erstochen. Bei Aufständen im Punjab starben vier Menschen, und ein Massaker in Bihar forderte einundvierzig Opfer.

»Alles ganz normal«, erklärte mir ein Mann in einem Kaffeehaus. »Doch wer die Tage überlebt, muß auch die Nächte überleben. Die sind das schlimmste. Der Schlaf flieht uns, und wir träumen mit offenen Augen.«

Kapitel drei

31. Mai

Nachts wachte ich auf und knipste das Licht an. Nichts geschah. Der Schweiß brannte mir in den Augen. Er schien direkt in meine Augenhöhlen zu strömen, sie wie zwei Teiche zu füllen; die Decke wäre, wenn ich sie hätte wahrnehmen können, wohl trüb gewesen, so wie ein Fisch den Himmel sieht.

Als ich mich aufsetzte, fiel mir eine Eintragung aus *Die Reisen des Ibn Battuta 1325–1354* ein. ›Die Hitze war unerträglich‹, hieß es da, ›und meine Begleiter pflegten nackt herumzusitzen, bis auf ein Tuch, das um ihre Hüften geschlungen und ein weiteres, mit Wasser getränktes, das über ihre Schultern gelegt war; letzteres war im Nu wieder trocken und mußte ständig neu befeuchtet werden.‹

Im Licht meiner Taschenlampe zerrte ich das Laken vom Bett und hielt es unter den Wasserhahn. Ich wickelte mich darin ein, nahm auf einem Stuhl Platz und grübelte über den Monsun, bat ihn inständig, sich auf diese dunkle und stickige Küste zuzubewegen. In meiner Vorstellung verwandelte er sich in eine grandiose Luftmaschine, von explodierenden Blitzstrahlen erleuchtet und riesigen regenerzeugenden Motoren angetrieben und mit Donner und Gewitterstürmen gespeist. Er lauerte irgendwo dort draußen, südlich von Kap Komorin, und während ich darüber nachsann, erinnerte ich mich plötzlich an etwas. Nahe beim Kap – wo der Subkontinent zu einem steinigen, südlich ausgerichteten Strand zusammenschrumpft, bevor er ins Meer abfällt – hatte ich vor Jahren ein einsames Haus, groß wie ein Palast, gesehen.

Ich hatte es von meinem Fensterplatz in einer 747 gesichtet und den Eindruck gewonnen, es müsse das letzte Haus Indiens sein. Ich konnte erkennen, daß es weiß war, mit orangefarbenen Dachziegeln gedeckt und von einem parkähnlichen Garten mit Bäumen und mehreren Teichen umgeben. Wir flogen elftausend Meter hoch, doch in der klaren, ruhigen Luft, die noch feurige Spuren früher Morgenfarben aufwies, waren sogar die Spiegelungen in den Teichen zu erkennen. Eine freundliche bengalische Stewardess brachte das Frühstück und bestätigte mir, daß es Kap Komorin war. »Ja, es ist die Stelle, wo Indien endet«, sagte sie. »Dort kommen all unsere Sorgen zusammen und werden im Meer ertränkt.«

Während ich auf das Haus hinabsah, wurde ich plötzlich neugierig. Wer waren wohl seine Bewohner? Wie waren sie? Was mochte es für ein Gefühl sein, am Schnittpunkt dreier Meere und zweier großer Handelsküsten – der Malabar- und der Koromandelküste – zu leben? Und regelmäßig ein berühmtes lokales Naturphänomen zu beobachten: Vollmond und sinkende Sonne, die gleichzeitig und am selben Meeresflecken auf- und untergehen? Ich beschloß, eines Tages auf ein Täßchen Tee dort vorbeizuschauen.

Wenn sich der Monsun weiter verspätete, wollte ich schon morgen hinfahren. Ich befeuchtete noch einmal mein Laken, schlief im Sitzen ein, erwachte, kurz bevor der Morgen dämmerte, und war erstaunt, wie frisch ich mich fühlte.

Der Himmel war sonderbar fahl und schien Wellen von Rauch auszuströmen, so als würden die letzten Wolken der vergangenen Jahreszeit wie Stoppeln abgebrannt. Ich ging an einem kleinen leeren Strandpalast vorbei, der dem alternden Maharaja von Trivandrum gehörte; sein hoher steinerner Turm war von Krähen bevölkert, die ein unaufhörliches schepperndes Geräusch von sich gaben. Schließlich fand ich einen übervollen Bus, der in die Stadt fuhr. Den Kopf tief unter der Motorhaube verborgen, rief der Fahrer, es würde in fünf Minuten losgehen. Ich stieg ein und quetschte mich neben einen hageren, nervös dreinblickenden Mann, der eine

Nickelbrille trug. Er fragte mich nach der Uhrzeit, seufzte und sagte dann: »Scheißspiel.«

Ich lachte und bekam ein flüchtiges Lächeln zurück.

»Ich habe Ihren Slang von ein paar jungen Kerlen der Church of England gelernt, die hier Brunnen ausgehoben haben«, sagte er und warf mir einen Seitenblick zu. »Der Monsun hat Verspätung, der Bus hat Verspätung, ich habe Verspätung. Ich habe, genauer gesagt, zwei Tage Verspätung. So ist das immer. Zu meiner Hochzeit bin ich erst gar nicht erschienen. Für einen Junggesellen sehe ich mit meinen dreiunddreißig ganz schön alt aus!« Als der Fahrer die Motorhaube zufallen ließ und auf seinen Sitz kletterte, rief mein Nachbar plötzlich: »Auf einen Tag kommt es jetzt auch nicht mehr an!« Sprach's und war schon hinausgesprungen. Der Bus setzte sich stockend in Bewegung und schlingerte einen Berg hinauf. Am Straßenrand schlugen hagere Frauen das Felsgestein mit Spitzhacken. An der Busendstation von Trivandrum nahm ich eine Motorradrikscha zum Meteorologischen Zentrum. Die jungen Männer in der Vorhalle sagten, Mr. Joseph sei beschäftigt.

»Er kündigt den Monsun an!« riefen sie.

»Ja, aber für welchen Tag?«

Sie lächelten geheimnisvoll. Einer nahm mir meine Visitenkarte ab und klopfte an die Tür mit dem Schild ›M. S. Rajagopalan, Direktor‹ und trat ein. Kurz darauf erschien er wieder auf der Schwelle und winkte mir zu. Mr. Rajagopalan empfing mich stehend, meine Karte in der Hand.

»Ich kann keine Geräte kaufen!« rief er nervös. »Dazu bin ich nicht befugt. Nur Madras hat die Vollmacht zum Kauf all dieser Sachen.«

Ich starrte ihn verwundert an. »Was für Sachen?«

»Teleskope.«

»*Teleskope?*«

Mr. Rajagopalan nahm Platz und sah mich argwöhnisch an. »Wollen Sie mir etwa keins verkaufen? Hier steht doch *Observer*.«

»Das ist eine Zeitung. Ich bin Journalist und möchte mich über den Monsunbeginn informieren.«

Das veranlaßte ihn, verzweiflungsvoll die Hände zu ringen und auszurufen: »Was wollen Sie denn, der Monsun *kommt* doch! Alles läuft gereizt umher und behauptet, er sei verspätet, dabei ist er Mittwoch, spätestens Donnerstag hier. Das Satellitenbild von dreizehn Uhr fünfzehn wird es bestätigen. Sprechen Sie mit meinem Experten, Mr. Julius Joseph. Aber nicht gleich jetzt. Kommen Sie heute nachmittag wieder. Wir sind im Augenblick alle etwas in Hektik.«

Plötzlich wurde uns beiden bewußt, daß er im Augenblick eigentlich nichts zu tun hatte. Verlegen schlug er eine Ausgabe des *Economist* vom letzten Jahr auf und blätterte hastig darin herum wie jemand, der ein Erste-Hilfe-Handbuch zu Rate zieht, während ein Freund mit einem Schlangenbiß sterbend vor ihm liegt. Ich verließ sein Büro und trat auf die große luftige Veranda. Dort plauderte ich ein Weilchen mit einem kleinen, eifrigen dunkelhäutigen Meteorologen, der, begeistert, einen Zuhörer gefunden zu haben, über sein Fachgebiet lossprudelte.

»Der Unterschied zwischen unserem Wetter und dem Wetter in Europa ist vergleichbar mit dem Unterschied zwischen einem Millionär und einem armen Schlucker. Seine Gewohnheiten sind vorhersehbar, seine Bewegungsfreiheit ist eingeschränkt. Ein Tag ist wie der andere: Er trinkt seinen Frühstückskaffee jeden Morgen in derselben Bar, schleppt sich zu seinem öden Job, kehrt abends heim zu seiner gelangweilten Frau. Das indische Wetter dagegen ist extrem, eigenwillig, spontan und völlig unberechenbar. Es ist der Millionär – so einer von der Sorte, die, ohne lange zu planen, in ein Flugzeug springen und zum Lunch nach London fliegen.«

Ich lachte und fragte, ob das eine Anspielung auf den launischen Charakter des Monsuns sei.

»Gewisse Aspekte des Monsuns mögen es sein«, meinte er. »Wenn ein Gewitter zum Beispiel in einer Dreiviertelstunde gleichsam aus heiterem Himmel auftaucht und nach einer halben Stunde wieder verschwunden ist. Doch der Monsun selbst ist ein Wesen von solcher Größe und Komplexität, daß er mit keinem anderen verglichen werden kann.« Er lächelte und führte die Hand ans Herz. »Hier fängt er an, der Monsun. Wenn Delhi in den Tagen vor seinem Ausbruch anruft, werden wir oft gefragt, wie wir uns *fühlen*. Es ist äußerst wichtig, vor Ort zu sein. Die Vorhersage ist nicht nur eine Sache von trockenen Zahlen und Wetterkarten. Wenn er kommt, gerät man in Hochstimmung, ist man wie berauscht. Vielleicht hat das mit den aufgeladenen Teilchen in der Luft zu tun, ich weiß es nicht. Doch nur ein törichter Meteorologe hört nicht auf seine Gefühle.«

Die Rikscha brachte mich zurück in die Stadt zu einem kleinen, aber exklusiven Blumenladen an der Mahatma Gandhi Road, wo ich auf einen sympathischen jungen Mann namens Babu Varghese traf.

Man hatte mir seine Anschrift in London gegeben. Mr. Varghese hatte auch eine kleine Reiseagentur, Tourindia, und kannte Kerala wie kein zweiter; wenn man Hilfe oder Rat brauchte, war man bei ihm an der richtigen Adresse. Jetzt hatte er Besuch von einem Freund, und beide blickten bekümmert drein. Der Freund, Peter, Autor von Kurzgeschichten in Malayalam, der Sprache Keralas, hatte ihm die Nachricht vom Tod eines gemeinsamen Freundes, eines Filmregisseurs namens John Abraham, überbracht.

»Er ist gestern abend vom Balkon seiner Wohnung in Kalkutta gestürzt«, sagte Peter. »Aus dem dritten Stock, soweit ich weiß.«

»Hatte er getrunken?« fragte Mr. Varghese.

»Offensichtlich.«

»John hat ziemlich viel getrunken.«

»Das scheint der Grund gewesen zu sein. Er hat wohl das Gleichgewicht verloren und ist vornüber gekippt.«

Mr. Varghese bot mir eine Tasse schwarzbraunen Kerala-Kaffee an, während Peter einen Kranz bezahlte, ein kostbares

Gebinde aus Jasmin und Orchideen, wie es sich im allgemeinen nur Ärzte und Gewürzhändler leisten können. Das sei auf den Aufschwung des Kurzgeschichten-Marktes in Kerala zurückzuführen, erklärte Mr. Varghese, als sein Freund gegangen war. »Unsere Top-Autoren verdienen ganz schön«, fügte er hinzu und lehnte sich in seinen Stuhl zurück. »Was kann ich für Sie tun?«

Ich erzählte ihm von meinem generellen Interesse am Monsun und meinem unmittelbaren Interesse an dem letzten Haus von Indien. »Ja, ich kenne es«, sagte Mr. Varghese. »Ein Hotel. Ich kann Sie mit meinem Wagen hinbringen. Wär's Ihnen morgen recht?«

Als ich ihm dankte, lächelte er. »Es wird mir guttun, ein wenig aus der Stadt rauszukommen. Und bitte, nennen Sie mich Babu. Wir Keralaner mögen keine Förmlichkeiten.« Er schaute auf die Uhr. »Was haben Sie jetzt vor?«

»Nichts Besonderes.«

»Dann könnten wir einen Freund von mir besuchen – einen Arzt und Schwertkämpfer. Seine Arbeit ist sehr vom Regen abhängig.«

Babus Wagen aber, ein älterer hindustanischer Ambassador mit einem Sieben-PS-Motor, wollte nicht anspringen. Während der Fahrer, ein nervöser schmächtiger Mann im Safari-Anzug, die Motorhaube öffnete, um einen Blick hineinzuwerfen, sagte Babu, daß der allgegenwärtige Ambassador, das auf Indiens Straßen am häufigsten anzutreffende Fahrzeug, in Wirklichkeit eine exakte Nachbildung des British Morris Oxford der fünfziger Jahre sei. »Er ist schwer und ziemlich schwach auf der Brust. Der Motor ist kaum größer als eine Kokosnuß.«

»Der Motor *ist* eine Kokosnuß«, meldete sich jetzt der Fahrer zu Wort und setzte sich hinters Steuer. Er machte einen erneuten Versuch, diesmal erfolgreich, und lenkte den Ambassador kurz darauf behutsam an einem Stadttempel vorbei, wo zwischen den Luftwurzeln eines Banyanbaums steinerne

Schlangenskulpturen aufgerollt lagen. Die Stirn der Schlangen war mit gelbem Kurkumapulver bedeckt. Zwei junge Mädchen berührten sie und führten den Finger an die Stirn, bevor sie plaudernd durch die Tür eines Schuppens traten, auf der ein Schild angebracht war:

Copy Shop
Top Copies in Secs

Wir hielten vor einem gesichtslosen zweistöckigen Gebäude. Babu erklärte, es sei das Kalarippayat Centre, und führte mich in ein kleines Wartezimmer, das nur mit einem Tisch und ein paar Stühlen ausgestattet war. Rauchschwaden von einem Holzfeuer drangen durch die halbgeöffnete Tür eines Vorraums, Murmeln und Töpfeklappern war zu hören. Nach einer Weile erschien ein sportlich wirkender Mann in den Fünfzigern und lächelte uns zu. Er war schlank, trug eine Brille auf der Adlernase und verband in seinem Wesen seelsorgerische Freundlichkeit und intellektuelles Selbstvertrauen.

Babu sprang auf. »Das ist C. V. Govindankutty Nair«, murmelte er. »Der *gurukkal*, der Meister des Kalarippayat Centre.«

»Guten Tag«, sagte Mr. Nair.

»Sein Vater war auch schon ein Meister«, fuhr Babu fort, »und sein Sohn wird in seine Fußstapfen treten.«

Mr. Nair grinste. »Sie glauben jetzt sicher, Südindien sei eine Hochburg der Vetternwirtschaft! Naja, wenn Sie erst mal gesehen haben, was wir hier machen, wird alles weniger verwirrend für Sie sein. Aber schön eins nach dem anderen. Kaffee oder Tee?«

Eine scheue Frau mittleren Alters servierte uns Kaffee, der die Farbe von Malzbier hatte und von einer entsprechenden weißen Sahnehaube gekrönt war. Mr. Nair sah mich prüfend an. »Haben wir da nicht ein kleines Problem mit dem Rücken?«

Ich starrte ihn verdutzt an. »Nun, ja.«

»Spätfolgen eines Autounfalls vielleicht?«

Er hörte aufmerksam zu, als ich ihm in kurzen Worten meinen Zustand schilderte, bot mir aber keinen besonderen Trost an. »Bleiben Sie einen Monat bei mir, und ich versetze Sie in einen Zustand bester Gesundheit und Geistesverfassung. Aber *reparieren* kann ich Sie nicht.«

»Es wird mit Massagen gemacht«, sagte Babu.

»Eine Reihe von Massagen mit speziellen Ölen«, erklärte Mr. Nair. »Und der Beginn des Monsuns ist der optimale Zeitpunkt dafür. In dieser Zeit lassen sich Körper und Geist am besten kurieren. Für einen Europäer mag das wie Quacksalberei klingen, doch ich kann Ihnen garantieren, daß es wirkungsvoll ist.«

Er stand auf und führte uns in einen Vorraum, ein kleines nach Kräutern duftendes Kesselhaus, in dem auf einem geschwärzten Steinherd ein Feuer schwelte. Ein alter Mann goß behutsam Sesamöl aus Bierflaschen in einen riesigen gußeisernen Topf. Zwei Frauen saßen auf einer Bank; die eine hatte einen vereiterten Arm, der in fleckiges Verbandszeug gewickelt war.

»Die Ambulanz«, sagte Mr. Nair. »Diese Damen warten auf ihre Behandlung.« Ich vernahm Ächzen und Schwertergeklirr von irgendwoher in der Nähe. »Was Sie gleich sehen werden, könnte Sie auf den Gedanken bringen, daß ich auf Sportmedizin spezialisiert bin, dabei bin ich eher Allgemeinmediziner. Es kommen Leute zu mir mit rheumatischen Beschwerden, Rückenproblemen, Muskelschwund, andere zur Generalüberholung des Körpers. Wir nennen das *sukha chikilsa,* und der Monsun bietet die besten Voraussetzungen dafür.«

Er führte uns einen Flur hinunter, und die Gladiatorengeräusche nahmen zu. Jemand schrie »Unngghhh!« Das nachhallende Klirren von aufeinanderschlagendem Metall klang wie eine Massenkarambolage auf der Autobahn. »Das *uzhichil*, das heißt die Massage«, fuhr Mr. Nair fort, »sollte in der Anfangszeit des Monsuns vorgenommen werden, und zwar vom Meister selbst. Er reibt den Patienten mit medizinischen Ölen ein. Das tut er mit seinen Füßen, wobei er an Seilen hängt.«

»Der indische Seiltrick!« sagte Babu.

Wir traten in einen kleinen eingelassenen Zirkusring, in dem zwei Männer mit glänzenden Körpern, nur mit Lendenschurzen bekleidet, einander mit schweren Säbeln angriffen. Sie bewegten sich äußerst schnell und präzise, indem sie schnitten, parierten, stießen, abtauchten und herumwirbelten. Der eine, etwa Mitte zwanzig, drängte seinen jüngeren Gegner mit einer raschen Folge von krachenden Hieben zurück, wobei dieser aufschrie und das Weiß seiner Augen sichtbar wurde. Mr. Nair rief einen Befehl, und die beiden ließen, sich tief verneigend, auf der Stelle voneinander ab und zogen sich in ihre Ecken zurück.

»Der ältere ist mein Sohn«, sagte Mr. Nair.

Ich sah, wie der Sohn sein Schwert hinwarf, einen Bambusstock aufhob und ihn durch die Luft sausen ließ wie eine Fliegenklatsche.

»Das ist Kalarippayat, eine Form der Kriegskunst, von den Göttern – das heißt, wahrscheinlich von reisenden japanischen Mönchen – erfunden, um Kerala zu verteidigen. Noch vor einem Jahrhundert war die Ausbildung in dieser Kampfart für jeden Jugendlichen Pflicht, ganz gleich ob männlich oder weiblich. Es war ein wesentlicher Teil ihrer Erziehung, so wichtig wie Lesen und Schreiben lernen. Sie gebrauchten es, um ihre Streitigkeiten zu regeln, was nicht selten tödlich endete, und so wurde es von den Engländern verboten. Doch noch bis etwa neunzehnhundertdreißig haben die Kämpfer einander getötet.«

Am Rande des Rings standen ein Dutzend Jugendliche, die aufmerksam zuschauten. Zwei erwachsene weiße Amerikaner, ein Mann und eine Frau, warteten auf ihren Kampf, beide im Lendenschurz, die Frau mit einem Gazestreifen über der Brust. Sie war hübsch und sehr sexy. Ich lächelte ihr zu und bekam einen unpersönlichen, abschätzenden Blick zurück, der mich für einen Seitwärtshaken zu taxieren schien.

»Diese Disziplin wird ihnen später im Leben große Selbstsicherheit geben«, meinte Mr. Nair, mit dem Kinn auf die Kinder deutend. »Acht ist das ideale Alter und der Anfang des Regens der ideale Zeitpunkt. Die Kinder sollten zu Beginn ihres achten Monsuns einsteigen. Zuerst werden ihnen sieben Tage die Füße mit einer Mischung aus Butter und Rizinusöl massiert, was ich wieder an meinen Seilen vornehme, und dann fängt das eigentliche Training an. Sie lernen alles über Gleichgewicht, Körperkontrolle und die Notwendigkeit, die Augen des Gegners zu beobachten. Immer die Augen! Nie die Hände! Sie erlernen die Kampftechniken mit dem langen Schlagstock, dem Speer, dem Dolch, dem Schwert und dem Schild.«

Der Sohn und sein Teenage-Gegner kehrten mit Schlagstöcken in den Ring zurück, verneigten sich respektvoll voreinander, bevor sie einen erbitterten Nahkampf austrugen. »Früher kämpften wir mit gebogenen Stachelstöcken, die absolut tödlich waren. Wenn man jemanden in einen der hundertacht Druckpunkte des Körpers stieß, konnte man Tod oder Bewußtlosigkeit herbeiführen. Es gibt genau vierundsechzig tödliche Druckpunkte. Die Engländer haben auch die Stachelstöcke verboten, zu Recht übrigens.«

Ich mußte gestehen, daß ich immer noch nicht begriff, was das alles mit dem Monsun zu tun hatte.

»Nach der extremen Hitze des Sommers«, erklärte er, »ist der Körper ausgelaugt und erschöpft. Dann aber kommt der Regen und bietet uns jedes Jahr aufs neue die Chance der Erneuerung. Er nährt und stärkt uns. Plötzlich hat der Körper das Potential für Kraft und Wachstum. Das ist der geeignete Augenblick, seine chronischen Beschwerden zu behandeln – und ihn für Höchstleistungen zu trainieren, etwa solche, die Sie hier sehen.« Er lächelte mir zu. »Da ist nichts Geheimnisvolles dran. Dies Wissen ist so alt wie Indien selbst.«

Als die Kämpfer ihr Duell beendet hatten, berührten sie Mr. Nairs Füße und dann vier winzige Schreine, in denen zwischen Blüten Öllämpchen standen. Ich ging zu den beiden Amerikanern, die aus Arizona waren und mir sagten, sie planten, in ihre Heimat zurückzukehren und dort ihren eigenen Kalarippayat-Club aufzubauen.

»Ich beherrsche das Schwert und den Schlagstock«, sagte die Frau. »Doch Speer und Keule behagen mir nicht.«

»Warum die Keule?«

»Man drischt damit auf die Leute ein. Das ist eine Waffe für Straßenräuber. Außerdem wiegt sie schwer wie Blei.«

»Schläge mit der Keule unter die Gürtellinie sind verboten«, sagte der Mann.

»Arizona ist für die Keule einfach noch nicht reif«, sagte die Frau.

Ein wohlgenährter, gutgekleideter Mann mittleren Alters tippte mir auf die Schulter und fragte mich, warum mich das alles interessiere. Ich hielt ihn für einen pensionierten Kämpfer auf dem Gebiet der Buchhaltung oder des Rechnungswesens, doch es stellte sich heraus, daß er der Inhaber eines Pflegeheims in Kerala war, dessen Patienten mit Beginn des Regens aus allen Teilen Indiens kommen würden.

»Was fehlt ihnen?« fragte ich.

»Etwas abgespannt vielleicht. Müde, gestreßt. Übergewicht und zuviel Alkohol und Nikotin – die typischen Probleme der Reichen. Die Kerala-Monsunkur ist sehr in Mode gekommen, ironischerweise, denn sie basiert auf fünftausend Jahre alten Theorien. Ayurveda wurde von den Briten untersagt, denn sie hielten diese Methode für ein Produkt abergläubischen heidnischen Denkens und ließen all ihre Bücher verbrennen; zum Glück aber konnten ein paar vor den Flammen gerettet werden. Was die Leute so anlockt, ist die Tatsache, daß diese Behandlungsmethoden anschlagen, ohne unangenehme Nebenwirkungen zu haben. Sie bestehen aus einer Diät und regelmäßigen Massagen mit einer Substanz aus gekochtem Reis oder bestimmten Pulvern oder mit Ölen, die mit Kräutern und den Säften von Heilpflanzen gemischt sind. Diese Öle müssen aufwendig vorbereitet werden und kosten eine Menge Geld. Billig sind unsere Kuren somit nicht.«

»Aber warum ist der Monsun so wichtig?«

»Nun, zuerst einmal«, sagte er behutsam, »bringt er ausgeglichene Temperaturen, nicht zu heiß und nicht zu kalt.«

»Das ließe sich doch auch mit einer Klimaanlage erreichen.«

Er warf mir einen forschenden, leicht bekümmerten Blick zu, schüttelte dann den Kopf und wandte sich ab, um den Amerikanern zuzusehen.

Sie standen sich im Ring gegenüber, umkreisten sich vorsichtig, die Schlagstöcke einsatzbereit. Jetzt stießen sie aufeinander, und die Frau ging mit blitzenden Augen zum Angriff über. Klack-klack hörte man die Stöcke schlagen. »He!« Der Mann sprang erschrocken zurück. *»Los!«* brüllte sie.

Arizona, so dachte ich, mochte noch nicht reif für die Keule sein, aber war es reif für diese Amazone? Ich verabschiedete mich von Mr. Nair, der mit verschränkten Armen zusah, und begleitete Babu zum Wagen zurück.

»Wissen Sie«, sagte er, »das sind keine richtigen Kämpfe. Dazu ist das ganze viel zu formal und beherrscht. Es ist mehr wie ein kriegerisches Ballett, eine Reihe von Übungen, um Körper und Geist zu testen. Kondition, Gesundheit und Disziplin. Darum geht es im Grunde.«

»Und das soll alles mit dem Monsun zusammenhängen?«

»Oh, ja. Der Monsun ist absolut entscheidend.«

Er setzte mich in der Press Road ab, bevor er in seinen Laden zurückfuhr; weitere Kränze würden für John Abraham bestellt werden. Nachdem wir verabredet hatten, am nächsten Morgen in aller Frühe zum Kap Komorin zu fahren, knatterte sein Wagen davon, einen Schweif blauen Qualms zurücklassend. Die Flammenbäume waren voll leuchtender Blüten, die, wenn der Monsun einsetzte, herabfallen und die Straßen wie mit glühenden Kohlen bedecken würden. Ich ging am Ladies Fancy Centre und Swopna Tourist Home vorbei und fand ein kleines Café, in dem es köstliche getoastete Käse-Sandwiches gab.

Hier fielen mir plötzlich die neun Leprakranken ein, die mein Vater auf eine winzige Insel, in Sichtweite unserer eigenen, verbannt hatte. Er besuchte sie mehrmals im Monat, doch wegen der Ansteckungsgefahr war es mir nicht erlaubt, ihn zu begleiten. Jetzt entsann ich mich auch, daß sie regelmäßig nach einem heftigen Regen in ihren Booten auftauchten, die keine Spuren auf dem Wasser hinterließen. Sie trieben aus der noch blauen Luft heran und glitten, die Hände zum Gruß erhoben, nur wenige hundert Meter von unserem Haus vorbei. »Wink ihnen zu«, befahl mein Vater dann. Sie waren stets so weit entfernt, daß ich ihre löwenartigen Züge und die weggefressenen Gliedmaßen, die mich am meisten interessierten, nicht erkennen konnte. Jetzt aber fragte ich mich zum erstenmal, warum sie immer diesen Zeitpunkt für ihre Unternehmungen wählten. Es mußte einen Zusammenhang zwischen Gesundheit und Monsun geben, dachte ich bei mir. Die Atmosphäre löste wohl ein heftiges Gefühl von Wohlbehagen aus, das sie zu diesen kleinen Exkursionen beflügelte.

Würde der Ausbruch des Monsuns auch für mich wohltuend sein? Setzte er wirklich feine belebende Substanzen frei, die einen wieder ›ganz‹ machten? War er auch für den Nacken gut?

Der Kellner brachte meine Rechnung, und während ich die Rupienscheine zählte, fragte ich ihn, ob er an die heilende Kraft des Monsuns glaube.

Er war ein kleiner, spindeldürrer, unrasierter Mann, doch er antwortete mit fester Stimme und ohne zu zögern.

»Wenn gewisse Grundregeln eingehalten werden, ja. Das wichtigste Gebot für die Regenzeit ist Mäßigung. Meiden Sie Anstrengung, Kühle, Sonne und Geschlechtsverkehr. Essen Sie immer gemäß Ihrer *dosha* oder körperlichen Konstitution. An heißen, windlosen Tagen sollten Sie vielleicht mit Honig gesüßte Speisen, an kalten und stürmischen nur gekochten Winterreis und ein wenig klare Brühe zu sich nehmen. Trinken Sie Kokosnußwein in kleinen Mengen und Regenwasser, mit Honig vermischt. Lassen Sie sich regelmäßig mit Sesamöl auf einem Tisch aus *kaanjiram*-Holz massieren; Fußmassagen fördern gesunden Schlaf und gutes Sehvermögen. Vermeiden Sie es, tagsüber zu schlafen, und lesen Sie möglichst wenig; es strapaziert die Augen. Setzen Sie sich lieber in ein Café und beobachten Sie das Treiben auf den Straßen. Tragen Sie Blumenkränze und meiden Sie feuchte Häuser. Wenn Sie all das befolgen, werden Sie sich zum Fest der Göttin Parvati im September wie neugeboren fühlen.«

Ich rief den Herausgeber einer der vierzig Tageszeitungen von Kerala an. Er sagte, die Zeit unmittelbar vor dem Ausbruch sei für jedermann sehr schwierig. »Die Ernte ist vorbei, die Börse ist auf dem Tiefststand, das Einkommen ist auf dem Tiefststand, selbst unsere Auflage ist auf dem Tiefststand. Es gibt kaum Werbung, und weniger Leute können die paar Münzen für eine Zeitung erübrigen. Meine Mitarbeiter und ich wünschen den Regen so sehnlich herbei wie jeder Bauer.«

Im Meteorologischen Zentrum warteten mehrere Journalisten der Lokalpresse vor dem Büro von Julius Joseph, der, wie sie mir erklärten, in einer Besprechung sei. »Wenn Sie ihn sehen wollen«, sagte der eine, »müssen Sie sich hinten anstellen.«

»Wie lautet die letzte Vorhersage?« fragte ich.

»In zwei Tagen. Und dieses Jahr soll er besonders heftig ausfallen.«

In einer Buchhandlung an der Mahatma Gandhi Road ging ich die Regale mit den Anthologien von Kurzgeschichten in Malayalam durch. Babu hatte recht, sie waren äußerst populär und schienen sich ebensogut zu verkaufen wie Kochbücher. Dann fiel mein Blick auf einen großen blauen Band mit dem Titel *Southwest Monsoon* von Y. P. Rao, Generaldirektor des Observatoriums des Indischen Meteorologischen Instituts. Raos *Southwest Monsoon* war ein Klassiker, an den schwer heranzukommen war. Das hübsche, etwas hochnäsige Mädchen an der Kasse meinte, er hätte bestimmt einem verstorbenen Meteorologen gehört; ihr Chef würde gelegentlich Nachlässe aufkaufen. Im Bus nach Kovalam warf ich einen Blick hinein. Im Vorwort stand, daß der Südwestmonsun schon seit über vier Jahrhunderten Gegenstand intensiver Studien sei, und als Beweis deckten seine Kapitelüberschriften so verschiedene Aspekte wie ›Ausbruch und Abzug‹, ›Bahn über dem Äquator‹, ›Luftmassen‹, ›orographische Effekte‹, ›Charakteristika von Wolken und Niederschlag‹, ›Gleichgewicht von Masse, Strahlung, Winkelmoment‹ und ›Modellrechnung‹.

Als ich an diesem Abend vor meinem Fischcurry saß, versuchte ich, die Geheimnisse des Monsuns zu ergründen. Wetterleuchten durchzuckte den dunklen sternenlosen Himmel, und der Kellner, der sich mit dem Handrücken den Schweiß von der Stirn wischte, beklagte, daß er den neuen Mond des Ramadan nicht sehen könne, verborgen in den aufgetürmten Wolken wie ein Goldring im Schneegestöber.

›Berson und Deacon haben bewiesen, daß heftige Regenfälle während des Monsuns (Juni-Juli) zu gewissen Zeiten des Lunarmonats weitaus häufiger sind‹, hieß es in Raos Buch.

»Verstehen Sie, was damit gemeint ist?« fragte ich den Kellner.

Er spähte über meine Schulter. »Heut abend haben wir Erstes Licht vom zunehmenden Mond und Beginn vom Licht-Halbmonat, in dem Monsun kommen wird.« Er schenkte mir Wasser ein. »Vielleicht meint er auch Mondhäuser von Monsun. Diese sagten den Astrologen, wann Wolken schwanger werden und platzen würden. Früher waren es Astrologen, die Monsun voraussagten. Mein Onkel meint, sie waren sehr genau. Er findet, sie sollten ein paar von ihnen am Wetteramt einstellen.«

Die Lichter gingen aus. »Vielleicht nimmt Dunkler Mond auch ab«, murmelte er. Damit eilte er davon, um eine Kerze zu bringen.

1. Juni

Babu holte mich in aller Frühe ab. Er sagte, die Fahrt nach Kanniyakumari, der kleinen Gemeinde am äußersten Ende vom Kap Komorin, werde vier Stunden dauern, vorausgesetzt, der betagte Ambassador streike nicht; sein Fahrer und er sprachen besorgt von einem drohenden Achsenproblem.

Der Himmel loderte weinrot und korallfarben, die kühle Luft war vom Duft der Zitronenbäume erfüllt. Als wir am Strand von Kovalam, einem der schönsten ganz Indiens, entlangfuhren, klagte Babu über die saisonale Verseuchung durch alternde europäische Hippies – die Kids, die in den Sechzigern die Ashrams bevölkert hatten und aus Trägheit oder Mittellosigkeit geblieben waren.

»Darunter sind viele Nudisten und Drogenabhängige«, sagte er finster. »Zur Hauptsaison kauft man hier Cannabis ebenso leicht wie Bananen. Er wird zum Teil sogar ganz in der Nähe angebaut, im Waldgrundstück einer äußerst gewalttätigen Amerikanerin. Cannabis ist eine der großen Monsunernten; er wird von jungen Weißen, die damit ihre Indienreisen finanzieren, in Jutesäcken fortgeschafft. Die Polizei unternimmt nichts, weil die Frau eine Psychopathin ist. Sie scheinen sich vor ihr zu fürchten.«

Jetzt, außerhalb der Saison, war der Strand ein leerer sichelförmiger Streifen weißen Sandes, von heftiger Brandung gesäumt. Auf der Suche nach irgend etwas zum Munterwerden machten wir in einem Teeshop Halt, der von Tabakqualm und hitzig debattierenden Stimmen erfüllt war. Hier wurden die vierzig Zeitungen in Malayalam laut gelesen, zitiert und diskutiert.

»Das sind allesamt Marxisten!« brüllte Babu über den Lärm hinweg. »Da Kerala ein kommunistischer Staat ist, hören die Leute mehr auf Moskau als auf Delhi und machen Rajiv Gandhi sehr, sehr nervös.«

Ein Mann mit Hakennase und Brille, der die Bemerkung aufgeschnappt hatte, schrie mir ins Ohr: »Gandhi und die

Kongreßpartei sind *erledigt!* Der Kongreß ist ein Dinosaurier, der in den letzten Zuckungen liegt und klinisch längst tot ist! Sein Hirn hat seit mehreren Monden keine Signale mehr ausgesendet!«

»Wenn Sie Russe wären«, meinte Babu später, als wir wieder im Wagen saßen, »hätten die Leute spontan eine Party für Sie auf die Beine gestellt. Ich war schon in solche Feierlichkeiten verwickelt; sie können lang und sehr ermüdend sein.«

Die Straße führte uns jetzt von der Küste ins Landesinnere. Kleine Dörfer tauchten zwischen Palmenhainen auf. In jedem standen Reihen von Frauen, schweigend mit Töpfen und Eimern, und warteten auf die Wassertanks. Manche Töpfe waren so lange poliert worden, bis sie glänzten, und ihre Besitzerinnen in herrlich bunten Saris sahen aus wie Hochzeitsgäste mit ihren Geschenken.

»Es ist jetzt wirklich schlimm«, sagte Babu. »Viele der Menschen leiden Durst. Wenn der Regen nicht bald kommt – und ich meine damit in den nächsten Tagen –, wird die Lage kritisch.«

In jedem Dorf sah man Kinder auf dem Weg zur Schule, darunter sehr kleine und ängstliche, alle gewaschen und proper gekleidet; die Mädchen trugen Blumen in den langen geflochtenen Zöpfen. »Der 1. Juni!« sagte Babu. »Der erste Schultag *und* der Monsun. Als ich noch ein Kind war, kam er gewöhnlich morgens um acht, wenn wir auf dem Schulweg waren. Wir wurden jedesmal pitschnaß.«

Er reichte mir eine zerknitterte Ausgabe des *Indian Express* und deutete auf einen Artikel auf der Titelseite. Er lautete:

> Etwa 5 700 000 Kinder machen sich heute auf den Weg zur Schule und markieren somit den Beginn des neuen Schuljahrs. Unter den 5 700 000 werden etwa 620 000 Knirpse sein, die in die neue Welt des Wissens und eine neue Phase der Sozialisation treten.

Normalerweise fällt die Öffnung der Schultore bei uns mit dem Beginn des Monsuns zusammen. Doch der Sommer hält noch immer an, und der Regen, der gewöhnlich das Hintergrundgeräusch für die rauchenden Köpfe bildet, wird erst in ein oder zwei Wochen erwartet.

»Ein oder zwei Wochen?«

»Das meint ihr Bildungskorrespondent«, sagte Babu. »Man kann doch nicht erwarten, daß er auch was von Meteorologie versteht.« Er nahm die Zeitung wieder an sich. »Unsere Eltern beobachteten damals besorgt den Himmel und drängten uns, früh genug aus dem Haus zu gehen. Wir richteten es natürlich so ein, daß uns der Regen ordentlich erwischte. Wenn er einsetzte, waren die Straßen voll von hüpfenden, tanzenden Kindern, die in Wind und Regen hinein schrien. Schließlich erreichten wir triefnaß die Schule, beinahe trunken vor Aufregung, und die Lehrer beschworen uns: ›Beruhigt euch! Beruhigt euch!‹ Doch sie waren genauso erregt wie wir, und diese ersten Schulstunden nach den Ferien waren von einem allgemeinen, fast überirdischen Glücksgefühl durchdrungen.« Er lächelte, während er sich in jene Zeit zurückversetzte. »Wenn draußen der Monsun tobte, schien uns sogar die verhaßte trockene Algebra von Leben erfüllt.«

Wir hielten vor einem tiefergelegenen grasigen Hof mit moosbewachsenen Steinen und einem kleinen Tempel. Ein Kind, dem Babu ein paar Münzen reichte, betupfte unsere Stirnen mit Sandelholzpaste und rief dann einem versteckten Kollegen etwas zu. Sekunden später versetzten mich drei explosionsartige Knalle, gefolgt von einer imposanten Rauchwolke, in Angst und Schrecken.

»Es sind nur Knallkörper«, sagte Babu. »Sie sollen unserer Reise Segen bringen und unsere Wagenachse schützen. Es ist ein Muß, hier zu halten. Die Zahl der gekauften Knallkörper hängt vom Geschick des Fahrers ab; ein sehr guter Fahrer verlangt nur zwei, ein wirklich schlechter ein Dutzend oder mehr. Busse halten zwar nicht, doch die Passagiere werfen im

Vorüberfahren Münzen heraus, und es werden Knallkörper für sie entzündet. Der Betrieb arbeitet rund um die Uhr, und sie lassen täglich im Schnitt siebentausend Knallkörper hochgehen.« Er machte dem Chauffeur ein Zeichen, weiterzufahren. »Auf dem Rückweg müssen wir noch welche kaufen, um für unsere sichere Rückkehr zu danken.«

Wir kamen jetzt durch eine liebliche Landschaft, zur Linken glatt gemeißelte Hügel, zur Rechten eine Kette tiefer Teiche, verbunden durch schmale Wasserläufe, die über Kiesel plätscherten. Die Reisfelder, Gärten und Wäldchen dazwischen zeigten alle Schattierungen von Grün. Wenn man die Augen zur Hälfte schloß, war einem, als blickte man durch eine Linse aus opakem römischem Glas; öffnete man sie, so gab das tropische Licht jedem Blatt, jedem Palmwedel scharfe Konturen.

Babu erzählte vom Monsun. Er sagte, vor drei Jahren wäre in Trivandrum eine große Gebetszeremonie abgehalten worden. Sie fand traditionsgemäß und laut Verfügung in der Trockenperiode vor dem Monsun statt und begann mit dem Entzünden eines Feuers. (Die mit der Aufgabe betreuten Priester verfuhren nach alten Bräuchen, indem sie Stöcke aneinanderrieben, benötigten aber so lange dazu, daß sie von der lokalen Presse verspottet wurden. ›NOCH IMMER KEINE FLAMME!‹ stichelten die Schlagzeilen. Am dritten Tag war die Aktion endlich von Erfolg gekrönt.) Die Vorschrift lautete außerdem, daß die Flammen vom Regen gelöscht werden sollten, was wiederum enormes Interesse im Ausland weckte. Mehrere westliche Wissenschaftler waren zugegen, darunter ein Beobachter der NASA.

»Die Woche schleppte sich dahin«, sagte Babu, »und nichts passierte. Menschenmengen strömten zum Beten zusammen. Die Atmosphäre war sehr fromm. Die Frau des höchsten Priesters hielt die Hände ineinander verklammert – die Nägel tief in die Ballen gegraben – und konnte sie nicht öffnen, bevor der Regen kam. Diese Buße hatte zur Folge, daß alles für sie gemacht werden mußte, Füttern, Zähneputzen, wirklich alles. Der Himmel aber blieb völlig klar, die Luft kochend heiß. Gegen Ende der Woche fingen die Leute an zu klagen, also gingen die Priester ans Werk.«

Ich lachte.

Er bedachte mich mit einem todernsten Blick. »Ich war *dabei*«, sagte er. »Ich hab alles gesehen, was sie machten. Das Feuer war in einem geräumigen Holzpavillon entzündet worden, und als bestimmte Mantras gesungen wurden, die die Flammen über drei Meter hoch springen ließen, geriet das Gebäude selbst in Brand. Vierzig Löschwagen standen bereit, denn man fürchtete, ganz Trivandrum könnte brennen. Die Priester begannen, gewisse Dinge ins Feuer zu werfen. Dichter Rauch entwickelte sich, der zu einer erstaunlichen Säule von über tausend Metern anstieg. Dann stießen Adler aus dem Rauch hervor. Der Himmel verdunkelte sich, und schon bald setzte sintflutartiger Regen ein. Innerhalb von Minuten war das Feuer erloschen, und jedermann ging heim.«

»Ich glaube Ihnen kein Wort«, sagte ich.

Er zuckte die Schultern. »Die Leute hielten es für ein Wunder, doch man verwendete Hunderte von speziellen Kräutern, Blättern, Gewürzen und aromatischen Hölzern, die nur dem *nambi*, oder Hauptpriester, bekannt sind. Wenn man sie in der richtigen Reihenfolge verbrennt, produzieren sie Regen. Die westlichen Wissenschaftler haben es auf jeden Fall geglaubt. Sie sprachen von merkwürdigen chemischen Reaktionen auf die Substanzen im Feuer.«

»Und die Adler?«

Er warf mir sein bedächtiges, leicht spöttisches Lächeln zu. »All der Rauch scheuchte Tausende von kleinen Vögeln aus den Bäumen. Die Adler waren weder aus noblen noch heiligen Gründen dort, mein lieber Alex. Sie waren ganz einfach zum Lunch erschienen.«

Sonderbare Geräusche drangen von der Unterseite des Wagens an unser Ohr. Im nächsten Dorf befragten wir den Schmied, einen untersetzten, wortkargen Mann, der durch die Zähne pfiff, während er der Achse ein paar flüchtige

Schläge mit seinem Hammer verpaßte. Wir fuhren vorsichtig weiter, und ich begann, als wir uns Kanniyakumari näherten, nach meinem Haus Ausschau zu halten. Doch Kanniyakumari erwies sich als eine schäbige kleine Stadt, deren einzige größere Gebäude ein paar öde Hotels und ein oder zwei reichverzierte Tempel waren. Ansonsten nichts weiter als Reihen von Souvenirbuden, die Erdnüsse feilboten, bemalte Muscheln und Schachteln mit Sand dreier verschiedener Farben; er war den angrenzenden Stränden der drei am Kap zusammentreffenden Meere entnommen: dem Arabischen Meer, der Bucht von Bengalen und dem Indischen Ozean.

Zweihundert Meter der äußersten Spitze Indiens vorgelagert liegt die Felseninsel, auf der Swami Vivekananda meditierte, bevor er sich achtzehnhundertzweiundneunzig zu seinem Missionskreuzzug nach Amerika einschiffte. Kleine rostzerfressene Fähren, bevölkert mit Hochzeitsreisenden und Pilgern, die hierhin wallfahrteten, um in die drei Meere am Kumari Ghat einzutauchen, tuckerten zwischen Festland und Insel hin und her. Neuvermählten verheißt dieses kurze Bad Glück, Sündern Vergebung und einen Neubeginn.

Wir besichtigten die Stelle, an der Mahatma Gandhis Asche, per Zug aus Delhi herbeigeschafft, in die Fluten gestreut worden war, und sahen, wie sich Menschen jeden Alters ihren Weg über die kleine steinige Bucht bahnten, um sich kühn in die riesigen Brecher zu stürzen, die ohne Unterlaß von der Antarktis bis hierher angerollt kamen. Wenn sie Glück hatten, würden sie später das Schauspiel der sinkenden Sonne und des gleichzeitig über demselben Fleckchen Meer aufsteigenden Mondes genießen können. Mehrere hundert Menschen saßen am Ufer und starrten nach Süden in den abendlichen Himmel. Er loderte tiefrot wie von einer Explosion und rief unter den Zuschauern eine düstere Stimmung hervor. Es war fast völlig windstill.

»Da ist Ihr Monsun«, sagte Babu, ebenfalls auf den Himmel blickend. »Er ist nicht mehr fern.«

Als ich durch den Basar ging, vorbei an Tempeln, die wie

Linienkreuzer mit bunten Lichtern geschmückt waren, kam mir zu Bewußtsein, daß mein Gesicht das einzig weiße in der Stadt war. Die Stimmen ringsum sprachen in allen indischen Dialekten, und nicht zum erstenmal wurde mir bewußt, daß ich nur ein Fremdling unter vielen war. Indien schien eine Nation von Millionen von Ausländern zu sein, eine verwirrende Menge sich gegenseitig ausschließender Sprachen, Götter und Kulturen, bei der man sich wundern mußte, daß sie überhaupt regierbar war.

Ich wurde von nackten Sadhus angesprochen, wild aussehenden Zeitgenossen, die mit drohenden Gebärden Geld von mir forderten. Babu verscheuchte sie und führte mich zu einem großen, häßlichen Gebäude, dem Kerala State Guest House, wo er in einem verwahrlosten Speisesaal, der nach altem Fett stank, bei einem Koch Tee bestellte.

»Nun«, meinte er dann strahlend, »das wäre also der Ort Ihrer Träume.«

Ich lachte ungläubig. »Das kann nicht sein!«

»Muß es aber. Es ist das letzte Gebäude von Indien.«

»Mein Haus stand in einem riesigen Garten zwischen Bäumen.«

Wir suchten Rat bei einem teetrinkenden Nachbarn, einem drahtigen Arzt aus Cochin, der von drei lebhaften Frauen mittleren Alters in pfauenblauen Saris begleitet wurde. Die Geschichten, die sie sich erzählten, ließen sie immer wieder prusten vor Lachen. »Verrückt!« rief eine aus. Ich hielt das Ganze für eine Versammlung einer ehemaligen Mädchen-Hockeymannschaft, der Arzt aber belehrte mich, daß es nur seine drei Schwestern auf Urlaubsreise seien. »Es sind Drillinge«, fügte er hinzu. Mein Problem faßte er folgendermaßen zusammen: »Sie haben das Haus zum erstenmal vom Flugzeug aus gesehen? Dann ist Ihr Problem eines der Perspektive – der Unterschied der Sicht eines Vogel- und eines Wurmauges. Von einem Hubschrauber aus würden Sie sicher glauben, das Haus läge nur einen Kilometer oder zwei außerhalb der Stadt.« Wir begannen, über den Regen zu plaudern. Als ich auf die feurige Gebetsversammlung von Trivandrum zu sprechen kam, lächelte der Arzt. »Gut, gut, doch es ist wirklich nicht nötig, solche Umstände zu machen. Wenn man frische Kokosnüsse auf einer Shivastatue zerbricht, während der Priester bestimmte Mantras singt, gibt es Regen. Innerhalb von vierundzwanzig Stunden. Hundertprozentig.«

Babu, den das schwindende Licht und der merkwürdig rote Himmel beunruhigten, schien aufbrechen zu wollen. Im geheimen war ich froh, daß das Haus seine Identität nicht allzu leicht preisgegeben hatte: So hatte ich einen Grund, wiederzukommen.

Zwei Stunden später – es war inzwischen stockfinster – meldete sich der Chauffeur zu Wort.

Babu knurrte etwas zur Antwort und wandte sich um. Ich sah ein Licht links zwischen den Bäumen aufflackern, dann eines von rechts. Anscheinend wurden mit Taschenlampen Signale ausgetauscht. Die Geräusche unter dem Wagen waren inzwischen sehr deutlich geworden, ein metallisches Knirschen, das an- und abschwoll. Der Wagen fuhr fast im Schrittempo.

»Er meint, die Achse sei gebrochen«, sagte Babu schließlich. »Er will anhalten. Ich hab ihm erklärt, dies sei kein geeigneter Ort.«

»Warum nicht?«

»Es ist keine Werkstatt in der Nähe.«

»Da draußen ist jemand.«

»Das seh ich.«

Er erteilte dem Chauffeur einen energischen Befehl, woraufhin dieser das Tempo beschleunigte. Wir bewegten uns holpernd und ruckend voran mit dem Lärm einer Säge, die Blech durchschneidet.

»Gibt es Banditen auf der Straße?«

»Soll vorgekommen sein.«

Babu verstummte, bis wir, sehr viel später, den Tempel mit

den Knallkörpern erreichten. Als der Junge auftauchte, gab Babu ihm eine ganze Handvoll Münzen. Beim Lärm der Kracher, die unsere glückliche Rückkehr verkündeten, blickte er mich strahlend an.

»Das war jede einzelne Münze wert«, meinte er.

2. Juni

Noch vor Morgengrauen wurde ich vom Wind geweckt. Er blies von Südwesten und hatte einen seltsam singenden Klang, gleichmäßig und melodisch. Im Hintergrund konnte ich eine Begleitmelodie erkennen, die ich zunächst für das Tosen der Brandung hielt. In der Annahme, die Wellen schlügen bis vor mein Fenster, schaute ich nach, sah aber nur die wild klatschenden Wedel der Kokospalmen.

Ich ging wieder ins Bett, konnte aber nicht einschlafen. Der Monsun schien unterwegs zu sein, und meine Reise mit ihm konnte beginnen. Die Tatsache, daß er sich endlich aufgemacht hatte, bedeutete eine Sorge weniger, doch nun beschlichen mich Zweifel, was meine Reisevorkehrungen betraf. Ein exzentrischer Monsun, der nach Lust und Laune losbrach oder aussetzte, vielleicht außerplanmäßige Umwege einschlug, konnte mir das Leben schwer machen. Und was war mit der Einreiseerlaubnis nach Cherrapunji? Ich nahm mir vor, Delhi anzurufen; als mir dann aber einfiel, daß ich das indische Telefonsystem benützen müßte, gab ich den Gedanken sofort wieder auf. Ich würde mich mit dem Problem erst befassen, wenn der Termin näher rückte.

Die Morgendämmerung enthüllte einen tiefen mit Kumuluswolken bedeckten Himmel und wild peitschende Palmwedel. Die Krähen waren fortgeblasen (sicher sangen sie ihr krächzendes Lied jetzt über Goa) und durch Schwärme brauner Seeadler ersetzt worden. Diese hatten zwanzig Meter über den Klippen ihre Posten eingenommen und hingen wie vollkommene Flugmaschinen fast bewegungslos in der Luft, während sie in der brodelnden See unter ihnen nach Beute Ausschau hielten.

Einige hundert Meter vor der Küste fischten Männer in Flotten leichter hochbugiger Kanus, die später am Tag von Julius Joseph ans Ufer zurückbeordert würden. Wie Kompaßnadeln hin- und herschwankend, verschwanden sie hinter einer hohen Woge, um weit entfernt von ihrem Ausgangspunkt wieder aufzutauchen. Hin und wieder fiel ein Sonnenstrahl auf das dunkle Wasser und entzündete es wie mit einem wilden grellen Blitz.

Die Bucht unter meinem Hotel war zu einem weißen Flutwellenrennen geworden, wobei die Brandung Strand und Straße überspülte. Ein tollkühner Radfahrer, der sich mit einem Milcheimer auf die Straße gewagt hatte, wurde zu Boden geworfen. Sein Rad in Schulterhöhe tragend, den Eimer in der Armbeuge, die Fesseln von der Brandung umspült, so stapfte er weiter. Die Küste in nördlicher Richtung lag halbverborgen unter einem dichten Gischtstreifen, der, wenn ein Sonnenstrahl auf ihn traf, kurz in allen Regenbogenfarben schimmerte.

»Der Monsun kommt!« sagte der Kellner beim Frühstück.

»Wann?«

»Heut nachmittag, glaube ich.«

Ich nickte, leicht beunruhigt über das Verhalten meiner Uhr, einer fünfundzwanzig Jahre alten Schweizer Omega, die, seit ich sie besaß, täglich haargenau viereinhalb Minuten nachging. Dagegen war offensichtlich nichts zu machen; ein drolliger Züricher Fachmann, dem ich sie einmal zeigte, erklärte mir, die viereinhalb-Minuten-Spanne sei so tief im Mechanismus verankert, daß es mehr eine Sache der Metaphysik als eine des Uhrmacherhandwerks sei, zu der Gott vielleicht Zugang habe, nicht aber er. Als ich sie heute morgen beim Aufziehen wie immer mit meinem unfehlbaren elektronischen Wecker verglich, stellte ich mit Verblüffen fest, daß sie acht Minuten *vor*ging. Eine solch erstaunliche Entwicklung, so dachte ich bei mir, muß von aufgeladenen

Teilchen oder einem geheimnisvollen Kraftfeld, das sich in der Vorhut des Monsuns bewegt, ausgelöst worden sein.

Noch immer verwirrt, ging ich durch herumwirbelnde Vegetation ins Dorf, kaufte eine Zeitung und suchte in einem Coffee Shop Schutz. ›Monsun in 48 Stunden fällig‹, verkündete eine Schlagzeile auf der Titelseite. Der Artikel, datiert vom Vortag aus Neu-Delhi, lautete folgendermaßen:

> Obwohl in den letzten Tagen in gewissen südlichen Regionen Südindiens Vormonsunschauer registriert wurden, wird der Südwestmonsun aller Voraussicht nach in den nächsten 48 Stunden wie gewöhnlich entlang der Kerala-Küste einsetzen.
>
> Anhand der Informationen aus den Satellitenbildern erklärte der Stellvertretende Direktor des Meteorologischen Instituts, Dr. N. Sen Roy, daß sich der Monsun in der nächsten Woche, sobald er Kerala verlassen hat, auf das benachbarte Karnataka, Andhra Pradesch, Tamil Nadu und auf andere Staaten ausbreiten wird.
>
> UNI informiert aus Trivandrum: Die Bedingungen für den Beginn des Südwestmonsuns über Kerala und den Lakkadiven in den nächsten drei Tagen seien günstig, verlautete es heute aus meteorologischen Quellen. Es hieß, in den nächsten 48 Stunden würden wahrscheinlich vereinzelte heftige Regenfälle über Kerala niedergehen.

Wenn er nun wirklich heute – oder morgen – hier einträfe, wann wäre er dann in Cochin, meiner nächsten Station auf seiner Route, zu erwarten? Auch wenn Julius Joseph jetzt wohl der gefragteste Mann in ganz Südindien war, mußte ich ihn bald um ein Gespräch bitten.

»Scheißspiel«, hörte ich plötzlich eine Stimme rufen, und mein bebrillter Freund aus dem Bus ließ sich grinsend auf der Bank mir gegenüber nieder.

Ich freute mich, ihn zu sehen. »Und zu was sind Sie diesmal zu spät?« fragte ich.

»Zu nichts. Ich hab mir heut frei genommen. Das bedeutet

nur einen weiteren Tag Verspätung für alles, wozu ich sowieso schon hoffnungslos zu spät bin.« Er lachte und legte ein eselsohriges Schulheft auf den Tisch. »Heut bleibe ich hier und schreibe.«

»Und was?«

»Eine Kurzgeschichte. Das ist mein Beruf.«

Ich erzählte, daß ich selbst auch schon Kurzgeschichten geschrieben hätte, und dann plauderten wir vergnügt über die Schwierigkeiten, einen guten Anfang, einen glaubwürdigen Schluß und Themen zu finden, die sich für den feinen Pinselstrich des ›Miniaturmalers‹ wie unsereins eigneten. Er sagte mir, er bewundere das Werk von Maupassant, Tschechow, John Cheever, William Trevor und Rabindranath Tagore.

Der Bus nach Trivandrum sollte in fünf Minuten abfahren. Ich trank meinen Kaffee aus und fragte ihn, an welcher Geschichte er heute schreibe.

»Sie ist wirklich passiert. In einem Dorf hier, wo Wassermangel war. Ein Dutzend Mädchen und ein Priester sind in die Reisfelder gegangen und haben sich ausgezogen und nackt getanzt. Die Mädchen machen das ganz gern, sehen Sie – es sind traditionelle Tänze für Regen. Aber nackt sein ist verboten in Indien, und so kommt Polizei und verhaftet sie.«

»Und hat es geregnet?«

Er lächelte und tippte sich an die Nase. »Lesen Sie die Geschichte! Ich mache ein überraschendes Ende.«

Im Bus schlug ich erneut die Zeitung auf. Wassermangel war eines der Hauptthemen. Die Regierung von Andhra Pradesch hatte begonnen, Wasser in Spezialzügen zu transportieren. Die Abfahrt des ersten war von Feierlichkeiten begleitet, *aarti* wurden angeboten, Kokusnüsse aufgeschlagen, als sich die Fünfzig-Tanker-Kolonne in Bewegung setzte. Als Kontrast dazu wurde an anderer Stelle von Tauchmanövern der Delhi-Behörden berichtet, die vor den Lakkadiven nach Schiffswracks suchten. ›Der Archäologe S. R. Rao sagt, die Suche nach schatzbeladenen Schiffen solle erst nach dem Monsun wiederaufgenommen werden.‹

Die Stimmung im Meteorologischen Zentrum glich der im Theater bei einer wichtigen Premiere, bevor sich der Vorhang hebt. Menschen eilten mit gewichtigen Mienen zielstrebig umher. Der Direktor, Mr. Rajagopalan, schritt, die Arme auf dem Rücken verschränkt, die Stirn gefurcht, vorüber – der Hauptdarsteller, der seinen Text memoriert. Er erinnerte sich nicht an mich und blickte verwirrt drein, als ich seine Träumereien unterbrach. »Wir reden nun schon von Stunden und Minuten«, deklamierte er. »Stunden und Minuten.«

Julius Joseph stand vor seinem Büro und sprach mit einem aufmerksamen Assistenten. Die Sorgenfalten waren aus seinem Gesicht verschwunden; er sah plötzlich so entspannt aus wie jemand, der eben von einem langen Urlaub heimgekehrt ist. »Sagen Sie ihnen, sie sollen um vier zu einer offiziellen Bekanntmachung erscheinen!«

»Ja, Sir!« sagte der junge Mann und entschwand.

»Das ist für die lokale Presse«, lächelte Mr. Joseph. »Um sie von ihren Qualen zu erlösen.«

»Heute ist also der Tag«, sagte ich.

»Ohne Zweifel – doch wir werden das, wie gewöhnlich, erst morgen offiziell bekanntgeben. Wir denken, er wird zwischen drei und halb vier eintreffen. Heut morgen wehte der Wind mit vierzig Knoten aus Südwesten – das klassische Vorspiel zum Ausbruch.«

»Wann wird er Cochin erreicht haben?«

»Morgen.«

»Dann sollte ich wohl noch heute abend aufbrechen.«

»Durch dies Sperrfeuer aus Regen und Wind? Niemand würde Sie hinfahren. Mein Rat wäre, die Ankunft des Monsuns hier abzuwarten. Und der günstigste Standort ist draußen am Strand von Kovalam. Das dürfte ein großartiges Schauspiel werden.«

Seine Sekretärin, die einen dem Ereignis angepaßten regenwolkenfarbenen Seidensari trug, rief aus dem Büro. Delhi sei am Apparat! Mit einem Seufzer eilte Mr. Joseph davon.

Ich machte mich auf den Weg zum Blumenladen in der Mahatma Gandhi Road. Die Stadt war wie elektrisiert. Menschen standen in Gruppen an Straßenecken, redeten erregt aufeinander ein und blickten dabei immer wieder zum Himmel. Der Verkehr bewegte sich schneller und exzentrischer als gewöhnlich. Der schrille Ton der Polizeipfeifen erfüllte die Luft. Dann, einer plötzlichen Regung folgend, bat ich den Rikschafahrer, mich in ein Krankenhaus zu bringen. »Ein herkömmliches«, fügte ich hinzu. »Ein südindisches.«

Er nickte, offenbar nicht im geringsten überrascht. »Wir fahren zum Ayurveda Lehrkrankenhaus.«

Die Geschichte mit der Uhr beschäftigte mich noch immer. Fast ebenso verrückt kam es mir vor, daß das Gefühl der Steifheit meines Nackens und meiner Hände in ein schwaches Kribbeln übergegangen war. Es war eine angenehme, ja, belebende Empfindung, etwa wie der Kick von einem winzigen Herzimplantat, das eisgekühlten Gin in kleinen Dosen abgibt. Diese beiden Faktoren mußten in Zusammenhang gebracht werden. Vielleicht deuteten sie auf eine Behandlungsmöglichkeit, gar auf eine Heilung hin.

Das Hospital lag in einem baumbestandenen Garten, ein großes, luftiges Gebäude, durchströmt von den schweren Gerüchen eines Gewürzbasars. Eine freundliche Frau in weißem Kittel saß am Empfangstisch. Sie lauschte, unentwegt lächelnd, meinem Bericht von gepeinigten Nacken, steifen Händen und vorgehenden Uhren, obwohl ich in ihren Augen eine leichte Gereiztheit aufsteigen sah. Man bat mich, Platz zu nehmen; einer der Ärzte würde sich gleich um mich kümmern. Die Flure waren voll von atemberaubend hübschen Lernschwestern und herumstehenden männlichen Patienten, die lediglich mit einem Lendenschurz bekleidet waren und deren dick eingeölte Haut wie poliertes Mahagoni glänzte. Die ebenso dick eingeölten Frauen blieben wohl in der Abgeschiedenheit ihrer Stationen.

Ein paar zerfledderte medizinische Fachzeitschriften lagen neben mir auf einem Tisch. Ich blätterte darin und erfuhr, daß Patienten mit Cholera oder akutem Magen-Darm-Katarrh Kokosmilchinfusionen verabreicht bekommen. Pulverisierte Bastardteaksamen, täglich mit Stachelbeersaft, halbflüssiger Büffelmilchbutter und Honig verzehrt, kann einen alten Mann wieder zum Jüngling machen.

Ein zweiundzwanzigjähriger Student war durch Entschlakkung mit *gandharva hastadi*-Rizinusöl und anschließender Verabreichung von *pippalyadi arishtam* vor dem Mittagessen von seinen chronischen Kopfschmerzen geheilt worden. Vor dem Schlafengehen mußte er einen Teelöffel voll *chavana prasa* und eine Tasse Milch zu sich nehmen und bekam beim Aufwachen Kompressen mit unkonzentriertem *ksheerabala*-Öl auf den Kopf gelegt; in einundzwanzig Fällen war ihm das Öl auch in die Nase eingeflößt worden.

Ich sah, wie diese Kopfanwendungen ausgeführt wurden. Ein von Öl glänzender, gut gebauter junger Mann wurde von einer dieser entzückenden kindlichen Lernschwestern im Rollstuhl vorbeigeschoben. Eine kleine Lederkrone saß auf seinem kahlgeschorenen Schädel. Die Frau am Empfang sagte, er leide an Migräne.

»Die Kopfbedeckung enthält einen Behälter, den wir täglich mit Apfelwein und konzentrierten Milchextrakten nachfüllen müssen. Die Mischung wird auf natürliche Weise absorbiert, und es wird ihm schon bald besser gehen.«

Die Ärztin, die sich meiner annahm, war eine geschäftige, etwas füllige Dame mittleren Alters mit wunderschöner Haut. Obwohl sie Interesse für meine vorgehende Uhr bekundete – »Ich habe von einer Rathausuhr gehört, die beim Ausbruch des Monsuns dreizehnmal anschlug« –, vermochte sie mir nur wenig Trost anzubieten.

»Ich will nicht abstreiten, daß es heute vielleicht Kraftfelder und geladene Teilchen in der Atmosphäre gibt«, meinte sie lebhaft. »Nur ein Physiker könnte uns das sagen. Und wenn solche Phänomene existieren, ist es möglich, daß Sie davon beeinflußt werden. Ich bezweifle allerdings, daß es uns weiterhilft, wenn wir Sie heilen wollen. Vielleicht könnten wir die Symptome lindern, doch unsere Heilmethoden sind äußerst langwierig. Nehmen Sie zum Beispiel den Schmerz. Wir behandeln nicht den Schmerz, wir behandeln die Ursache. Das nimmt oft Wochen in Anspruch. Selbst wir Ayurveda-Ärzte haben manchmal Schmerzen und könnten für ein Aspirin jemanden umbringen! Auch wir werden ungeduldig. Aber nichts darf den natürlichen Heilungsprozeß unterbrechen. Drum werden Sie viel Zeit brauchen.«

»Ich muß morgen nach Cochin reisen«, sagte ich.

Sie schüttelte den Kopf. »Diese Westeuropäer! Immer gleich Resultate fordern. Schauen Sie, ich versuche Ihnen zu erklären, daß wir nach anderen Methoden arbeiten. Für uns sind Faktoren wie Zeitpunkt der Geburt und Einfluß von Vater und Mutter wichtig. Sie müßten heilige Männer ebenso befragen wie Ärzte. Wir benützen Blutegel für den Aderlaß. Dies ist nicht Harley Street oder Ihr berühmter staatlicher Gesundheitsdienst.« Sie schaute ostentativ auf die Uhr.

»Geht sie vor?« fragte ich.

Sie gab ein kurzes glucksendes Lachen von sich, was unerwartet sexy wirkte, aber als ich die Tür erreichte, rief sie bereits den nächsten Patienten herein.

Im Blumenladen fragte Babu, sichtlich aufgeregt, ob ich Kamala Das kennenlernen wolle. Er hatte sie angerufen, und sie war bereit, mich am Nachmittag um fünf zu empfangen. »Wir müssen Blumen mitbringen, aber welche würden ihr gefallen?«

Ich starrte ihn an. »Babu, ich habe nicht die entfernteste Ahnung, wovon Sie reden. Naja, wie auch immer, ich bin beim Monsunausbruch draußen am Strand.«

Er blickte bestürzt drein. »Kamala gehört zu den größten Dichtern Indiens. Sie wurde 1984 für den Literatur-Nobelpreis nominiert und lebt hier in Trivandrum. Kaum einer versteht besser als sie, was der Monsun uns bedeutet. Und ich hatte gedacht, es würde Sie interessieren, mit ihr zu plaudern, wenn der Regen einsetzt.«

»Na klar!«

Er lächelte. »Kommen Sie nach Ihrem Ausflug wieder. Dann gehen wir gemeinsam zu ihr. Inzwischen will ich mir die Sache mit den Blumen überlegen.«

Die Strandstraße von Kovalam war von Zuschauern gesäumt. Sie waren erstaunlich formell gekleidet, viele der Männer trugen Krawatten, die Frauen elegante Saris, die im Wind flatterten. Aller Aufregung war auf einen Punkt konzentriert, wie die eines Komitees, das sich anschickt, einen geistigen Führer zu begrüßen oder einen siegreichen General, der auf einem Elefanten über den Strand angeritten kommt. Es fehlten nur die Blumengirlanden. Als ich mich zu ihnen gesellte, wurde ich mit einem Lächeln begrüßt – ein verspäteter Gast, der an ihrer Feier teilnahm. Der Himmel war schwarz, das Meer weiß. Schäumend wie Champagner schwappte es über die Straße, fast bis an unsere Füße. Gischt brannte auf unseren Gesichtern. Kein Wunder, daß die Araber im Mittelalter glaubten, der Wind käme vom Grund des Meeres und bringe die Wasseroberfläche beim Aufsteigen und Eindringen in die Atmosphäre zum Kochen.

Schwankend im Sturm standen wir da, hakten uns unter inmitten der übergroßen Freude und Heiterkeit. Ein hochgewachsener hellhäutiger Mann neben mir rief: »Sir, woher kommen Sie?«

»England!« brüllte ich zurück.

Die Information wurde zu einem kleinen verhallenden Akkord; aufgegriffen und abgekürzt von den Elementen, ging sie an seine Nachbarn weiter.

»Und was hat Sie hergeführt?«

»Das da!«

»Uns auch, Sir! Wir sind Urlauber! Ich bin aus Delhi. Die Dame neben mir kommt aus Bangalore. Wir sind hier, um das Schauspiel zu sehen!« Er lachte. »Ich hab's schon oft gesehen, aber ich komm immer wieder!«

»Gestern waren Libellen in unserem Hotelgarten«, rief die Frau aus Bangalore. »Sie sind sichere Vorboten. Wir wußten, daß der Monsun bald kommt!« Sie strahlte mich an. »Für mich ist es jedesmal wie ein Wunder!«

Weitere Urlauber reihten sich ein. Der Wirrwarr schwarzblauer Wolken, die über unseren Köpfen wirbelten, bestand aus Nimbostratus, Kumulonimbus und Gott weiß was sonst, allesamt durch Auf- und Abwinde und vertikale Luftströme zerrissen. Donner dröhnte. Blitze zuckten ins Meer, wobei der herabkommende Vorblitz des einen den himmelwärts schießenden Gegenblitz des vorherigen durchkreuzte und das ganze phantastische Gebäude wie von Feuersäulen getragen schien. Dann sahen wir hinter den kumulusförmigen Ambossen einen breiten zerfetzten Streifen aus leuchtendem Indigoblau, der sich langsam auf die Küste zu bewegte. Kleinere Wolken, die wie wehende Vorhänge darunter hingen, reichten bis ans Meer hinab.

»Der Regen!« sang die Menge.

Der Wind schlug uns mit solcher Macht entgegen, daß unsere Reihe sich bog und wankte. Alle kreischten und klammerten sich an ihren Nachbarn fest. Die Frau zu meiner Rechten hatte ein derbes, rundes Gesicht und dunkle Augen. Ihr flatternder rosafarbener Sari entblößte ihren glatten braunen Bauch. Wir hielten uns fester, als es nötig gewesen wäre, und für einen flüchtigen Augenblick begriff ich, warum der Monsun von den Indern als eine Zeit unbändiger Sexualität betrachtet wird.

Sintflutartiger Regen setzte ein.

Sie ließ mich los und trat taumelnd unter die Bäume zurück, wobei sie ihren Mann, einen Geistlichen, beschimpfte, weil er seinen Schirm nicht schnell genug zur Hand hatte. Der geöffnete Schirm hätte ihn fast vom Boden abgehoben, bevor er umklappte. Der Regen prasselte auf die Meeresoberfläche und fiel mit einem summenden, schwirrenden Geräusch auf uns nieder. Die Luft war plötzlich flüssig und sprudelte. Als Kind auf den Inseln hatte ich einmal versucht, den Rand eines Wasserfalls zu überqueren. Auf halbem Weg glitt ich aus, und der Sturz in den Tümpel unter mir schien ewig. Das Gefühl, eingesponnen zu sein in einem tosenden Katarakt niederprasselnden, schäumenden Wassers, war dem augenblicklichen nicht unähnlich.

In Hochstimmung machte ich mich auf den Rückweg zu meinem Hotel. Wasser strömte in Sturzbächen von den Hängen herab, eine rote Flutwelle, die den Staub des Sommers ins Meer trug. Ich zog mich um und konnte einen Taxichauffeur überreden, mich zum Blumenladen zu fahren. Er knurrte, seufzte und verlangte eine Menge Rupien. Als wir aber durch Kerala fuhren, entdeckte ich ein Haus, in dem herkömmliche Ayurveda-Massagen angeboten wurden. Einer Laune folgend, ließ ich den Fahrer anhalten.

Der Masseur, ein schwermütiger Brahmane mit kleinen muskulösen Händen, bat mich, meine Kleider abzulegen und mich auf einem Tisch auszustrecken. Zwanzig Minuten lang bearbeitete er mich mit einem dickflüssigen würzigen Öl, wobei er immer wieder ans Fenster trat, um in den strömenden Regen zu spucken. Die ganze Prozedur war angenehm und leicht einschläfernd, und nachher empfand ich ein unerklärliches Gefühl des Wohlseins. Nach dem Grund befragt, reagierte der Masseur zurückhaltend. Alles, was er sagte, war: »Es gibt drei Stellen am Körper, die man nicht massieren kann – der Penis vom Mann (er sagte ›Pennies‹), die Brust von Frauen und das Gesicht beider Geschlechter; Gesichtsmassagen machen die Muskeln schlaff und machen Falten.«

Babu, der eine Krawatte trug und für Kamala Das sein Haar gekämmt hatte, erwartete mich mit einem Korb purpurroter Orchideen. Die Achse seines Wagens war repariert, und wir fuhren durch überflutete, gurgelnde Straßen, die mit leuchtenden Flammenbaumblüten übersät waren. Manche wurden in den Rinnstein gespült, die meisten blieben auf dem Pflaster liegen. Die Fußgänger unter ihren glänzenden Schirmen bewegten sich darauf wie Glutläufer. Viele Läden und Büros hatten geschlossen, und ihre Angestellten genehmigten sich einen zusätzlichen Feiertag.

Ich erzählte Babu von meiner Massage. »Ja, ich habe von diesem Mann gehört«, sagte er. »Er soll gut sein. Aber hat er das Öl vor der Massage gesegnet?«

»Keine Ahnung.«

»Eigentlich muß er jedes Heilöl vor der Anwendung ein paar Sekunden in der hohlen Hand halten, um es den Göttern darzubieten. Weil Sie Ausländer sind und die Regeln nicht kennen, hat er sich wohl nicht die Mühe gemacht. Ein Inder, der ihn dabei ertappt hätte, wie er das Öl einfach so auf ihn träufelt, hätte sich beschwert.«

Er reichte mir den ersten Band von Kamala Das' *Gesammelten Gedichten*, und ich blätterte darin im schwindenden Licht. Die Gedichte waren ergreifend und sehr subtil, und mir schien, als sei der Monsun das immer wiederkehrende Symbol für Trauer, wehmütiges Bedauern und Zärtlichkeit. In ›Zeit der Dürre‹ hatte sie geschrieben:

Jede Nacht, wenn mein Jüngstes erwacht
Und sich an meine Seite schmiegt,
Bin ich schwer von ungeweinten Tränen,
Ich bin der grauschwarze Monsunhimmel
Kurz vor Beginn des Regens…

Und in ›Erinnerung an Bone‹:

Wie oft
Hab ich als Kind gewünscht, die Nacht wie
Alte Tapete abzuziehen und zu verbrennen,
Zur Monsunzeit den verwundeten Wind
Im Arm zu halten und in den Schlaf zu wiegen.

Doch als ich ihr eine halbe Stunde später meine Trauer-Theorie unterbreitete, wischte sie diese entschieden vom Tisch. »Unsinn!« rief sie. »Es ist die herrlichste Zeit. Sie bedeutet Verjüngung, Grün, neues Wachstum. Mit anderen Worten die Neubestätigung des Lebens.«

Wir saßen in einem luftigen blauen Zimmer voller Bücher und tranken Tee. Das Haus war geräumig und behaglich, die

Geräusche des tropfenden Regens drangen durch die geöffneten Fensterläden. Kamala Das war eine zierliche bebrillte Frau mit jugendlichem Teint in einem eleganten leuchtend blauen Sari. Sie mußte früher eine große Schönheit gewesen sein, dachte ich bei mir.

»Die Ankunft des Monsuns ist ein gewaltiges Spektakel«, fuhr sie fort. »Wie ein Orchester nähert er sich, und so verwundert es nicht, daß er eine Reihe unserer schönsten Musikkompositionen angeregt hat, Ragas, die an entfernten Donner und fallenden Regen erinnern. Seit Jahrhunderten malen unsere Künstler Monsunbilder, besingen unsere Dichter den Monsun in Versen. Ich selbst bin tief in dieser Tradition verwurzelt.« Sie lächelte und fügte hinzu: »Vor allem aber möchte ich von den Wäldern – das heißt ihrem Fehlen – sprechen. Gleich werden ein paar Freunde von mir eintreffen. Sie teilen meine Sorge, und ich hoffe, Sie werden ihnen zuhören. Das Problem ist untrennbar mit dem Monsun verknüpft und müßte für Ihre Recherchen interessant sein.« Sie warf mir einen durchdringenden, fragenden Blick zu. »Wenn ich richtig verstanden habe, wollen Sie in seiner Begleitung durch Indien reisen.«

»So ist es geplant.«

»Er könnte sich als unzuverlässiger, ja, trügerischer Begleiter erweisen. Er ist sehr unberechenbar geworden, kommt oft mit Verspätung. Ein Grund dafür ist die Rodung der Wälder. Bäume fördern den Regen. Die Wälder impfen die vorbeiziehenden Wolken. Bevor sie abgeholzt wurden, war der Monsun immer absolut pünktlich. Meine Großmutter richtete all ihre Pläne nach ihm – Wäschewaschen, Getreidetrocknen, Verwandtenbesuche – in der sicheren Erwartung, daß er an dem festgesetzten Tag eintreffen würde. Damals waren die Regenfälle heftiger. Innerhalb von Minuten hatten sich rund um unsere Häuser kleine Flüsse gebildet, in denen wir Kinder unsere Papierschiffchen schwimmen ließen. Der Monsun war Teil unseres Lebens, wie der Schlaf. Wir sahen zu, wie die Welt ringsum neugeboren wurde, während der Regen in die

Fundamente unserer Häuser sickerte, sie ächzen und schwanken ließ. In den letzten beiden Juliwochen pflückten wir zehn heilige Kräuter, die in den Pfützen wuchsen, brachten sie ins Haus und segneten sie.«

»Es war immer am Morgen des ersten Schultags nach den großen Ramadan-Ferien«, sagte Babu. »Meine Eltern machten jedesmal ein Mordstheater. Sie hatten Angst vor Erkältungen und beschworen mich, im Haus zu bleiben. Doch wie hätte ich?«

»Heutzutage sind Eltern aufgeklärter. Die Kinder werden sogar ermutigt, in den Regen hinauszugehen und sich an diesem ›Geschenk des Himmels‹ zu erfreuen. Praktisch gesehen, hilft er zudem, sie gegen Monsunbeschwerden resistent zu machen.« Sie blickte ihn von der Seite an. »Aber morgens? Ich kann mich genau erinnern, daß er zu Beginn des Nachmittags ankam, so gegen zwei. Wir aßen dann immer früh zu Mittag und spülten in Windeseile ab, damit wir das Schauspiel genießen konnten. Und wenn er eintraf, schlugen die Dorfbewohner ein rohes Ei auf, schlürften es aus und füllten die leeren Schalen mit süßem Öl, das sie ebenfalls tranken. Sie glaubten, es würde ihnen die Kraft des Guten verleihen.« Und an mich gewandt: »Ein Aspekt, den Sie besonders beachten sollten, ist die Gesundheit. Die Monsunkur in Kerala ist zu einem großen Geschäft geworden.«

Ich berichtete ihr von meinem morgendlichen Versuch, mich heilen zu lassen. Auch von meiner Uhr erzählte ich ihr.

»Ihre Uhr könnte richtig gegangen sein. Vielleicht haben wir acht Minuten gewonnen, ohne es zu merken. Und was Ihre Behandlung betrifft, so könnte ich Sie zu einem Arzt in der Nähe schicken, der vor einer Öllampe und einem Schrein betet, die Dhanwanthari, dem Gott der Medizin, geweiht sind. Manchmal werden auch Mantras gesungen, vor allem weil der *Klang* dem Patienten guttut. Dann werden Sie von seinen vier Assistenten in eine Holzwanne mit warmem medizinischem Öl gelegt. Verschiedene Öltypen können verordnet werden. Frauen zum Beispiel, die eine glänzende Haut haben möchten, wird ein besonderes rotes Öl mit sehr süßem Geruch verschrieben. Eine Stunde lang wird man von den Assistenten massiert. (Ein Kuriosum an der Massage ist, daß sie das Sehvermögen verbessert; man weiß von halbblinden alten Männern, die ihre Brillen weggeworfen haben.) Man bekommt nur leichte Speisen zu essen, um die Verdauungsorgane zu entlasten, und darf sich nicht der Sonne aussetzen. Die Sache dauert einundzwanzig Tage und verjüngt einen um Jahre. Mein Vater machte das regelmäßig, weil er jung bleiben wollte. Er starb mit vierundachtzig und sah, abgesehen von seinem weißen Haar, wie vierzig aus.«

»Aber Sie müssen immer genau das tun, was der Arzt Ihnen sagt«, warf Babu ein.

»Um Himmelswillen ja«, rief Mrs. Das. »Letztes Jahr kamen zwei steinreiche Freundinnen von mir aus Bombay zu einer Monsunkur hierher. Doch jeden Abend, nachdem ihr Arzt gegangen war, erschienen sie bei mir, um zu trinken. Sie saßen da, pafften eine Zigarette nach der anderen und tranken Whisky bis zum Morgengrauen (um ehrlich zu sein, gingen sie mir ganz schön auf die Nerven). Kurz bevor der Arzt gegen neun erschien, schlichen sie in ihre Zimmer zurück. Doch nach einundzwanzig Tagen geschah etwas Entsetzliches. Sie begannen zu altern. Sie wurden zwei alte verschrumpelte Hexen, Jugend und Schönheit waren dahin. Als ich das letztemal von ihnen hörte, hieß es, sie seien im Begriff, sich liften zu lassen.«

Mrs. Das' Anti-Rodungs-Komitee erschien, schüttelte die Schirme aus – ein halbes Dutzend höflicher junger Leute und ein Mann mittleren Alters, den sie als Doktor titulierten. Sie tranken Tee, und bevor sie ihre Besprechung begannen, rückten sie das Problem für mich in die richtige Perspektive.

Sie sagten, Indien sei früher ein waldreiches Land gewesen. Als Alexander der Große dreihundertsiebenundzwanzig vor Christus einmarschierte, fand er dichte, fast undurchdringliche Wälder vor. Doch die Bauern verfolgten bereits ihre Brandrodungspolitik, und nachdem Kaiser Ashoka an die

Macht kam, zählte zu den in seinen Steininschriften vorgeschlagenen Reformen auch das Pflanzen von ›nützlichen Bäumen‹ entlang der Straßen und auf Lagerstätten des Heeres. Die Marathen und Gonds pflanzten Mangobäume an ihren Marschrouten.

Bäume spielen im Monsunkreislauf eine entscheidende Rolle. Durch Impfen der Wolken fördern sie den Regenfall; durch Einfangen des Regens tragen sie dazu bei, die Wasserreserven aufzufüllen und den Grundwasserspiegel zum Wohle der Allgemeinheit anzuheben. Ein Teil des Wassers, das mit dem Zellsaft aufsteigt, wird durch Ausdunstung der Blätter an den Himmel zurückgegeben. Ein dicht bewachsener Teakwald gibt ein Äquivalent von eintausend Millimeter Niederschlag ab. Große Regenwälder wirken wie tropische Meere auf die Atmosphäre; sie versorgen sie mit Wasserdampf und tragen dazu bei, die Regenwolken aufzufüllen.

Im großen und ganzen ist Indien ein natürliches Waldland. Obwohl fünf Millionen Hektar mit ewigem Schnee bedeckt sind, bringen seine meisten Böden irgendeine Baumart hervor – Eichen und Koniferen auf leicht säurehaltigen Böden höherer Lagen, Sandelholz auf groben Böden tieferer Lagen, Kasuarinen in tiefem Küstensand, Rosenholz in Flußschwemmland, Babul, Zedrach und Dhakbaum auf alkalischen Böden und Bambus praktisch überall.

Viele Inder aber waren noch nie in einem Wald und sind sich vielleicht gar nicht bewußt, daß immer größere vom Menschen in die Wälder geschlagene Breschen dazu führen, daß heftige Regenfälle Kräuter, Gräser und Laubkompost, der den Boden bedeckt, wegspülen. Dann wird die Erde selbst fortgewaschen, und das darunterliegende Felsgestein kommt zum Vorschein. Die Folge sind Verschlammung und Überflutung. Einige von Indiens schrecklichsten Überschwemmungen wurden durch die Rodung der Wälder verursacht, die einst so dicht waren, daß Tiger in ihnen lebten.

»Jetzt sind wir an einem Punkt angelangt«, sagte Mrs. Das, »da nur noch vier Prozent des Staates Kerala bewaldet sind.

Innerhalb von kurzer Zeit könnten wir dank privater Habsucht und allgemeiner Gleichgültigkeit ein zweites Äthiopien sein. Deshalb gehe ich in die Dörfer und erkläre den Menschen, meist Frauen, in Seminaren, wie man junge Bäume pflanzt. Ich beginne mit einem Gebet – das sollte man in Indien *immer* tun –, sage ein paar Worte über die Härte und Ungerechtigkeit des Lebens, und wir vergießen ein paar Tränen. Dann komme ich auf das Thema Bäume zu sprechen. Und sie verstehen. Wirklich.«

»Ein dichter Wald«, sagte der Doktor, »fängt seinen Regen auf und bewahrt ihn. Das Wasser sickert durch die Erde in den Untergrund und versorgt die Bäche während der regenlosen Zeit. Wälder sind große natürliche Wasserspeicher. Da jetzt aber so viele von ihnen vernichtet sind, fließen achtzig Prozent des Monsunregens einfach ins Meer ab. Sollte der Monsun also im nächsten Jahr gar nicht oder zu spät kommen, bedeutet das ernstes persönliches Leid. Wieder einmal müßten die Menschen Durst leiden – und Hunger. Es wäre mit vierzigprozentigen Einbußen in der Landwirtschaft zu rechnen, und das beträfe Menschen aller Gesellschaftsschichten, vom Finanzminister bis hin zum einfachsten Bauern.«

Plötzlich gingen die Lichter aus, um dann für mehrere Minuten schwach und sprunghaft zu flackern. Mrs. Das lachte laut und zufrieden. »Das ist der Monsun! So wie ich ihn in Erinnerung habe. Alles ist wieder normal!«

Ich nahm ein Taxi zu meinem Hotel. An der Admiral's Bar sah ich hinaus in die beginnende Nacht und begoß den Monsun mit indischem Whisky. Der Regen hatte nachgelassen, der Wind blies dafür um so heftiger. Wie Peitschen knallten die Flaggen, die vor der Bar gehißt waren. Das Tageslicht verblaßte nicht eigentlich. Der schwarze Himmel nahm nur immer dunklere Schattierungen von Schwarz an, bis er sich gleichsam selbst ausgelöscht hatte. Das tosende weiße Wasser unten in der Bucht strahlte eine unheimliche Helligkeit aus, während der lange, sich windende Gischtstreifen, der sich nach Norden hin erstreckte, wie eine Geisterautobahn leuchtete.

Ein älterer Inder mit Clubkrawatte und blauem Sakko starrte, ein Bierglas in der Hand, auf das Geschehen draußen. »Gischt von solcher Stärke«, sagte er, »wird direkt in die Atmosphäre gewirbelt. Es gibt Anzeichen, daß in jedem Regentropfen, der auf die Erde fällt, ein Partikel Salz enthalten ist.« Er hob sein Glas. »Im allgemeinen kriegen die Berge den Regen ab, insbesondere die Süd- und Westhänge. Die Südsüdwestlagen sind die feuchtesten.«

»Ich weiß«, sagte ich.

Er nickte und entfernte sich. Ich fand eine geschützte Ecke und schlug einen Sammelband mit Reiseberichten aus dem Indien des neunzehnten Jahrhunderts auf. Einer, mit dem Titel ›Der Monsun an den Küsten von Madras‹, war sehr traurig. Er handelte von Kapitän B., Oberbefehlshaber eines stolzen Dreimasters, der an einem Tag wie dem heutigen – ›die Brandung rollte mit solch ungeheurer Heftigkeit an die Küste, daß ihr Tosen meilenweit im Landesinnern zu hören war‹ – mit einer Ladung Teakholz aus Tenasserim Kurs auf Madras nahm. Am späten Nachmittag ließ der Wind nach, und Kapitän B. steuerte sein Schiff, die Warnungen der Einwohner mißachtend, in Küstennähe, um die Baumstämme im ersten Tageslicht flößen zu können. Nachts aber kehrte der Sturm zurück, und im ersten Tageslicht wurde nicht das Holz an die Küste gespült, sondern das Schiff. Haushohe Wellen schleuderten es zwanzig Meter auf den Strand nahe der Straße und versetzten dem Rumpf dann einen so heftigen Stoß, daß die unzähligen Menschen, die herbeigeeilt waren, um das Schicksal des Narren zu verfolgen, der ihrem Rat nicht folgen wollte, bis auf die Haut durchnäßt waren. Der Dreimaster selbst wurde zu einem schifförmigen Halbschatten aus sprühender Gischt. Und was den armen halsstarrigen Kapitän B. betrifft – ›er war von diesem Tag an ein gebrochener Mann. Er verließ Madras bald darauf und fuhr nach Rangun, wo er starb, ohne Freunde oder Verwandte, die ihm in seinen letzten Stunden hätten Trost spenden können.‹

Nach dem Abendessen packte ich, um früh am nächsten Morgen aufzubrechen. Ich hatte vor, einen Bus nach Quilon und dann ein Boot durch die Backwaters nach Alleppey und schließlich weiter nach Cochin zu nehmen. Wenn sich die Monsunfront mit der vorhergesagten Stundengeschwindigkeit von zehn Meilen vorwärtsbewegte, müßte ich sie irgendwo in diesem Gewirr von Kanälen einholen und Cochin, vorausgesetzt, die Fähre konnte dieses Tempo halten, in ihrer Begleitung erreichen. Inzwischen hatte der Regen wieder eingesetzt und verschmolz mit den gleichmäßigen sonoren Lauten von Wind und Meer. Der Monsun würde heute nacht loslegen, und ich fragte mich, ob ich seine ureigene Stimme am Ende deutlich heraushören würde; wenn er mir zum Beispiel in Cherrapunji entwischen würde, könnte ich ihn dann aus der Ferne ausmachen, während er irgendein Tal im Himalaya durchstreifte?

Y. P. Rao hatte dem Monsunbeginn über Kerala mehrere Seiten gewidmet. Mein Blick traf auf eine Eintragung, in der es hieß, 1954 sei von Sutcliffe und Bannon auf das Intervall von fünf bis sechzehn Tagen zwischen dem ersten Erscheinen der Ostwinde, die an Aden vorbeiwehen, und dem Eintreffen des Monsuns in Kerala hingewiesen worden. Wenn auch Y. P. Rao die Ostwinde von Aden nicht für verläßliche Vorboten des Monsuns zu halten schien, so war mir doch bekannt, daß dieses Gebiet eine Quelle berühmter kräftiger Winde war.

Aden war vor seiner Revolution ein sicherer Hafen für Schiffe gewesen, die durchs Rote Meer zum Suezkanal fuhren. Ich lief ihn 1959 an Bord eines Schiffes an, auf dem sich bis zu zehn junge Australier, die ihr Glück in der Alten Welt suchten, eine Kabine teilen mußten. Plötzlich wurde mir bewußt, daß ich mich überhaupt nicht an Aden erinnern konnte. Im allgemeinen bleibt mir von jedem Ort, den ich bereise, wenigstens irgendein Detail in Erinnerung, Aden aber war nichts mehr als ein Name.

Hatten die Kräfte, die mich und mein Gedächtnis beeinflußten, nun auch mein Gehirn in Mitleidenschaft gezogen? Die Uhr hatte jetzt wieder ihre gewohnte tägliche Verspätung, Aden aber war implodiert und erloschen wie ein toter Stern.

Im Bett versuchte ich, eine Spur, und sei sie noch so gering, von Adens Farben, Licht, Geruch oder Stimmung heraufzubeschwören. Nichts. Ich konnte mich an das Schiff, die Menschen, die Partys und jeden der anderen Orte erinnern, die wir angelaufen hatten. Aden aber war fort, ließ nur einen schwachen Nachgeschmack von Öde und Hitze zurück. Befreite der Monsun meinen Geist von überflüssigen Schlakken? Hatte er andere triviale Dinge ausgelöscht? Ich versuchte, mir vorzustellen, welche das sein könnten, doch mir wurde klar, daß ich das niemals herausfinden würde. Die Vorstellung aber, mit Hilfe des Monsuns einer geistigen Entschlackung oder Läuterung unterzogen zu werden, war nicht ohne Reiz.

Beim Einschlafen hoffte ich noch immer auf ein paar flüchtige Eindrücke von Aden, sah aber nichts als unendlich hohe Zirruswolken, die von jenen starken Winden um Kap Horn getrieben wurden.

Kapitel vier

3. Juni

Ich erwachte in aller Frühe. Kein Laut war zu hören. Ungläubig stellte ich fest, daß der Regen aufgehört hatte. Und der Wind auch. Ich sah einen rosa schimmernden Himmel, leer bis auf eine milde Sonne und ein paar flockige Himbeerwölkchen. Die Palmwedel hingen schlaff wie Bänder herab. Die Seeadler waren davongeflogen.

Es war ein strahlender Tag.

Ich zog mich an, packte und zahlte meine Rechnung. »Wo ist der Monsun?« fragte ich den Kassierer.

Er zuckte die Achseln. »Fort.«

»*Fort?*«

»Ja, Sahib.« Er zählte das Wechselgeld.

»Wohin?«

»Hier, in Zeitung«, verkündete ein anderer Angestellter und reichte mir seinen *Indian Express*. »Ist zur Zeitung gegangen«, fügte er drollig hinzu.

Ein Artikel auf der Titelseite, vom Vortag datiert und aus Trivandrum kommend, kündigte den Monsun offiziell an. Er habe fast planmäßig eingesetzt und brächte den dürregeplagten Bewohnern Keralas Erleichterung. Mäßige bis heftige Regenfälle seien in den letzten vierundzwanzig Stunden aus fast allen Regionen des Südens gemeldet worden.

›*Warnung:* Ein kräftiger Westwind mit Geschwindigkeiten von über 60 km/h wird sich innerhalb der nächsten achtundvierzig Stunden voraussichtlich über die Küste von Kerala hinwegbewegen.‹

In Sorge, es könne sich um eine Unterbrechung des Monsuns handeln, in der heimtückische Jetstreams, oder Höhenstrahlströme, den Regen über Zeiträume von mehr als einundzwanzig Tagen binden, benutzte ich das Telefon des Kassierers, um Julius Joseph anzurufen. Er war nicht da, doch ein Kollege konnte mich beruhigen. »Schönes Wetter wie dieses nach dem Monsunausbruch ist nicht ungewöhnlich. Bedenken Sie, der Monsun ist eine schwankende Strömung. Und seien Sie unbesorgt: In Cochin werden Sie termingerecht naß!«

Seinen ersten Besuch stattete der Monsun Indien im Miozän ab, das heißt vor sechshundert bis achthundert Millionen Jahren. Als Ursache wird die gewaltige ›Hebung‹ des Himalayas und des Tibetanischen Plateaus angenommen – ein Prozeß, der mehrere Millionen Jahre zuvor begann, als der nordwärts wandernde Indische Subkontinent mit der Asiatischen Platte zusammenstieß. Meeresbodensedimente wurden auf winzige opalartige Skelette, die Kieselalgen, und einzellige Meeresorganismen, die Strahlentierchen, hin untersucht (von Tom Pedersen, einem Meeresbiologen der British Columbia University als ›Fingerabdruck des Monsuns‹ beschrieben), die vom Monsunwind an die Meeresoberfläche befördert werden und nach dessen Abzug wieder hinabsinken. Kernproben, mit denen man Winde datieren kann, lassen den Schluß zu, daß die ersten im Miozän wehten, als der Himalaya hoch genug ›gewachsen‹ war, um sie anzulocken.

Der Minibus nach Quilon reihte sich in den hupenden Morgenverkehr ein und fuhr dann in Richtung Norden. Die riesigen zinngrauen Pfützen ließen die Straße vor uns wie eine halb ausgetrocknete Flußmündung erscheinen. Ich war traurig, Trivandrum zu verlassen. Mit seinen tiefen roten Ziegeldächern, seinen schattigen Gärten, seinen gewundenen Gassen und seinen gesprächigen, streitlustigen, zeitungsbesessenen Bewohnern hatte ich es richtig liebgewonnen. Der Fahrer erzählte, der Flughafen würde im September während der letzten sporadischen Regenfälle des Monsuns geschlossen, um für eine große Erntedank-Prozession Platz zu machen. »Ein Schwert in der Hand, führt unser alter Maharaja einen langen Menschenzug zu einer rituellen Waschung ans Meer. Er folgt dabei der traditionellen Route, die zufällig quer über die Start- und Landebahn verläuft.«

»Und was geschieht mit den Flugzeugen?«

»Sie werden umgeleitet oder müssen sich in die Warteschleife einreihen. Das ist kein Problem. Ihm gehört nämlich das ganze Flughafengelände, und er hat den Airport nur unter der Bedingung genehmigt, daß seine Prozession einen Tag im Jahr ungehinderten Zugang erhält. Selbst der Kontrollturm wird mit Blumen geschmückt.« Er zündete sich eine Scissors-Zigarette an. »Der Maharaja besitzt auch große Ländereien im Süden. Letztes Jahr litten seine Pächter unter schlimmer Trockenheit. Also fuhr er hin, kniete in einem Reisfeld nieder und betete zu Vishnu. Er sagte zu ihm: ›Warum tust du mir das an?‹ Eine Stunde später – prasselnder Regen! Er ist ein sehr frommer alter Herr, der Maharaja, beliebt bei allen, selbst bei den Göttern.«

In Varkala, weniger als eine Fahrstunde entfernt, sprudelte reines Mineralwasser von den hohen roten Felsen nahe dem Strand. Quilon lag kaum zwanzig Kilometer weiter nördlich. Die Busstation, ein morastiges Quadrat, vom Lärm heulender Motoren, gellender Hupen und schreiender Fahrer erfüllt, war in Sichtweite des Anlegeplatzes der Fähre, der, im Gegensatz dazu, von einem Grünstreifen mit Kokospalmen gesäumt und von Scharen winziger blauer Schmetterlinge bevölkert war. In einem kleinen offenen Wartehäuschen döste eine junge Frau, das Gesicht der Sonne zugewandt, neben sich einen Stoffkoffer, auf dem ein Sticker mit der Aufschrift SUCH SWEET THUNDER prangte. Ich fragte sie, wo man ein Ticket nach Alleppey kaufen könne. »Im Büro dort«, sagte sie und wies auf ein kleines Lagerhaus hinter uns. Ich ging hinein. Es war sehr dunkel und vom strengen Geruch der Koprasäcke erfüllt, die ringsum aufgestapelt waren. Ich fand eine verglaste Kabine mit einem schmerbäuchigen Mann darin und verlangte ein einfaches Ticket für die Zehn-Uhr-Fähre nach Alleppey.

Er schob sie mir gähnend hin.

»Fährt sie pünktlich ab?«

Ein weiteres Gähnen überkam ihn, das sich zu einem kleineren Anfall steigerte, bei dem seine Hängebacken bebten und seine Augen zu tränen begannen.

»Nein.«

»Wieviel Verspätung?«

Er schnaufte geräuschvoll, um seine Nasengänge frei zu machen. »Fünf Stunden«, sagte er.

»Fünf Stunden!«

Er nickte und wandte sich ab; für ihn war die Angelegenheit damit erledigt. Ich ging zu dem Häuschen am Wasser zurück und berichtete der jungen Frau von der Verspätung.

»Weiß ich«, sagte sie. »Die Fähre sitzt irgendwo auf einer Schlammbank fest. Diese Fährschiffer werden von Schlammbänken angezogen wie die Motten vom Licht.«

Ich fragte sie, was die Worte auf ihrem Koffer zu bedeuten hatten. »Ein Werbeslogan«, erklärte sie. »Für BOAC-Düsenflugzeuge. Mein Onkel hat früher dort gearbeitet.«

»Wahrscheinlich ein Job mit Zwangspausen.«

Sie runzelte die Stirn. »Was meinen Sie damit? Die Weihnachtsfeiertage?«

»Nein, den Monsun.«

»Ach so«, sagte sie und wandte das Gesicht erneut der Sonne zu.

Nun, ich habe meine Zeit schon an übleren Orten verbracht. Es war ein herrlicher Morgen, das Wasser des Ashtamudisees glitzerte vor mir, die ehrwürdige Stadt mit den roten Dächern hinter mir war vom Regen wie reingewaschen und strömte die gesunden Gerüche der Waren aus, mit denen ihre Bewohner jahrhundertelang erfolgreich Handel getrieben hatten: Kaffee, Cashewnüsse und Kokosnußprodukte. Phönizier, Perser, Griechen und Römer, alle hatten sie Schiffe hierhergeschickt und ihre Geleeren in östlicher Richtung vor dem Monsun her treiben lassen. Im achten Jahrhundert brachten Flotten hochseetüchtiger Dschunken chinesische Kaufleute, die sich in der Stadt ansiedelten; später wurden Botschafter zwischen Quilon und dem Hof Kublai Khans ausgetauscht. (Schon im sechzehnten Jahrhundert scheint der heute sichtbare Niedergang begonnen zu haben; der Zeitgenosse und Historiker Samuel Purchas fügte seiner Sammlung von Reiseerzählungen folgenden Kommentar über Quilon hinzu: In ›Kulam, einem kleinen Fort der Könige von Portugal … laden sie nur ein halbes Schiff mit Pfeffer.‹) Ich sah ein kleines Boot vorübergleiten, das bis zum Dollbord mit Kokosmatten und gelben Seifenstangen beladen war. Seinen Bug zierte ein Drache – vielleicht ein Überbleibsel chinesischer Einflüsse –, sein crèmefarbenes geflicktes Segel blähte sich in der sanften Brise.

Ein kleiner gelber Swaraj Mazda fuhr vor und entlud sechs junge Männer mit bloßen Oberkörpern, Spaten und Spitzhacken in der Hand. Ein fettleibiger bebrillter Aufseher entstieg dem Führerhaus. Er trug dunkle Hosen und ein Baumwollhemd, in dessen Brusttasche Stifte aufgereiht waren wie Munition in einem Patronengürtel. Er führte ein großes rotes Buch bei sich, das mich an jene Register erinnerte, in denen Geburt, Tod und Eheschließungen eingetragen werden. Mit gebieterischem Schritt führte er seine Arbeiter zu der grasbewachsenen Anlegestelle, bückte sich und steckte prüfend den Finger in die Erde. Ein Stift wurde ausgewählt, eine Eintragung in sein Buch vorgenommen. Schließlich trat er zurück und nickte.

Die Männer fingen an zu graben.

Ich schlenderte hinüber und bemerkte, daß die Gläser der Schildpattbrille des Aufsehers dick waren wie Briefbeschwerer. Wenn die Sonne darauf schien, wurden seine riesigen eulenhaften Augen zu unergründlichen Lichttümpeln, und seine Antwort auf meinen Gruß war nichts als ein funkelndes Nicken. Das Loch im Boden begann Form anzunehmen. Es hatte einen Durchmesser von etwa einem Fuß und war kreisrund mit senkrechten Wänden. Seine Ausmaße gaben nicht den geringsten Hinweis auf seinen Zweck.

Ein paar Männer aus der Stadt gesellten sich zu mir. Erst waren wir eine Handvoll, dann mehrere Dutzend, die mit äußerstem Interesse die Arbeiten verfolgten. Der Aufseher, der es offensichtlich gewohnt war, über die Aufmerksamkeit eines großen Publikums zu gebieten, wippte gelegentlich auf seinen Fersen so weit nach hinten, daß sein funkelnder musternder Blick langsam über unsere Köpfe hinweggleiten konnte. Ich glaubte schon, er sei im Begriff, eine kurze Begrüßungsrede oder Erklärung an uns zu richten, doch er seufzte nur und starrte erneut auf das Loch.

»Was suchen die da?« erkundigte sich neben mir ein Mann mit Backenbart.

»Keine Ahnung«, erwiderte ich.

»Einen Schatz?« mutmaßte ein Jugendlicher. »Oder Öl? Vielleicht heben sie auch einen Brunnen aus.«

Ein spürbarer Gemeinschaftssinn begann sich zu entwickeln. Der backenbärtige Mann, der stechende, aber seltsam farblose Augen hatte, sagte mir, er liebe philosophische Streitgespräche. Als er mich herausforderte, das Wesen der Wahrheit zu definieren, meinte sein Begleiter, ein hochgewachsener Mann mit militärischem Äußeren: »Bevor wir das Wesen der Wahrheit definieren, müssen wir das Wesen Gottes definieren. Dabei stellt sich die Frage: Läßt sich eins wie das andere überhaupt definieren?«

»Ja! Ja!« riefen verschiedene Stimmen und machten sich daran, beides zu definieren. Als die Diskussionen ringsum diffus zu werden begannen, sagte mir der militärisch aussehende Mann, er sei syrischer Christ und im Cashew-Geschäft tätig. Seine Kirche und sein Volk seien schon neunzehn Jahrhunderte in Kerala und sängen noch immer die gleichen Lieder im Gottesdienst, die ihre mit Gewürzen handelnden Vorväter mitgebracht hätten.

Der backenbärtige Mann hatte früher als Zahlmeister auf

einem Schiff gearbeitet. »Ich war auf einem kleinen Zweitausend-Tonner«, sagte er. »Meistens entlang der indischen Küste, gelegentlich aber auch im Nahen Osten.«

»Waren Sie jemals in Aden?« fragte ich.

»Aden? Natürlich.«

»Wie ist es dort?«

»Definieren Sie das Wesen von Aden!« rief der militärisch wirkende Mann und zwinkerte mir zu.

In diesem Augenblick hob der Aufseher, wohl irritiert durch das angeregte Gespräch und besorgt, unsere Aufmerksamkeit zu verlieren, den Arm zu einer überraschenden Geste und schnalzte mit den Fingern. Die Arbeiter sprangen zurück, und in dem sich anschließenden Schweigen trat er an das Loch, um hineinzuspähen. Was er dort sah, veranlaßte ihn, nicht nur eine, sondern gleich zwei Eintragungen mit verschiedenfarbenen Stiften zu machen. Die Arbeiter steckten eine Metallahle in das Loch und begannen, noch tiefer zu bohren.

Einer von uns trat schließlich an den Aufseher heran und fragte, wozu das Loch dienen sollte. Danach wandte er sich um und sagte, es hätte etwas mit dem Grundwasserspiegel zu tun; der Wasserstand müsse wegen des Monsuneinsatzes gemessen werden. »Der Bursche ist aus Baroda«, fügte er mit einer Grimasse hinzu.

»Aden ist in einen Krater gebaut«, sagte der Schiffszahlmeister. »Eine Stadt aus Felsgestein und Staub. Die Männer sind Diebe, die Frauen unfreundlich. Sie verkaufen verdorbenen Fisch, der einen vergiften kann. Ihre Datteln sind winzig und schmecken nach nichts. Die Hafengebühren sind horrend. Aden ist wie ein schlechter Traum; beim Aufwachen sollte man es schnell aus dem Gedächtnis tilgen.«

Ich sagte, ich sei dort gewesen und könne mich an nichts erinnern.

Er nickte. »Ihr Geist arbeitet für Sie. Kämpfen Sie nicht gegen ihn an.«

Unsere Gespräche und unser Lachen nahmen an Lautstärke zu. Ein Polizist eilte herbei, deutlich besorgt, unser Zufallshaufen könne sich als eine konspirative Versammlung entpuppen. Ein Imbißverkäufer erschien und machte gute Geschäfte. Ein Getränkeverkäufer kam gleich hinterher, bot Tee und Kaffee von seinem Stand auf Rädern an. Ein Wanderbarbier stellte seinen Hocker nebenan auf und warb um Kunden. Er wurde von einem jungen Mann gefolgt, der behauptete, er sei von der Presse. »Was geht hier vor?« fragte er und bahnte sich einen Weg durch die Menge.

Man erklärte es ihm, und er beschloß zu bleiben. Der Nußhändler meinte, falls die Zahl der Umstehenden im gleichen Tempo weiter anwüchse, müßten wir einen Abgeordneten wählen und nach Delhi entsenden. Der Schiffszahlmeister erzählte mir, die Preise für Cashewnüsse schnellten rapide in die Höhe. »Sie sind eßbares Gold!« sagte er. »Wenn Sie etwas auf der hohen Kante haben, dann investieren Sie es in eine Nußplantage!«

Dann, völlig unverhofft, schrie der Aufseher aus Baroda: »Halt!« In der nachfolgenden Stille kauerte er vor dem Loch, machte eine Drei-Stift-Eintragung von Aufsatzlänge in sein Buch, trieb dann seine Arbeiter auf den Swaraj Mazda zurück und brauste davon. Langsam und eher widerwillig zerstreute sich unsere kleine Gruppe. Während meine beiden Freunde und ich noch blieben und das Loch inspizierten, hörten wir ein Hupen und Bimmeln in der Ferne und sahen ein kleines ramponiertes Motorschiff auf den Landesteg zusteuern. Die Fähre war wohl früher als vorhergesagt von ihrer Schlammbank losgekommen.

Sie schlug beim Anlegen heftig gegen die Schutzrampe aus abgesägten Palmstämmen. Angeführt von Miss Sweet Thunder gingen wir, ein halbes Dutzend Passagiere, an Bord. Auch meine beiden Freunde stiegen ein. Sie plänkelten mit dem Fahrkartenkontrolleur, einem schwitzenden, ernst dreinblickenden Mann, der Sorgen zu haben schien. Als die Säcke mit Kopra, Kardamom und Ingwer im Achterdeck verstaut waren, sagte der Nußhändler: »Der Bursche da wird ein Auge auf Sie haben. Er ist auch ein syrischer Christ. Wenn Sie irgendwas brauchen, fragen Sie ihn einfach.« Damit gingen die beiden zurück an Land und hoben, als wir ablegten, die Hand zum Gruß.

Zurückwinkend dachte ich, daß Indien ein riesiges Geflecht ineinander verwobener persönlicher Netze sei, in dem man, wenn man erst einmal drin war, ständig weitergereicht wurde. Auf ihrem Weg durch die Backwaters kam die Fähre flott voran. Wir passierten ein hübsches Seehaus mit einer Privatmole, an der ein Schnellboot vertäut war. »Gewürz-Millionäre«, sagte der Kontrolleur. »Dollars – keine Rupien!«

Wir drehten auf die andere Seite ab, zogen vorbei an flachen Ufern, eingekerbt von schmalen palmengesäumten Flußarmen und Kanälen. Die Kokoshaine waren so dicht, daß es schien, als blickte man in eine Reihe von stillen, schwach erleuchteten Zimmern. Schatten und der Geruch von Holzfeuern deuteten auf die Gegenwart von Menschen hin. Gelegentlich drang ein Sonnenstrahl durch die Bäume und erleuchtete die Ecke eines Hauses, Hemden, die an einer Leine trockneten, eine Frau, die ihren Hof kehrte, nackte Kinder, die beim Lärm unseres Dieselmotors durch das üppige Grün spähten. Wir hielten an einem winzigen von Palmen geschützten Landesteg, an dem ein Junge absprang und so schnell im Dickicht verschwunden war wie durch seine eigene Haustür.

Dann querten wir eine breite Lagune, übersät mit chinesischen Fischernetzen und dahintreibenden Menschenköpfen. Als sich die heftig wackelnden Köpfe von uns fortzubewegen begannen, bemerkte ich, daß sie Männern gehörten, die auf dem Untergrund des flachen Gewässers spazierten; einige warfen uns, als wir vorbeituckerten, ein glitzerndes Lächeln zu, die meisten aber nahmen keine Notiz von uns. Der Kontrolleur sagte, es seien Männer, die mit Schleppnetzen fischten; jedes Jahr würden mehrere dieser Fischer von Lastkähnen getötet, die, im trüben Dämmerlicht lautlos mit langen Stangen bewegt, die Ahnungslosen am Hinterkopf trafen. Ein solches Boot glitt eben vorbei, der Bug verziert mit einem Drachen, der so fein geschnitzt war wie ein mittelalterlicher Altar. Seine Ladung bestand aus zwei angebundenen Ziegen und einem Sarg mit Silbergriffen.

Der Kontrolleur sagte, diese Wasserläufer seien arme Schlucker, die mehr als alles andere den Erwerb und den damit verbundenen Status einer chinesischen ›Fischmaschine‹ anstrebten. Diese wenige Fuß über dem Wasser wie riesige surrealistische Schmetterlinge aufgespannten Netze verhießen ein besseres, leichteres Leben. Männer sollen zu Mördern geworden sein, um in den Besitz eines solchen Geräts zu gelangen, der übliche Weg für diesen begehrten sozialen Aufstieg indes sei die Einheirat in eine Netzbesitzer-Familie. Ich nickte, sah ich doch die Vorteile, die eine solche Vorrichtung mit sich brachte. Das Netz hängt an einem nach dem archimedischen Prinzip funktionierenden Hebearm, der auf einer hölzernen Plattform angebracht und mit Steinen beschwert ist. Man zündet einfach eine Lampe an, um die Fischschwärme anzulocken, senkt das Netz in das nächtliche Wasser und kurbelt es am Morgen, gefüllt mit Geld, wieder hoch.

Wir bogen in einen engen, gewundenen Kanal ein, um in einer kleinen Lichtung an einem Stand mit Palmblätterdach Tee und Samosas zu kaufen. Miss Sweet Thunder beschwerte sich, daß der Standbesitzer überhöhte Preise verlange. Diese äußerst kühle, beherrschte Frau erzählte mir, sie sei Lehrerin und kehre eben von einem Besuch bei Freunden in Varkala nach Hause zurück. Ich fragte sie, wie der Monsun in diesen Backwaters sei, und sie zuckte die Achseln. »Himmel und Wasser lassen sich nicht mehr voneinander unterscheiden. Die Kreide wird so feucht, daß man nicht mehr auf der Tafel schreiben kann. Die Kinder leiden an Atemnot, Fälle von TB sind nicht selten.«

Als ich ihr von meiner Reise erzählte, warf sie mir einen fragenden Blick zu. »Und wo ist Ihr Schirm?«

»Um ehrlich zu sein, ich hab gar keinen.«

Sie lachte, schüttelte den Kopf und kletterte wieder an

Bord. Ich folgte ihr verwirrt und beschloß, am nächsten Morgen als erstes einen Schirm zu erstehen. Wir passierten winzige Landzungen, die von ganzen Familien bewohnt waren; einige teilten ein Fleckchen Erde von der Größe unserer Fähre mit mehreren Tieren und einer Kokospalme. In den Palmenhainen und Gärten hielten Frauen bei ihrer Arbeit inne, um uns nachzuschauen; ihre bunten Gewänder und ihre absolute Reglosigkeit erinnerten mich an Figuren in bunten Glasfenstern. Der Maschinist klagte über ein bedrohliches Leck und schöpfte mit einer Konservendose Wasser vom Schiffsboden.

Wo war der Monsun jetzt? Es gab hoffnungsvolle Anzeichen. Schon früher sichtbare hohe schleierartige Stratuswolken hatten sich verdichtet und beraubten das Grün der Palmen ihres lackähnlichen Glanzes. Dann bemerkte ich, daß Menschen am Ufer Schirme trugen. Kurz darauf machte sich der Kontrolleur hektisch daran, die schweren Segel herunterzulassen.

»Regen?« fragte ich.

»Ja. In fünf Minuten. Heftiger Regen. Monsunregen.«

Zischend kam er übers Wasser, nicht so heftig wie in Kovalam, doch mit solcher Kraft, daß der Kanal im Nu mit einem leichten Schaummantel bedeckt war. Ob dies die Vorhut des Ausbruchs über Cochin war? Der Kontrolleur schüttelte den Kopf: Er würde erst nach Einbruch der Dunkelheit in der Stadt erwartet. Beim Durchqueren einer kleinen Lagune sahen wir weitere ›Wasserläufer‹, die alle die Arme aus dem Wasser hoben, um sich mit tropfenden Händen den Regen aus den Augen zu wischen. In einer kleinen Lichtung, die von blühenden Bäumen gesäumt war, verließ uns Miss Sweet Thunder. Zwei Frauen erwarteten sie am Landesteg, und nach einer kurzen Begrüßung eilten sie unter ihren Schirmen davon.

Das Licht wurde immer trüber, und der Regen prasselte auf das Segeltuch. Es entstand ein heftiger Wortwechsel zwischen unserem Kapitän und zwei hageren Bootsführern auf einem Lastkahn, beladen mit Kokosmatten. Wir hatten seinen hübsch geschnörkelten Bug gerammt, und die beiden wetterten triefnaß über diesen Kunstvandalismus. Dann verlangsamten wir das Tempo und passierten einen Kanal, der von dunkelroten Hyazinthen fast überquoll. Die üppigen Blüten wurden von den Schiffsseiten abgestreift, und es blieb eine tiefe grüne Furche hinter unserem Heck zurück. Ich zog meinen Samuel Purchas aus der Reisetasche und las den Abschnitt über Cochin im Jahre fünfzehnhundertsiebenundsechzig: ›Cochin ist neben Goa der wichtigste Ort, den die Portugiesen in Indien besitzen; dort wird lebhafter Handel mit Spezereien, Arzneimitteln und allen möglichen Waren für das Königreich Portugal getrieben. Innerhalb des Landes befindet sich das Königreich des Pfeffers, den die Portugiesen lose, statt in Säcken, auf ihre Schiffe verladen.‹

Ich stellte mir vor, wie die Portugiesen ihren unverpackten Pfeffer verluden, mit tränenden Augen, geschüttelt von Niesen, bei ihrer Arbeit fluchend. Ein Erdnußverkäufer kam an Bord und bot seine noch warmen Nüsse an. Es waren die besten, die ich je gegessen hatte, und ich kaufte, als er schon abspringen wollte, noch mehr. ›Cochin besteht aus zwei Städten, die eine gehört den Portugiesen, die andere dem König von Cochin. Die der Portugiesen liegt nahe am Meer, die des Königs von Cochin in höherer Lage, anderthalb Meilen landeinwärts.‹ Beide waren an den Ufern eines tiefen, breiten Flusses errichtet, der aus den Bergen des Pfefferkönigs fließt – zu dessen Untertanen viele Christen des St.-Thomas-Ordens gehörten. Der heilige Thomas, der arme zweifelnde Thomas, war häufig durch Südindien gereist und achtundsiebzig nach Christus nahe beim heutigen Madras Airport den Märtyrertod gestorben.

Am frühen Abend erreichten wir Alleppey, das von unzähligen Kanälen durchzogen ist. Im Bus nach Cochin sagte mir ein gesprächiger junger Mann, ich solle Alleppey am Ende des Monsuns besuchen, um mir die Schlangenboot-Rennen anzusehen. »Wir kämpfen um den Nehru-Cup. In jedem Boot sitzen an die hundert Ruderer, und Tausende kommen, um das Spektakel zu sehen.«

»Was für Boote sind das?«

»Einbäume, Sir, mit reichen Schnitzereien, verziert wie Hochzeitstorten!«

Eine starke, glitzernde Brandung toste über den Strand. Ich suchte den Horizont im Südwesten nach Spuren des Monsuns ab, doch der junge Mann erklärte mir, er würde heute nacht nicht ausbrechen. »Im Radio hieß es, wir könnten morgen bei Sonnenaufgang damit rechnen. Die Luft ist feucht, der Taupunkt steigt, und es wimmelt plötzlich von Schmetterlingen.«

»In Quilon habe ich Schmetterlinge gesehen«, sagte ich. »Blaue.«

Er lächelte. »Sie sind sichere Vorboten.«

Mein Hotel lag auf Willingdon Island, einem flachen, dem Wasser abgerungenen Landstreifen am Ende eines Damms. Zum Abendessen bestellte ich Lammcurry. Der Kellner, ein Mann mit affektiertem Gehabe, fragte, wie ich es wünsche. So scharf wie möglich, antwortete ich irritiert. Das Gericht, das er mir wortlos vorsetzte, bereitete mir Schweißausbrüche, Herzjagen, Hämmern in den Schläfen und allgemeines Unbehagen. Der Kellner strich feixend um mich herum. Zwei Köche beobachteten mich durch die geöffnete Küchentür. Ich sagte mir, daß ich mich im einstigen Reich des Pfefferkönigs befand, und kämpfte weiter, bis auch der letzte Rest von meinem Teller und das hämische Grinsen aus ihren Gesichtern verschwunden war.

Später, in der Bar, gesellte ich mich zu zwei ältlichen Abstinenzlerinnen. Sie diskutierten über einen Zeitungsartikel, in dem es um die Frage ging, wann der Monsun zum letztenmal am zweiten Juni in Kerala eingetroffen war. Ich holte ihnen Limonensaft mit Soda, und sie übersetzten für mich. Die Zeitung behauptete, es sei neunzehnhundertzweiunddreißig gewesen, die beiden aber meinten, es könne nicht so lange her sein. »Es war im Geburtsjahr von Dimple, meiner Jüngsten«, sagte die eine. »Sie ist jetzt fünf, also muß es zweiundachtzig gewesen sein.«

»Dimple ist sechs«, sagte die andere.

»Gut, aber sie ist eben erst sechs geworden.«

Ich ließ sie weiter palavern und las vorm Schlafengehen noch ein wenig in Y. P. Rao. Ein Meteorologe namens Narayanan hatte Radarechos von Gewittergebieten beobachtet, die sich Trivandrum näherten; sie hatten etwa die Ausdehnung von Jamaica und waren schon auf seinem Radarschirm sichtbar, als sie sich noch hundert Kilometer entfernt auf dem Meer befanden. Beim Überqueren der Stadt zerbrachen die Echos in einzelne hundert Kilometer lange Zellen, die sich mit einer Durchschnittsgeschwindigkeit von vierzig Stundenkilometern und einem Abstand von fünfzehn Kilometern in Kolonnen die Küste hinaufbewegten.

Unter den Papieren, die Rao als zusätzliche Lektüre empfahl, war eines mit dem Titel ›Radarbeobachtungen von Regenfällen in Poona‹.

Im Nachbarzimmer versuchte eine Amerikanerin, sich über Telefon Gehör zu verschaffen. Sie schrie irgend etwas über Silberbarren in den Hörer, doch ob sie jemand in Cochin oder Kalifornien anrief, konnte ich nicht feststellen. Draußen erhob sich der Wind.

4. Juni

Ich erwachte bei strahlend blauem Himmel und Vogelgezwitscher. Im Kielwasser eines kleinen eleganten Lotsenbootes zog ein rostiger griechischer Tanker an meinem Fenster vorüber aufs offene Meer hinaus. Schlanke, schnittige Fähren jagten wie Fregatten umher und verbanden die Hafeninseln – Willingdon und Bolgatty – mit Fort Cochin und Mattancherry auf der südlichen Halbinsel und Ernakulam auf dem Festland. Wie Archen geformte hölzerne Reiskähne bewegten sie sich schwerfällig vorwärts, und ihre Segel flatterten unstet im frühen Morgenwind. Einer der Schiffer, der zeitunglesend an Deck saß, grüßte mich mit erhobener Hand. Ich trank einen starken südindischen Kaffee und fühlte mich durch die Nähe dieser Stadt am Meer bei bester Laune, auch wenn mich das Ausbleiben des Monsuns beunruhigte.

Vasco da Gama, den man zum portugiesischen Vizekönig von Indien ernannt hatte, starb hier fünfzehnhundertvierundzwanzig und lag, bis man seine sterblichen Reste vierzehn Jahre später nach Lissabon überführte, in der St.-Francis-Kirche von Fort Cochin begraben. Es muß damals eine gefährliche kleine Stadt gewesen sein. Da Gama mußte den Frieden wahren zwischen seinen portugiesischen Kaufleuten und dem König von Cochin, einem ruhelosen, freiheitsliebenden, oft rebellischen Menschen mit einer persönlichen Leibwache aus mordlustigen Aristokraten, *nairi* genannt; wie islamische Fundamentalisten erachteten sie es als Ehre, für ihre Sache zu sterben. Von der Taille an nackt, trugen sie ihr langes Haar zu wippenden, das Gesetz der Schwerkraft herausfordernden Hahnenkämmen und betrachteten alle Frauen als Gemeingut. (Ein Schwert, an die Tür einer Frau gelehnt, deutete darauf hin, daß sein Besitzer drinnen seine Rechte ausübte.) Beide Geschlechter hatten eine Vorliebe für ›riesenhafte Löcher‹ in den Ohrläppchen. Ein Reisender namens Caesar Frederick, der den Kreisumfang eines solchen vermaß, steckte seinen Arm hindurch ›bis hinauf zur Schulter‹. Ihre Kampfeslust war berüchtigt. Nicht nur auf dem Festland bedrängten sie die Portugiesen, sie setzten ihnen mit ihren Piratenflotten auch entlang der gesamten Malabarküste zu.

Nur die Ankunft des Monsuns konnte einen vorübergehenden Waffenstillstand herbeiführen. Dann gingen die *nairi* heim, hängten ihre Waffen auf und begleiteten ihre Frauen (oder die Frauen anderer) auf Picknicks. Während ihnen die Sklaven die Nägel schnitten, die Füße massierten und die Köpfe kratzten, stopften sie sich voll mit Mangos und lümmelten sich an überfluteten Teichen und Flüssen, ›hoch erfreut, schwimmen und baden zu können‹.

Eine von da Gamas ständigen Sorgen muß die Sicherung seiner Flotte bei Ausbruch des Monsuns gewesen sein, und als ich nun durch Willingdon Island schlenderte und am Hafenamt vorbeikam, fiel mir ein, daß der jetzige Hafenmeister in gewisser Weise der direkte Erbe und Nachfolger des einstigen Eroberers war.

Ich ging hinein, und während ich darauf wartete, daß mich der Beamte am Empfang zur Kenntnis nahm, betrachtete ich eine große polierte Tafel an der Wand. ›Visuelle Sturmwarnung‹ lautete die Überschrift, und die verschiedenen knappen Absätze waren in sorgfältig gemalten Lettern auf Englisch und Malayalam festgehalten.

I Es herrscht stürmisches Wetter, aus dem sich ein Orkan bilden könnte.
II Es hat sich ein Orkan gebildet.
III Der Hafen wird von stürmischem Wetter bedroht.
VI Dem Hafen droht ein Unwetter von einem Tief, das über oder nahe dem Hafen vorbeizieht.

Ich fragte den Beamten nach dem Namen des Hafenmeisters.

»Captain Verghese Kuruvilla«, sagte er.

»Kann ich ihn sehen?«

»Nicht ohne Termin.« Er nahm seinen Stift auf. »Sind Sie Schiffseigner?«

»Nein. Ich schreibe ein Buch.«

»Worüber?«

»Über den Monsun.«

Er hatte schütteres graues Haar und eine hängende Unterlippe. Er sah mich lange forschend an. »Sie müssen ziemlich exzentrisch sein«, sagte er schließlich, doch irgendwie schien ihm der Gedanke zu gefallen. »Geben Sie mir Ihre Karte. Ich bringe Sie zum Hafenmeister.«

Kurz darauf befand ich mich in einem sonnigen Büro. Captain Kuruvilla – ein scharfäugiger, leutseliger Mann in weißer Marineuniform mit vier Goldstreifen an jeder Schulter – schien wenig überrascht über mein Erscheinen. Er winkte mir, Platz zu nehmen, und während ich ihm mein Anliegen vortrug, unterzeichnete er verschiedene Papiere. Dann griff er zum Telefon und sagte: »Bitte schicken Sie Captain George und Captain Matthew zu mir.« Er legte auf. »Sie sind meine besten Lotsen. Sie kennen den Hafen von Cochin ebensogut wie ich.« Er nahm seinen Stift auf und unterzeichnete weiter. Auf einer Tafel waren mit Kreide die Namen der Hafenschiffe vermerkt, die er heute abzufertigen hatte; darunter war eins mit Namen *Gertrude Grigg*, in Erinnerung vielleicht an eine lang dahingegangene Memsahib.

»Wann kommt der Monsun?« fragte ich.

»Heute nachmittag«, sagte er, ohne aufzublicken. »So gegen vier.«

Kurz darauf erschienen die beiden Lotsen, zwei gepflegt gekleidete, lächelnde Männer, die mir erzählten, sie gingen fünf Meilen vor der Küste an Bord der einlaufenden Schiffe; sie würden einfach vom Deck des Küstenwachbootes auf die Strickleiter an ihrer Längsseite springen. Während der Monsunstürme herrsche eine starke Dünung, deshalb sei das nicht ungefährlich. Ein Kollege, der seinen Sprung schlecht abgeschätzt habe, sei gefallen und habe sich das Rückgrat gebrochen.

»Er will sich über den Monsun informieren«, sagte der Hafenmeister, an seine Männer gewandt. Er blickte auf. »Heute müssen wir Signal Nr. III hissen. Kleinschiff-Warnung. Schwarzes Dreieck mit Spitze nach unten. Sie wird vorschriftsmäßig vom Hafenvorsteher hochgezogen.«

»Es ist ein Warnsignal«, erklärte Captain George. »Und es besagt, daß alle kleineren Schiffe, die trotzdem auslaufen, nicht mehr durch ihre Versicherung gedeckt sind.«

»Ist der Hafen in der Monsunzeit sicher?«

»Dies ist der weltweit bestgesicherte Hafen«, erwiderte Captain Kuruvilla fast ein wenig pikiert. »Wenn alles tadellos gewartet ist, bleibt er dreihundertfünfundsechzig Tage im Jahr geöffnet. Wir haben gewöhnlich die ersten drei Tage nach Monsuneinsatz orkanartige Stürme und manchmal, außerhalb des Hafens, kräftige Wasserhosen. Anschließend dann nur noch gewöhnlichen Regen.«

»Der Monsun hat auch ein bemerkenswertes Sicherheitsphänomen zur Folge«, sagte Captain George. »Eines, für das es bis heute keine wissenschaftliche Erklärung gibt.«

»Geheimnisvolle Schlammbänke«, sagte Captain Matthew.

»Wenn der Monsun einsetzt«, sagte Captain George, »werden diese Schlammbänke – Lateritboden, fünf Meilen weit draußen auf dem Meeresgrund – kräftig aufgewühlt. Irgendeine rätselhafte Eigenschaft des Schlamms besänftigt das Meer und macht das Gebiet über der Schlammbank zu einem natürlichen Hafen. Wie stürmisch das Wetter ringsum auch ist, das Wasser über der Schlammbank ist ruhig.«

»Je rauher das Meer draußen«, sagte Captain Matthew, »desto ruhiger ist's drinnen. Man muß es gesehen haben, sonst glaubt man es nicht.«

»Das Wasser über den Schlammbänken ist so still wie in einem Waldtümpel«, sagte Captain George. »Die einstigen Händler wußten das, und deshalb kamen sie nach Cochin. Während das Meer ringsum toste, konnten sie weit vor der Küste die Anker werfen, ihre Fracht laden, frisches Wasser, Obst, Gemüse und dergleichen aufnehmen.«

»Garnelen gibt es auch«, sagte Captain Matthew.

»Das Wasser dort wimmelt davon. Man kann sie fast mit der Hand fangen. Das Phänomen wird ›Chakara‹ genannt und dauert nur wenige Tage, in dieser Zeit aber kann man mit einem einzigen Fang an die vierzigtausend Rupien verdienen. Die marxistische Regierung von Kerala hat angeordnet, daß sich nur kleine Fischer in ihren traditionellen Wallams an diesem Goldrausch beteiligen dürfen. Ihre motorisierten Kollegen mit den Schleppnetzen sind nicht befugt, daran teilzunehmen, was sie natürlich trotzdem tun, und so kommt es zu heftigen Kämpfen. Laut Gesetz dürfen die kleinen Fischer ihre Rechte mit dem Schwert verteidigen. Sie setzen es verbissen ein und wehren die Schleppnetzfischer wie Piraten ab.

Dann, plötzlich, sind die Garnelen verschwunden, und wenn sich der Monsun zurückzieht, sind auch die Schlammbänke fort.«

»Laut meiner Tante«, sagte Captain Matthew, »ist die beruhigende Wirkung auf Bakterien von Millionen treibender Kokosnußschalen zurückzuführen.«

Sichtlich verdutzt blickte Captain Kuruvilla auf. »*Kokosnußschalen*?« fragte er.

»Ja, Sir. Laut meiner Tante.«

Zweifel stand auf dem Gesicht des Hafenmeisters geschrieben. »Wie auch immer«, sagte er schließlich seufzend, »diese unsere Insel, Willingdon, mit ihren hundertachtundzwanzig Quadratkilometern besteht ebenfalls aus Monsunschlamm. Sie wurde in zwei Jahren aufgeschüttet, und zwar mit einem einzigen Bagger, der später zufällig sank. Wir mußten die Schiffsdurchfahrt um ein Grad verlegen, um das Wrack ausfindig zu machen, nachdem der obere Teil mit Dynamit weggesprengt worden war. Der für dieses Landgewinnungsprojekt zuständige Architekt war ein Engländer namens Sir Robert Bristow, ein bemerkenswerter Mann, der von den anderen Briten gemieden wurde, weil er eine Nonne geheiratet hatte. Wenn Sie mehr über den Hafen erfahren wollen, empfehle ich Ihnen ein ausgezeichnetes Buch vom Vorsitzenden der Hafenverwaltung, Dr. Babu Paul, dem einzigen Hafenverwalter in ganz Indien mit einem Doktortitel der Theologie.«

Ich fragte Captain Kuruvilla, wo ich in Cochin die Gewürzläden besichtigen könne. »Im Judenviertel sind die Gewürzhändler und die Pfefferbörse«, sagte er. »Mit dem Taxi nur fünf Minuten von hier.« Ich dankte den Captains für die Zeit, die sie mir geopfert hatten, und ging, zu beschämt, um einzugestehen, daß mein Besuch des Judenviertels vor allem dem Zweck diente, einen Schirm zu erstehen.

Es lag jenseits des Damms in Mattancherry, einer winzigen Gemeinde, die rund um die älteste Synagoge des Commonwealth lebt. Die Ursprünge dieser erstaunlichen Siedlung reichen bis auf die Ankunft von St. Thomas in Cochin (zweiundfünfzig nach Christus) zurück. Sie wurde zum Zentrum des Gewürzhandels und ist es bis heute geblieben, ein Labyrinth von engen, gewundenen Gassen, baufälligen Häusern und dunklen, kleinen Läden, erfüllt von Gerüchen nach Pfeffer, Nelken, Ingwer, Kardamom und Kreuzkümmel. Die Synagoge in ihrer Mitte war licht, luftig und makellos sauber, die Morgensonne funkelte auf dem polierten Metall, den Edelsteinen und dem Fußboden, der mit blauen handgemalten chinesischen Fliesen gepflastert war.

»Jede von ihnen ist anders«, bemerkte ein hagerer, blaßhäutiger alter Mann, der plötzlich aus einer Tür gegenüber auftauchte und mich bat, einzutreten. »Sie wurden siebzehnhundertzweiundsechzig aus China importiert.« Er sah mich prüfend von der Seite an. »Sind Sie Jude?«

»Nein. Ich wollte hier einen Schirm kaufen.«

Er nickte. »Am besten gehn Sie in den Laden um die Ecke, gleich hinter Ganesh Trading. Ein gewisser Mr. Chakravatty. Sagen Sie ihm, Jacky Cohen hat Sie geschickt. Und zahlen Sie bloß nicht den ersten Preis, den er nennt.«

»Ist er Jude?«

»Chakravatty? Nein. Es gibt hier keine jüdischen Schirmhändler mehr. Die meisten unserer Leute sind fortgegangen. Nur einunddreißig sind zurückgeblieben – sieben Familien. Und im nächsten Monat wandert einer unserer jungen Männer nach Israel aus. Heiraten ist jetzt ein großes Problem. Seit siebzehn Jahren hat hier keine Hochzeit mehr stattgefunden – nur ein junges Paar aus Manchester, das auf dem Weg nach Australien war, wurde vor ein paar Monaten hier getraut. Sein Name war Kagan.«

Ich sah mich in dem reizenden kleinen Gotteshaus um und las den Text auf den Kupfertafeln. ›Dieser Mosaikboden wurde mit der großzügigen Spende von Mr. Luis Lindau aus Mexiko verwirklicht. Zum ehrenden Andenken an seinen Vater Mr. Max Lindau.‹ Auf einer anderen hieß es: ›Zum liebevollen Gedenken an Sabattai Koder, der über vierzig Jahre

Wärter dieser Synagoge war.‹ Die Atmosphäre war friedvoll und beschaulich, ein schwacher Geruch nach Gewürzen lag in der Luft. Mr. Cohen erzählte mir, die Juden von Cochin blieben Säulen der hiesigen Gemeinde, auch wenn sie eine geplagte Minderheit seien. »Einer ist pensionierter Oberst der Indischen Armee, einer Fregattenkapitän der Marine. Drei Rechtsanwälte, zwei Ärzte und ein Steuerberater gehören dazu.«

»Kein Rabbi?«

Er lächelte. »Die Älteren sind berechtigt, Ehen zu schließen und Gottesdienste zu halten. Gestern zum Beispiel haben wir das Shabuoth-Fest gefeiert, das am dritten Juni, dem Tag des Monsunbeginns, begangen wird.«

»Da waren Sie wohl einen Tag zu früh.«

»Das kann vorkommen. Gott und die Wetterpropheten sind sich nicht immer einig.«

Ich lief die Jew Cemetery Lane entlang zu Mr. Chakravattys kleinem Laden, doch er hatte bereits all seine Schirme verkauft. »Panikkäufe«, sagte er knapp und musterte mich durch seine dicken Brillengläser. »Der Monsun wird für heute nachmittag erwartet. Schirme, Gummistiefel, Regenhäute – alles weg.« Er zögerte und fügte dann fast widerwillig hinzu: »Vielleicht sind drüben in Ernakulam noch ein paar Schirme übrig. Neben dem Bahnhof. Doch sie sind von minderwertiger Qualität, und Sie müssen sich beeilen. Sobald der Regen einsetzt, schließen viele Läden, und die Leute tummeln sich auf den Straßen.«

Ganz in der Nähe, in den niedrigen, schummrigen, dickwändigen Räumen von Rainbow Enterprises bot mir ein freundlicher junger Mann ein gewaschenes schwarzes Pfefferkorn an. »Garden-Farm-Sorte«, sagte er eifrig und hieß mich, darauf zu beißen. Das tat ich, und es explodierte wie ein Knallkörper auf meiner Zunge. »Das ist Luxuspfeffer, Sir, sehr beliebt in der Sowjetunion. Ich kaufe direkt bei Bauern in Sultan Battery.« Er sprach den Satz gedehnt.

Der Himmel draußen blieb weiter blau, der Wind unbeständig, das Meer ruhig. Ich kaufte Orangen in einem kleinen Laden, an dessen Tür ein Schild ›Bread, Bun and Fruity‹ anpries. Wieder in meinem Hotel, las ich den *Indian Express* bei einem eisgekühlten Kingfisher Beer. ›Monsun rückt näher‹, hieß es zuversichtlich auf der Titelseite. ›Der Südwestmonsun, der gestern über Südkerala eingesetzt hat, ist nordwärts gezogen und hat über Malabar und den nördlichen Lakkadiven heftige Regenfälle gebracht. Die Fischer wurden gewarnt, nicht aufs offene Meer zu fahren, da an der Nordküste von Kerala Westwinde mit einer Stärke von 50 bis 60 km/h zu erwarten sind.‹

An einundzwanzig Zentren im Süden wurden beträchtliche Regenmengen registriert, und in Kottayam waren die ersten Monsunopfer zu beklagen. Vier Teilnehmer eines Picknicks ertranken beim Baden ›im reißenden Flutwasser eines Flusses. Zwei Leichen konnten von anderen Picknickteilnehmern, die sich an Land gerettet hatten, geborgen werden, die beiden weiteren wurden heute morgen von Suchmannschaften der Feuerwehr gefunden.‹

Beim Durchblättern der Zeitung stellte ich fest, daß sich auch die politischen Korrespondenten der Sprache der Meteorologen bedienten. ›In den düsteren Wolken, die sich am außen- wie auch innenpolitischen Horizont zusammenballen, zeigt sich nach der Annäherung wichtiger Oppositionsparteien ein schwacher Silberstreif…‹

Ich rief David McCririch an, den mir Babu Varghese als letzten englischen Händler genannt hatte, der noch in Cochin ansässig war. Seine Stimme klang zunächst ein wenig argwöhnisch. Dennoch schlug er ein Treffen am nächsten Abend vor. »Kommen Sie auf einen Drink zu mir«, sagte er. »Wir können aber auch in den Club gehen. Ich hole Sie um halb fünf ab.«

»Ich werde da sein.«

»Am Ende Ihres Hotelgartens ist eine kleine Mole. Warten Sie dort. Ich fahre mit dem Firmenboot nach Hause.«

Am frühen Nachmittag begann sich der Himmel zu beziehen – lange, hohe Zirruswolken, die sich verdichteten und verdunkelten und zu massigen Kumuluswolken anwuchsen. Ich sah eine 737 der Indian Airlines im Landeflug über Cochin. Sie bahnte sich ihren Weg durch die Wolken und ließ eine Zerteilungsspur klaren Himmels hinter sich zurück. Wenig später kam Wind auf, und im Hafen begannen die schweren Reiskähne zu stampfen und zu schlingern. Gischt spritzte über den Bug einer dichtbesetzten Fähre, die Kurs auf Ernakulam genommen hatte; ich konnte erkennen, wie die stehenden Passagiere hin- und herschwankten. Auf einem unbebauten Gelände nahe der Bristow Road ließ ein Mann einen Drachen fliegen. Der Mann hatte eine Hakennase und dichtes, zerzaustes Silberhaar. Der Drachen stieg so hoch, daß er kaum mehr zu sehen war.

»Wie lang ist die Schnur?« fragte ich.

»Keine Ahnung. Hundert Meter vielleicht. Er gehört mir übrigens gar nicht; ich halte ihn für einen Freund.« Er zerrte an der gitterartigen Holzspindel, doch der Drachen, der wie ein Vogel tanzte, reagierte nicht. »Die Chinesen nennen das Himmelstanz«, fuhr er fort. »Sie befestigen kleine Flöten an den Drachen, die im Wind jammernde Töne von sich geben.«

»Wo ist Ihr Freund?«

»Er mußte seine Mutter besuchen.«

Wir schauten zu dem Drachen hoch. »In den alten wedischen Schriften heißt es, der Südwestwind besitze heilende Kräfte. Gilt das auch für die Sehkraft?« wollte ich wissen.

»Ich glaube nicht an all dies Zeug«, knurrte er. »Und das sage ich als Lehrer der indischen Geschichte, alter und moderner. Schließlich haben Winde auch schädliche Eigenschaften. Der Ostwind fördert das Phlegma und kann Geschwüre verursachen; der Nordwind verscheucht das Phlegma, kann dafür aber Tuberkulose hervorrufen. Süd- und Westwinde sind die süßesten, vor allem dieser, der Westwind, der sehr leicht und mild ist.«

Ich sagte, laut Wetterbericht solle der Westwind heute mit fünfzig oder sechzig Stundenkilometern wehen.

»Ich meine ›leicht‹ im Sinne von unbeschwert und beschwingt.« Er runzelte die Stirn und sah mich dann fragend an. »Darf ich Sie um einen Gefallen bitten? Würden Sie so freundlich sein, den Drachen ein Momentchen zu halten? Ich muß dringend verschwinden.«

Als er meinen zweifelnden Blick bemerkte, fügte er rasch hinzu: »Ein natürliches Bedürfnis, Sie verstehn schon.«

»Na gut. Doch versprechen Sie auch, zurückzukommen?«

»Mein Freund ist bestimmt schon vor mir zurück«, sagte er, reichte mir die Spindel und eilte davon.

Das letztemal hatte ich einen solchen zerbrechlichen Seidenpapier-und-Bambus-Tetraeder als kleiner Junge auf den Fidschi-Inseln gehalten. Meine indischen Schulfreunde hatten mir den Trick gezeigt, die Schnur durch ein Gemisch aus Mehlkleister und zersplitterten Glühbirnen zu ziehen, so daß sie im Flug die Schärfe eines Skalpells besaß. Wenn man seinen Drachen auf den eines Gegners niedertreiben ließ, durchtrennte man seine Leine und holte sich seinen Drachen als Siegestrophäe. Heute nun, in Cochin, fühlte ich meine Kunstfertigkeit von einst neu erwachen. Ich wußte den Drachen instinktiv zu handhaben, hielt ihn ausbalanciert im Zentrum des Windes und genoß diesen privilegierten Kontakt mit dem Monsun. Manchmal wirbelte der Wind herum, kam aus allen Richtungen zugleich und ließ den Drachen trudeln, meist aber kam er gleichmäßig, mit wachsender Stärke und Gewißheit aus einer Richtung.

Ein Wagen mit zwei Männern darin fuhr im Schrittempo vorüber. Die beiden lachten und riefen mir etwas Spöttisches zu. Dann, als ich mich eben zu fragen begann, wie lange ich noch hier stehen müßte, näherte sich ein kleiner Junge auf einem alten Raleigh-Fahrrad, stieg ab und kam auf mich zu.

»Ist das dein Drachen?« fragte ich.

Er nickte stumm.

Ich händigte ihm die Spindel aus und ging meiner Wege.

Ich rief aufs Geratewohl im Auswärtigen Amt in Delhi an, und zu meiner großen Überraschung hob jemand ab. Ich fragte, ob ich Prasad Rao sprechen könnte, und eine schwache knisternde Stimme sagte, er sei auf Urlaub.

Die Stimme vernahm mein gequältes Seufzen. »Was ist? Wer spricht da?« fragte sie barsch.

Ich stellte mich vor.

»Ach – Sie sind der Monsunmann, stimmt's? Ich bin P.D. Gupta und habe Ihren Fall übernommen. Alle nötigen Gesuche sind eingereicht worden, und ich hoffe, es geht in Ordnung. Bitte rufen Sie Anfang nächster Woche wieder an.«

Um ein Uhr schien der Himmel Ernst machen zu wollen. Zwei Stunden und fünfzig Minuten später verdunkelten jagende Kumuluswolken die Sonne und tauchten alles ringsum in ein tintenfarbenes violettes Licht. Um vier Uhr fünfzig schließlich hielt der Monsun, angekündigt durch ohrenbetäubenden bodennahen Donner, Einkehr in Cochin. Wolkenfetzen wehten, Rauchfahnen gleich, durch die Bäume; der Regen schäumte auf dem Hotelrasen und schuf hängende Dunstschleier, undurchsichtig wie Bergnebel. Im Coffee Shop eilten die Kellner zu den Fenstern, klatschten und schrien und vergaßen ihre Kunden. Einer, der eben aus der Küche auftauchte und eine Teekanne in der Hand hielt, die für den Konferenzraum bestimmt war (dort fand, wie man munkelte, eine geheime Sitzung des indischen Gewürzausschusses statt), gewahrte das bombastische Schauspiel dort draußen, knallte die Teekanne auf meinen Tisch und rannte, laut »Ho! Ho! Ho!« schreiend, zu den anderen.

Ich wuchtete eine Tür auf und trat nach draußen. In Sekundenschnelle naß bis auf die Haut, durchströmte mich ein wohltuendes Gefühl von Wärme und Belebung; es hatte zweifellos etwas von einer Neugeburt. Regentropfen klatschten wie Münzen auf den mit Steinplatten ausgelegten Weg, und die Luft war angefüllt mit Salven karmesinroter Blüten der Flammenbäume; sie sausten wie Geschosse im Kreis herum, und ich kann bezeugen, daß diese farbenprächtigen Blüten, die einem bei einem besonders heimtückischen Windstoß mit einer Geschwindigkeit von sechzig Stundenkilometern ins Auge fliegen, höllisch weh tun und vorübergehend das Sehvermögen beeinträchtigen. Im Fort Cochin erklangen die Glocken der St.-Francis-Kirche. Kleine Boote fuhren eilig in den Hafen ein. Die Wellen, die über die bogenförmige Kaimauer schlugen, waren seltsamerweise in rosa Licht getaucht. Der Landesteg, der unter einem kleinen hölzernen Pavillon lag, wurde von der schweren Brandung überspült. Die orangefarbenen Ziegel auf dem steilen Satteldach des Pavillons begannen zu wackeln, bis sie, wie getroffene Tontauben, eine nach der anderen ins Dunkel wirbelten.

Aus dem Winkel meines rechten Auges, das noch immer von einem Blütengeschoß tränte, wurde ich Zeuge einer höchst erstaunlichen Szene. Zwei Kellner öffneten die Tür des Coffee Shops, und eine Gesellschaft von Männern und Frauen zog in den Sturm hinaus. Die Männer trugen aufgeknöpfte Hemden und elegante Anzüge, die Frauen erlesene Seidensaris und hochhackige Schuhe. Als sie ins Freie traten, breiteten sie die Arme aus und reckten die Gesichter dem Regen entgegen.

Der Gewürzausschuß hieß den Monsun willkommen.

Sie bewegten sich hinunter zum Landesteg, lachend, jauchzend, sich langsam drehend, wie in einem verträumten Tanz. Im Pavillon standen sie bis zu den Knien im schäumenden Wasser, während der Wind über der Spitze des zerfallenden Daches Regenspiralen formte. Diese vereinten sich zu einem Strom, der, zusammen mit den Ziegeln, immer wieder fortgerissen wurde. Von den Windstößen gepeitscht, von den Wellen aus dem Gleichgewicht gebracht, so klammerten sich die Ausschußmitglieder fest aneinander, Wasser in den Augen und einen Ausdruck unendlicher Glückseligkeit auf den Gesichtern. Eine junge Frau in einem nassen, flatternden, goldfarbenen Sari lachte mich an und klatschte in die Hände. »So wird es im Paradies sein!« rief sie.

Der Coffee Shop war inzwischen zum Notstandsgebiet erklärt worden. Ein junger Geschäftsführer kommandierte seine Kellner herum, befahl ihnen, Eimer, Wischer, Plastikfolie und alte Bettlaken herbeizuschaffen. Aus allen Türen und Fenstern drang der Regen herein wie Meerwasser in ein leckes Schiff. Es war in der Tat nicht schwer, sich vorzustellen, daß der ganze Coffee Shop von den Fluten davongeschwemmt worden sei und nun unter großen Gefahren im Hafen von Cochin dahintrieb. Ein sonderbarer Lichteffekt ließ die eindringenden Fluten wie Flammen züngeln. Sobald sie sich aber auf dem Fußboden verbreitet hatten, waren sie nichts weiter mehr als einfaches Wasser, Wasser in gewaltigen Mengen. Als es über meine Schuhe schwappte, warf mir der Geschäftsführer einen Schrubber zu. »Bitte helfen Sie mit!«

Alles war bester Laune. Gäste und Kellner arbeiteten fröhlich miteinander, und als wir die wichtigsten Problemzonen, wie Tür- und Fensterrahmen, abgedichtet und den Coffee Shop einigermaßen – wenn auch keinesfalls vollständig – wasserdicht gemacht hatten, gab es Getränke auf Kosten des Hauses. Wir standen beieinander und stießen mit einem heimischen Gesöff, das aus Cashewblüten gebrannt war, auf den Monsun an.

Als dann der Gewürzausschuß wieder Einzug hielt, nach heißem Tee und Handtüchern verlangte und neue Pfützen auf dem Boden machte, begrüßten wir ihn mit geschürzten Lippen und tieffinsteren Blicken.

Ich plante, am übernächsten Morgen einen Bus nach Calicut, zwei Stunden weiter nördlich, zu nehmen, und dann einen zweiten – vielleicht einen der neuen Super De Luxe Colour Video Coaches – hinauf nach Goa. Der Monsun würde heute abend in Calicut sein, und das war gut so; ich wollte diesmal nach ihm eintreffen. Mit Goa jedoch lag die Sache anders. Ich mußte, da ich die Monsun-Party meiner Freunde, der Baptistas, nicht versäumen wollte, sie aber telefonisch nicht erreichen konnte, zeitig vor dem Monsun dort ankommen.

Ein mürrischer Mann im Wetteramt von Cochin schätzte, der Monsun würde Goa in vier Tagen, also am achten Juni, erreicht haben. Na gut, dann blieben mir volle achtundvierzig Stunden für die Fahrt. Augenblicklich toste und wütete mein Reisebegleiter draußen im dunklen Garten, peitschte die Wellen gegen den Damm und klatschte Blätter und Zweige gegen mein Fenster, durch dessen Rahmen Wasser eindrang. Ich lauschte befriedigt. Wenigstens war er hier, wo ich ihn beobachten konnte, und bot Cochin ein erlesenes Schauspiel.

Vor meiner Tür war plötzlich ein schwaches Geräusch zu hören, dann glitt ein Blatt Papier unten durch den Spalt. Ich öffnete rasch und sah die Dame im goldfarbenen Sari über den Flur huschen und unter jede Tür einen Zettel schieben. Nasse Fußabdrücke blieben auf dem Teppichboden zurück. Sie wandte sich um, erblickte mich und lächelte. Der Sari klebte an ihrem fülligen, schönen Körper, und ihr Lächeln hatte noch immer den gleichen Glanz wie vorher im Garten. Ich hatte Lust, mit ihr zu reden, und fragte, ob die Ankunft des Monsuns im Protokoll des Gewürzausschusses vermerkt worden sei.

»Wir sind keine richtigen Mitglieder des Gewürzausschusses. Aber wir sind Gewürz-Anhänger.«

Damit entfernte sie sich, und ich hob ihren Zettel auf. Er enthielt folgende gedruckte Mitteilung:

> SIND SIE NIKOTINSÜCHTIG? DANN MACHEN SIE SICH FREI DAVON! Jedesmal, wenn es Sie nach einer Zigarette gelüstet, greifen Sie in Ihre Tasche und essen Sie ein Kardamomkorn. Nach ein paar Tagen sind Sie ein freier Mensch. Ein neuer Mensch!
>
> Kardamom bewirkt zwei Dinge: Er bereitet einer tödlichen Gewohnheit ein Ende und baut eine gesunde auf. Kardamom macht den Atem frisch, fördert die Verdauung, regt den Appetit an, beseitigt Schwindelgefühle und verhindert oder heilt verschiedene Krankheiten.

Diese zweite Begegnung mit dem einsetzenden Monsun hatte keine Auswirkung auf die Geschwindigkeit meiner Uhr oder auf den Zustand meines Nackens. Diese Nacht aber träumte ich, daß ich auf einer Wanderung über die Hänge der Westghats vom Blitz getroffen wurde und plötzlich neunzehn Sprachen beherrschte.

5. Juni

Die Front des Monsuns war am Morgen weitergezogen, gefolgt nur von ein paar gelegentlichen kräftigen Böen. Ein grünes Containerschiff, das in Genua registriert und bis zur Plimsoll-Höchstlademarke beladen war, glitt durch den Regen vorüber. Während ich ihm nachschaute, dachte ich bei mir, daß die Anwesenheit italienischer Frachtschiffe in Cochin im Grunde nur die Fortsetzung eines Brauches war, der eingeführt wurde, als die Römer den Monsun ›entdeckten‹. Als sie festgestellt hatten, daß seine Winde ihre Galeeren hinaus- und wieder heimwärtsbliesen und daß die einzigartigen Monsun-Schlammbänke ihnen sichere Ankerplätze boten, wurden sie zu regelmäßigen Besuchern. Die zahlreichen römischen Münzen, die in diesem Teil der Malabarküste gefunden wurden, zeugen von der Gier der Römer nach indischen Luxusgütern. Alte Dokumente belegen die Verschiffung von Pfeffer, Perlen, Elfenbein, feinen Seidenstoffen, Betel, Diamanten, Hyazinthen, Schildpatt, Reis, Büffelmilchbutter, Honig, Baumwolle, Musselin, ›Schärpen‹, Zimt, Ingwer, Kamelen und Indigofarbstoff.

Es war Nero, der Cochin auf die römische Landkarte setzte. Er trug indische Seidenstoffe und badete in indischem Nardenöl. Sein Schlafgemach war mit indischen Perlen, sein Palast mit indischen Edelsteinen und Schildpatt geschmückt. Er installierte ein Leitungssystem aus Gold- und Silberrohren, in denen Wasser mit destillierten indischen Duftstoffen floß. Die Reichen wetteiferten in Luxusorgien miteinander.

Sie waren versessen auf Waren aus Indien, und der römische Senat glich bald einer Versammlung von Maharajas. Obwohl Seneca über den Pomp klagte – ›Edelhölzer, zu unerhörten Preisen erworben, Kristall- und Achatgefäße, protzig zur Schau gestellt‹ –, besaß er selbst fünfhundert Tische mit Füßen aus indischem Elfenbein. Petronius berichtete zynisch von römischen Kurtisanen, die sich mit indischen Juwelen und Essenzen auszahlen ließen (ärmere Frauen, die sich keine Originale leisten konnten, mußten sich mit Straßimitationen begnügen).

Das Römische Reich ging unter, Cochin aber trieb weiter Handel, indem es seine Monsunwinde und Schlammbänke geschickt nutzte. Da Gama, der die Vorteile des *monção* kannte und sich von einem erfahrenen Gujarati-Lotsen begleiten ließ, lief vierzehnhundertachtundneunzig vom Monsun angetrieben in Calicut ein und lud ein paar Meilen weiter nördlich kostbare Gewürze. Diese Fracht brachte ihm in Lissabon einen Gewinn, der die Kosten seiner Reise um das Sechzigfache überstieg. Die Portugiesen gründeten rasch eine Kolonie in Cochin, kauften Pfeffer (›Der Strauch ähnelt unserem Efeubaum‹), Ingwer (›Er wächst wie unser Knoblauch‹), Gewürznelke (›Ihr Baum ist wie unser Lorbeerbaum‹), Sandelholz (›Das weiße Sandel ist sehr süßes Holz‹), Kampfer (›ein kostbares Ding in Indien, das teurer als Gold verkauft wird‹), Moschus (von einem ›kleinen Tier, ähnlich wie unser junges Reh ... sie töten es ... schneiden die Knochen heraus und zerstampfen Fleisch und Blut und füllen die Haut damit‹), Benzoe, Bernstein und eine Menge Edelsteine.

Da ich gern wissen wollte, welche Art Waren das italienische Schiff jetzt heimtransportierte, suchte ich Manju Menon bei Ocean Containers auf. Mr. Menon, ein eleganter Mann mit Sprache und Gebaren eines Oxford-Professors, hob die Schultern und sagte: »Mein Bester, es ändert sich nur wenig. Wir handeln noch immer mit Tee, Kaffee, schwarzem Pfeffer, Cashew, Ingwer, Chili und anderen Gewürzen. Natürlich hat sich manches weiterentwickelt, seitdem die Portugiesen hier waren. Wir exportieren jetzt Meeresfrüchte und Strickwaren – vornehmlich Ware von Handwebstühlen aus Cannanore. Früher haben wir Froschschenkel nach Frankreich exportiert. Sehr zum Ärger unserer Bauern, die sich ein paar zusätzliche Rupien durch den Froschfang verdienen konnten, haben unsere Umweltschützer ein Fangverbot erzwungen; man brauche die Frösche, um die Moskitos unter Kontrolle zu halten.«

Ein Bediensteter brachte Tee und Gebäck. Wir lehnten uns in unsere Sessel zurück. Der Regen prasselte an die Scheiben, der Wind heulte vom Meer herüber. Es war sehr gemütlich.

»Sie interessieren sich also für den Monsun. Nun, er behindert unsere Arbeit. Wir können keine Container auf die Schiffe verladen, weil sie im Wind zu trudeln beginnen. Ich vermag die romantische Einstellung vieler meiner Landsleute nicht zu teilen. Ein guter Hindu soll den Monsun in seine Gebete einschließen, und wie in früheren Tagen, als er noch für seine Könige betete, wird er von ihm sogar als ›Regenmacher‹ sprechen. Für mich aber gibt es dabei nichts Metaphysisches oder Symbolisches. Es ist lediglich eine Zeit, in der Telefone nicht funktionieren und die Elektrizität versagt. Alte Menschen frieren und holen ihre Socken und Schals heraus. Es ist ungeheuer schwierig, Kleider und Schuhe trocken zu halten; man muß in jedem Schrank Glühbirnen anbringen und sie, vorausgesetzt der Strom funktioniert, Tag und Nacht brennen lassen. Und es ist die Zeit, in der sich Schimmelpilz in Büchern ausbreitet. Wenn dann Ihre *Gesammelten Werke von Shakespeare* langsam erbsengrün werden, stellt sich unweigerlich eine gewisse Melancholie ein.«

Auf dem Heimweg kaufte ich eine Zeitung und nahm entsetzt die Schlagzeile auf der Titelseite zur Kenntnis. ›Heftige Regenfälle über Goa‹, hieß es da. ›Monsun für heute erwartet.‹ *Heute?* Er sollte doch erst in drei Tagen in Goa sein! In einem Zustand der Verwirrung, der schon an Panik grenzte, lief ich ins Reisebüro Cox and Kings und erkundigte mich nach möglichen Flügen.

Der Angestellte, ein dürrer mürrischer Mann mit schwerem Schnurrbart, meinte: »Der nächste geht morgen früh. Aber es ist sehr gut möglich, daß die Maschine nicht landen kann. Die Landebahnen sind überflutet, die Sicht ist schlecht und dergleichen.«

»Gibt es noch freie Plätze?«

»In der Maschine, die vielleicht nicht landen kann?«

»Genau.«

»Nein.«

»Können Sie mich auf die Warteliste setzen?«

Er warf mir einen Blick zu, als hielte jemand eine Pistole auf ihn gerichtet, kaute verbissen auf seinem Schnurrbart herum und zog das Telefon mit einem Ruck zu sich her. Das Telefon funktionierte nicht, was er mir triumphierend verkündete. Doch da ich andere Leute im Büro in ihre Apparate schreien hörte, bat ich ihn, es noch einmal zu versuchen. Als er schließlich durchkam, führte er sich auf wie bei einer schlechten Verbindung nach Yokohama. Mit finsterer Miene teilte er mir dann mit, ich solle mich um acht Uhr morgens am Flughafen auf Willingdon melden. Als ich ging, schickte er mir seine letzte boshafte Bemerkung nach. »Es sind schon neun andere Leute auf der Warteliste. Und die Wetteraussichten für morgen in Goa sind sehr, sehr schlecht.« Er strahlte mich an. »Schönen Tag noch!«

Ich dachte über das Wesen dieses Monsuns nach. Die Persönlichkeit, die sich herauskristallisierte, war die eines schwierigen Verwandten, über den sich verantwortungsvolle Familienmitglieder unentwegt Sorgen machen – er ist wieder mal verschwunden, er ist bei Soundso aufgekreuzt, er hat Ärger mit der Polizei, er hat sich im Zug betrunken und ist in Minneapolis gelandet. Ich mußte ihn sehr genau im Auge behalten.

David McCririchs Firmenboot war eine ehrwürdige, langgestreckte Holzbarkasse mit einer geschlossenen Achternkabine, in der drei leitende Angestellte in Safarianzügen saßen. Das Meer vor der Hotelmole hatte sich beruhigt, die Dünung war jetzt schwer und ölig. Die Barkasse hob und senkte sich, und dem Bootsführer, der sie vorsichtig an den Landesteg heranmanövrierte, war das alles ganz offensichtlich genauso zuwider wie mir. »Springen Sie, Sir!« schrie er. Er lenkte das Boot ruckartig nach achtern, während ich noch in der Luft war. Ich landete unsanft auf dem Deck, das sich gerade hob und gleichzeitig nach hinten bewegte.

In der Kabine stellte mich Mr. McCririch, ein adretter bärtiger Mann in den Vierzigern, seinen beiden indischen Kollegen vor. Ihre Firma, Harrison Malayalam, war Eigentümerin von Tee- und Kaffeeplantagen. Sie hatten alle vor Ort gearbeitet, die Plantagen selbst geleitet, und nun, da sie in der Hierarchie aufgestiegen waren, fuhren sie täglich in ihrer schönen alten Admiralsbarkasse zur Arbeit und wieder zurück. »Das ist ein persönliches Privileg«, erklärte einer von ihnen.

Im Hafen von Cochin, den wir nach wenigen Minuten erreichten, warteten schon ihre Ambassador-Limousinen mit ihren Chauffeuren. Mr. McCririch schickte seinen Fahrer heim und setzte sich selbst ans Steuer. »Diese Wagen sind so gebaut, daß sie vierzig Jahre halten. Ein beängstigender Gedanke. Vierzig Jahre auf indischen Straßen! Vierzig Monsune! Doch der Preis, den man dafür zahlt, ist ›Minimalbeschleunigung‹. Man braucht mehrere Tage, um von null auf achtzig zu kommen.«

Wir fuhren los durch enge Straßen, gesäumt von Häusern mit dicken Mauern, die vor mehreren Jahrhunderten von den Holländern erbaut worden waren. Ballen mit Tee, Nüssen, Coir und Gewürzen wurden von und auf Lastwagen geladen, die kleine Verkehrsstaus verursachten. Wir überquerten einen Platz mit einer willkürlichen Anhäufung von Steinen, den man für die Touristen Vasco da Gama Square nannte, und hielten dann vor der St.-Francis-Kirche, um das leere Grab zu besichtigen, das früher einmal die Gebeine des Admirals von Indien beherbergt hatte. Die Kirche, von den Portugiesen im sechzehnten Jahrhundert errichtet, war einst erfüllt vom Widerhall der Sprachen und geistlichen Aktivitäten der europäischen Mächte, die hier ein- und ausgezogen waren. Im siebzehnten Jahrhundert, unter den Holländern, wurde St. Francis protestantisch, im achtzehnten, unter den Briten, anglikanisch. Heute wird die Kirche von der Church of South India benutzt; obwohl sie all diese verschiedenen Glaubensrichtungen in sich aufgenommen hat, zeigt sie jetzt keine Spur mehr davon. Sie ist einfach nur ein altes Lagerhaus mit einer Glocke obendrauf, und als wir hinausgingen, warf Mr. McCririch einen argwöhnischen Blick zum Glockenstuhl.

»Als ich das letztemal einen Besucher herführte«, sagte er, »ist die Glocke heruntergestürzt. Dies aus Bronze gegossene Monstrum krachte unmittelbar hinter mir auf den Boden. Es gab einen fürchterlichen Knall, und ich habe mich später oft gefragt, ob – vom Standpunkt einer Versicherung aus – es als ein Akt Gottes erachtet worden wäre, wenn mich dieses verdammte Ding erwischt hätte.«

Mr. McCririchs Wohnhaus, eine zweistöckige Villa, lag hinter einer hohen Mauer im exklusivsten Viertel von Cochin. Er deutete auf andere Villen, die hinter den Bäumen sichtbar waren. »Als wir herkamen«, sagte er, »lebten hier noch fünfzig englische Familien. Es war wie Tunbridge Wells in den Tropen. Meine Frau, Anne-Marie, ist Norwegerin, also bin ich wohl nun der letzte. Und nächstes Jahr gehen wir auch.«

Anne-Marie, eine hübsche Frau im grünen Baumwollkleid, kam uns entgegen. Sie hatte blondes Haar, müde Augen und das rasche, unsichere Lächeln eines Menschen, der es nicht gewohnt ist, Fremde zu unterhalten. Der Rasen war mit einer Decke abgefallener Blüten überzogen, und vom blassen Abendhimmel fiel immer wieder leichter Regen.

»Irgendwas nicht in Ordnung?« fragte David.

»Der Strom.«

»Oh Gott«, sagte er resigniert. »Der Monsun hat wirklich begonnen.«

»Den ganzen Nachmittag war er mal da und mal weg«, sagte sie. »Jetzt ist er mehr weg als da.«

»Läuft der Gefrierschrank?«

»Bis jetzt noch.« Sie zögerte. »Können wir nicht in den Club gehen? Du kannst ihn Alex zeigen.« Und an mich gewandt: »Wir gehen immer hin, wenn David vom Büro heimkommt. Ich bin den ganzen Tag im Haus eingesperrt und muß einfach raus.«

Im Cochin Club, einem langgestreckten, ziegelgedeckten Bungalow, steht noch immer eine wunderschön geschwungene Bar aus massivem Rosenholz. Aber es war kein Mensch da. Ich sah weder Barkeeper noch Flaschen – das einzige dürftige Lebenszeichen war ein Elefantenkopf, der an der Wand dahinter befestigt war. Das fahle Licht erschien mir so muffig wie die Luft, und ich stellte mir vor, daß die triste Atmosphäre des Raums selbst die Geister fernhielt. Die Gin kippenden Curry-Fresser, die einst diese Dielen zum Knarren brachten, würden an einem solchen Ort nicht einmal begraben sein wollen.

»Wir schenken hier seit einiger Zeit keine Drinks mehr aus«, erklärte David. »Die Regierung hat die Lizenz für alkoholische Getränke in Bars mit einem Schlag auf fünfzigtausend Rupien erhöht. Das konnten wir uns natürlich nicht leisten.«

Er verscheuchte einen ältlichen Mann, der, ein Gästebuch in der Hand, aus dem Dunkel auf mich zukam, und führte uns zur Bibliothek, einem weiteren düsteren, muffigen Raum, mit verglasten Regalen voll Taschenbüchern. Ein weißuniformierter Angestellter saß an einem kleinen Schreibtisch, vor Stempelkissen und Datumsstempel. Als wir eintraten, döste er noch still vor sich hin, richtete sich dann aber kerzengerade auf und sah uns aus wachsamen Augen an.

»Ich kaufe die Bücher hier«, sagte David. »Sieben im Monat kann ich mir leisten. Ich wähle sie aus den Kritiken des *Daily Telegraph.*«

»Die Besucher kommen erst später«, sagte Anne-Marie. »Alles Inder natürlich, doch sehr nette Leute. Sie sind unsere Freunde.«

Wir fuhren durch die kühlen Schatten der Monsundämmerung zurück. Ein Eisvogel blitzte hinter dem Tor der McCririchs auf. Ihr Wohnzimmer war geräumig mit hohen Decken und, nach der Art tropischer Länder, spärlich möbliert. Es war dunkel. »Wir würden Sie gern zum Abendessen einladen«, sagte David, »doch leider hat unser Koch heute abend Ausgang.«

Er hatte aber kaltes Bier; er holte es aus der Küche, die erleuchtet war. Ein etwa fünfzehn Meter langes elektrisches Kabel, das aus verschiedenen kürzeren zusammengeflickten Leitungen bestand, führte von der Küche zu einem Glasbehälter, in dem ein paar träge Tropenfische schwammen. Ein Gebläse ließ Luftbläschen in dem Aquarium aufsprudeln. Anne-Marie sagte, sie hätte den halben Morgen an diesem Rettungssystem gebastelt.

»Wir haben drei getrennte Stromkreise im Haus, ohne daß es einen besonderen Grund dafür gibt; es war halt so gebaut. Wenn also der Regen einsetzt und ein Stromkreis ausfällt, kann ich die Fische an einen anderen anschließen. In diesem Klima muß man sich zu helfen wissen.«

»Und was, wenn sie nun alle ausfallen?« fragte ich.

»Naja, das kommt vor«, sagte sie ruhig.

Plötzlich flammten die Lichter im Wohnzimmer auf, und wir lächelten uns zu. David schenkte neues Bier ein und erzählte von seinen Teeplantagen in den Bergen. Anne-Marie brachte eine Schale mit Walnüssen. Sie sagte, ihre Töchter würden ihr sehr fehlen. Beide seien in England, eine noch in der Schule, die andere, die kurz vor ihrem Abschluß als Fremdsprachenkorrespondentin stehe, würde bald nach Italien gehen. Der Regen prasselte auf die Blätter. Ein Auto kam spritzend durchs Dunkel gefahren und hielt vor dem Nachbarhaus an.

Plötzlich verstummte das Gebläse im Aquarium. Stromkreis zwei war unterbrochen. Das hatte zur Folge, daß Klimaanlage und Beleuchtung in den Schlafzimmern oben ausfielen. Während Anne-Marie noch auf ihr stummes Aquarium starrte, versagte auch Stromkreis eins, und das Wohnzimmer lag im Dunkel. Als Sekunden später auch noch die Küchenlichter erloschen, wußten wir, daß alle drei Stromkreise streikten.

»Der Gefrierschrank«, flüsterte Anne-Marie. »Unsere ganzen Lebensmittel!« Sie war den Tränen nahe.

»Warum lassen Sie keinen Elektriker kommen?« wollte ich wissen.

»Ein schlechter Scherz!« seufzte Anne-Marie.

»Die haben längst Feierabend«, sagte David. »Außerdem denken die gar nicht dran, bei diesem Wetter herzukommen, erst recht nicht im Dunkeln. Irgendwo muß eine Stromleitung beschädigt sein – durch einen umgestürzten Baum vielleicht. Vor morgen früh schaut da keiner nach.«

Wir saßen im stillen, stromlosen Haus und sprachen über den Monsun. Anne-Marie sagte, das Schlimmste seien die Schlangen. »Der Regen treibt sie nach draußen. Einmal hatten wir eine Kobra in unserm Holzschuppen. Wir haben sie nicht gesehen, doch der Koch sagte, sie sei dort. Er selbst hatte sie auch nicht gesehen, aber er wußte es – auf indische Weise. Und er war völlig außer sich.«

»Wir ließen einen Schlangenbeschwörer kommen«, sagte David.

»Er trat in den Schuppen und sagte einfach: ›Ja, da ist eine Kobra.‹ Dann durchwühlte er das ganze Brennholz und zog sie mit bloßen Händen hervor.« Ich fühlte, wie sie erschauderte. »Sie war so ... dick.«

Danach ließ David jedes Jahr nach Beginn des Monsuns den Schlangenbeschwörer kommen. Der stellte sich, auf seiner Flöte spielend, einfach in den Garten. »Zu Dutzenden kamen sie von überall hervorgekrochen. Er hatte einen flachen Korb bei sich und packte sie hinein, wie Gemüse. Dann verkaufte er sie an irgendein medizinisches Institut, wo ihnen das Gift abgemolken wurde.«

»Weißt du noch, wie er einmal den bis oben hin vollen Korb plötzlich umgestoßen hat?«

Die Lichter flammten auf. Das Gebläse im Aquarium begann zu zischen, und aus der Küche ertönte das beruhigende Summen des Gefrierschranks. Doch im selben Augenblick, als Anne-Marie lachend in die Hände klatschte, brachen alle drei Stromkreise wieder zusammen. Stille und Anspannung im Wohnzimmer wurden unerträglich. David räusperte sich und erzählte die Schlangenkorb-Geschichte zuende.

»Der Schlangenbeschwörer hatte so viele Schlangen aufgesammelt, daß er plötzlich einen Aufschlag verlangte. Zwei Rupien pro Schlange, wenn ich mich recht entsinne. Ich sagte, das sei nicht vereinbart gewesen, und da stieß er den Korb einfach um und ließ sie alle wieder frei.«

»Es war grauenvoll«, sagte Anne-Marie. »Unsere Jüngste war damals noch ein Baby. Ich nahm sie auf den Arm und rannte davon.«

Ich fand es ziemlich deprimierend, dort im Dunkeln herumzusitzen, und schlug vor, auf einen Drink in mein Hotel zu fahren. David stimmte begeistert zu, doch als wir uns eben erhoben hatten, ging überall der Strom wieder an. Anne-Marie schielte nach ihrem Aquarium und sagte, sie würde bleiben. Dann, als wieder alle Stromkreise versagten, beschloß sie, doch mitzukommen. Als wir schließlich durchs Gartentor fuhren, erstrahlte das Haus plötzlich im hellsten Licht und blinkte uns aus jedem Fenster spöttisch zu. David trat scharf auf die Bremse, und Anne-Marie sagte, sich umblickend: »Oh Gott, ich glaube ... vielleicht sollten wir doch ... Nein! Zum Teufel damit! Wir brauchen jetzt alle einen kräftigen Schluck Wodka!«

Später plauderte ich noch mit einem Kanadier, der mir erzählte, er käme soeben von einer Monsun-Party im Hause eines anglo-indischen Geschäftsfreundes. »Wir haben den ganzen gottverdammten Abend Reel getanzt«, berichtete er kopfschüttelnd.

Y. P. Rao schrieb: ›George und Datta berichten, daß sich ein Monsun-Tief im September 1963 aus den Resten eines Taifuns vom Pazifik bildete.‹ Diese Reste wurden von einem Hoch nach Indien gelenkt und verwandelten sich bei ihrer Ankunft in eine regenbeladene ›warme Zunge‹.

Ich wußte, daß die Temperaturen des westlichen Pazifiks und Hurrikan-Aktivitäten zu den vielen globalen Faktoren gehören, mit Hilfe derer die Inder den Monsun vorherzusagen versuchen. (Sie berücksichtigen auch den Luftdruck in Buenos Aires, Jakarta, Darwin und auf den Seychellen, Regenfälle auf Java, in Simbabwe und Sansibar, Winterschneefälle im Himalaya, selbst in den Tiefen des antarktischen Eiskaps.) Doch ich las zum erstenmal, daß Wolkenwasser aus der Südsee um den halben Erdball zieht, um sich mit Indiens Regen zu vermischen.

Die Vorstellung indes, daß unser Stückchen Ozean einen Beitrag – und sei er auch minimal – zum großen Sommermonsun lieferte, hätte meinen Vater gewiß begeistert. Es hätte gezeigt, daß wir nützlicher waren, als viele annahmen. Die Menschen wußten so wenig über unsere Inseln, daß er, wann immer er ein paar Wochen bei uns in Australien verbrachte, Vorträge hielt, ohne einen Cent dafür zu verlangen. Er wurde sozusagen zum inoffiziellen Sprecher für die Neuen Hebriden, erläuterte die Entvölkerungs- und Gesundheitsprobleme, schwärmte von den freundlichen Eingeborenen und der stillen Schönheit der Inseln und sprach sogar von Investitions- und Urlaubsmöglichkeiten.

Diese seine Vortragsaktivitäten hatten ein komisches Nachspiel. Als ein paar Wochen nach der Kapitulation der Deutschen wilde Gerüchte umgingen, daß Hitler in einem U-

Boot, vollgepackt mit gestohlenen Rembrandts und Nazi-Gold (eine Geschichte, der man noch zwanzig Jahre später Glauben schenkte), gelandet sei, war ich fest überzeugt, daß der Inhalt der Vorträge meines Vaters in Berlin zirkulieren mußte. Er widersprach dieser Theorie zwar bescheiden, fragte sich aber zugleich, wie Hitler, falls etwas Wahres an der Geschichte sein sollte, je anders von uns hätte erfahren können.

Mein Vater meinte, Hitler solle nicht gehängt, sondern für Werbezwecke auf West-Melanesien verwendet werden. Wenn er auch ein Irrer war, so würde er uns doch gewiß einen Platz auf der Landkarte verschaffen.

Ich packte, noch immer in Sorge, ob ich einen Platz für den Morgenflug nach Goa bekäme. Ich versuchte, die Baptistas in Bombay anzurufen, vernahm aber nur ein paar harfenähnliche Töne in der Leitung. Draußen im dunklen Hafen ging irgend etwas vor sich. Zwei Lotsenboote und eine Polizeibarkasse jagten im Regen umher, und das erinnerte mich an einen früheren Vorfall im Hafen von Cochin, der bei Purchas festgehalten ist. Ein unbekannter portugiesischer Seemann, damit beschäftigt, ein neues Ruder an einem Schiff zu befestigen, das fünfzehnhundertdreiundachtzig nach Lissabon auslaufen sollte, wurde von einem Hai angegriffen. Der biß ihm ein Bein ab bis zum Oberschenkel, und als er die Hand ausstreckte, um die Wunde zu fühlen, auch noch den Arm ›und auch ein Stück von seinem Hinterteil‹.

Die Lichter gingen aus, und ich tastete mich wie ein Blinder zu meinem Bett.

Kapitel fünf

6. Juni

Ich teilte das Taxi zum Flughafen mit einem korpulenten, Pfeife rauchenden Buchhändler, der auf der Warteliste nach Madras stand. Er sagte mir, der Computer der Indian Airlines sei abgestürzt. »Kommt übrigens öfter vor«, fügte er hinzu. »Ist ein anfälliges, kränkelndes Ding mit schwachem Lebenswillen.«

Eine Menschentraube schob und drängte sich um den Stand-by-Schalter. Er war nur von einem einzigen Angestellten besetzt, der unentwegt im Flüsterton mit einer unsichtbaren, hinter einem verblichenen rosa Vorhang verborgenen Person konferierte. »Der verteilt sicher gerade die letzten Klappsitze«, raunte mir der Buchhändler zu, der, um vorwärtszukommen, skrupellos seinen Aktenkoffer einsetzte. »Wahrscheinlich befragt er eine Kristallkugel. Vielleicht sogar Würfel oder Teeblätter.«

Als wir, am Schalter angelangt, uns endlich Gehör verschafft hatten, ließ mich der Angestellte wissen, daß es in der Maschine nach Goa mehr als genug Platz, in Goa selbst aber ungeheure Probleme gebe. »Fünfzig Millimeter sind bei denen gestern gefallen«, sagte er. »Die haben jetzt Monsun, wissen Sie?«

»Ja.«

»Flughafen unter Wasser. Wenn Wetter schlecht und Sicht schlecht, Maschine kann nicht landen. Gestern Bombay Airbus hat zweimal versucht, dann Flugkapitän hat aufgegeben und ist heim. Heute wird wieder versuchen.«

»Und werden wir's auch versuchen?«

»Ja, werden versuchen.« Er händigte uns unsere Bordkarten aus. »Madras okay, aber für Goa Verspätung. Telefon kaputt, und wir brauchen noch Wetterbericht.«

»Ihr findet immer eine Entschuldigung«, sagte der Buchhändler. »Als ich letztesmal mit euch von Bombay nach Karatschi fliegen wollte, mußten wir neun Stunden warten, weil der Airbus mit einer Taube zusammengestoßen war.«

»Nicht schlechter Witz!« lachte der Angestellte.

Wir passierten die Kontrolle. »Alle Schlüssel und Münzen aus den Taschen nehmen!« befahl ein Beamter.

»Was die IA von allen anderen Fluglinien der Welt unterscheidet«, meinte der Buchhändler kurz darauf in der Abflughalle, »ist die *Qualität* ihrer Ausreden. Der Computer streikt, das Flugzeug läßt sich nicht blicken, die Flüge sind regelmäßig überbucht – aber die Abteilung für Ausreden liefert stets erstklassige Arbeit.« Er zog seine Pfeife hervor. »Ein Tiger hat den Piloten gefressen.« Während er sie mit nach Gewürznelken duftendem Tabak stopfte, fuhr er fort: »So fangen sie zum Beispiel gern an. Daraus läßt sich allerhand Interessantes entwickeln; man kann's unter die Lupe nehmen und ausbauen, oder man verändert die Fakten, um sie der Leichtgläubigkeit der Zuhörer anzupassen – ohne daß der Schock- oder Überraschungseffekt verloren geht.«

Ich lachte und fragte, was er in Cochin verkauft hätte.

»Nicht *ver*kauft«, erwiderte er. »*Ge*kauft. Ich habe gestern in Ernakulam eine Erstausgabe des *Glossary of the Madras Presidency* aus dem späten neunzehnten Jahrhundert aufgetrieben – etwas stockfleckig zwar, aber sonst in bestem Zustand; dafür wird mir ein Kunde zu Hause ein kleines Vermögen zahlen. In den Tagen der britischen Herrschaft war Indien in vier solche Presidencies, oder Provinzen, aufgeteilt, und das Glossar behandelt jeden nur denkbaren Aspekt ihrer Regierungszeit.«

Er steckte seine Pfeife an.

»Auch das Wetter?«

Ich sah durch den Rauch hindurch, wie sich eine Augenbraue leicht hob. »Natürlich auch das Wetter. Wir Inder sind von dem Thema besessen, die Briten genauso. Bedenken Sie, daß Madras das erste Observatorium besaß – siebzehnhundertzweiundneunzig erbaut.«

»Aber Sie kriegen keinen Monsun.«

»Nicht diesen Monsun. Wir bekommen den Wintermonsun, so etwa von Oktober bis Weihnachten. Verglichen mit dem Sommermonsun ist er weit weniger spektakulär, aber er wird in einem anderen großartigen Buch behandelt – an die zweitausend Bauern-Sprichwörter, von britischen Beamten der Provinz gesammelt und veröffentlicht. Ungefähr ein Viertel davon sind Monsun-Sprichwörter.«

»Kennen Sie welche?«

Eine Stimme kündigte über Lautsprecher an, daß die Maschine nach Madras einsteigebereit sei.

»Ach Gott«, sagte er. »Ich kannte einige. Mein Vater vor allem. Er war Grundbesitzer. Einer handelte vom Regenbogen im Osten, der so viel Regen verspricht, daß die Wasserreservoire überlaufen. Und wenn man in gewissen Nächten Sternschnuppen sieht, soll man nicht in den Tälern pflanzen, weil sonst sintflutartiger Regen die Ernte davonspülen würde. Eine Mondfinsternis kündet ebenfalls schwere Regenfälle an. Oder wenn die Venus südlich vom Mond untergeht. Neumond an einem Dienstag dagegen verheißt Trockenheit und Hungersnot.«

Er klopfte seine Pfeife aus und stand auf. »Söhne werden mit Regenfällen gleichgesetzt, in dem Sinne, daß ein erfolgreicher Bauer von beidem eine Menge braucht. Davon handeln viele Sprichwörter, doch am besten ist es in folgendem ausgedrückt: ›Wenn der Himmel versagt, wird auch die Erde versagen.‹«

Er hob die Hand zum Gruß und eilte davon.

Minuten später wurde auch der Flug nach Goa aufgerufen. An Bord der halbleeren 737 bot mir eine hochgewachsene freundliche Stewardess Fenchelkerne mit Lakritzgeschmack, Watte für die Ohren und drei Zeitungen an. Diese bestätigten mir, daß der Monsun tatsächlich in Goa angelangt war und sich dort von seiner rüpelhaftesten Seite zeigte. Zahlreiche Geschäfte in tiefergelegenen Vierteln waren überflutet. Der Verkehr auf dem National Highway 17 mußte umgeleitet werden, ›als eine Behelfsbrücke über ein Flüßchen bei Verna fortgespült wurde‹. Das Versagen des Provisoriums, ›das während der Sprachrevolten im Dezember beschädigt worden war‹, führte zu Staus, Aggressionen, zu kleineren Unfällen, und die Menschen vor Ort waren schnell dabei, ihrem Unmut Luft zu machen. ›Es war die einhellige Meinung aller Reisenden, daß die zuständigen Behörden in Hinblick auf den nahenden Monsun ihre Arbeit hätten beschleunigen müssen.‹

Als die Stewardess den Kaffee brachte, zeigte ich ihr den Bericht und fragte, was wohl mit ›Sprachrevolten‹ gemeint sein könne.

»Das ist ein altes Problem«, antwortete sie. »Die Goaner verlangen, daß Konkani, ihre traditionelle Sprache, zur Amtssprache Goas erklärt wird. Delhi sagt nein, deshalb kommt es immer wieder zu Aufständen in Goa.«

Ich schlürfte meinen Kaffee. Die 737 hatte die übliche Flughöhe und Durchschnittsgeschwindigkeit erreicht. Durch verstreute Zirruswolken tief unter uns konnte ich die Küste und die grünen Zinnen der Westghats erkennen, die etwa tausend Kilometer lang und bis eintausendachthundert Meter hoch sind. Die durch die Berge abgelenkten Monsunwinde bildeten Wirbel vor der Küste, die stark genug waren, um ein Flugzeug entzweizubrechen, und die jetzt heftigen, anhaltenden Regen über dem Meer entluden.

Wir flogen über die roten Dächer von Calicut, wo Vasco da Gama das erstemal indischen Boden betreten hatte. Hier irgendwo hatte Tipu Sultan siebzehnhundertneunundachtzig die Briten in eine berühmte Schlacht verwickelt, die bewies, daß mobile, wendige Guerillatruppen einem statischen, von trägen und konservativen Generälen befehligten Heer stets überlegen sind. Tipu, der von einer Reihe befestigter *droogs* auf den Hügeln aus operierte, kreiste die Briten ein, als diese die Berge erklommen mit ihrer schweren Ausrüstung – jede Kanone wurde von einem Elefanten angeschoben und von unzähligen Männern und Ochsen an Schlepptauen gezogen – und unglaublichen Mengen an persönlichem Gepäck. Der typische Hauptmann zog in die Schlacht mit einem riesigen Bett, mehreren Stühlen, einem Klapptisch, vier Öllampen, zwanzig Leinenanzügen, mehreren Dutzend Flaschen Wein, Brandy und Gin, Tee, Zucker, Gebäck, einem Korb mit lebendem Geflügel, einer Milchziege, sieben Kisten mit Kochutensilien, Besteck, Kristallgläsern, Tischtüchern und einem Palankin. Den Palankin-Kulis folgten ein Erster Diener, ein niederer Diener, ein Koch, ein Stallknecht, ein Grasschneider und zwei Ochsentreiber für die vier Gepäckochsen.

Wir flogen über Mangalore, dem bedeutendsten Hafen der Welt für Cashewnüsse.

Im *Goa Herald* wurde für Regenbekleidung geworben. ›Lassen Sie sich durch den Monsun nicht aus dem Alltagstrott bringen!‹ Ein Cartoon zeigte eine Menge durchnäßter Goaner kurz vor der Ausschiffung von einem Landungsboot, ähnlich denen der Alliierten in der Normandie. Diese Werbung von Malsons, dem ›Haus für erstklassige Regenbekleidung‹, galt einer Produktserie namens Duckback.

In Goa war beim Monsunausbruch ein Baby zur Welt gekommen. ›Leonora und Gromiko preisen den Herrn und geben überglücklich die Geburt ihres ersten Sohns am 5. Juni im Dr. Rebello Hospital, Margao, bekannt.‹

Die *Times of India* berichtete ›von leichten Regenfällen‹ in Bombay. Der Monsun sei dort erst in vier Tagen fällig, und so war ich, trotz einer Vorhersage, die böige Winde und Schauer ankündigte, nicht übermäßig beunruhigt. Es war durchaus normal für die Jahreszeit. Dennoch nahm ich mir vor, die Entwicklung in Bombay genau im Auge zu behalten.

Zwanzig Minuten vor Goa, bei klarem Himmel, schaltete der Pilot plötzlich das Sicherheitsgurt-Zeichen ein und ließ es gleich zweimal aufflammen. Ein Blick aus dem Fenster verriet mir den Grund. Der Horizont vor uns war wie zugemauert. Diese Mauer schien horizontal exakt im rechten Winkel zu unserer Flugrichtung und vertikal vom Meer bis zur Sonne zu verlaufen. Kein Weg war zu sehen, um sie zu umrunden, und, soweit ich es beurteilen konnte, auch keiner, um sie zu durchbrechen. Dieses riesige schwarze Gebilde schimmerte matt wie behauener Stein und schien die entsprechende Konsistenz und Dichte zu besitzen. In ihrem Schatten rüttelten kleine Gegen- und Unterströmungen an den Flügeln der 737. Als sie in die Mauer hineinflog, strauchelte sie und sackte ab. Die Heftigkeit des Falls ließ einen plötzlichen Kräftekonflikt vermuten, so als würden Schwer- und Schubkraft es miteinander aufnehmen. Dann erreichte sie mit einem vibrierenden Schlag ihren Tiefpunkt, und ich befand mich zum erstenmal im Herzen des Monsuns.

Wir waren in einer Dunstzelle eingeschlossen, von der eine sanfte Helligkeit ausging. Ein geheimnisvoller Lichteffekt ließ einen glühenden rosafarbenen Hof entstehen. Dieser leuchtete mit der Regelmäßigkeit eines Metronoms auf, und als ich schon meinte, den Pulsschlag des Monsuns zu gewahren, wurde mir klar, daß es sich um das Warnlicht auf dem Flugzeugdach handelte. Die Wolkenkammer, die uns umschloß, schien in weitere hineinzuführen. Es gab Andeutungen von Korridoren und Fluren, von Vorhallen und Innenhöfen – meilenweit. Jenes betörende Licht drang überall ein. Ich beobachtete das alles mit einem fast euphorischen Gefühl. Die Indian Airlines hatte mich direkt in die Höhle des Monsuns gebracht.

Aber, weiß Gott, es war rauh darin. Allem Anschein zum Trotz war die Atmosphäre wie klumpiger Brei, und wir taten uns schwer. Der Monsunkumulus ist von einem Phänomen abhängig, das Bedingte Instabilität der Zweiten Art genannt wird, bewirkt vom Warmluftdurchstrom durch seine verschiedenen Schichten, und während wir durch all die klumpige Luft polterten, glaubte ich, wir könnten jetzt etwas davon bekommen.

Während dieser ersten heftigen Turbulenzen ließ sich die

hochgewachsene Stewardess, nachdem sie die Sicherheitsgurte der Passagiere überprüft hatte, auf einen freien Sitz mir gegenüber fallen. Sie zog ihren eigenen Gurt sehr fest an, preßte die Finger an die Schläfen und schloß die Augen. Jetzt öffnete sie sie wieder und schaute zu mir herüber.

»Ich hasse das«, sagte sie. »Ich habe eben erst meine Ausbildung beendet. Dies ist mein erster Monsun.«

»Wir landen ja bald.«

»Der Himmel wird zu einem Hexenkessel. Manchmal fragt man sich, wie das Flugzeug überleben kann. Es wird zu einem winzigen zerbrechlichen Ding – wie eine Motte.«

Sie neigte den Kopf vor und schloß erneut die Augen.

Die 737 ruckelte und schlingerte, während aus den wimmernden Turbinen leicht veränderte Geräusche zu hören waren. Die Maschine begann ihren Anflug, schwenkte nach rechts, nach links, tat einen Satz nach oben, sackte plötzlich ab. In der ganzen Kabine nickten, wackelten und schaukelten die Köpfe der Passagiere im Takt. Jeder klammerte sich irgendwo fest. Mit einem letzten wilden Hopser durchbrach die Maschine schließlich das Dunkel, und Goa lag unter uns.

Es war ein Land von Spiegeln. Meilen überfluteter Reisfelder und pfützenbedeckter Straßen reflektierten das zinnfarbene Licht in einem glänzenden Mosaik, das sich zum Horizont hin kräuselte. Es sah unglaublich schön aus – ein gläsernes Königreich in einem Wassergarten.

Wir setzten neben zwei Frauen auf, die ihre Töpfe in einem Abfluß wuschen, der parallel zur Landebahn verlief. Ein Sicherheitsbeamter an einer nicht funktionierenden Schranke winkte uns mit einer Hand heran, während er mit der anderen eine ungeduldige Kolonne von Lastwagen, Radfahrern und Fußgängern zurückhielt. Eine andere 737 jagte über die Startbahn und verschwand im eigenen Sprühwasser. Sie wurde zu einer wirbelnden weißen Wolke, die über die Piste heulte wie ein winziger Tropensturm.

Im Terminal sagte ein junger Mann: »Willkommen!« und händigte mir ein Flugblatt aus. Darauf stand:

FRAGEN SIE EINEN GOANER, WANN – HAND AUFS HERZ – ER SEIN GOA AM MEISTEN LIEBT. ›WENN ES REGNET...‹ In der Regenzeit greift die Erde Goas nach Wind und Wasser. Smaragd erobert das Land. Die Erde duftet nach grünem, blühendem, neuerstandenem Leben. Wohin Sie sich auch wenden, überall wird Ihr Auge von Bildern eines reichen, frischen Landes beglückt.

Es ist eine Zeit für gesellige Stunden, einen Umtrunk, Musik, gutes Essen, das Beisammensein mit Freunden. Besucher geloben, daß sie beim nächsten Regen wiederkommen. Und selbst Hochzeitsreisende sollen sich erhoben, von dannen gewandelt und glückliche neue Entdeckungen gemacht haben.

Ich ging zur Hotelinformation. Ein strahlendes schmalgesichtiges Mädchen in einem T-Shirt mit der Aufschrift ›Get Wet in Goa!‹ sagte mir, im Fort Aguada Beach seien noch Zimmer frei.

»Es wird Ihnen gefallen«, versprach sie. »Es ist ein großes Ferienhotel mit vielen netten Gästen, genau das Richtige für diese Zeit.«

»Ich mach mir nicht viel aus Ferienhotels.«

Sie lachte laut auf. »Dies ist die Zeit für Partys, Sir!«

Draußen auf dem Parkplatz fand ich einen verrosteten gelben Bus, der zum Fort Aguada fahren sollte. Er war schon voll mit Familien, die eben aus Bombay eingetroffen waren, doch ein gepflegter, wohlgenährter Herr ließ mich, nachdem ihn seine Frau in scharfem Ton zum Aufrücken ermahnt hatte, an seiner Seite sitzen. Ich teilte die Bank mit ihm und seinen Zwillingssöhnen. Sie trugen maßstabgerecht verkleinerte Ausführungen der Kleider ihres Vaters – Fliegen, lange Flanellhosen, braune Sportsakkos aus Tweed und braune Westen. Die Jungen gähnten verärgert und nuckelten an ihren Daumen. Der Vater sagte, sie seien fünf.

Der Busfahrer hatte einen Begleiter dabei, der Bretter auslegen sollte, falls die Straße zu morastig werden sollte. Es war ein freundlicher, geselliger junger Mann, der uns von einer neuen öffentlichen Treppe erzählte, die kürzlich neben dem Fluß in Bendwado gebaut worden war. Er sagte, seit Monaten hätte sich eine Gruppe von oppositionellen Ratsmitgliedern beschwert, daß der Bauunternehmer minderwertiges Material verwendete. Anstatt die Treppensenke mit Flußgeröll aufzufüllen, hätte er sie mit Schlamm gefüllt; anstatt Zement für die Treppe selbst zu verwenden, verwendete er Flußgeröll. Die besagten Ratsmitglieder prophezeiten, die Treppe würde nicht einen Tag des Monsuns überstehen. Und sie hatten natürlich recht.

»Gestern beim ersten Regenguß stürzte sie ein. Sie wurde weggewaschen wie Sand.«

Mein Nachbar aus Bombay lachte, und der Fahrer mischte sich plötzlich ein. »Sie hat vierzigtausend Rupien gekostet«, meinte er mürrisch.

Wir begannen, die Szenerie wahrzunehmen. Glasige Meeresarme wurden von überfluteten, kanalähnlichen Straßen gesäumt, so daß überall, wohin wir schauten, Wasser mit fast venezianischer Nonchalance in die Landschaft integriert war. Doch natürlich spiegelte jedes Fleckchen Wasser einen Aspekt von Goa wider – Kokoshaine, kleine Dörfer, weiße Kirchen, Männer auf Fahrrädern. An manchen Stellen ließ der Bus eine lange Heckwelle zurück, der Straßenbelag aber war fest, und die Bretter wurden nicht benötigt. Überall sahen wir Kanus, Boote und Barken, die für die Dauer des Monsuns auf den Strand gezogen worden waren. Goas Seefahrer-Gemeinde war an Land gegangen. Der junge Beifahrer sagte, sie würden ihre Netze flicken, auf den Reisfeldern arbeiten, in die Kirche gehen und Kinder machen. Das rief beim Bombay-Kontingent unbändiges Gelächter hervor.

Es goß in Strömen, als wir am Fort Aguada Beach ankamen, und alles stürzte zur Eingangstür. Von der Rezeption aus überschaute man eine riesige lärmende Halle, die nach einer Seite hin offen war und in der es von herumrennenden schreienden Kindern und kartenspielenden Erwachsenen wimmelte. Der Angestellte, bei dem ich mich anmeldete, sagte, Whist und Kanasta seien in dieser Saison sehr beliebt. Ob ich spiele? Nein? Naja, ich würde schon eine andere Beschäftigung finden.

Ich stand an meinem Zimmerfenster und sah, wie der Regen den Garten überschwemmte und verwüstete. Er peitschte durch die Sträucher, riß Blüten und Blätter mit sich fort. Ein kleiner Sturmtrupp bemühte sich, den Schaden möglichst in Grenzen zu halten. In voller Monsunmontur Marke Duckback erinnerten sie an Soldaten, die an der russischen Front dienen wollten: hohe schwarze Stiefel, schicke lange graue Mäntel mit hochgestellten Krägen, Balaklawahelme, die nur Augen, Nase und Mund freiließen. Zwei trugen Taucherbrillen. Wie Pioniere, die Minen aufspürten, krochen sie durch die Pfützen, steckten alle abgefallenen Pflanzenteile in Jutesäcke und kämpften sich mühsam ihren Weg zurück.

Es gab kein Telefonbuch im Zimmer. Als ich der Telefonistin sagte, ich wünschte eine Ortsverbindung mit Mr. Baptista, Vorname A., lachte sie. »Es gibt viele Baptistas in Goa. Mehrere mit Vornamen A. Haben Sie keine Adresse?«

»Nein.«

Dann fiel mir ein, daß Mrs. Baptista gesagt hatte, die Monsunpartys würden von ihren Eltern veranstaltet. Da ich deren Namen nicht kannte, entschloß ich mich für Baptistas Nummer in Bombay. Die Telefonistin versuchte es zweimal. »Es ist der Regen«, sagte sie. »Er hat die Kabel durchnäßt, und wir haben Probleme, nach Bombay durchzukommen.«

Lange, nach einer Seite offene Betongänge führten zu den Zimmern des Fort Aguada Beach Resort. Wasser strömte in Kaskaden wie ein dichter Vorhang vom Ziegeldach, leuchtende Bougainvilleablüten, von der Sintflut abgerissen, lagen am Boden des Gangs verstreut. Ich sah ein junges Paar, vielleicht Hochzeitsreisende, stehenbleiben, um sie zu betrachten. Das Mädchen sagte: »Die orangefarbene Art heißt ›Miss Manila‹.«

Ihr Begleiter hob eine Handvoll der leuchtenden tropfenden Blüten auf und bot sie ihr dar. Sie drückte seine Hand auf ihr Gesicht und tauchte es in das nasse Meer von Blüten. Ein paar blieben kleben, und er nahm sie zufrieden murmelnd ab.

»Ich rupfe dich«, sagte er.

Sie stieß ein kehliges Lachen aus.

In der Halle war ein zweiter uniformierter Stoßtrupp – angeführt von einem herrischen Aufseher mit Schirm und Tropenhelm – damit beschäftigt, einen Windschutz zu zimmern. Hereinwehender Regen hatte die Kartenspieler gezwungen, sich zehn Meter zurückzuziehen; da saßen sie nun und schauten ihren hübsch gekleideten Kindern zu, die lärmende Spritztouren in die noch ungeschützten Teile der Halle unternahmen und dabei bis auf die Haut durchnäßt wurden. Ein kleines Mädchen kreischte heiser vor Aufregung: »Papi, ich bibbere.«

Ein Reisender in Purchas schrieb: ›Goa ist die bedeutendste Stadt, die die Portugiesen in Indien besitzen und wo der Vizekönig mit seinem Hofe weilt. Es ist ein angenehmer Ort und für eine indische Stadt sehr schön.‹ Es gab dort Obstplantagen, Gärten und Palmenhaine; der Monsun aber war ein verwirrendes Phänomen. Beim Besuch einer Siedlung, zwei Tagesmärsche landeinwärts von Goa entfernt, stellte er fest: ›Die Straßen sind nur mit Pferden zu passieren, so hoch steht das Wasser.‹

Ein Westwind kam auf, er begann mit Donner und Blitz. Dann setzte ein kräftiger Dauerregen ein. Die Portugiesen nannten ihn Winter und trafen vor seinem Ausbruch umfangreiche Vorbereitungen. Sie sammelten Nahrungsmittel und legten Vorräte an, sie brachten ihre Schiffe in die Flüsse, holten das gesamte Takelwerk ein und bedeckten alles mit Matten. Untiefen und Sandbänke versperrten die Flußmündung. Die See ›brüllt und tobt so laut, daß die Menschen weder hören noch sehen können‹.

Die Stimmung war drückend und schwermütig. Die Portugiesen saßen in Hemden und leinenen Kniehosen herum, spielten Karten mit ihren Nachbarn, vertrieben sich die Zeit und wunderten sich unaufhörlich über die Freude, die der Monsun den Indern zu bereiten schien. Die setzten sich hingebungsvoll dem Regen aus, vergnügten sich auf blumenbedeckten Schaukeln, die sie an Bäumen befestigten, tauchten in überfließende Wasserbehälter und schrien und lachten wie Kinder.

Tatsächlich brüllte und tobte die See. Fünfzig Meter vom Strand entfernt wurde ein Martelloturm aus rotem Laterit, Teil einer alten portugiesischen Festung, von Riesenwellen überspült. Alle paar Sekunden versank der Turm einfach, und ein Strudel blieb als Markierung der Ruine zurück. Die Wellen, die jetzt auf den Strand donnerten, waren richtige Ozeanroller, glatt und zinnfarben im späten Nachmittagslicht, eine Reihe von hochmütigen grauen Eminenzen, die aus dem Himmel herabzugleiten schienen. Ein Hinweisschild ›Schwimmen und Baden in der Monsunzeit gefährlich‹ wirkte fast komisch.

Am Ende des Strandes verkauften Männer in Hütten aus Palmwedeln ›tibetanischen‹ Schmuck und Yummy Eiscrème. Der junge redegewandte Eisverkäufer sagte mir, er wäre einer von vielen arbeitslosen Ärzten in Goa. »Sollten Sie jemals einen Notarzt brauchen, gehen Sie zum Arbeitsamt«, riet er mir. Als ich ihm den Grund meiner Reise erklärte, meinte er: »Sie hätten letzte Woche hier sein sollen. Etwas weiter den Strand hinunter ist eine bestimmte Stelle, wo das Meer ein paar Tage vor Monsunausbruch bestimmte Substanzen produziert, die Leuten mit Rheuma hilft. Sie kommen zu Hunderten von weit her, nur um im Wasser zu stehen.«

Ich starrte ihn an. »Und das hilft?«

Er zuckte die Achseln. »Scheint so. Aber fragen Sie mich nicht, warum. In Indien sind Ursache und Wirkung nicht immer klar verbunden.«

Einen halben Kilometer vom Strand entfernt, in einem kleinen von Palmen umgebenen Dorf, entdeckte ich ein Spirituosengeschäft; hier wurde Coconut Fenny verkauft, ein Gesöff, das aus der Krone der Kokospalme gebrannt wird und *das* Monsungetränk ist. Der ganze Laden bestand aus einem winzigen Raum mit einem vergitterten Fenster und einem Tisch, an dem drei Männer saßen. Sie erklärten mir, Fenny sei so stark, daß er nur bei kühlerem Wetter getrunken werden könne. Ich probierte einen. Er war mehr als stark und hatte einen sonderbaren käseähnlichen Nachgeschmack. Der Besitzer sagte, er müsse seine Vorräte vor Beginn des Regens anlegen. »An den Stämmen der Kokospalmen wächst Moos; sie sind naß und so rutschig, daß man nicht mehr hochklettern kann.«

Ich nahm ein zweites Glas, diesmal mit Limonensaft verdünnt. Er kramte in einem Schrank und brachte mir schließlich ein Büchlein mit dem Titel: *Goas beste Fenny Cocktails*. »Man kann ihn mit allem mixen«, meinte er ernst. Ich schaute mir die Rezepte an. Für einen Flying Hornet mixt man Fenny mit Wodka und Fruchtsäften, für einen Vizmit mit Crème de menthe und Gin, für einen Soprano mit Kokosmilch, für einen Illusion mit Portwein, Brandy und Sahne.

Der Klappentext verkündete: ›Verfasser hat Fenny-Mischungen mit anderen Getränken gewißhaft [*sic*] studiert, haben Rezepte in diesem Buch selbst kreirt [*sic*], haben alle Cocktails persönlich ausprobiert und einer Galaxie von hohen Persönlichkeiten von Welt serviert.‹

Im überfüllten, lärmenden Hotelfoyer schob ein Mann unaufgefordert einen Stuhl an meinen Tisch. Er war mittleren Alters, hatte weiche, aufgedunsene Gesichtszüge und große gelbe Zähne.

»Sind Sie allein hier?« fragte er.

»Ja.«

»Wünschen Sie vielleicht Damengesellschaft?« Er sprach mit flötender Stimme und einem leichten Lispeln.

»Danke, nein.«

»Sir, ich vertrete die Interessen einer Gruppe hübscher Mädchen, die alle zur Saison aus Bombay hergekommen sind. Wir nennen sie Wassernymphen, und sie sind das Beste, was Bombay zu bieten hat: jung, hinreißend, charmant und intelligent. Sie haben eine Universitätsausbildung und Staatsdiplome. Eine ist Radiologin, eine zugelassene Gerichtsstenographin, eine Astronomin, eine spricht vier...«

»Eine Astronomin!«

»Ja.« Er blickte mich voller Hoffnung an. »Interessieren Sie sich für Sterne? Sie kennt sie alle. Sie könnten einfach mal mit ihr plaudern. Wenn Sie mir Ihre Zimmernummer geben, kann ich ein nettes Gespräch arrangieren.«

Ich sagte, mein Terminkalender sei voll, worauf er sich seufzend erhob und verschwand.

Das Shells Restaurant war abends so mit ausgelassenen Familien bevölkert, daß ich meinen Tisch mit anderen Gästen teilen mußte. Meine Tischnachbarn, ein nettes holländisches Paar Ende fünfzig, erzählten mir, daß sie fürs Wochenende aus Delhi hergeflogen seien. »Wir sind wegen des Regens gekommen«, sagte sie. »Ich finde es himmlisch. Gestern hatten wir dreiundvierzig Grad in Delhi.«

»Im Schatten«, fügte ihr Mann hinzu.

Er hatte ein technisches Beratungsbüro in Delhi. Sie war in Indonesien geboren und während des Krieges in japanischer Gefangenschaft gewesen. Eine meiner holländischen Bekannten, die ebenfalls in Indonesien geboren und aufgewachsen war, hatte das gleiche Schicksal gehabt. Meine Tischnachbarn kannten ihre Familie, und so hatten wir Gesprächsstoff. Als ich sagte, ich gehöre zu der Generation, die den Krieg um Haaresbreite versäumt hätte und daß ich das eigentlich bedauere, geriet der Holländer plötzlich außer sich.

»Alex, wie können Sie nur so etwas Törichtes sagen! Ich habe ihn miterlebt und Mo auch. Das war kein Spaß, glauben Sie mir. Er hat Narben hinterlassen, physische und seelische.«

Er bestand darauf, den Wein zu bezahlen, und während er

das besorgte, fragte mich Mo: »Was haben Sie heute abend noch vor?«

Ich hatte nichts vor.

»Könnte er uns nicht auf die Party begleiten?« fragte sie ihren Mann.

Sein Wechselgeld zählend, meinte er: »Warum nicht? An einem Samstagabend allein in Goa zu sein, gerade jetzt, wäre wohl ziemlich öde.«

»Es ist eine Monsunparty«, sagte sie. »Ein Bekannter aus Delhi gibt sie. Er arbeitet in der Textilbranche, ist stinkreich und extrem gesellig. Seine Devise ist: je mehr desto lustiger.«

Wir nahmen ein Taxi. Das Haus lag nicht weit entfernt, eine riesige Strandvilla, wie ein Luxusdampfer erleuchtet und von lärmenden Stimmen und alten Beach-Boys-Songs erfüllt. Der Gastgeber, der mir als Bunny vorgestellt wurde, hieß mich willkommen. Er war ein kräftiger Mann mit grauem Kraushaar, goldgefaßter Brille und einem kühlen, selbstbewußten Blick. Er hielt ein Whiskyglas in der Hand und sagte: »Nur eine Frage. Sind Sie gläubiger Muslim?«

»Ganz gewiß nicht.«

»Ausgezeichnet! Ich hab zwar Orangensaft im Haus, aber das verstößt gegen meine Religion. Der Scotch ist Marke Black Label; es gibt französischen Champagner, ansonsten Spitzenweine, kein Fusel. Also greifen Sie zu.«

Butler mit Getränketabletts zogen durch die Räume, aber die meisten Gäste bedienten sich lieber selbst an einem langen flaschenbedeckten Tisch in der Halle. Die Aufsicht darüber führte Ronnie, ein Mann mit einem roten Säufergesicht, der offenbar eine Menge von Wein verstand. Er wählte die Flaschen aus, bat einen Diener, sie zu öffnen, und quasselte wie ein Marktschreier. Eine attraktive Frau verlangte nach etwas Rotem, Französischem.

»Margaux!« schrie er, auf eine Flasche deutend. »Den Vierundachtziger!«

Der schwitzende Diener griff die Flasche mit seinem Korkenzieher an.

»Voilà!« schrie Ronnie, als der Korken heraussprang.

»Aber Ronnie, sollte er nicht ein bißchen atmen?« fragte die Frau.

Er blickte ihr tief in die Augen. »Für dich, Liebling, verpaß ich ihm sogar eine Mund-zu-Mund-Beatmung.«

Kichernd nahm sie ihren Wein an sich. Ich entdeckte einen netten Pouilly Fuissé, was Ronnies Billigung fand.

»Gute Wahl!« Der Diener setzte den Korkenzieher an, doch er zerbrach. »Materialermüdung! Einen neuen her!«

Ronnie meinte eine neue Flasche Pouilly Fuissé. Die wurde mir schließlich, vorschriftsmäßig geöffnet, zusammen mit einem Glas gereicht. »Erste Regel beim Vormarsch der Armee – immer die nötigen Vorräte mitnehmen!«

Ich nahm meinen Vorrat und schlenderte davon. Eine Ärztin erzählte mir, ihr mit Goldfäden durchwirkter Sari sei so fein gewebt, daß man ihn durch einen Ehering ziehen könne. Ein Mann mittleren Alters hielt ihr seine Hand hin. »Schaun Sie mal, Iris, ich hab da einen kleinen Knoten. Was kann das sein?«

»Ein Überbein«, sagte die Ärztin. »Nichts Schlimmes. Das beste Mittel dagegen ist, mit der Familienbibel draufzuschlagen.«

In einem großen dämmrigen Raum mit Meeresblick wurde getanzt. Es hatte aufgehört zu regnen, und obwohl kein Mond zu sehen war, verbreitete das Meer eine seltsame, alles durchdringende Helligkeit. Ich gesellte mich zu einem knochigen, weißbärtigen alten Mann, der, das Kinn auf die Hand gestützt, den Tänzern zuschaute. »Sind Ihnen die Wassernymphen über den Weg gelaufen?« fragte er mich.

Nein, erwiderte ich, obwohl mich ihr Zuhälter angesprochen habe.

Er nickte. »Narayan. Ich kenne ihn. Er war früher in der Werbung tätig. Eins seiner Mädchen ist eine wirkliche Traumfrau. Primula. Eine vierundzwanzigkarätige Traumfrau.«

»Die Astronomin?«

Er runzelte die Stirn. »Astronomin? Was hat Ihnen Narayan vorgemacht? Die Mädchen sind bloß Tipsen.«

Auf der Veranda erläuterte ich einem ziemlich beschwipsten Paar meine Monsunsuche. Ich sagte, vor dem großen Ausbruch, der natürlich am zehnten Juni fällig sei, wolle ich in Bombay sein.

Ein anderer Mann, der zugehört hatte, mischte sich ein. »Der Mythos der Zehn!« rief er. »Er hat sich in den Köpfen der Leute festgesetzt wie ein wissenschaftliches Gesetz. In Wirklichkeit kommt er nie am zehnten. Am achten, neunten, elften, fünfzehnten, ja, aber niemals an diesem berühmten festgelegten Tag.«

»Oh«, sagte ich.

»Dieses Jahr soll es am neunten sein, vielleicht sogar am achten. Ich bin heute nachmittag von Bombay hergeflogen, und die Bedingungen für den Ausbruch waren günstig: mäßige Schauer, dunkler Himmel, starker Wind. Ein Gefühl von Vorfreude lag in der Luft. Die Leute spüren, daß er kommt.«

»Wir nennen das hier Monsunparty«, sagte die junge Frau, »aber eigentlich ist es nur ... Fellini. Sowas könnte überall stattfinden. Um wirkliche Feiern zu erleben, muß man die Bauern aufsuchen, muß man in entlegene Dörfer gehen.«

»Rajasthan!« rief ihr Ehemann.

Ich hatte meine Flasche irgendwo abgestellt und machte mich auf die Suche nach ihr. Dabei fragte ich mich, ob ich noch für den achten – in zwei Tagen also – einen Flug nach Bombay ergattern würde. Oder einen Platz im Bus. Ich wäre sogar bereit zu trampen. Allerdings hatte man mich in Cochin gewarnt, wilde Tiere würden die Straße Goa-Bombay nach Anbruch der Dunkelheit unsicher machen. Es gab auch eine Schiffsverbindung, aber die wurde während des Monsuns eingestellt.

Ich fand meine Flasche und lauschte einem großen schwitzenden Mann, der eben einen Vortrag über das Problem, Ersatzteile für Daimler-Autos in Indien aufzutreiben, vom Stapel ließ. Er schien seine Rede an eine junge Frau zu richten, die ein paar Meter von ihm entfernt stand und ihm ganz offensichtlich überhaupt nicht zuhörte. Sie war hübsch und schien sich zu langweilen, und ich überlegte, ob ich sie zum Tanzen auffordern sollte.

In der Ecke eines Raums, wo ein leerer, hell erleuchteter Billardtisch stand, entdeckte ich plötzlich Aloysius Baptista. Er sprach lebhaft auf eine Gruppe ein und brachte seine Zuhörer zum Lachen. Ich ging hinüber und legte die Hand auf seinen Arm; er drehte sich stirnrunzelnd um und schien mich nicht zu erkennen.

»Mr. Baptista, ich bin Alex Frater. Wir sind uns vor drei Monaten im National Hospital in London begegnet.«

Die Falten auf seiner Stirn wurden noch tiefer. Plötzlich rief er: »Die Neurologie! Jetzt erinnere ich mich. Sie waren der Bursche mit dem nervösen Leiden.«

Das ließ die Leute im nächsten Umkreis selbst nervös aussehen. »Ich war wegen eines Nackenproblems dort«, sagte ich. »Und Sie wegen Migräne. Wir sprachen im Wartezimmer der Ambulanz miteinander.«

»Über den Monsun!« rief er. »Sie wollten auf seinen Spuren ... Mein Gott, sind Sie deshalb hier?«

»Genau!«

Er starrte mich an. »Rita!« schrie er. »Wo ist Rita?«

»Beim Tanzen«, sagte jemand.

»Sie soll sofort kommen.« Er schüttelte mir lachend die Hand. »Andrew, stimmt's?«

»Alex.«

»Wir haben öfter von Ihnen gesprochen. Wir fragten uns, ob Sie's wirklich tun würden. Ehrlich gestanden, wir dachten eher, nein.«

»Ich habe versucht, Sie anzurufen.«

»Ach, wir waren mal hier, mal da, immer unterwegs!«

Die Dame, die Rita holen sollte, kam ziemlich verlegen zurück. Sie mied Aloysius' Blick und flüsterte ihrem Mann etwas zu. Der räusperte sich und schaute zu Boden.

»Anderweitig beschäftigt?« fragte Aloysius.

»Hör zu, Ally«, sagte sie. »Ich weiß nicht, wo sie ist.«

»Nun ja. Sie wird schon irgendwann wieder auftauchen.« Er strahlte mich an.

Betretenes Schweigen breitete sich in unserer kleinen Gruppe aus. Nach einer Weile fragte einer der Männer: »Frater. Ist das richtig? Wie Bruder im Lateinischen? Sonderbar, ich habe unlängst ein Buch von einem Autor gleichen Namens gelesen. Es handelt von Missionsarbeiten auf den Neuen Hebriden und enthält ein paar interessante Dinge über Vulkane.«

Ich starrte ihn verblüfft an. Er war ein großer gutaussehender Mann mit lichtem Haar und lebhaften, interessierten Augen.

»Shashi ist Vulkanologe, müssen Sie wissen«, sagte Aloysius. »Er ist ständig unterwegs, um seine Spiegeleier auf irgendeinem neuen Lavastrom zu braten. Stimmt's, Shashi?«

»Mein Großvater hat das Buch geschrieben. Es heißt *Midst Volcanic Fires* und ist, glaube ich, neunzehnhunderteinundzwanzig erschienen. Sein Vorname ist Maurice.«

Der Vulkanologe hob lächend den Zeigefinger: »Reverend Maurice.«

»Das ist er.«

Aloysius unterbrach ungeduldig: »Andrew, ich versuche, einen Limerick über Quarks zu dichten. Ein alter Freund von mir, er ist Herausgeber einer wissenschaftlichen Zeitschrift, will, daß ich seinen Lesern eine kleine entspannende Abwechslung biete. Vielleicht können Sie mir helfen. Was reimt sich auf Quark? Das dürfte wirklich nicht so schwer sein. Mark. Park. Fark.«

»Fark?« fragte die Dame, die nach seiner Frau gesucht hatte. »Was ist das, Ally?«

»Ein Cockney-Ausdruck für Geschlechtsverkehr. Man hört es zum Beispiel in Petticoat Lane. Fark you, sunshine. Nicht wahr, Andrew? Es ist fast ein liebevolles Wort.«

Und wieder brach Schweigen aus, diesmal ein noch peinlicheres. Die Umstehenden zogen sich langsam zurück. Aloysius grinste mich an. Sein rosa Rüschenhemd war mit Whiskyflecken übersät.

»Sonst schüttle ich mir die Limericks nur so aus dem Ärmel«, sagte er. »Ist eine spezielle Begabung.«

Er ließ sich schwer auf ein Sofa fallen, ich setzte mich neben ihn.

»Was machen Ihre Kopfschmerzen?« fragte ich.

»Oh, ich befinde mich gerade in einer kopfschmerzfreien Phase.«

»Und das Segelfliegen?«

»Segelfliegen?« Er warf mir einen langen durchdringenden Blick zu. »Nein. Ritas jüngster Bruder ist vor zwei Monaten tödlich verunglückt. Bei einer Klettertour in den Anden. Er stürzte in einen Gletscher; die Leiche wurde nie gefunden. Er und Rita standen sich sehr nahe.« Er richtete sich auf und tippte mir auf die Brust. »Da gibt's eine komische Sache. Seine Leiche wird wieder auftauchen, an einem bestimmten Ort, an einem bestimmten Tag – in fünfundzwanzig Jahren. Wir haben das Datum irgendwo notiert. Die Fachleute können genau messen, in welchem Tempo sich der Gletscher bewegt. Dann wird das Eis ihn freigeben, vollständig konserviert, so wie am Tag seines Todes. Ich werde natürlich da sein. Rita wohl nicht.« Er lächelte. »Ich bin dann achtundfünfzig, stellen Sie sich vor! Und er noch ... ein Jüngling.«

Als Rita eintrat, erkannte ich sie zuerst fast nicht. Sie trug einen pflaumenfarbenen Sari, und auf ihrer Stirn war ein rotes Kastenzeichen. Sie sah außergewöhnlich und ganz anders aus, als ich sie in Erinnerung hatte, und bewegte sich auch anders. Jetzt fiel mir wieder ihre Bemerkung ein, beim Monsunausbruch würde sie sich besonders indisch fühlen.

»Da bist du ja«, sagte sie zu ihrem Mann.

»Du erinnerst dich an Andrew?« sagte er traurig. »Unseren Freund aus der Neurologie in London? Du bist ihm im Wartezimmer begegnet, als ich bei diesem Arzt wegen meiner Migräne war.«

»Oh, ja.« Sie schien unsicher.

»Sie haben mir vom Monsun erzählt«, sagte ich. »Und der Name ist Alex.«

»Wir haben Sie auf unsere Party eingeladen!« rief Aloysius.

»Nun, Sie müssen natürlich kommen«, sagte seine Frau. »Sie findet nächsten Donnerstag statt, ist aber anders als diese hier. Mehr eine Familienangelegenheit.«

»Dann bin ich schon in Bombay«, sagte ich. »Auf Monsunjagd.«

Sie warf mir diesen durchdringenden grünäugigen Blick zu und lächelte dann. »Jetzt erinnere ich mich!«

Sie lachte und drückte mir die Hand. »Wie geht's Ihrem Nacken?«

»Erträglich.«

»Er reist dem Monsun nach«, sagte Aloysius. »Wir haben in der Klinik darüber gesprochen.«

»Eigentlich haben Sie beide mich auf die Idee gebracht; es ist ebenso Ihre wie meine.«

Etwas Dümmeres hätte ich nicht sagen können. Ich machte sie mit dieser Bemerkung zu Teilnehmern an meinem Unternehmen, bürdete ihnen Verantwortung, Verpflichtungen auf; sie sahen mich plötzlich als potentiellen Hausgast, der sie vielleicht um Geld anpumpen, ihre Zeit und ihre Aufmerksamkeit in Anspruch nehmen würde. Aloysius kicherte nur und sagte: »Unsinn, in unserm ganzen Leben haben wir keine einzige vernünftige Idee gehabt.« Doch als ein anderes Paar zur Tür hereinkam und ihnen zuwinkte, konnte ich ihre Erleichterung spüren. »Bevor Sie abreisen, müssen Sie zum Lunch kommen«, sagte sie sehr vage und unverbindlich. Ich überließ sie ihren Freunden und machte mich auf die Suche nach einem Drink, etwas Kräftigerem diesmal.

Hauptsächlich durch den Boden eines Whiskyglases betrachtet, begann der Abend allmählich seine Konturen zu verlieren. Überall im Hause wurde zu dröhnenden Edmundo-Ross-Kassetten Cha-Cha-Cha getanzt. Ich sah die Baptistas noch mehrere Male, allerdings nie zusammen. Einmal schrie mir Aloysius zu: »Alan! Alan! Kommen Sie her! Ich muß Ihnen einen Trick zeigen«, aber ich verlor ihn im Gedränge. Ich sah Rita mit Ronnie, dem Weinprofi, tanzen und dachte schon daran, sie ihm abspenstig zu machen, ließ es aber dann lieber. Draußen am Strand waren schattenhafte Gestalten zu erkennen. »Ob die nackt baden?« fragte ein Mann. »Ganz schön gefährlich bei der Strömung.«

Ich hörte jemanden sagen, in den Spielräumen seien Wassernymphen gesichtet worden.

Eine schwermütige üppige Frau in einem Pariser Abendkleid seufzte und schüttelte den Kopf. »Es wird heute nacht noch Tränen geben«, verkündete sie. »Denken Sie an meine Worte.«

Ich bat Iris, die Ärztin, mir zu beweisen, daß sich ihr Sari wirklich durch einen Ehering ziehen ließ. Sie antwortete mit einem tiefen Lachen. »Na, hören Sie mal, wir sind uns noch nicht einmal richtig vorgestellt worden!« Sie erzählte mir, daß sich die Baptistas häufig zankten. Sie steckten in einer Krise. Rita träfe sich mit anderen Männern. Das hätte wohl auch mit dem Tod ihres Bruders zu tun. »Die Gute nimmt Sedativa«, sagte sie. »Und Ally säuft wie ein Loch.«

Hier auf der Party nahmen die Leute andere Sachen. Es gab Ganja, Kaschmiriharz, ein ganzes Sammelsurium verschiedener Stoffe. Ich blieb lieber bei meinem Black Label.

Mo, meine holländische Freundin, fragte: »Gefällt's Ihnen?«

»Und ob! Eine tolle Party!«

Sie schien überglücklich. »Bunny hat eben das Observatorium angerufen. In den letzten vierundzwanzig Stunden wurden hundertdreißig Millimeter gemessen!«

Jetzt würden wohl noch sehr viel mehr zu messen sein. Seit ein paar Minuten schüttete es so heftig vom Himmel herab, daß das Trommeln auf dem Dach die Edmundo-Ross-Kassetten noch übertönte. Alle spendeten Beifall, ohne ihr wildes Gehopse zu unterbrechen. »Wir tanzen den Regentanz!« kreischten sie.

7. Juni

Eine von Englands besten Hinterlassenschaften an Indien ist die Tradition guter Sonntagszeitungen. Als ich spät morgens mit einem Brummschädel erwachte, besorgte ich mir mehrere und zog mich damit ins Bett zurück. Daß Bombay auf den Monsunausbruch wartete, war das Hauptthema aller Titelseiten. Es hatte bereits heftige Schauer gegeben und genügend Wind, um ein paar Bäume zu entwurzeln. Bombays Chefmeteorologe Mr. K. K. Chakravarty schätzte, er würde in achtundvierzig Stunden einsetzen. Der *Indian Express* berichtete von ›Menschenmengen, die am Abend fröhlich umherzogen und den Nieselregen genossen. Kinder rannten auf den Vorstadtstraßen umher und sangen Lieder, um den Monsun willkommen zu heißen. Schlaglöcher auf den Straßen verwandelten sich in schlammige Pfützen, und der vorbeirollende Verkehr spritzte die Fußgänger naß.‹

Die *Times of India* bestätigte, daß die Aussichten für sein ›Vordringen in die Stadt‹ günstig seien.

Überall sonst aber blieb der Subkontinent von Dürre geplagt. Zwei Fünftel des ländlichen Indiens und hundert seiner größten Städte litten an akutem Wassermangel. Etwa hundert Millionen Menschen bekamen nur unzulängliche Wasserrationen zugeteilt. Ich las mit Erstaunen, daß selbst Shillong, die alte Bergstadt Meghalayas, von wo ich, wenn ich Glück hatte, meine letzte Etappe nach Cherrapunji beginnen würde, an Wassernot litt. ›Obwohl es in der Hauptregenzone liegt‹, schrieb die *Times*, ›keine fünfzig Kilometer vom nassesten Ort der Erde entfernt, waren die Leitungen, Brunnen und Wasserspeicher den größten Teil des Monats leer.‹

Die Situation in Madras war so verzweifelt, daß riesige Supertanker umgerüstet wurden, um Wasser aus dem eintausendsechshundert Kilometer entfernten Orissa heranzuschaffen. In einigen Orten liefen die Wasserleitungen nur zwanzig Minuten alle drei Tage. Die ›Gartenstadt‹ Bangalore welkte und vertrocknete. Selbst Delhi, das wegen der persönlichen Bedürfnisse der dort residierenden Politiker begünstigt war, schien nicht in der Lage, mit dem Problem fertigzuwerden. In allen betroffenen Stadtgebieten aber waren die Armen die Leidtragenden. Die Reichen bekamen ihr Wasser immer irgendwie. Die *Times* schrieb: ›Ungefiltertes, bakterienhaltiges, manchmal sichtbar verschmutztes Wasser kostet in vielen indischen Städten bis zu acht Rupien pro Vierzehn-Liter-Eimer. Je ärmer du bist, desto teurer bezahlst du.‹ Unter den Beamten, die in der Nähe der Armenviertel Wasser austeilten, wurde eine wachsende und beunruhigende Gewaltbereitschaft registriert.

In Uttar Pradesch waren vierzehn Menschen bei einer Hitzewelle gestorben.

Auch die Gemüter begannen sich zu erhitzen. In einem Restaurant in Andheri brach ein Streit zwischen zwei Männern aus, die an getrennten Tischen zu Abend aßen. Der eine behauptete, der andere habe ihn ›mit Blicken durchbohrt. Sie gingen nach draußen auf die Straße und begannen sich zu beschimpfen. Schließlich zog Sudhakar seinen Revolver und gab mehrere Schüsse auf Azam ab, der jedoch unverletzt blieb.‹ Ein Polizeibeamter nahm ihm die Waffe ab und brachte ihn wegen versuchten Mordes vor Gericht.

Im lokalen *Panjim Herald* pries ein Dr. Amonkar seine Behandlungsmethoden gegen Nierensteine, Warzen, Stottern und Nachtblindheit an.

Im selben Blatt las ich eine lange vergnügliche Geschichte von Val & Tino mit dem Titel ›Kommen Sie nach Goa, wenn es nieselt‹. Schwärmerisch beschrieben sie die grünende Landschaft, die sonnenlosen Strände, die Regenbögen und wolkenverhangenen Berge. ›Berauschen Sie sich am feuchten Geruch des dreckigen Schlamms. Das Quaken der Frösche um Mitternacht, das Summen der Leuchtkäfer, die kreuz und quer am Himmel ziehen, die Tausendfüßler, die über den mit Kuhdung bedeckten Boden krabbeln, und der Anblick unzähliger anderer Dinge ist zu überwältigend, um sich in Worte fassen zu lassen. Que bonita este Goa!‹

Ich duschte und machte mich auf den Weg, um das Alte Goa, die einstige Hauptstadt des portugiesischen Indiens, zu besuchen.

Ein großer Baum war umgestürzt und blockierte einen Teil der Straße. Ich stieg aus dem Bus und gesellte mich zu einer lebhaften Zuschauermenge. Zwei Feuerwehrwagen standen in der Nähe; die Feuerwehrmänner, mit Äxten bewaffnet, huschten wie Eichhörnchen durch die Baumkrone und brachten das Laub unter ihren kräftigen Hieben zum Zittern. Ich plauderte mit einem jungen Mann, der Augenzeuge des Geschehens gewesen war und jedem, der es hören wollte, den Vorfall aufgeregt schilderte. »Ich stand gerade davor, um mich zu erleichtern, da fing er plötzlich an zu zittern, und unter meinen Füßen waren laute Geräusche. Ich rannte los. Er fiel ganz langsam, knarrte und knarrte und krachte wie ein Donnerschlag auf den Boden. Ich hab verdammtes Glück, Sir, daß ich noch lebe.«

Ich bemerkte, daß das Reserverad seines Motorrollers in einem Überzug steckte, auf den die Worte ›O Mary Bless us‹ gestickt waren.

Es gibt keine genauen Zahlen, wieviele Menschen bei jedem Monsun durch umstürzende Bäume getötet werden, ein Gutachter aber, den ich in Delhi traf, meinte, es gebe einen tödlichen Unfall auf zweihundert Quadratmeilen Wald. Ironischerweise rettet das Schwinden indischer Regenwälder somit Menschenleben.

Fünfzehnhundertzehn begannen die Portugiesen, hier eine Stadt zu errichten, die mit Lissabon selbst konkurrieren sollte. Im Laufe der nächsten drei Jahrhunderte bauten sie – meist aus Laterit mit einer Schicht Kalkgips überzogen – Kathedralen, Kirchen, Klöster, Paläste und Triumphbögen. Während ich hinter ein paar ehrfurchtsvollen Bombayer Familien in Sonntagsstaat schlenderte, mußte ich an einen großen, von untätigen, dekadenten Aristokraten vergeudeten Besitz denken. In seiner Blütezeit war dies die Hauptstadt von Portugals Ostreich gewesen, dessen Vizekönige Besitztümer verwalteten, die sich bis zu dem chinesischen Opiumhafen Makao und der Sandelholz-Insel Timor erstreckten. In den Alleen ihrer Stadt promenierten die Portugiesen gemächlichen Schrittes, tauschten Höflichkeiten mit ihren Freunden aus, wobei die Männer ein Bein vorstreckten, sich so tief verneigten, daß die langen Federn an ihren Hüten über den Boden schleiften. Sklaven trugen ihre Rapiere und die Samtkissen, auf denen sie in der Kirche niederknien würden. In der Regenzeit führten andere Sklaven Schleier für ihre Köpfe mit sich und scharlachrote Umhänge, in denen ihre Herren bei einem Wolkenbruch wie in improvisierten wind- und wasserdichten Wigwams steckten.

Sie scheinen ein hadersüchtiger, reizbarer Haufen gewesen zu sein, stets auf Ausschau nach Kränkungen, tatsächlichen oder eingebildeten. Die Gekränkten scharten rasch ein Dutzend Freunde um sich und schlugen ihre Opfer mit Sandsäckchen und Bambusstöcken bewußtlos.

Untreue Ehefrauen waren ein häufiges Ärgernis. Ein holländischer Kaufmann namens Van Linschoten, der Goa fünfzehnhundertdreiundachtzig besuchte, berichtete von ihrer ›unersättlichen Begierde, die einen Mann zu Puder zermalmt und wie Staub hinwegfegt‹. Die meisten Frauen, so behauptete er, würden sich Liebhaber nehmen; die verheirateten betäubten zuvor ihre Ehemänner, indem sie ihrem Wein heimlich *duetroa*-Kräuter beimischten. Dann läge der Mann vierundzwanzig Stunden da ›wie ein Toter … während (die Frauen) in seiner Gegenwart tun können, was sie wollen, und sich Genuß verschaffen.‹ Später, nachdem Sklaven seine Füße mit kaltem Wasser gewaschen hatten, wachte der Ehemann erfrischt auf und konnte sich an nichts erinnern.

Wenn ein portugiesisches Schiff zur Nachtzeit erwartet wurde, zündeten brahmanische Kaufleute Feuer an und bliesen auf Trompeten, um dem Kapitän die Richtung zu weisen.

Die Stadt war voll von Indern, die gute Geschäfte mit den Portugiesen gemacht hatten. Sie verkauften ihnen Seide, Atlas, Damast und chinesisches Porzellan. Die Seite einer bestimmten Straße war Juwelieren und Goldschmieden vorbehalten, die andere Herstellern von Bettgestellen und Stühlen. Es gab Kupferschmiede und Tischler, Holz-, Getreide- und Kunsthändler. Inder verwalteten die Pachtgelder und Einkünfte des Vizekönigs, beherrschten den Geldverleih und das Maklergeschäft.

Selbst im medizinischen Bereich wußten sie sich durchzusetzen. Goas berühmte ›Heidenärzte‹ waren die einzigen Nicht-Portugiesen – Botschafter ausgenommen –, denen es gestattet war, die federgeschmückten Hüte zu tragen und jene tiefen Verneigungen auf den Straßen zu machen. Sie behandelten vor allem Pocken, Hämorrhoiden, Rote Ruhr, tropische Geschwüre und natürlich Schüttelfrost und Fieber während der Monsunzeit. Portugiesische Ärzte ließen ihre Patienten zur Ader. Die Inder dagegen verschrieben ihre traditionellen Ayurveda-Massagen mit Kräutern, Ölen und Salben und erzielten sehr häufig gute Resultate.

Das bemerkenswerteste Gebäude der alten Hauptstadt, die Basilika Dom Jesus, beherbergt in einem gläsernen Sarg die Gebeine des Heiligen Franciscus Xavier. Der gebürtige Spanier und Absolvent der Universität von Paris kam im Jahr fünfzehnhundertzweiundvierzig mit Brevier und Kreuz nach Goa. Nachdem er die Koromandel- und Malabarküste auf- und abgepredigt hatte, stattete er dem König von Yamaguchi in Japan einen Besuch zum Zwecke der Bekehrung ab, auf dem Rückweg aber erkrankte er und starb nur sechsundvierzigjährig. Die Goaner pochten darauf, daß der Leichnam nach Goa zurückgebracht wurde. Er blieb, obwohl nicht ganz vollständig – eine wahnsinnige Portugiesin biß fünfzehnhundertvierundfünfzig zwei Zehen ab (›Typisch!‹ hört man Van Linschoten spötteln), und eine Hand wurde abgetrennt und einem reliquiensammelnden Papst nach Rom gesandt –, so gut erhalten, daß er bis auf den heutigen Tag alle zehn Jahre herausgetragen und den Gläubigen gezeigt wird.

Auf dem Weg ins Hotel mußte ich an meinen Großvater denken. Gewisse Ähnlichkeiten mit dem Heiligen Franciscus Xavier drängten sich mir auf. Maurice gehörte zur Generation jener Schotten, die, inspiriert durch Dr. David Livingstone, die ganze Welt bekehren wollten. Nach seinem Studium an der Universität von Glasgow wurde er zum Priester geweiht und dann von der Church of Scotland zum missionarischen Dienst zugelassen und ins Ausland geschickt. Manch einer glaubte, er vergeude sein Talent. Maurice hatte eine sehr schöne Stimme, markige Gesichtszüge, eisblaue Augen, ein schnelles Auffassungsvermögen und unerhörten Charme. Hätte er sich in Edinburgh um ein angesehenes geistliches Amt beworben, hätte er am Ende wohl die Silberschnallenschuhe und das Spitzenhemd des Moderators getragen. Maurice aber war an solchem Firlefanz nicht interessiert.

Die Neuen Hebriden, auf denen er sich neunzehnhundert mit seiner Frau Janey niederließ, waren ebenfalls von den Portugiesen besiedelt worden. Im Jahre sechzehnhundertsechs landete Pedro Fernandez Quiros, der letzte der Konquistadoren, auf einer der nördlichen Inseln und nannte sie in der Annahme, Australien entdeckt zu haben, La Australia del Espiritu Santu. Es war ein üppiges, fruchtbares Fleckchen Erde, wo es wimmelte von ›Reihern und Enten wie jene Kastiliens, von Wildtauben, Binsen und Rohrkolben‹, und er beschloß, eine Hauptstadt zu gründen, so groß wie Goa selbst. Mit Geschenken wie Seidenhosen und Falkenschellen machte er sich die Eingeborenen zu Freunden, formierte seine Offiziere zu einem Stadtrat und befahl ihnen, das Neue Jerusalem zu errichten. Die aber hatten keine Lust dazu. Aus Unzufriedenen wurden Meuterer; Malaria schwächte sie; die Eingeborenen – die den wahren Zweck von Seidenhosen nie in Erfahrung bringen sollten, trugen sie als Mützen – griffen die Portugiesen an. Sich in das Unvermeidliche fügend, hißte Quiros schließlich die Segel und verschwand.

Seine Insel, die heute Santo heißt, liegt knappe hundert Meilen von Paama, der Insel entfernt, die Maurice und Janey zugewiesen war. Als sie durch das blaueste Meer, das sie je gesehen hatten, darauf zusteuerten, bemerkten sie, daß sie von vielen weiteren Inseln umgeben war, meist gebirgigen mit blassen Rauchschleiern, die von ihren Gipfeln aufstiegen. Einige bestanden aus einem einzigen Fuji-ähnlichen Kegel, andere aus einer Kette von Bergen, verbunden durch Sättel und Sporen, die mit dichtem glänzenden Urwald bedeckt waren. Der fruchtbare vulkanische Boden brachte eine fast opernhafte Szenerie hervor. Bäume wuchsen in schwindelerregende Höhen, und ihre Blüten waren so leuchtend, daß sie von vorbeifahrenden Schiffen für Baken gehalten werden konnten. Nur der von den Bergen aufsteigende Rauch deutete an, daß dieser Traum des Schiffbrüchigen in einem Feuerinferno aufgehen könnte.

Maurice scherzte mit den Häuptlingen und nahm sich der Kinder an (er spielte ihnen Zauberkunststücke vor), rodete das Land, legte einen Garten und eine Plantage mit chinesischen Swatow-Orangen an, errichtete ein Haus und lernte die Sprache der Einheimischen. Dann machte er sich an die eigentliche Arbeit.

Auf Paama, kaum sechs Meilen lang, baute er einundzwanzig Kirchen. Ein paar Meilen der Küste vorgelagert ragte ein noch tätiger Vulkan, der Lopevi, siebenhundert Meter aus dem Meer, und unter den Nußbäumen an seinem Fuße baute er drei weitere Gotteshäuser. Er baute Kirchen im Schatten eines anderen Vulkans auf Ambrym und weitere auf der Insel Epi. Jedes Eiland, das von Menschen bewohnt war, bekam eine Kirche, und in allen predigte Maurice unermüdlich. Er war ein Verfechter der wirtschaftlichen Unabhängigkeit, und die Paamesen gewöhnten sich daran, Predigten über Feldfruchtwechsel, Nutztierhaltung und Holzkohleherstellung zu hören. In seiner Freizeit übersetzte er, um seinen Geist lebendig zu halten, die Apostelgeschichte ins Paamesische.

Auf seine Art wurde auch er zu einem Konquistador. Als

Paamas unumschränkter Herrscher vereinte er die sich bekriegenden Stämme und schuf sogar den Kannibalismus ab. Mein Vater, der einen Großteil seiner Kindheit dort verbrachte, war fest davon überzeugt, daß er es durch die bloße Kraft seiner Persönlichkeit fertigbrachte. Dieser Brauch erzürnte Maurice, und seine zornigen Auseinandersetzungen mit den störrischen Übeltätern – Maurice bebend vor Wut, mit funkelnden Augen und einer Stimme wie ein Shakespeare-Darsteller, so laut, daß man sie eine halbe Meile weit hören konnte – schienen sie in Angst versetzt zu haben. Der Brauch wurde alsdann heimlich ausgeführt, bis er nach und nach gänzlich ausstarb.

Paama lag sechsunddreißig Bootsstunden von unserer Insel entfernt, und wenn mein Vater die Zeit aufbringen konnte, fuhren wir hin. Während er die Kranken versorgte, führte mich Maurice durch sein Reich und nahm mich, wenn ich Glück hatte, mit in den Regenwald. Nichts im entferntesten Vergleichbares wuchs auf unserer Insel. Ich lernte, Bäume zu bestimmen: Teak, Guajak, Satinholz, Wilde Muskatnuß, Zwillingspflaume, Brotfrucht, Tahitische Kastanie, Indischer Mandel- und Afrikanischer Tulpenbaum, Flammenbaum, Jakaranda, Saure Sobbe, Kaurifichte. Meine Favoriten waren der große klösterliche Banyan, ein Baum, unter dem sich eine geschlossene Gesellschaft von seriösen Menschen – Sammler von Matchbox-Spielzeug oder von Players-Zigarettenkarten mit Berühmten Meteorologischen Phänomenen – bei jedem Wetter treffen konnte, und der gewaltige Regenbaum selbst. Ich wußte, daß dieser Ort durch ein glückliches Aufeinandertreffen von fruchtbarer Vulkanerde und niagaraähnlichen Niederschlägen entstanden war; das Ergebnis gab dem Regen eine neue Dimension. Regen hatte geholfen, den Überbau des Waldes zu schaffen, war Teil seiner Struktur, seines Gefüges geworden. Hier war er der Grundstoff der Alchemie. Ein ganzes Heer von Gärtnern hätte in hundert Jahren nicht etwas so Wundervolles schaffen können.

Maurice sagte, der Wald hätte während der Sintflut Wurzeln geschlagen. »Du sprichst von heftigen Niederschlägen, Sandy«, sagte er, die schottische Verkleinerungsform meines Namens gebrauchend, »und das ist recht so. Doch das, woran ich denke, ist eine Art von Regen, den solche wie du und ich sich nicht einmal vorstellen können.«

Nun, ich schon; schließlich hing das Cherrapunji-Bild neben meinem Bett. Maurice aber, der das Werk wohl bewunderte, beharrte darauf, daß es überhaupt nicht vergleichbar sei mit dem, was sich hier abgespielt habe. »Ein paar Pipitropfen im Vergleich, Regen für Rosen, wenn Gott gnädig gestimmt ist. Das, woran ich denke, ist Gott, der sich das schwarze Taschentuch über den Kopf legt und ›Regen als Strafe‹ hinabschickt.«

Dieser Begriff wurde von Maurice und meinem Vater bisweilen abends auf der Veranda erörtert, während Maurice seine Passing-Cloud-nach-Tisch-Zigarette paffte (eine Dose mit fünfzig reichte für fünfzig Tage), ohne seine Vulkane aus den Augen zu lassen.

Er hatte die Sintflut-Geschichte von den Eingeborenen. Sie war Teil ihres Ahnengedenkens, eine Datenbank sozusagen, die mit solcher Genauigkeit von Generation zu Generation weitergegeben wurde, daß die Geschichten die Frische und Wirkung guter Berichterstattung besaßen; die Ankunft von Quiros und den Portugiesen in Santo etwa wurde geschildert, als hätte sie gestern stattgefunden, mit detaillierten Beschreibungen der Schiffe, der Falkenschellen, der rautenförmigen Bronzegeschosse, die die Soldaten verwendeten. Aus der gleichen Quelle, so behauptete Maurice, habe er auch die Geschichte von der Großen Flut – Regen, der die Vulkane zum Erlöschen brachte, die Bergspitzen zu Inseln und die Eingeborenen zu kanufahrenden Nomadenstämmen machte. Er sagte, die Regenwälder auf der Erde seien aus dem Schlamm der zurückweichenden Sintflut hervorgegangen.

Mein Vater nahm die Geschichte mit Vorbehalt auf. Er sagte, die Paamesen hätten die Idee bestimmt aus dem Alten Testament geklaut und den Vorstellungen der lokalen Zuhörerschaft angepaßt. Maurice dagegen glaubte sie bedingungslos.

Meine Mutter dachte, er würde langsam zum Eingeborenen.

Und tatsächlich deutete manches darauf hin. Die Inselbewohner glaubten, ihre eigenen Götter lebten in den Vulkanen, und warfen, wenn ein Ausbruch drohte, Kokosnüsse hinein, um sie zu besänftigen. Obwohl Maurice den Vulkangöttern im Scherz Namen von weiblichen Filmstars gegeben hatte – »Garbo schläft eben ihren Rausch aus« oder »Betty Grable hat heute morgen einen Wind abgehen lassen« –, gab er zu, daß auch er gelegentlich Kokosnüsse in den Vulkan warf.

Frühwarnungen von vulkanischer Tätigkeit bekam er durch seine Schuhsohlen. Waren die Signale schwer zu definieren, zog er seine Schuhe aus. Bei einer berühmten Begebenheit, als er auf Ambrym mit einem französischen Pflanzer barfuß beim Tee saß, verkündete er plötzlich, daß gleich mitten in seinem Garten ein Vulkan ausbrechen würde. Ein paar Minuten später geschah es – in einer ›glühenden Wolke‹ quoll Rhyolithlava aus der Erde hervor, was den Pflanzer in Angst und Schrecken versetzte und Maurices Ruf als Seher äußerst zuträglich war.

Unfehlbar aber war er nicht. Bei unserem letzten Besuch hörte ich ihn eines Nachmittags schreien: »Carmen Miranda ist völlig übergeschnappt!« bevor er mit meinem Vater davonstürzte, um eine Flotte von Rettungsbooten zu organisieren. Diesmal war es der große alleinstehende Vulkan auf Lopevi, und wir sahen, wie ein glühender Lavastrom an seinen Flanken herabglitt, während dicker brauner Rauch sich tief über dem Meer wälzte und eine dichte Dampfsäule Hunderte von Metern in den Himmel schoß; sie erzeugte soviel Elektrizität, daß Blitze die Wolken durchzuckten. Asche fiel wie Hagel auf unser Dach. Die Luft war voller Pele-Haar, hauchdünnen vom Wind geformten Lavafasern, leichter als Schneeflocken. Dann fiel schwarzer Regen und befleckte unsere

Kleider wie Tinte. Ich wußte, daß man Lopevi für friedlich gehalten hatte, weil dort ein Picknick geplant war, und als Maurice und mein Vater, schwarz wie zwei Schornsteinfeger, zurückkamen, fragte ich, warum er so plötzlich ausgebrochen sei.

»Weiß Gott, warum.«

Aber welcher Gott? Carmen Miranda oder der andere, der dort oben bei den Engeln wohnt?

Der Bus, der mich zum Fort Aguada zurückbrachte, hielt an einem Stück überfluteter Straße. Die Bretter, die unter die Räder gelegt wurden, erwiesen sich als nutzlos, und so stiegen wir aus, um Steine und kleine Felsstücke vom Straßenrand aufzusammeln. Für die Familien aus Bombay war das ein Riesenspaß. Die Männer gaben laute widersprüchliche Befehle aus, während sich die herumhüpfenden Kinder überglücklich nasse Füße holten und die Frauen, die noch im Bus hockten, resigniert zuschauten. Jedesmal, wenn der Bus ein Stückchen vorrückte, ertönte Hurrageschrei. Dies war ein echtes Monsun-Erlebnis, wie damals zu Pionierzeiten.

Zu beiden Seiten der Straße erstreckten sich überflutete Reisfelder, die im milden Licht des späten Nachmittags silbrig schimmerten und mit Wällen und Dämmen versehen waren, um das Wasser zu stauen. Ich sah tiefgebückte Frauen, die Reissetzlinge pflanzten; sie wirkten wie bunte Tupfer in der Landschaft und ließen sich nicht von den Männern stören, die mit ihren Büffeln um sie herum pflügten. Ich mußte daran denken, daß Indien im Jahr zweitausendfünfzig mit einer Bevölkerung von einer Milliarde zweihundertfünfunddreißig Millionen und einem Getreidebedarf von zweihundertachtzig Millionen Tonnen rechnen muß. Der wird mit aller Wahrscheinlichkeit durch ein Verfahren produziert werden, das dem heutigen sehr ähnlich ist – kleine Bauern und ihre Familien im Schlamm hockend, jeden Setzling segnend, bevor er in die Erde gesteckt wird, den Regen segnend und um Beständigkeit bittend.

Im Hotel hörte ich eine forsche Frauenstimme im Radio Ratschläge zur Hygiene während des Sommermonsuns erteilen. Überstarkes Schwitzen sei zu vermeiden. Schweiß, der sich mit Oberflächenbakterien vermische, erzeuge Körpergeruch und verunreinige die Kleidung. Den Zuhörern wurde geraten, dreimal täglich ein Bad zu nehmen und Nacken, Achselhöhlen und Genitalbereich besonders sorgfältig zu reinigen. Achselhöhlen müßten haarfrei sein. Jederzeit seien Baumwollunterwäsche und lockere Baumwollkleidung mit Schweißblättern zu tragen und zweimal täglich zu wechseln. Die Füße sollten morgens eingepudert und abends in kaltem Wasser mit Salzzusatz gebadet werden. Büroangestellten wurde geraten, Talkumpuder oder Deodorant und große Vorräte an leichtem Eau de Cologne mit Zitronenduft in ihren Schreibtischschubladen bereitzuhalten. Noch besser, sagte sie, sei ein gutes Hauttonikum, möglichst auf Rosenbasis, das in eine Schale zu geben und im Eisschrank aufzubewahren sei. Wattebäuschchen, mit dieser Flüssigkeit durchtränkt, dienten zum Kühlen und Erfrischen von Haut und Nacken.

Ich schaltete sie aus und ging hinunter in die Bar.

Sie war voller Kinder. Sie saßen an Tischen und erteilten den Kellnern herrische Befehle. »Bring mir Limonensaft! Bring mir Sodawasser!« Ein kleines Mädchen in weißem Spitzenrock verlangte gebieterisch extra Eiswürfel für ihre Limonade und brüllte, als der Kellner keine Notiz von ihr nahm, »Papi! Papi!« zu einem Mann hinüber, der in der Ecke mit einem Freund Bier trank. Seufzend eilte der Vater zum Kellner und bat ihn, die Eiswürfel zu bringen.

An einem Tisch neben dem meinen las ein beflissener Neunjähriger zwei zappeligen kleinen Schwestern aus der *Times of India* vor. Die Geschichte, die ich zunächst für wahr hielt, handelte von einem Dorf, in dem es seit zehn Jahren nicht mehr geregnet hatte. Schuld daran war ein siebzigjähriger Lebensmittelhändler, der mit der siebzehnjährigen Tochter des Barbiers durchgebrannt war. Ein Dorfbewohner sagte, es sei wohl menschliche Schlechtigkeit, die den Regen fernhalte; ein anderer meinte, noch bösere Mächte könnten schuld sein, und sprach von einem dürregeplagten Königreich im Westen, in dem eines Tages aus heiterem Himmel Wolken auftauchten. Der König befahl seinen Gelehrten, Zauberlieder zu singen, um die Wolken dazu zu bewegen, ihren Regen zu entladen. Der Junge las: »Als die Zaubergesänge erklangen, wurden die Wolken immer größer und dunkler, und es schien, als wollten sie schon bersten. Jedermann im Königreich jauchzte vor Freude. Dann wurde der Himmel von einem gewaltigen Blitz durchzuckt, und die Wolken waren verschwunden.«

Die beiden kleinen Schwestern hörten auf zu zappeln und lauschten gespannt.

»Verschwunden?« rief eine.

»Ja«, sagte ihr Bruder.

»Wie schrecklich!«

Der Junge las weiter. »Der König befragte seine Astrologen. Sie sagten: ›Majestät, im Himmel ist ein Dieb, der hat den Regen gestohlen. Er hat die Wolken in seine Säcke gestopft und ist verschwunden, um seine kostbare Beute an den Herrscher im benachbarten Königreich zu verkaufen.‹«

Das andere Mädchen sagte: »Wenn ich den Regen stehlen könnte, würde ich ihn nicht verkaufen. Ich würde ihn für mich allein behalten.«

Ihre Schwester fragte: »Würdest du mir keinen abgeben?«

»Nein.«

Ihr Bruder sagte: »Ruhe, ihr zwei. Ich bin noch nicht fertig.«

»Nicht einmal eine klitzekleine Wolke?«

»Nein.«

»Du bist eine ganz gemeine geizige Ziege«, sagte die Kleine zu ihrer Schwester.

Der Junge seufzte und faltete die Zeitung zusammen. Ihr Vater, ein großer spitzbäuchiger Mann im Hawaiihemd, erschien mit einem Bierglas in der Hand. »Ab nach oben«, sagte er. »Zeit zum Umziehen. Mami wartet schon.«

Zwei Männer aus Bombay, die sich über die Trockenheit unterhielten, klagten, daß sich die Regierung zu wenig um die Wasserspeicherung kümmere. Das Land brauche mehr Kontrolldämme und Sickerdämme, mehr *nala-* und *gulli-*Becken und unterirdische Schottergräben. Der größte Teil des Monsunregens ströme noch immer ins Meer zurück. Könnte man hier nur zehn Prozent speichern, so reichte das aus, um Goas Wasserversorgung zu sichern.

Ein wohlhabendes chinesisches Ehepaar aus Singapur sprach vom östlichen oder Golf-von-Bengalen-Arm des Sommermonsuns, der die Löwenstadt auf seinem Weg nach Kalkutta und zur Gangesebene streift. Während sie an der Bar Manhattans tranken, erzählten sie mir, daß sie in Bombay gewesen seien und das Wochenende in Goa verbrächten, bevor sie von Madras aus nach Hause zurückflögen. »Wir wollten eine Kostprobe des westlichen Monsuns«, sagte der Mann, »damit wir unserem Sohn davon erzählen können. Er arbeitet am Wetteramt von Singapur.«

»Er ist Meteorologe«, erklärte die Frau stolz. »Nur Promovierte mit Auszeichnung können in Singapur Meteorologen werden. Kandidaten mit gewöhnlichem Diplom werden nur Kartenzeichner und Beobachter.«

Sie zeigten mir ein Photo von einem hageren jungen Mann mit Brille, der auf einer grünen Bergspitze stand, umgeben von seinen Instrumenten.

»Es wurde im Kameron-Hochland in Malaysia aufgenommen. Dort hat er ein sechsmonatiges Praktikum gemacht. Wir haben ihn damals besucht.«

»Wir haben Erdbeeren gegessen!« fügte die Frau hinzu.

Ihr Mann erläuterte die Instrumente: »Das hier ist ein Anemometer, hergestellt von Negretti & Zambra in London. Dieser kleine runde Behälter ist ein Evaporometer. Und dieser Kristallball ist ein Sonnenmeßgerät. Es brennt eine Linie in grünes Papier, die Sonnenkarte, die die relevanten Kompaßkurse – sechs bis achtzehn Grad – enthält.«

»Wer hat es hergestellt?«

»J.J. Hicks von Hatton Garden.«

Seine Frau lächelte. »Mein Mann beschäftigt sich sehr intensiv mit der Karriere unserer Kinder.«

»Wie ist der Monsun in Singapur?« fragte ich.

»Nicht so dramatisch wie hier«, sagte er. »Was unsere Sommermonsune berühmt macht, sind die Sumatras. Es sind dichte, über dreihundert Kilometer lange Mauern aus Kumuluswolken, die plötzlich aus dem Nichts auftauchen.«

»Sie tauchen aus der Richtung von Sumatra auf«, sagte seine Frau.

»Die Temperatur kann in wenigen Sekunden um zwanzig Grad fallen«, fuhr er in etwas schärferem Tone fort. »Es kommt zu heftigen Gewittern, Winden von bis zu fünfzig Knoten und sintflutartigen Regenfällen. Sumatras dauern selten länger als eine halbe Stunde und sind Morgenphänomene. Sie treten am häufigsten zwischen drei und neun Uhr auf.«

»Unser Sohn möchte Sumatra-Fachmann werden«, sagte die Frau.

Ihr Mann nickte. »Dann wäre er ganz oben.«

Im Shells Restaurant gab es beim Abendessen ein folkloristisches Unterhaltungsprogramm. Unser forsch-fröhlicher Animateur rief: »Also Leute, ich bin sicher, daß ihr euch alle auf einem Regenball rumgetummelt habt. Ist Goa nicht phantastisch?«

Mehrere Kinder, die mit ihren Eltern aßen, brüllten »Ja!« Andere brüllten »Nein!« und buhten.

Der Animateur zog die Stirn in Falten, beugte sich tief über sein Mikro und buhte ebenfalls, nur doppelt so laut. Es war ein aggressiver Akt, der die Kinder verblüffte und augenblicklich verstummen ließ.

»Gut! Nun, wie manche von euch wissen, schleppen unsere jungen christlichen Bauern, wenn sich der Monsun hier verspätet, große Mengen Steine die Berghänge hinauf, als Akt der Buße sozusagen. Doch nicht dieses Jahr! Der Regen kam pünktlich auf den Glockenschlag, und so sind diese jungen Bauern überglücklich. Statt Steine zu schleppen, sind sie hier, um uns zu unterhalten. Meine Damen und Herren, liebe Kinder, heißen Sie Goas Bauern willkommen, die für Sie tanzen werden, um den Beginn des Monsuns zu feiern.«

Begleitet von tosendem Applaus und ein paar subversiven Buhrufen kamen drei weibisch wirkende junge Männer, die Hände auf den Hüften, in den Saal getänzelt. Sie trugen feuerrote Lendenschurze und Stirnbänder und wurden von drei ausnehmend hübschen Mädchen begleitet. Der Auftritt der ›Bauern‹ amüsierte die Geschäftsleute aus Bombay, die Witze über die Wirtschaftslage Goas rissen. War seine Landwirtschaft wirklich sicher in den Händen von solchen Schwächlingen? Bald wurden die Artisten durch andere ersetzt. Alle Darbietungen hatten Regen, Ernte, Fülle, Erleichterung, Belebung zum Thema. In der besten arbeitete ein junger Mann eifrig an einem runden Sperrholzrequisit, über dem ein Eimer hing. Eine freundliche Frau am Nachbartisch erklärte mir: »Er springt in einen Brunnen. Das ist ein berühmter Brauch hier.«

Nach der Vorstellung schliefen viele Kinder mit dem Kopf auf dem Tisch ein. Die Band spielte Cha-Cha-Cha, und die Eltern begannen zu tanzen. Mitten in einer südamerikanischen Version von ›Sie trug 'nen itzi bitzi teeny weeny Honolulu Strandbikini‹ fiel der Strom aus. Der elektrische Verstärker verstummte ächzend, und Kellner mit Taschenlampen eilten in den stockfinsteren Saal. Sie verteilten Kerzen und Streichhölzer. Die rasch geweckten Kinder blieben vom Dunkel unbeeindruckt, und bei bester Laune zerstreuten wir uns, jeder eine flackernde Kerze in der Hand, wie ein Pilgerzug.

Draußen prasselte der Regen – sintflutartig, beruhigend.

8. Juni

Die *Times of India* meldete, der Monsun hätte Ratnagiri im südlichen Konkan erreicht. Die Bedingungen in Bombay, wo morgen mit dem Ausbruch gerechnet würde, blieben weiter günstig. (In Delhi dagegen waren 43 Grad gemessen worden, die höchste Temperatur der Saison; ja, ganz Nordindien ›taumelt weiter unter sengender Hitze; in Hissar kletterte das Quecksilber auf erschreckende 46 Grad‹.) Ich rief die Indian Airlines an, und während ich auf die Verbindung wartete, hatte ich Zeit zu frühstücken, meiner Frau einen Brief zu schreiben und mit einem Zimmermädchen zu plaudern, deren gescheiter Neffe heute abend in Bombay aus der Hand des Postministers eine Prämie für seine Tätigkeit als Vertreter der Post-Lebensversicherung entgegennehmen würde.

Der Mann, der schließlich meinen Anruf entgegennahm, schien erstaunt über mein Anliegen. Er war nicht unhöflich, nur ungläubig, vielleicht sogar ein wenig verwirrt. »Bombay?« fragte er. »Morgen früh? Diese Flüge sind für zwei Wochen ausgebucht.«

»Es ist aber sehr dringend.«

»Sie sind gerammelt voll.«

»Können Sie mich auf die Warteliste setzen?«

Er sagte, das könne er. Ich wäre Nummer sechsunddreißig auf der Liste. Er notierte sich einige Details, auch mein Alter, das die Indian Airlines routinemäßig verlangte, und sagte mir, ich solle mich zu einer unchristlichen Stunde beim Stand-by-Schalter im Flughafen einfinden.

Anschließend meldete ich ein Gespräch beim Außenministerium an. Während ich wartete, las ich einen wütenden Brief in der *Navhind Times*, einem goanesischen Lokalblatt, mit der Überschrift: ›Strommast‹. Er lautete:

> In Malbhat an der Saudade Road ist Strommast Nr. MSN B/9 zur Zeit etwas schief und hat einen großen Riß. Vor etwa drei Wochen ist ein beladener Lastwagen gegen diesen

Mast geprallt, doch bis jetzt hat das E-Werk nichts unternommen, obwohl die Regenzeit schon begonnen hat.

Dieser Brief soll die Behörden ermahnen, den Mast möglichst bald auszuwechseln und die Einwohner von Malbhat vor zukünftigen Katastrophen zu bewahren.

In Delhi fragte eine Stimme: »Hm?«

»Kann ich bitte Mr. P.D. Gupta sprechen?«

»Gupta ist nicht an seinem Platz.«

»Ist er denn im Zimmer?«

»Gupta ist nicht an seinem Platz und nicht im Zimmer.«

»Wo ist er dann?« fragte ich.

»Gupta ist fort.«

»Ist Mr. Prasad Rao noch im Urlaub?«

»Ja, ja, Rao ist auch im Urlaub.«

Ich wollte ihm die Sache mit der Einreisegenehmigung für Cherrapunji erklären, doch er unterbrach mich sofort. »Davon weiß ich nichts. Sie müssen mit Gupta oder Rao sprechen. Sie haben die Unterlagen.«

»Aber sie sind nicht da.«

»Nein«, sagte er und legte auf.

Ich überquerte den Fluß Mandovi in einem Landungsboot und stieg in Panjim, der heutigen Hauptstadt Goas, aus. Mit ihren engen, gewundenen Straßen und roten Ziegeldächern wirkte sie noch heute sehr portugiesisch. Ich fand einen kleinen düsteren Laden, der Schreibwaren für den Schulbedarf verkaufte. Auf dem Schild an der Tür stand ›Herald‹. Drinnen saß ein Mann mit schütterem Haar und schwerer Hornbrille hinter einer riesigen viktorianischen Registrierkasse. Jedesmal, wenn er auf eine Taste drückte, ertönte ein Glöckchen, und Elfenbeintäfelchen mit Zahlen erschienen in dem Anzeigenfenster. Ich stellte mich an hinter einem Jungen, der einen Atlas bezahlte, und drei kleinen Mädchen, die etwas kauften, was gerade der letzte Schrei an Goas Schulen sein mußte – kleine rosa Radiergummis in Form von Schweinchen mit blauen Augen zum Preis von einer Rupie das Stück. Als ich an der Reihe war, sagte ich dem Mann an der Kasse, daß ich Mr. Narayan sprechen wollte.

Er sah mich stirnrunzelnd an. »Wen?«

»Den Chefredakteur, Mr. Rajan Narayan. Den Boss.«

»Er ist nicht Boss«, entgegnete der Mann mit streitbarer Stimme. »Narayan arbeitet für mich. *Herald* gehört mir.«

»Ich habe ihn vorhin angerufen. Er sagte, ich könne ihn sprechen.«

»Worüber?«

»Wir sind Journalisten-Kollegen. Es ist nur ein Höflichkeitsbesuch.«

»Gut, aber nicht lang. Narayan hat viel dringende Arbeit zu tun.«

Eine wackelige Treppe führte mich an einem Raum mit einer uralten Druckerpresse vorbei zu einem winzigen Zimmerchen, in dem zwei Männer, die Füße auf dem vollbeladenen, unordentlichen Schreibtisch, miteinander plauderten. Sie waren salopp gekleidet und hielten jeder einen bekleckerten Kaffeebecher in der Hand. Der ältere sagte, er sei Rajan Narayan, der jüngere Norman Dantas, der Redaktionsassistent. Beide waren gescheit, interessiert und sehr freundlich. Rajan bestellte frischen Kaffee und kam gleich auf den Monsun und Goa zu sprechen. »Was den einheimischen Tourismus angeht, ist die Monsunwerbung ein cleverer Schachzug«, meinte er. »Die Inder sind in Sachen Regenzeit unglaublich sentimental. Sie kommen in hellen Scharen, wie Sie ja selbst gesehen haben. Als nächstes, denke ich, werden sie eine Werbekampagne im Nahen Osten starten. Für die Araber dürfte die Idee ganz besonders reizvoll sein.«

»Für England haben sie keine Werbepläne!« sagte Norman.

»Ich glaube, Goa kann die Touristeninvasion verkraften. Das Gefühl für die eigene goanesische Identität ist sehr stark ausgeprägt. Als die Portugiesen neunzehnhunderteinundsechzig abzogen, war Goa viereinhalb Jahrhunderte lang von Indien getrennt gewesen. Wir haben auf unserem Recht bestanden, weiter Konkani zu sprechen, sind aber dennoch loyale Inder. Und das aus gutem Grund. Seit der Unabhängigkeit haben wir mehr Schulen, mehr Ärzte – und Pressefreiheit!«

Norman wußte zu berichten, daß mehr Goanesen in Großbritannien und Kanada lebten als in Goa selbst. Die englischen Goanesen unterstützten einhundertzwei goanesische Verbände, zahlreiche goanesische Kirchen und fünf Fußballclubs in Kent. Alle aber fühlten sich ausschließlich goanesisch und hätten kürzlich unter mildem englischem Himmel demonstriert, um ihren Zorn über die Massenvernichtung von Goas Wäldern zu bekunden. Goas Waldbestand sei auf sechs Prozent geschrumpft, die Regenmenge auf eintausendfünfhundert Millimeter, die Hälfte der Norm. Regen ließe Wald entstehen und Wald Regen, aber wenn beide weiter abnähmen – das klassische indische Problem –, würde am Ende eins das andere auslöschen.

Auf seinen Kaffee pustend, sagte Rajan: »Wundern Sie sich nicht, falls Sie mal jemanden sehen, der einen Baum umarmt, wenn die Holzfäller kommen. Das tun wir alle, Menschen jeden Alters, jeder Gesellschaftsschicht. Diese Botschaft ist schließlich bis zur Zentralregierung in Delhi durchgedrungen, und jetzt stecken sie – ungern zwar – Geld in die Forstwirtschaft.«

»Doch nicht viel davon gelangt wirklich in den Wald«, sagte Norman. »Korruption ist weitverbreitet. Politiker stehen in Geschäftsverbindung mit den Holzlieferanten. So erhält ein Lieferant zum Beispiel die Konzession, einen Hektar zu fällen, fällt dann aber drei. Sein politischer Partner greift ein, um ihn zu schützen, und ›regelt‹ die Sache mit den Behörden. Sie teilen sich die Erträge und werden beide reich dabei. Sowas geschieht auf lokaler wie auf nationaler Ebene. Mit Holz lassen sich heutzutage sehr hohe Preise erzielen.«

»Wissen Sie, wer diese Leute sind?«

»Man hat Listen mit Namen zusammengestellt. Nicht nur hier. Im ganzen Land.«

»Werden sie strafrechtlich belangt?«

Er lachte. »Das hängt davon ab, wieviel sie für ihre Verteidigung auszugeben bereit sind.«

Doch noch fiel genügend Regen auf Goa, um am zwanzigsten Juni, dem Johannestag, wenn alle Brunnen gefüllt waren, auf traditionelle Weise die Ankunft des Monsuns zu feiern.

»Der Heilige Johannes sprang zweimal im Leib seiner Mutter«, sagte Norman, »und so springen junge Männer, die Lorbeerkränze tragen, zweimal in die Brunnen der Leute. Jeder Brunnenbesitzer spendiert ihnen eine Flasche Kokosfenny, und so werden die Springer immer betrunkener. Am Nachmittag vollführen sie dann wirklich wilde Sprünge.«

»Verrückte Sprünge«, meinte Rajan.

»Ich habe auch schon junge Ausländer springen sehen. Die glauben vielleicht, das sei zur Zeit ›in‹, so wie die Wettläufe mit Stieren in Pamplona.« Das Telefon läutete schwach, verstummte aber bald wieder. »Wenn der Monsun am dreizehnten Juni, dem Festtag des Heiligen Antonius, noch nicht eingesetzt hat, läßt man eine Statue des Heiligen in den Brunnenschacht hinab. Das ist ein fast unfehlbares Mittel, um Regen herbeizuführen.«

»Viele konkanische Volkslieder handeln von den verschiedenen Phasen des Monsuns. Unsere hiesige Kultur hängt natürlich komplett von ihm ab – kein Monsun, keine vollen Brunnen; keine vollen Brunnen, kein Essen; kein Essen, keine Kultur. Es geht immer ein Seufzer der Erleichterung durchs Land, wenn er einsetzt. Man verzeiht sogar dem Gemeinderat, daß er die Straßen nicht befestigt, die Kanalisation nicht freigeräumt hat.«

Er erkundigte sich nach meinen Plänen. Ich erzählte von meinem unsicheren Stand-by-Flug morgen früh nach Bombay. Er griff zum Hörer. »Verbinden Sie mich mit meinem Freund Fernandez bei der Indian Airlines«, sagte er.

In einem kurzen Gespräch erläuterte er mein Problem und lud Fernandez zur Entenjagd ein. Dann kritzelte er ein paar

Zeilen auf einen Zettel und reichte ihn mir. Ich las: ›Mein lieber Fernandez. Ich beziehe mich auf unser Telefongespräch. Bitte sorge dafür, daß Mr. Alexander Frater morgen früh einen Platz in der Maschine nach Bombay bekommt. R. Narayan.‹

Als ich ihm dankte, lächelte er vage und meinte: »Keine Ursache. Wir sind eine kleine Gemeinschaft.«

Die Büros von Indian Airlines befanden sich im Dempo Building gleich am Fluß. Fernandez saß hinter seinem hochpolierten Schreibtisch, die Hände an eine stark geschwollene Wange gepreßt, die unter seiner Brille hervorquoll. Er schob sich unentwegt Gewürznelken in den Mund, auf denen er dann heftig kaute; der Geruch in seinem Büro erinnerte mich an eine Nelkenbrennerei auf Sansibar. Es ging ihm so schlecht, daß er kaum sprechen konnte. Trotzdem stand er auf, verließ den Raum und kam nach einer Viertelstunde mit einem Computerwisch ›höchste Dringlichkeitsstufe‹ zurück. Er war numeriert und chiffriert und enthielt eine Liste von Namen, darunter auch meinen, dazu eine Unterschrift und einen Stempel.

»Damit kommen Sie durch«, murmelte er.

Ich versuchte, diesem freundlichen Mann zu danken, aber er winkte ab und kehrte an seinen Schreibtisch zurück. Er wollte mit seinem Schmerz allein sein.

Im vergangenen Sommer war eines Tages Pajims schöne neue Straßenbrücke in den Mandovi gestürzt, wobei vier Menschen ums Leben gekommen waren. Die übliche Geschichte – minderwertiges Baumaterial, zuviel Sand und Schutt, zuwenig Beton. Als ich am Heck des alten Landungsbootes, das jetzt als Fähre diente, stand, näherte sich mir ein fröhlicher, augenzwinkernder Greis und bat um ein Almosen. Ich faßte in meine Tasche und stellte fest, daß ich nur Hundert-Rupien-Scheine hatte, die einem Wert von fünf britischen Pfund entsprachen. Ihm soviel zu geben, wäre großtuerisch gewesen, schlimmer noch, als ihm gar nichts zu geben. Aber schlimmer für wen? Mit hundert Rupien könnte er einen Monat leben. Man beobachtete uns neugierig. Ich dachte an Fernandez, der so mildtätig gegen mich gewesen war. Das Lächeln des Alten war sanft und fragend.

»Nein«, sagte ich.

Er wandte sich ab. Drei adrett gekleidete kleine Mädchen, die bei ihrer Mutter saßen, warfen mir traurige Blicke zu, holten ihre Geldbörsen hervor und gaben ihm ein paar Münzen. Die Mutter, eine dicke Frau mit goldenem Nasenschmuck, sah mich voller Verachtung an und reichte ihm eine Rupiennote. Ich starrte unglücklich in das braune Wasser, in dem Gemüsereste schwammen. Als wir an der Busstation auf der anderen Flußseite anlegten, machte ich mich auf die Suche nach dem alten Mann, aber er war verschwunden. In Indien bekommt der Unentschlossene nie eine zweite Chance.

Gewisse Phänomene, die mit dem Monsun zusammenhängen, sind nach den Männern benannt, die sie entdeckt haben. So haben wir die Coriolis-Kraft und zwei Arten von atmosphärischen Wellen, Rossby und Kelvin. Es gibt den Reynolds-Streß, die Walker-Zirkulation, den Sverdrup-Transport, den Troup-Index (Sandy Troup war ein berühmter australischer Klimatologe) und die Ekman-Spirale. Letztere ist ein aufsteigender Spiralwind, der tiefhängende Monsunwolken und heftige Niederschläge erzeugt. Er kommt durch Reibung zustande, wirkt sich sogar auf den Ozean aus, indem er im Meer wiederholt, was am Himmel vor sich geht. Aufwärtsströmungen kalter Wassermassen aus der Tiefe haben die gleichen Spiralmuster wie der Wind, und die Fische sind den gleichen Kräften ausgesetzt wie die Vögel.

An diesem Abend stieß ich in einer kleinen strohgedeckten Bar am Strand auf Shashi, den Vulkanologen, der heftig auf einen ältlichen Hippie mit schmalem, faltigem Gesicht und bloßen Armen einredete. Diese waren mit entzündeten Moskitostichen übersät, die er ständig aufkratzte. Seine blaßblauen Augen wanderten unstet hin und her, ein Gummiband hielt sein ergrautes Haar im Nacken zu einem Pferdeschwanz zusammen. Ein kleiner Käfer war auf seine Schulter tätowiert.

Shashi winkte mich heran, spendierte mir ein Bier und stellte mich seinem Begleiter vor.

»Das ist Ekman«, sagte er in scherzhaft langmütigem Ton.

»Hallo«, sagte Ekman.

»Ekman ist Anthropologe«, fuhr Shashi fort. »Wir waren zusammen in Cambridge. Er hat mit Auszeichnung abgeschlossen. Und sehn Sie ihn jetzt an.«

Ekman grinste. »Ich war viel auf Achse.« Er sprach mit starkem nordenglischem Akzent.

»Alex' Großvater war auf den Neuen Hebriden«, sagte Shashi. »Als Missionar. Er hat ein paar interessante Sachen über Vulkane veröffentlicht.«

Ekmans Augen irrten plötzlich nicht länger umher. »Welche Insel?«

»Paama.«

»In der Nähe von Malekula?«

»Gleich nebenan.«

»Bernard Deacon war dort«, sagte Ekman an Shashi gewandt. »Ich hab dir sicher von ihm erzählt. Anthropologe. Er war in den Zwanzigern in Cambridge. Dann ist er nach Malekula gegangen, um ihre Sitten zu studieren.«

»Du hast mir von vielen Leuten erzählt«, sagte Shushi.

»Gut, aber er war was Besonderes. Ein kleines Genie! Doch der arme Hund kriegte Sumpffieber und starb mit vierundzwanzig, weil er, so die Malekulaner, ein Tabu gebrochen hatte. Er ging an einen geweihten Ort oben in den Bergen und sah, was sie dort verborgen hatten.« Ekman zündete sich eine Zigarette an und starrte finster ins Leere.

»Und?« fragte Shashi.

»Er sagte, es sei die Arche Noah gewesen.«

Shashi lächelte. Ich nicht.

»Und? War sie's?« fragte ich.

Er hob die Schultern. »Für die weit zurückblickende Kultur der Malekulaner ja, ohne Zweifel. Wenn Sie meinen, es war ein großes Schiff aus nahöstlicher Eiche, dann nein. Was Deacon sah, war eine selbstgebastelte Kopie. Aber das war genauso bemerkenswert.«

»Sicher hatten sie die Idee von den Missionaren«, meinte Shashi.

Ich hatte einem Gespräch wie diesem vor über vierzig Jahren beigewohnt, auf Paama, und jetzt hörte ich ganz deutlich die Stimmen von Maurice und meinem Vater, die nach dem Abendessen auf der Veranda saßen. Ich sah die schattenhaften Swatow-Orangenbäume jenseits des Brunnens, roch sogar den würzigen Passing-Cloud-Tabak und den Duft der Mondlilien, die unten im Garten gepflanzt waren.

»Mein Großvater war davon überzeugt, daß die Sintflut bis zu den Inseln kam«, sagte ich. »Er hätte an die Arche geglaubt.«

»Irgendwie glaube ich auch dran«, sagte Ekman.

Shashi bestellte eine weitere Runde Bier, und wir sprachen von anderen Dingen. Ich fragte Ekman, ob er mit einem in Monsunkreisen bekannten Klimatologen verwandt sei. Er war's nicht, hörte sich aber meinen Bericht über die Spirale seines Namensvetters aufmerksam an.

Ich war zufrieden. Buchstäblich oder metaphorisch schien Maurice' Regenwald am Ende doch ein Produkt der Sintflut zu sein – der Unterschied spielte kaum eine Rolle. Draußen vor der Bar bettelte eine spindeldürre Frau mit einem Kind auf der Hüfte um Geld. Ich gab ihr hundert Rupien und lief durch den strömenden, warmen, von Donnergrollen begleiteten Regen zum Hotel zurück.

Im Fort Aguada plauderte ich mit einem Agronomen aus Bombay, der meinte, es sei ein Jammer, daß ich morgen schon abreisen müsse. Ich würde die Leuchtkäfer verpassen, die in ein oder zwei Wochen fällig seien. Sie erfüllten den dunklen Garten mit ihrem sanften Strahlen, erleuchteten die Bäume und flögen sogar durch die Zimmer. »Die Kinder sammeln sie in Gläsern«, sagte er. »Jedes Jahr kommen diese Tierchen her und erfüllen die mondlosen Nächte mit ihrem Glanz.«

Kapitel sechs

9. Juni

Zehntausend Meter hoch, in einem wolkenlosen Morgenhimmel, meldete der Kapitän des Airbus, daß wir in vierzehn Minuten in Bombay landen würden. Als wir uns in eine große Warteschleife einreihten, sah ich, daß die Stadt von einem dichten schiefergrauen Zelt aus Regen umgeben war. Von hier oben aus schien das Dach glatt und sauber gearbeitet, doch beim Näherkommen erkannte ich, daß es in Wirklichkeit ein Meer aus tobenden Wellen und Brechern war. Sie sprühten schimärenhafte Fontänen schwarzen Schaumes hoch, die von Winden mit Hurrikanstärken gleich wieder zerstäubt wurden. Als der Airbus darin eintauchte, hüpfte er gleich wieder heraus. Unsere Fahrt hinab war wild und steil, und schließlich schimmerte Bombay durch die regenüberströmten Fenster wie eine nebelhafte, verschwommene Abstraktion, die nur Andeutungen einer Stadt preisgab, handfeste Beweise indes verweigerte.

Silbrige Straßen wanden sich durch dunkle schwarzverhangene Berge, die von riesigen ineinander übergreifenden Pfützen umspült wurden. Die fernen Wolkenkratzer der City waren vage und verschwommen wie Rauchsäulen.

Wir landeten, rollten zum Standplatz und parkten neben einem anderen Airbus, der eben startklar gemacht wurde. Der Regen strömte in Sturzbächen von seinen Flügeln, als Männer in tropfenden wasserdichten Capes die Ladeklappen verriegelten. Die Santa-Cruz-Ankunftshalle für Inlandsflüge war siebzig Meter entfernt und am Eingang mit einem System von überlaufenden, sprudelnden Dachrinnen und Fallrohren versehen, das sich bestens als Autowaschanlage geeignet hätte. Man ging hindurch wie durch einen Wasserfall, und so wurden drinnen in der Halle von triefnassen, nach Atem ringenden Passagieren die wildesten Flüche und Verwünschungen ausgestoßen.

Während ich auf meinen Koffer wartete, sah ich einen großen weißen Mercedes seitlich an eine Hawker Siddley 124 Privatmaschine heranfahren, die soeben gelandet war. Die Flugzeugtür öffnete sich, und ein Mann, zwei verschleierte Frauen und vier Kinder stiegen aus, aber statt zum wartenden Wagen zu eilen, blieben sie voller Staunen stehen, die Gesichter zum Himmel erhoben, die Arme ausgestreckt. Ein uniformierter Sicherheitsbeamter, der sich eine Zigarette drehte, gesellte sich zu mir.

»Araber«, sagte er. »Die trudeln ab heute ein – Saudis, Kuwaitis und so weiter. Sie kommen nur her, um zu sehen, wie Wasser aus dem Himmel fällt. Die da sind aus Dubai. Sie gehen ins Oberoi, sitzen eine Woche im Regen und fliegen wieder nach Hause.«

»Wann hat der Monsun hier begonnen?« fragte ich.

»Gestern nacht.«

»Das war aber früh.«

Er zuckte die Achseln. »Für uns nicht früh genug.«

Das Gepäckband setzte sich in Bewegung, und seine triefende Last verwandelte es in ein randvolles rechteckiges Aquädukt. Ich beobachtete einen vollgesogenen Pappkarton, der sich langsam auflöste, um einen Wirrwarr von feuchten knallbunten Damenkleidungsstücken zu offenbaren. Als das sich drehende Band sie unbarmherzig in der Halle zu verteilen begann, kam ein Mädchen herbeigestürzt, um aufregt hin- und herzurennen und die Einzelteile aufzulesen. Die Arme voll nasser Wäsche brach sie schließlich in Tränen aus: »Oh Gott, was soll ich jetzt bloß tun?«

Das Taxi, das ich draußen anhielt, hatte schon so viele Monsune mitgemacht, daß unten an seiner Karosserie ein Hochwasserstreifen von Rost zu sehen war. Wie eine Plimsoll-Höchstlademarke schien er anzuzeigen, bis zu welcher Wassertiefe es dem Chauffeur erlaubt war zu fahren. Dem Regen trotzend, sprang dieser heraus, schnappte sich mein Gepäck, stieß mich ins Wageninnere, meinen Koffer hinterher und rannte zurück, um selbst einzusteigen.

Solche Höflichkeit, in Bombay ebensoselten wie in London, war für mich überraschend, doch nicht so überraschend wie das Innere des Taxis. Es war in eine winzige Welt der Ordnung und Ruhe verwandelt worden. Eine kleine grellfarbene Marienstatue stand auf dem Armaturenbrett, darunter Postkarten von verschneiten Himalayalandschaften, jede erleuchtet von einem bunten Weihnachtsbaumlicht. Girlanden aus Jasmin erfüllten den Wagen mit süßem Duft. Hinter meinem Sitz erleuchteten weitere Lämpchen einen goldenen Miniaturkäfig mit einer Spielzeugnachtigall. Der Boden war mit einem dicken karmesinroten Teppich ausgelegt, und auf der Rückseite des Fahrersitzes klebten Bilder von Mädchen, Tempeln, Tigern und Kumuluswolken an einem dunklen Monsunhimmel. Auf einem Schild am Armaturenbrett stand: ›Segne uns!‹ und auf einem anderen: ›Dieses Fahrzeug wurde mit Geldern der Union Bank finanziert‹.

Der Fahrer, ein dunkelhäutiger junger Mann, nahm eine kleine Flasche aus dem Handschuhfach, gab mir ein Zeichen, mich vorzubeugen, und tropfte mir etwas Sandelholzparfüm auf die Handgelenke, bevor er in ein Gewirr von Kabeln griff, die vom Armaturenbrett herabhingen. Auf geheimnisvolle Weise miteinander verbunden, ließen sie den Motor anspringen. Die Geräusche, die er verursachte, waren ungewöhnlich, wie das Pfeifen ausströmenden Dampfes, begleitet von tiefen, kräftigen Knallen. Er setzte den einzigen Scheibenwischer in Gang, der die Regenströme stoßweise auf der Windschutzscheibe hin- und herschob, dann drehte er sich lächelnd um.

»Sitzen Sie bequem?«

»Ja, danke.«

Vorsichtig fädelte er sich in den Verkehr der vom Sprühwasser halbverdeckten Fahrzeuge ein, die sich wie Schnellboote vorwärtsbewegten. Als er Gas gab, um eben noch über eine Kreuzung zu kommen, trafen wir auf unser erstes Schlagloch, das ganz mit Wasser gefüllt war. Es donnerte in den Radkasten, spritzte an den Fenstern hoch und brachte das Taxi gefährlich ins Schleudern. Ein Lastwagen, der uns auf der falschen Seite überholte, verfehlte uns um Regentropfenbreite. Wildes Gehupe rechts und links. Die schmächtigen Schultern hochgezogen, die Kiefer aufeinandergepreßt, hielt der Fahrer das Lenkrad umklammert wie die Zügel eines durchgehenden Pferdes.

Schäumendes Kielwasser vor uns ließ ahnen, daß es nicht bei einem einzigen solchen Manöver bleiben würde.

»Pfütze«, murmelte der Fahrer und drosselte das Tempo.

Pfütze! Es war ein kleiner Binnensee, dessen Ufer mit dem bloßen Auge kaum auszumachen war, aber wir durchquerten sie ohne Schwierigkeiten, weil über dieser ein mildgestimmter Pfützengott wachte. Die Zuversicht des Fahrers wuchs wieder. Wir fuhren mit beschleunigtem Tempo in die nächste hinein, aber mittendrin gab es einen plötzlichen Ruck, gefolgt von einem beängstigenden dumpfen Aufprall. Wasser aufwirbelnd, drehten wir uns langsam um die eigene Achse, bis wir in die Richtung schauten, aus der wir gekommen waren. Der Wagen lag merkwürdig schräg, und alle Weihnachtslichter waren erloschen. Ein paar Sekunden saßen wir fassungslos schweigend da, dann stieß der Fahrer die Tür auf. Was er sah, veranlaßte ihn, entsetzt die Hände vors Gesicht zu schlagen.

Das rechte Vorderrad hatte sich gelöst. Es saß zwar noch im Radkasten, war aber nicht mehr an der Achse befestigt. Von Wasser umgeben, starrten wir darauf. Es reichte uns bis an die Knöchel, fiel vom Himmel auf uns nieder und spritzte uns seitlich von den vorbeifahrenden Wagen an. Noch nie hatte ich mich so naß und schutzlos gefühlt. Mitten im brausenden Verkehr bei schlechtesten Sichtverhältnissen saßen wir fest und waren völlig von der Außenwelt abgeschnitten.

Schließlich wurde der Fahrer aktiv. Leise aufstöhnend und halbblind von dem Regen, riß er meinen Koffer aus dem Wagen, stellte ihn am Straßenrand ab und kam zurückgerannt, um die Wagentüren abzuschließen. Dann jagte er in Richtung Bombay davon und war in Sekundenschnelle verschwunden.

Er ließ mich vor einer Barackensiedlung zurück, kleinen kurzlebigen Behausungen, die aus Abfallprodukten zusammengezimmert waren. Es war eine Müllhaldenarchitektur, deren Bestandteile von der Überflußgesellschaft ausrangiert, hier aber gut wiederverwertet waren. Ich sah Holz von Lattenkisten, rostiges Wellblech, Isolierteile aus Styropor, Rohrstücke und Plastikverkleidungen.

Die Bewohner der Hütten blickten teilnahmslos hinaus. Nach einer Weile kam ein kleiner, knochiger, unrasierter Mann, hob meinen Koffer auf und winkte mir, ihm zu folgen. Ich betrat sein Haus durch einen Eingang, der aus einem eisernen Bettgestell gefertigt war. Im Innern war es trocken, sauber und behaglich. Er stellte meinen Koffer am Boden ab, der aus einer gestampften Kuhdung- und Schlammischung bestand, die leicht erhöht war, um nicht von den Fluten draußen fortgespült zu werden. Eine Frau hockte dort mit einem Baby auf dem Schoß. In einer Ecke auf einem gestickten Tuch leuchteten zwei polierte Kupfergefäße wie chinesische Laternen. Schlammziegel bargen die Aschenreste eines erloschenen Feuers. Davor aufgereiht waren Anmachholz, Eisentöpfe, Blechteller und -tassen, eine Flasche mit *ghee*, einer halbflüssigen Butter aus Büffelmilch, und ein Eimer Wasser.

Das gesprenkelte Licht schillerte sanft wie das Innere eines Regenbogens. Es kam von einer Wand, die gänzlich aus Plastiktüten bestand, blauen, roten, grünen und gelben, die auch auf den Boden ein geisterhaftes Mosaik malten. Manche waren mit Werbung bedruckt; auf einer stand Thai Royal Orchid Service, auf einer anderen Rajaram Quality Wines und auf einer dritten Peter Stuyvesant.

Der Mann bedeutete mir, mich zu setzen.

Ich entschuldigte mich, daß ich sein Haus so naß machte,

und er antwortete freundlich in einer Sprache, die ich nicht verstand. Die Frau und das Kind beäugten mich schweigend, während ich dem Regen zusah, der die Plastikwand hinabströmte. Er bildete kleine Rinnen und Furchen, wie Sehnen unter der Haut. Bei einem Windstoß blähte sich die Wand, so daß ein kleiner Riß entstand. Der Mann entzündete eine Kerze, führte die Spitze der Flamme vorsichtig über die geplatzte Naht und schweißte sie zusammen. Nachdem er andere Schwachstellen überprüft hatte, blies er die Kerze aus und lächelte mir zu.

Nachbarn spähten herein und verschwanden wieder. Während ich in diesem winzigen Haus aus Lichtern hockte, kam mir zum Bewußtsein, daß ich bei den Obdachlosen von Bombay Zuflucht gefunden hatte. Bei einem der Millionen Slumbewohner, die auf der Straße leben und Schutz suchen, wo sie können. Ich fühlte mich weder bedroht noch gefährdet. Die meisten, so schätzte ich, waren Leute vom Land, von Hungersnot, Flut oder Mißernten in die Stadt getrieben – und somit Opfer der Exzesse des Monsuns –, und jetzt handelten sie nach den starren Regeln der ländlichen Gastfreundschaft.

Ich wurde schließlich von dem Baby vertrieben. Ganz unerwartet, die Augen starr auf mich gerichtet, stieß es erst ein Wimmern und dann eine Reihe von Schreien aus, die das Prasseln des Regens und den Verkehrslärm übertönten und Nachbarn an die Türe lockten. Die Mutter zeigte keine Regung, der Vater aber schüttelte den Kopf und lächelte: »Kein Grund zur Sorge«, schien er sagen zu wollen. Aber das Kind brauchte etwas zu essen und seine Eltern auch. Ich gab dem Vater Geld und deutete dann ungeschickt auf das Baby und auf meinen Mund. Ich sah Zorn in den Augen des Mannes aufblitzen und war aufs peinlichste verwirrt. Was hatte ich falsch gemacht? Glaubte er, ich wollte das Baby zum Lunch? Ich trat auf die Straße und winkte ein Taxi herbei. Jetzt erst wurde mir klar, was sie so empört hatte: Gott steh mir bei, ich hatte die Hungrigen zum Essen genötigt.

Der Empfangschef des Taj Mahal Hotels versicherte mir, daß der Monsun für morgen erwartet würde. Was ich eben draußen erlebt habe, sei, laut Wetterbericht, nichts weiter als ein schwerer Schauer.

»Das ist äußerst verwirrend«, sagte ich.

»Sir«, meinte er, »dies ist eine äußerst verwirrende Jahreszeit.«

Als ich den Immobilienteil der *Times of India* durchblätterte, mußte ich an die Familie denken, die mir Unterschlupf gewährt hatte. Bombays zweitausend Slumviertel – eines hatte den zweifelhaften Ruf, das größte Asiens zu sein – beherbergen die Hälfte der ganzen Bevölkerung. Sechs Millionen Menschen leben in verwahrlosten Einzimmerbehausungen, eine weitere Million auf der Straße. Mein Blick fiel auf eine dezente, elegante Anzeige, in der zu lesen war: ›Luxuswohnungen in Walkeshwar, 250 qm, Marmorausstattung, Dachterrasse, Panoramameeresblick, malerische Umgebung, Tiefgaragenplätze, Garten, nobles Ambiente.‹ Der Preis wurde nicht erwähnt. Den Interessenten wurde lediglich eine Postfachnummer mitgeteilt.

Ich besuchte Pritish Nandy, einen Dichter, der nach Veröffentlichung von vierzig erfolgreichen Gedichtbänden die Redaktion eines beliebten radikalen Magazins, des *Illustrated Weekly of India*, übernommen hatte, weil er auf der Seite des Volkes kämpfen wollte. Er war ein Mann, der von Energie und Geist nur so sprühte und schnell sprach wie ein Wasserfall. Er saß in einem verglasten Büro am Ende eines belebten Redaktionsflurs, prüfte Druckfahnen, nahm Anrufe entgegen, gab Ratschläge an Mitarbeiter, die unentwegt den Kopf zur Tür hereinsteckten.

»Seitdem ich diesen Job übernommen habe, seit vier Jahren also, habe ich kein einziges Gedicht mehr geschrieben«, sagte er vergnügt. »Und wahrscheinlich werde ich nie mehr eins schreiben. Als Journalist habe ich oft das Gefühl, mit Worten herumzuhuren, aber bei meiner jetzigen Arbeit ist kein Raum mehr für Unschuld, Verletzlichkeit und Übervorsicht, mit der ein Dichter die Sprache handhabt. Ich lebe in einem Land, in dem jedes Jahr Millionen ins Elend gerissen werden und nicht einmal das Allernötigste zum Leben haben, und wo die Korrupten und Verderbten oft die Gewinner sind. Als Dichter konnte ich nichts dagegen tun. Ein Dichter kann seine Regierung nicht zwingen, aktiv zu werden in Dürregebieten, in denen sich die Menschen von Würmern und Baumwurzeln ernähren.« Er lächelte. »Aber ein entschlossener Redakteur kann das. Wir sind zäh, wir kämpfen, wir streiten, wir bewegen etwas. Manchmal, wenn sie zu selbstzufrieden werden, geben wir unseren Regierenden einen Tritt in den Hintern. Am Unabhängigkeitstag zum Beispiel, wenn jeder furchtbar patriotische Gefühle entwickeln soll, haben wir einen Sonderbericht über Hungersnöte herausgebracht. Der Regierung paßte das gar nicht, aber wenn der Monsun dieses Jahr ausgeblieben wäre, hätten hundert Millionen Menschen hungern müssen.«

Ein hemdsärmeliger junger Mann kam hereingestürzt, in der Hand eine Druckfahne mit der Überschrift ›Hitze und Stau‹.

Pritish Nandy überflog sie in wenigen Sekunden, den Kopf ein wenig zur Seite geneigt. »Gut! Gut!« brüllte er schließlich, und der junge Mann stürzte wieder hinaus.

»Sie waren also nicht der einzige, der einen Seufzer der Erleichterung ausstieß, als er auftauchte. Ihnen bringt er nur ein Buch, doch das ist etwas, dessen wir am wenigsten bedürfen. Für die Mehrheit stellt er das Leben schlechthin dar, wie Sie inzwischen bemerkt haben werden. Für Rajiv Gandhi bedeutete er nicht weniger als sein politisches Überleben. Er hat ihn gerettet. Wäre der Monsun letzte Woche nicht genau zum rechten Zeitpunkt erschienen, wäre seine Regierung gestürzt. Daran besteht kein Zweifel, und ich versichere Ihnen, daß niemand im ganzen Land die berühmten Trivandrum-Wetterberichte besorgter verfolgt hat als er.«

Ich fragte Mr. Nandy, wie er den Monsun als Kind gesehen habe.

»Ich weiß, daß es die schönste und bezauberndste unserer Jahreszeiten ist, doch ich wachte nachmittags auf, wenn es regnete, und fühlte mich völlig verloren. Ich kann mich noch erinnern, wie ich durch das Eisengitter auf unsere überflutete Straße hinausschaute und mich dabei ein bedrohliches Gefühl, eine unerklärliche metaphysische Angst überkam. Der Monsun war die beherrschende Metapher in meinen Gedichten – doch all das liegt jetzt natürlich weit zurück.«

»Sehen Sie nichts Romantisches im Monsun?«

»Nicht in den großen Städten. Treten Sie ans Fenster. Was soll romantisch sein an Matsch, Morast, Ratten und Überschwemmungen? Oder an der Qual, denen zuzusehen, die auf der Straße leben. Manchmal, wenn ich die Barackenbewohner, die Nutten und Obdachlosen sehe, die kämpfen, um ihre kläglichen Habseligkeiten zu retten oder einen Platz zum Schlafen zu ergattern, denke ich, sie würden umkommen. Doch sie kommen nicht um, und ich frage mich, ob ich die Kraft und den Willen hätte, dort unten zu überleben. Sehen Sie, ich bin einer von denen, die Glück gehabt haben. Ich habe ein Dach überm Kopf, ein Bett, ein Auto; ich kann den Monsun zu meinen Bedingungen erleben. Für viele meiner Landsleute aber bedeutet er eine Zeit der Not und des Elends.«

Ich fragte Mr. Nandy, ob es etwas an dem Monsun gebe, das er gutheiße.

»Nun, nach der fürchterlichen Hitze und den ständigen Peitschenhieben der Sommersonne sind diese ersten Regenschauer köstlich, eine Offenbarung.« Er zögerte. »Ich glaube, was mir am Monsun besonders gefällt, ist die Art, wie er Indiens Farben wiederherstellt. Strahlend, fast smaragdgrüne Ebenen, lavendelfarbene Hügel, graue Himmel, dies wundervoll sanfte Licht. Und auch wie er unseren Seelenfrieden wiederherstellt, uns in einen angenehmen Körperzustand und einen sehr, sehr entspannten Geisteszustand versetzt.«

Seine Stimme war verträumt geworden. Doch plötzlich sprang Pritish Nandy auf. »Es war wirklich nett, Sie kennenzulernen. Wenn Sie rausgehen, sagen Sie bitte dem Mann am dritten Schreibtisch, dem mit der Brille und dem roten Pullover, daß ich ihn sofort sprechen will!«

Der Empfangschef hatte recht gehabt. Offiziell sollte der Monsun frühestens in zwei Tagen beginnen. Die *Times of India* wußte zu berichten, daß er sich zur Zeit in der Stadt Akola herumtreiben, Bäume entwurzeln, Dächer beschädigen, ja sogar Stromleitungen nahe der Bezirksbücherei herunterreißen würde. In Raigad hätte es die ganze Nacht ununterbrochen geregnet.

Doch viele Einwohner Bombays dachten offenbar, er sei schon hier. Der Portier vom Taj zum Beispiel. Ich machte seine Bekanntschaft, als ich am späten Nachmittag das Hotel verließ, weil ich draußen auf der Straße Schüsse vernommen hatte. »Brille!« schrie er, als ich durch die Pendeltür geeilt kam.

Ich sah nichts mehr, doch bevor ich blind die Stufen hinabstürzte, hatte er mich am Arm ergriffen. Ich riß mir die Brille von der Nase, und sofort war mein Sehvermögen wiederhergestellt. Die Gläser waren beschlagen, bedeckt mit einer undurchdringlichen Kondenswasserschicht. »So etwas passiert«, sagte er, »wenn Sie aus klimatisierter Halle in feuchte Monsunatmosphäre kommen. Für Japaner ist es ein großes Problem. Sie gehen meist in Gruppen raus und immer sehr schnell, und ich kann nur einen oder zwei auffangen. Die anderen gehen mit Bumpidibum die Stufen runter und kriechen auf Händen und Füßen ins Auto.«

Ich dankte ihm und steckte die Brille weg.

»Was haben die Schüsse zu bedeuten?« fragte ich.

»Das ist Hochzeit.«

»Der erste Ehekrach?«

»Nein, nein. Nur Knallkörper.«

Er war ein Sikh mit Turban und Bart und ruhigem Blick.

Draußen hatte es aufgehört zu regnen. »Wann kommt der Monsun?« fragte ich.

»Monsun ist da.«

»Das Wetteramt sagt, morgen oder übermorgen.«

»Ich sage heute«, verkündete der Portier.

Ich stieg vorsichtig die Stufen hinab, um mir die Monsunhochzeit anzusehen. Der Hochzeitszug wurde von einer Blaskapelle angeführt, die quastengeschmückte rote Tschakos und goldgeschnürte rote Jacken trug. Die Trompeter bliesen laut und mißtönend; die Trommler schlugen wild auf ihre Instrumente ein; Jungmusiker entzündeten geschäftig bengalische Knallkörper und blickten dabei todernst drein wie Männer, die einer äußerst wichtigen Beschäftigung nachgingen.

Dahinter kam die Hochzeitsgesellschaft; einige schritten gemessen einher, andere tanzten, wieder andere schlenderten lässig dahin und riefen sich etwas Fröhliches zu. Daß es sich um ein Ereignis in den besten Kreisen handelte, war an Größe und Prunk der Kapelle und an der eleganten maßgeschneiderten Kleidung der Gäste zu erkennen. Mehrere Dutzend bettelnde Kinder begleiteten den Zug, argwöhnisch beäugt von der Kapelle. Als sie sich dem Seiteneingang des Hotels näherten, brüllten die Trommler plötzlich drohend auf die Bettler ein, selbst einige der Trompeter ließen ihre Instrumente sinken, um wütend in den Protest einzustimmen.

Die Braut, ein hübsches, strahlendes Mädchen in einem crèmefarbenen Seidensari, schritt, von den sich schubsenden Gästen gefolgt, durch die Tür. Ihr Vater blieb draußen, die Hände tief in den Taschen. Sofort stürzten die Bettler herbei, die Musiker, aus Reih und Glied tretend, hinterdrein. Er lachte und begann, mit Rupienscheinen zu werfen. Ganze Wolken flatterten durch die feuchte Luft, und Bettler wie Musiker balgten sich verbissen und stumm um ihren Besitz. Die Bettler – kleiner, zäher, wendiger und wie Bergarbeiter in der Tiefe arbeitend – schnitten am besten ab. Dann, als seine Taschen leer waren, verschwand ihr Wohltäter nach einem kurzen Winken durch die Tür.

In einem Coffee Shop sagte die Kellnerin: »Natürlich bringe ich Ihnen Bier, wenn Sie darauf bestehen, aber ich glaube, Sie sollten mal die Mangos probieren.« Sie sah wie eine Schönheitskönigin aus, ihre Miene aber war ernst und fragend.

»Ich wollte eigentlich was zu trinken.«

»Wir geben sie in den Mixer; man kann sie halb schlürfen, halb löffeln.«

Also bestellte ich Mangos. Am Nachbartisch saß ein älterer Mann mit seinem Sohn, der auffallend teuer und modisch gekleidet war. Der Vater schien sehr bedrückt. »Du bist leichtsinnig, *leichtsinnig!*« schrie er.

»Er wird ein guter Geschäftspartner sein!« entgegnete der Sohn mürrisch, den Blick abgewandt.

»Wird er *nicht!* Sein Vater war ein Narr, und er ist auch einer.«

Die Kellnerin kam zurück und stellte ein großes Glas vor mich. »Hier, die klassische Frucht des Monsuns«, sagte sie, trat, die Arme vor der Brust verschränkt, einen Schritt zurück und wartete. Der Inhalt des Glases war ein warmes, glühendes Orange; schwache Spuren von Feuer deuteten darauf hin, daß vielleicht auch Sonnenkristalle wie Zuckerstücke in den Mixer gegeben worden waren. Es roch nach Blumen, und vermischt mit dem herrlichen Mangoaroma hatte das Ganze auch einen leichten Beigeschmack nach Zimt und seltenen Gewürzen. Ich leerte das Glas bis auf den letzten Tropfen.

»Das war das Allerbeste, was ich je gekostet habe«, sagte ich.

Sie lächelte und berührte meine Hand. »Das wird meinen Vater freuen«, sagte sie. »Ich habe sie heute morgen in seinem Garten gepflückt.«

10. Juni

In einem Artikel der *Indian Post* vom neunten Juni hieß es: ›Der Südwestmonsun hat sich, laut einem Bericht eines städtischen Wetteramtes von heute abend, auf den Großraum Bombay zubewegt, was bedeutet, daß der Regen in den nächsten drei Monaten hier bleiben wird.‹ Wolkenreicher Himmel und heftige Niederschläge wurden für heute vorausgesagt. Von manchen geleugnet, von anderen bestätigt und viele verwirrend, hatte sich der Monsun also gestern unter dem Mantel seiner eigenen Vorschauer eingeschlichen und befand sich nun, vorausgesetzt, die Behörden hatten recht, über der Stadt. Wenn ich an seine hochdramatische Ankunft über Trivandrum und Cochin dachte, wunderte ich mich über diesen sonderbar verstohlenen Ausbruch und nahm, um mich zu vergewissern, ein Taxi zum Meteorologischen Zentrum in Cobala.

Lokale Überschwemmungen zwangen uns zu Umwegen. Es war eine angenehme Fahrt mit Ausblicken aufs Meer und einen Strand, auf den, zum Schutz gegen den Monsun, eine ganze Flotte von Fischerbooten gezogen worden war, die jetzt zu Behausungen umfunktioniert wurden. Fasziniert ließ ich das Taxi anhalten und sah mir das Ganze aus der Nähe an. Die Bootsrümpfe ruhten auf Steinen, einen knappen Meter über dem Sand. Auf zentralen Firstbalken waren Bambusdeckenträger befestigt, auf denen die Fischer jetzt Strohdächer anbrachten; weit überstehende Dachvorsprünge sollten dem Darunterstehenden zusätzlichen Schutz gewähren. Eisenkessel und Feuerstätten aus Backstein deuteten darauf hin, daß sich die Küchen unter dem Heck des Bootes befanden. Weitere Strohwände umgaben die Aufbauten vorne und hinten und schufen so wetterfeste Wohnräume, die nur mittels Leiter erreichbar waren.

Ein schlaksiger junger Mann im Lendenschurz forderte mich auf, seine wackelige Leiter hinaufzusteigen, was ich gerne tat. Oben traf ich seine Familie an – eine Frau und drei kleine Kinder, die eifrig damit beschäftigt waren, Bettzeug,

Kissen, Matten herzurichten, selbst Messinggegenstände und eine Vase mit frischgepflückten Blumen. Ein Spiegel lehnte an einem halbdemontierten Dieselmotor. Obwohl es nach Fisch und Maschinenöl roch, begann das Innere fast gemütliche Züge anzunehmen.

Die Blumen waren malvenfarben und weiß wie die Hakenlilien, die gewöhnlich eine Woche vor Ausbruch des Monsuns zu blühen anfangen und ähnlich wie der Jakobinerkuckuck als seine Vorboten angesehen werden. Wieder im Taxi fragte ich den Fahrer nach den Lilien, doch er meinte, sie hätten wenig mit dem Monsun zu tun. Für ihn war es die Zeit der überschwemmten Straßen, der unzähligen Staus und Pannen, der Zünd- und Anlasserprobleme, der Rost- und Korrosionslöcher, der feuchten Polster durch ständig nasse Kunden, der ewigen Pfützen am Boden von ihren tropfenden Schirmen. Innerhalb der nächsten drei Monate würde der Motor seines Scheibenwischers mindestens einmal, wahrscheinlich zweimal durchbrennen.

»Nein, es ist keine gute Zeit in Bombay«, sagte er. »Und immer bringt Monsun den Tod. Der erste heute morgen. Ein dicker Felsstein, vom Regen locker, ist in einen *chowk* gefallen, gleich neben afghanischer Kirche. Hat eine Frau erschlagen.«

Als wir vor dem Wetteramt anhielten, war die Luft feucht und trübe und von einer merkwürdigen bläulichen Undurchsichtigkeit. Das Gebäude war von Bäumen umgeben, die einen würzigen regenfeuchten Geruch verströmten. Drinnen kam ich an einer Wandtafel vorbei mit der Aufschrift: INDIAN OCEAN FLOOR. Ich fragte den Mann am Empfangsschalter, ob wir uns etwa auf dem Meeresgrund befänden, und er zeigte wortlos auf eine zweite Tafel ›Meteorology in the Service of Mariners‹, Meteorologie im Dienste der Seefahrt. Er lauschte mir, als ich ihm meinen Wunsch vortrug, einen höheren Beamten sprechen zu dürfen.

»Wie hoch wünschen Sie zu gehen?«

»So hoch wie möglich.«

»Zum stellvertretenden Direktor V. P. Bannerji?«

»Ja, gern. Wenn er bereit ist, mich zu sprechen.«

»Das haben wir gleich.«

Er griff zum Telefon, und ich sah mich inzwischen ein wenig um. Ich hörte einen Mann in Hemdsärmeln einen anderen fragen: »Sag, Ronnie, hast du meinen Meeresatlas gesehen? Ich muß ein paar Auftriebsphänomene überprüfen«, und dachte sofort an die Royal Society in London, die vor mehr als dreihundert Jahren die ersten Schritte zur Sicherung der Seeleute in Monsungewässern unternommen hatte. Ihr Klassiker *Directions for Sea-Men, Bound for Far Voyages*, sechzehnhundertsechsundsechzig veröffentlicht, ebnete den Weg für andere lebensrettende Werke – Kapitän Joseph Huddarts *Oriental Navigator* von siebzehnhundertfünfunddreißig und Kapitän James Cappers *Observations on the Winds and Monsoon* von achtzehnhunderteins – doch die Männer der Royal Society ließen es nicht dabei bewenden.

Dieses indische Phänomen wurde zu einem ihrer wichtigsten Anliegen. Ihr Vorsitzender, Edmond Halley, Entdecker des nach ihm benannten Kometen, Freund von Newton und Urheber der ersten Monsun-Strömungskarte, versuchte, es physikalisch zu erklären. Sein spezielles Interesse galt ›dem Einwirken der Strahlen der Sonne auf Luft und Wasser‹, und seine Erkenntnisse regten ein anderes Mitglied der Royal Society, Georges Hadley, an, ein aufsehenerregendes Fünf-Seiten-Papier vorzulegen, das die Corioliskraft vorausberechnete, indem es den Einfluß der Erdrotation auf die Luftströmungen analysierte.

Andere Männer begannen, weitere Teilchen in das Puzzle zu fügen. Achtzehnhundertsiebzehn schnitt Alexander von Humboldt das Thema der globalen Hitzeverteilung an. Heinrich Dove, Begründer des Preußischen Meteorologischen Instituts, untersuchte achtzehnhundertachtundvierzig die Rolle der Sommerpassate, die von der südlichen Hemisphäre her wehen. Und Captain Matthew Fontaine Maury, Leiter des US-Marinedepots für Seekarten und Instrumente, sammelte gewissenhaft Daten von 11 697 Seeleuten in der Bucht von Bengalen und zog dann den – falschen – Schluß, daß der Südwestmonsun im Norden beginnt und sich mit einer Geschwindigkeit von fünfzehn bis zwanzig Meilen pro Tag in südlicher Richtung bewegt. Die Schatten dieser Männer, so dachte ich, hätten sich friedlich am ›Indian Ocean Floor‹ treiben lassen.

Der Mann an der Rezeption sagte, V. P. Bannerji sei bereit, mich zu empfangen.

Doch der Meteorologe, ein kleiner bebrillter Mann mit eckigem Schädel und schütterem Haar, blickte resigniert drein, als ich mein Notizbuch zückte. Er hatte wohl geglaubt, ich wollte ihm nur kurz die Hand schütteln. Er hatte sich nicht klargemacht, daß ich ein Interview wünschte, und stieß einen lauten Seufzer aus, als ich meine erste Frage stellte: wann der Monsun nun tatsächlich über Bombay ausgebrochen sei?

»Achter Juni«, sagte er.

»Aber gestern, am neunten, sollen Sie gesagt haben, er würde heute oder morgen, das heißt am zehnten oder elften, einsetzen.«

»Sie haben die Angaben falsch gedeutet«, entgegnete er. »Es war ein gemäßigter Ausbruch, aber völlig eindeutig. Meist kommt er natürlich mit Donnergetöse, mit Sturm oder was weiß ich, aber dieses Jahr eben nur mit heftigem Regen.«

»Hat er letztes Jahr rechtzeitig begonnen?«

»Nein. Damals war er sehr spät dran. Ein rauhes Zyklonsystem hatte ihn quer über das Arabische Meer nach Oman entführt. Zyklonsysteme sind gewöhnlich zuverlässige Transportmittel und sehr schnell; neunzehnhunderteinundsiebzig brachte eines den Monsun in nur zwei Tagen von Trivandrum bis hierher. Tiefdruckzonen sind ebenfalls gute Transportmittel; sie sind langsamer, bringen aber ausgiebigeren und anhaltenderen Regen.«

»Soll der diesjährige ein guter Monsun werden?«

»Die Vorhersage für Juni bis September vom Vize-Generaldirektor des Wetteramtes Poona lautet, daß die Niederschläge normal sein werden.«

Ich erkundigte mich nach Bombays Wetterdienst für Seeleute.

»Wir geben Warnungen an Fischer aus – obwohl derzeit nur die größeren Schiffe auslaufen dürfen. Wir haben elf verschiedene Sturmsignale, die in allen eventuell betroffenen Häfen angeschlagen sind, und natürlich benachrichtigen wir die Fischereiverbände. Viermal täglich zu festgelegten Zeiten senden wir diese Warnungen aus, und selbst wenn die Fischer weit draußen auf hoher See sind, stellen sie ihre Funkgeräte an. Gibt es keine Warnung, dann sagen wir es. Heute keine Warnung. Und das machen wir an jedem Tag des Jahres, damit es den Leuten zur Gewohnheit wird, uns zu hören. Doch natürlich ist die Monsunperiode die geschäftigste Zeit. Dann ist die Wahrscheinlichkeit am größten, daß es zu Zyklonen oder Tiefs kommt. Die können wir drei oder vier Tage voraussagen. Weiter kann man nicht vorausschauen.«

Der Beobachtungsturm stand draußen vor seinem Fenster. Es war eine hübsche rustikale Holzkonstruktion, gelb mit dekorativen grünen Balkonen. Eine weiße Taube saß auf dem Windrichtungsanzeiger und putzte ihr Gefieder.

»Wie warnen Sie die Stadt vor tropischen Zyklonen?«

»Zyklonwarnung wird achtundvierzig Stunden im voraus gegeben, Zyklonalarm vierundzwanzig Stunden im voraus. Außerdem geben wir Warnungen vor Starkem Regen, wenn wir Niederschläge zwischen einundsiebzig und hundertdreißig Millimetern innerhalb von vierundzwanzig Stunden erwarten. Wenn wir mit mehr als hundertdreißig Millimetern rechnen, geben wir Warnungen vor Sehr Starkem Regen aus.«

Mr. Bannerji gähnte und schaute wehmütig auf seine Uhr.

Aber als ich fragte, ob die letzten Monsune einen besonderen Trend aufzeigten, blickte er plötzlich interessiert auf. »Meinen Sie, ob bessere Monsunzeiten zu erwarten sind? Nun, vieles deutet darauf hin, daß der Monsun einem Zyklus von sechsundsiebzig Jahren folgt, und die gute Phase beginnt, wenn der Sonnendiameter größer als im Durchschnitt ist. Stärkere Sonnenstrahlung führt zu einem höheren Temperaturgradienten, der Regenfälle über tropischen Regionen fördert. Seit neunzehnhundertfünfundsechzig scheinen wir uns in einer schwächeren Sonnenphase zu befinden, die voraussichtlich bis neunzehnhundertneunzig dauern wird. Danach rechnen wir wieder mit ausgiebigerem Niederschlag. Doch trotz derzeit geringer Regenmengen nehmen die Überschwemmungen zu. Das kommt daher, daß wir in Bombay alles geteert oder zubetoniert haben und somit das natürliche Versickern in die Erde verhindern.«

Die Haustaube gurrte und richtete den Blick erwartungsvoll auf Mr. Bannerij. »Ich glaube, der Vogel möchte gefüttert werden«, bemerkte ich.

Er runzelte die Stirn. »Sie meinen, ich sollte Vögel füttern? Hörn Sie mal, ich habe eine Menge Leute unter mir, ich muß mich um ihr Gehalt, ihre Beförderung, ja alles kümmern.« Der Blick aber, den er der Taube zuwarf, schien zu besagen, ja, ja, noch etwas Geduld, wenn der Kerl hier fort ist, hab ich ein paar Krumen für dich.

Auf dem Weg hinunter zum ›Indian Ocean Floor‹ kam ich an einem Raum vorbei, in dem ein halbes Dutzend ernsthafter junger Meteorologen unterrichtet wurden. Ihr Lehrer, ein hagerer, asketisch wirkender Mann in Sandalen, sprach von der Wirkung der Monsunwinde auf die Meeresströmungen, von Methoden der Monsunsignalmessung in großen Tiefen, von mäandrierenden Windbändern, Strömungen, Wirbeln und Strudeln. Zwanzig Minuten lauschte ich unbemerkt, wie er diese Neulinge in die Lehren von Wind und Wasser einführte. Da ging es um planetarische Advektion, Vertikalreibung, Konvergenzzonen und Kalmen. Obwohl ich nur wenig davon verstand, fühlte ich mich sonderbar euphorisch, als ich sie schließlich zurückließ und mich geräuschlos in Richtung Treppe entfernte.

Ein Kennzeichen des Bombayer Monsuns scheint sein ungewisser Beginn zu sein. Neunzehnhundertvierzig schrieb Nehru:

> Ich bin schon so oft in Bombay gewesen, habe dort aber nie die Ankunft des Monsuns miterlebt. Ich habe gehört und gelesen, daß der Beginn der ersten Regenfälle ein wahres Ereignis in Bombay sein soll; es heißt, sie kämen mit großem Zeremoniell und feierlichem Gepränge und überschütteten die Stadt mit ihrem reichen Segen.
>
> So freute ich mich auf die Ankunft des Monsuns, wurde zum Himmelsbeobachter und hoffte, die Boten zu erspähen, die dem Angriff vorauseilen. Ein paar Schauer kamen. Ach, das sei gar nichts, sagte man mir; der Monsun würde erst noch kommen. Stärkere Regenfälle folgten, doch ich beachtete sie nicht und wartete auf ein großartiges Schauspiel. Und während ich noch wartete, erfuhr ich von verschiedenen Leuten, daß der Monsun nun endgültig da und dabei sei, sich zu etablieren. Wo waren Zeremoniell und feierliches Gepränge des großen Angriffs, wo der Kampf zwischen Wolken und Erde, wo das wogende, peitschende Meer? Wie ein Dieb in der Nacht hatte sich der Monsun nach Bombay eingeschlichen ... Wieder eine verlorene Illusion.

Die Warden Road besaß eine natürliche Senke, die alljährlich bis zu einer Tiefe von zwei oder drei Fuß überflutet wurde. Genau in der Mitte befindet sich ein unsichtbarer Sockel, den Kinder der Umgebung aus Ziegelsteinen errichtet haben. Regelmäßig steht ein kleiner Junge auf dem Sockel, dessen Höhe garantiert, daß ihm das Wasser nur bis zu den Knöcheln reicht. Für die sich nähernden Autofahrer ist die lässige kleine Gestalt ein sichtbarer Pegel, und so fahren sie ahnungslos hinein. Wenn dann ihre Motoren versagen und Wasser durch die Türen eindringt, tauchen die anderen Kinder auf und beginnen zu verhandeln. Sie verlangen zehn Rupien dafür, den

Wagen herauszuschieben. Jahr für Jahr wiederholen die Kinder diesen Trick, und Jahr für Jahr fallen die fluchenden Autofahrer von Bombay darauf rein.

Der Nachmittag war regenfrei und erstaunlich hell, gleichzeitig aber so feucht, daß die Streichholzköpfe weich wie Kreide wurden und nicht brennen wollten. Ich schlenderte um das Gateway of India, das Tor Indiens, herum, einen Triumphbogen aus Basalt, den die Engländer neunzehnhundertvierundzwanzig errichtet haben, und spürte, wie mich bettelnde Kinder ganz leicht am Arm berührten. Ich steckte einem von ihnen eine Münze zu. Es rannte sogleich davon und lieferte sie bei einer hageren Alten mit strähnigem Haar ab, die auf dem Straßenpflaster hockte und einen Säugling stillte. Ihre Brüste jedoch waren rund und prall, und ich stellte fest, daß sie höchstens Ende zwanzig sein konnte. Alles ist relativ, obwohl die Relativität in Indien auf eine mittelalterliche Lebenserwartung abgestimmt ist. Sie liegt für Frauen bei vierundfünfzig Jahren.

Gleich nebenan lagen vor ein paar tangbedeckten, schlüpfrigen, von brechenden Wellen überspülten Steinstufen sonderbar anmutende kleine Holzschiffe im Wasser. Sie waren wie Miniaturausgaben von Ozeandampfern gebaut, sehr hoch und topplastig, mit mehreren Decks und knallbunt bemalten Schornsteinattrappen hinter geräumigen Kommandobrükken. Dort standen die Kapitäne, litzenverzierte Admiralskappen auf dem Kopf, brüllten Befehle und drehten die riesigen Steuerräder. Eins nach dem anderen fuhren die Schiffe ein, und Gischt sprühte über ihren Bug, während sie in der wilden Monsundünung auf und nieder tanzten.

Dann, als zwei Männer die sich aufbäumenden Schiffe mit Seilen festhielten, sprangen die Passagiere. Ich gesellte mich zu der Zuschauermenge und beobachtete das Schauspiel mit klopfendem Herzen. Jeder Sprung war eine Heldentat. Menschen aller Altersstufen sprangen, selbst stämmige alte Frauen, Regenschirm und Handtasche umklammernd. Geduldig warteten sie, bis sie an die Reihe kamen, paßten den geeigneten Augenblick ab und sprangen über das tosende Wasser in Sicherheit. Anschließend stiegen sie lächelnd wieder zum Gateway hinauf. Es war ein netter Jux gewesen, ein krönender Abschluß für einen schönen Nachmittagsausflug.

Schiffe fuhren im Hafen ein und aus. Ich sah einen schnittigen französischen Lenkwaffen-Kreuzer den Anker werfen, während zwei große Containerschiffe ins Arabische Meer ausliefen. Wieder in meinem Hotelzimmer nahm ich mir eine Faksimileausgabe des siebzehnhundertachtundsiebzig in London erschienenen *East-India Pilot* vor und las den Abschnitt mit der Überschrift ›Anleitungen für Segelreisen von Bombay in der Zeit des Südwestmonsuns‹. Er lautete:

> Sobald man in dieser Jahreszeit den Hafen von Bombay verläßt, herrscht ein gewaltiger Seegang, der, bei starker Ebbe, die Wellen sich brechen läßt wie in seichten Gewässern. Hier soll man sich nach Kräften bemühen, die offene See zu gewinnen, indem man die umspringenden Winde nutzt, stets die Richtung im Auge behaltend, um nach Westen zu gelangen; der Wind wird sich jeweils zwei, drei, manchmal vier Punkte bei den Böen drehen, die häufig auftreten und fast ständig von Regen begleitet sind; auf keinen Fall soll man sich dazu hinreißen lassen, den Anker zu werfen. Die günstigste Breite, die offene See zu gewinnen, ist achtzehn Grad dreißig Minuten.

Ich fragte mich, ob die Steuermänner dieser auslaufenden Containerschiffe sich mit jemandem auf dem ›Indian Ocean Floor‹ in Verbindung gesetzt hatten. Auch wenn ihre Schiffe zehn Stockwerke hoch und lang waren wie ein Häuserblock, brauchten sie dennoch minütliche Informationen über den gewaltigen Seegang und die umspringenden Winde, die den Südwestmonsun kennzeichnen.

Um sechs Uhr nachmittags glitt ein tiefer Schatten über Bombay, der die Menschen veranlaßte, instinktiv nach oben zu schauen. Doch was immer die Stadt verdunkelt und der normalen Dämmerung zusätzliche Schwärze verliehen hatte, hatte auch den Himmel verdunkelt. Nichts war zu sehen. Dieser ekliptische Schatten schien von weit jenseits der Atmosphäre zu kommen und löste eine seltsame Stille aus; selbst der Verkehrslärm war gedämpft, als wären die Autofahrer zu eingeschüchtert, um ihre Hupen zu betätigen. Ich hatte beobachtet, wie Männer auf dem französischen Kreuzer versuchten, einen grauen torpedoförmigen Gegenstand, der an einem Montagekran hing und sich unaufhörlich im Wind drehte, an Bord zu laden. Jetzt ließ der Wind plötzlich nach, und sie konnten den Gegenstand problemlos herablassen und verstauen. Das Meer wirkte bleiern und ölig.

Der Monsun war im Begriff, eine Vorstellung für Bombay zu geben, und um mir einen Haupttribünenplatz zu sichern, nahm ich den Lift zur Apollo Bar im zwanzigsten Stock des Taj. Der Wind schien nach drinnen geschleust worden zu sein; er heulte den Aufzugschacht hinauf und ließ die Kabine durch schwere Turbulenzen himmelwärts ruckeln. Im Apollo traf ich ein Dutzend Offiziere von dem französischen Kreuzer bei exotischen Drinks an. Die Offiziersmessenatmosphäre war erfüllt von Schäkern und lauten scherzenden Stimmen. Mehrere hübsche Mädchen saßen in der Nähe und sahen erwartungsvoll herüber.

Dann bemerkten die Seeleute, was draußen vor sich ging. Sie verstummten und eilten an die Fenster. Riesige schwarze Vorhänge wurden quer über den Hafen gezogen und wischten die verankerten Kreuzer weg wie Kreideschiffe auf einer Tafel. Weitere Vorhänge wurden vor die Stadt gezogen, löschten Lichtermeere, ganze Vororte und Geschäftsviertel aus. Wir waren allein, zwanzig Stockwerke hoch im Dunkeln von der Außenwelt abgeschnitten und fragten uns, was dieser Blackout zu bedeuten hatte. Kein Windhauch regte sich, kein Tropfen Regen fiel. Gedämpfter Stimmung kehrten die Franzosen zu ihren Getränken zurück und unterhielten sich im Flüsterton. Einer von ihnen, der ein rotes Ärzteabzeichen trug, schaute zu mir her. »Vielleicht ist es der Weltuntergang«, sagte er, nicht eben scherzend.

Dann läutete das Telefon, und alle zuckten zusammen. Der Barkeeper hob ab. »Ist ein Mr. Frater hier?« fragte er.

»Ja.«

»Die Rezeption möchte Sie sprechen.«

Die Dame an der Rezeption teilte mir mit, ein Mr. Ghosh wünsche mich zu spechen. Er sei sehr hartnäckig und hätte sie im ganzen Hotel nach mir suchen lassen. Ich sagte ihr, ich kenne keinen Mr. Ghosh. Was er wolle? Ich vernahm Stimmengemurmel, dann war sie wieder am Apparat.

»Er ist ein Regenmacher«, sagte sie kichernd.

»Oh.«

Sie versuchte, ihr Lachen zu unterdrücken. »Soll ich Sie verbinden?«

Die Stimme, die sich meldete, war so laut, daß selbst die Franzosen sie hören konnten. Sie blickten sich um, als Mr. Ghosh sagte, er wolle mir ein Gerät vorführen, das er kürzlich erfunden habe. Es würde das Wetter der Welt revolutionieren, sei aber dennoch so klein und kompakt, daß man es in einer Aktentasche transportieren könne; was er wünsche, sei etwas Werbung, ein Bericht in meiner Londoner Zeitung und eine Erwähnung in meinem Buch. Wenn ich nichts Besseres vorhätte, sollte ich doch zu einem Gespräch unten in die Empfangshalle kommen.

»Wollen Sie mir Ihr Gerät vorführen?« fragte ich.

Mr. Ghosh erwiderte, scheinbar durch den Liftschacht brüllend: »Sir, die Polizei wird es wegen der Überschwemmungsgefahr nicht erlauben. Ihr Respekt vor meinem Gerät grenzt an Panik, und ich habe versprochen, es nicht in bebautem Gelände zu betätigen. Es könnten Froschmänner und Gummiboote erforderlich sein.«

»Gut, ich komme runter. Aber wie soll ich Sie erkennen? Es sind so viele Leute in der Empfangshalle.«

»Sir, Sie werden mich schon erkennen«, sagte er und legte auf.

Als ich die Apollo Bar verließ, lachten die Franzosen, die jedes Wort verstanden hatten. »Il se peut qu'il aille faire une danse des pluies«, hörte ich einen von ihnen sagen.

Mr. Ghosh stand mit aufgespanntem Regenschirm in der Halle. Er trug silberne wasserdichte Stiefel, ein glänzendes graues Regencape und einen Regenhut. Die meisten Hotelgäste sahen ihn belustigt an. Als ich auf ihn zueilte, klappte er seinen Schirm zusammen und schüttelte mir die Hand.

»H. N. Ghosh«, sagte er, jetzt mit völlig normaler Stimme. Er führte mich zu einem Sofa und ließ sich mit einem Seufzer darauf fallen. Dabei rutschte der Regenhut von seinem Kopf und enthüllte ein paar lange graue Strähnen, die sorgfältig um seinen glänzenden Schädel drapiert waren. Er war klein, hatte breite Schultern, eine große Nase und blasse tiefliegende Augen, die wie Mäuse aus ihren Höhlen lugten und unabhängig voneinander die Halle durchstreiften. Während eines jetzt forschend auf mich gerichtet war, widmete sich das andere der Aktentasche, die er gerade öffnete.

Er holte drei schwarze Metallzylinder heraus und schraubte sie wortlos zusammen. Das fertig montierte Gerät sah aus wie eine kleine Bazooka, war etwa zwei Fuß lang und an einem Griff befestigt, der mit einer Reihe roter Knöpfe versehen war.

»Sie können es in die Hand nehmen«, sagte er.

Ich tat wie geheißen und schaute in den Zylinder hinein. Ich sah silberne tulpenförmige Ventile, die aus einem Gewirr von bunten Drähten hervorragten, außerdem zwei Blechdeckel, die schräg über den Ventilen angebracht waren. Auf einem standen die Worte ›Cow & Gate‹, auf dem anderen ›Natural Breadcrumbs‹. Vorsichtig gab ich es Mr. Ghosh zurück.

Seine Augen fanden sich zusammen und blickten mich gemeinsam warm und herzlich an. »Es ist ein sogenannter Präzipitator, der nach dem Prinzip der Wolkenmodifikation arbeitet. Das heißt, er verändert ihre Tragkraft oder die Größe ihrer einzelnen Partikel.«

»Er impft sie.«

»In gewissem Sinne. Doch das geschieht gewöhnlich durch Streuung von Trockeneis, Natriumchlorid oder dergleichen. Dafür benötigt man Flugzeuge, Raketen oder, wie die Russen, Granatwerfer. All das ist sehr kompliziert und teuer. Mein Gerät dagegen arbeitet mit akustischen Techniken. Es basiert auf dem gleichen Grundprinzip wie eine Hundepfeife, ist also für das menschliche Ohr nicht wahrnehmbar, und der Ton wird wie ein Funkstrahl in die Troposphäre gerichtet.« Er runzelte die Stirn. »Können Sie mir folgen?«

»So in etwa.«

»Bis heute hat die akustische Niederschlagserzeugung nur bei Laborversuchen in Wolkenkammern funktioniert, wo stehende Schallwellen erzeugt werden können. Ich aber, der ich allein und ohne Hilfsmittel arbeite, habe den Durchbruch erreicht, nach dem Wissenschaftler schon seit Jahren suchen. Und das in nur drei Monaten! Meine Schallwellen füllen die Wolken mit Schallresonanz. So wie ein anhaltender hoher Ton Kristall zum Bersten bringen kann, destabilisiert sie die Kondensationskerne, die die Tropfen bilden. Sie heften sich aneinander, werden dick und fallen dann wie Äpfel vom Ast.« Er warf mir ein breites glückliches Lächeln zu.

»Und es funktioniert?«

»Selbstverständlich funktioniert es. Vorige Woche habe ich es jeden Tag in die Hängenden Gärten von Malabar Hill hinaufgetragen. Das Ergebnis können Sie ringsum sehen. Ich war es, der den verfrühten Monsunbeginn ausgelöst hat.«

Er saß da und machte kleine schnalzende Geräusche mit der Zunge, während ein Auge seinen Präzipitator begutachtete und das andere unerschrocken einem hübschen Mädchen im Minirock folgte, das mit einem Pudel vorüberging.

Plötzlich sagte eine ruhige Stimme hinter uns: »Vater, da bist du ja. Es ist Zeit zum Heimgehen.«

Ein großer junger Mann stand da, die Hände in den Taschen

seines Regenmantels, sein Gesichtsausdruck eine Mischung aus Ärger und Sorge.

»Ich spreche mit diesem Journalisten«, sagte Mr. Ghosh knapp. »Er kommt aus London.«

Der junge Mann setzte sich zu uns. »Mutter ist schon unruhig«, sagte er, »und das Abendessen steht bereit.« An mich gewandt, fügte er hinzu: »Ich hoffe, er ist Ihnen nicht lästig geworden.«

»Ganz und gar nicht. Es war wirklich sehr interessant.«

»Ich muß gestehen, daß ich ihn hergeschickt habe«, fuhr er entschuldigend fort. »Von einem Freund beim *Illustrated Weekly* erfuhr ich, daß Sie ein Gespräch mit Pritish Nandy hatten. Er nannte mir Ihren Namen und sagte, Sie wohnten im Taj. Vater hatte heute mal wieder seine Depressionen, und deshalb erzählte ich ihm von diesem Schriftsteller, der dem Monsun nachreist. Ich hoffte, das würde ihn aufmuntern. Zwei Minuten später schnappte er seinen Präzipitator und stürzte aus dem Haus.«

»Nun, ich bin froh, daß er gekommen ist«, sagte ich.

»Er ist Mathematiker, müssen Sie wissen. Das heißt, er war es vor seiner Krankheit, die psychischer Natur ist. Jetzt entwirft er Küchengeräte.« Er lächelte. »Mit gelegentlichen Abstechern in andere Gebiete.«

Mr. Ghosh hatte von unserem Gespräch keine Notiz genommen. Jetzt räusperte er sich aufgeregt. »Was ich noch nicht erwahnt habe, ist der rechtliche Aspekt meiner Tätigkeit. Wir können davon ausgehen, daß ein Mensch Eigentumsrechte an den Wolken über seinem Grund und Boden hat. Doch gehört ihm auch das Wasser, das aus ihnen auf seine Gärten und Wiesen fällt? Und wenn ich bewirkt habe, daß es zu Regenfällen kommt, gehört mir dann ein Teil dieses Wassers? Wenn nicht, müßte ich dann mit einer festgesetzten Gebühr oder einer Tantieme bezahlt werden? Das ist eine Frage, über die die Gerichte bald zu entscheiden haben.«

»Wir müssen jetzt gehen«, sagte Mr. Ghoshs Sohn. Er nahm den Präzipitator behutsam auseinander und verstaute die Einzelteile in der Aktentasche. Dann ergriff er die Hand seines Vaters, und ohne einen Blick zurück erhoben sich die beiden und traten in das unheimlich schwarze Dunkel hinaus.

Der wohl berühmteste Regenmacher und Liebling der Medien ist Mr. Thomas Jacob aus Kerala. Er benutzt ein Gerät, das ›verschlüsselte‹ elektronische Impulse in die Atmosphäre entsendet. Am sechsten April erklärte er Reportern im dürregeplagten Trivandrum, daß er die Trockenheit innerhalb von vierzehn Tagen beenden würde. Am siebzehnten April setzten in Trivandrum solch heftige, anhaltende Regenfälle ein, daß Stromversorgung und Verkehr zusammenbrachen. Mr. Jacob, der seine Impulse alle drei Stunden für eine Dauer von fünf bis zehn Minuten in die Atmosphäre aussendet, behauptet, seine heutige Sachkenntnis und Sicherheit durch fünfzehn Jahre langes gewissenhaftes Experimentieren erworben zu haben.

Als ich ihn um ein Treffen bitten wollte, war er nicht aufzutreiben.

Um Kumuluswolken zum Abregnen zu bringen, hat man sogar Versuche mit starken, vom Boden ausgerichteten Sprühgeräten gemacht, obwohl die meteorologische Orthodoxie traditionellere Methoden bevorzugt. Die *Times of India* berichtet von einer solchen:

> Seit Mitte Juli startet ein Dakota-Flugzeug, das von einer Firma aus Bombay angemietet wurde, vom Flughafen Ahmedabad, um regenträchtige Wolken zu jagen und zu ›impfen‹, damit sie sich abregnen. Kapitän Bhalla, Pilot der Maschine, hat solche Aufträge schon früher ausgeführt und weiß die dunklen regenträchtigen Wolken von den trockenen, sterilen und den gefährlichen Gewitterwolken zu unterscheiden.
>
> Die Dakota startet an jedem ›impfmöglichen‹ Tag mit einer Tonne Impfmaterial (eine staubfeine Mischung aus gewöhnlichem Salz und Speckstein). Wenn die Maschine das

Zielgebiet erreicht, gibt Kapitän Bhalla das Zeichen zum Einsatz. Daraufhin leeren mehrere Arbeiter den Inhalt der Jutesäcke in die Spezialvorrichtung im Bauch des Flugzeugs, und das Impfmaterial wird herausgeschleudert, wobei es einen weißen Schweif zurückläßt. Nach mehrmaliger Wiederholung des Vorgangs werden die Wolken immer dunkler. Wenn dann die ersten Tropfen gegen die Windschutzscheibe trommeln, strahlen die Besatzungsmitglieder in dem Bewußtsein, gute und erfolgreiche Arbeit geleistet zu haben.

Die reinste Art, Regen herbeizuführen, ist die mittels Gesang. Die alten regenbeschwörenden Ragas, von den Meistern gesungen, konnten selbst die Götter erweichen – vor allem Indra, der, auf einem weißen Elefanten mit vier Stoßzähnen reitend, zuständig ist für das Spenden oder Verweigern von Regen.

Zwei besonders wirkungsvolle Ragas werden noch heute vorgetragen. Der erste, *Deepak*, erzeugte eine solche Hitze, daß die Kehle des Sängers brannte und alle Kerzen in seiner Nähe sich entzündeten. Der zweite, *Malhar*, kühlte des Sängers Kehle und bewirkte genügend Regen, um die Kerzenlichter auszulöschen und die Feldfrüchte zu bewässern.

T. V. A. Seshan, zwanzig Jahre lang Professor für Wirtschaftswissenschaft an der Universität von Madras und später bedeutender Journalist, kann auch einen Raga singen, der Regen bringt. Beim letzten Mal aber war er so erschüttert über die Folgen, daß er sich schwor, es niemals mehr zu versuchen.

Jetzt arbeitet er – ein kleiner Mann mit ausdrucksvollen Händen und einem Geist, in dem Ideen sprudeln und zusammenströmen wie Wasserläufe – als Tempelberater für Hindugemeinden in Nordamerika und Australien. In einem Sessel im Taj sitzend, erzählte er mir, daß Tempel seine große Leidenschaft seien.

»Ich besuche die Standorte von neuen Tempelanlagen im Ausland und erteile Rat in allen Fragen: Von der richtigen

Plazierung des Allerheiligsten bis hin zur Rangordnung der Idole. Männliche Idole müssen aus männlichem Granit geschlagen sein, der, wenn man mit dem Fingerknöchel darauf klopft, einen tiefen glockenähnlichen Ton von sich gibt; weibliche dagegen aus weiblichem Granit, der ein Klirren wie von Fußspangen erzeugt. Es ist technisch unmöglich, ein weibliches Standbild aus männlichem Granit zu schlagen – die Brüste würden bersten – und umgekehrt. Nur wenige Menschen wissen das. Wußten Sie's?«

»Nein«, gab ich zu.

»Die Glaubenskraft der Gemeinde aber ist etwas, das ich nicht zu beeinflussen weiß. Sie interessieren sich für den Regen und möchten wahrscheinlich wissen, ob eine besonders fromme und eifrige Gemeinde eher in der Lage ist, heftige Niederschläge hervorzurufen als eine träge und untätige. Die Antwort lautet: ja. Nehmen Sie zum Beispiel Kerala, wo die Menschen ganz besonders fromm sind und infolgedessen sehr, sehr gut im Regenmachen. Sie erreichen es durch geduldiges Singen und das Entzünden von wolkenimpfenden Feuern; Sie können sie überall in den Dörfern sehen. In Kanniyakumari können sie sogar mit Mantras die Gezeiten umkehren! Die Einwohner von Madras dagegen, die bekanntlich nicht so fromm sind, haben seit fünf Jahren keinen Regentropfen gesehen.«

Ich bat ihn, sein eigenes Erlebnis zu beschreiben.

Er wartete einen Augenblick, die Lippen geschürzt. »Ich sang *Regnender Nektar*, einen berühmten Regenraga, der gewöhnlich einen erfahrenen Sänger mit ausgebildeter Stimme erfordert. Die Silben, der Aufbau sind sehr kompliziert. Von skeptischen Freunden dazu gedrängt, begann ich eines Tages unter einem völlig klaren blauen Himmel zu singen. Nach einer Weile tauchten aus dem Nichts Wolken auf und ballten sich über unseren Köpfen zusammen. Ich war natürlich äußerst überrascht, brachte es aber fertig, weiterzusingen. Dann, kurz darauf, passierte es.«

»Sie haben Regen gemacht?«

Noch im nachhinein aufgewühlt, schüttelte er den Kopf.

»Ich hab ein kräftiges Gewitter gemacht.«

»Mein Gott!«

»Und obwohl ich gewöhnlich nicht zu Eitelkeit neige, muß ich gestehen, daß ich in den folgenden Tagen sehr stolz auf mich war. Dann erst wurde mir klar, was ich getan hatte. Ich besaß Kräfte in mir, die mir wahre Angst machten, und ich beschloß, sie nie mehr zu nutzen.«

»Wie würden Sie diese Kräfte beschreiben?« fragte ich.

»Ich kann sie nicht beschreiben. In Madras gibt es einen Geiger, der Regen machen kann, aber wenn er den entscheidenden Akkord spielt, der die Wolken impft, bricht seine Geige entzwei, von einem Ende zum andern gespalten. Warum? Wir wissen es nicht, doch alles deutet darauf hin, daß die Gründe irgendwo in der Naturwissenschaft zu suchen sind. So besitzt zum Beispiel jeder Dorftempel in meinem Gebiet ein klarinettenähnliches Instrument, das, wenn es täglich gespielt wird, das Wachstum der Feldfrüchte fördert. Ein Forscherteam einer unserer führenden Landwirtschaftshochschulen hat dieses Phänomen untersucht und zweifelsfrei bewiesen, daß es funktioniert. Jetzt wollen sie herausfinden, wie es funktioniert, und wir warten mit großem Interesse auf die Ergebnisse.«

Die Abendzeitung berichtete von ausgedehnten Gewitterschauern in Meghalaya. Das bedeutete, daß sich der Monsun Cherrapunji nähern mußte und – wenn auch noch keine Zahlen von Niederschlagsmengen verfügbar waren – daß der östliche Arm über der Bucht von Bengalen planmäßig auf Indien zuzusteuern schien. Ich stellte mir vor, wie er Singapur berührte und die Sumatras aktivierte, dann in nördliche Richtung zog, Thailand durchtränkte und Bangkok so unter Wasser setzte, daß es unterzugehen drohte.

Bei meinem letzten Bangkok-Besuch rief ich im British Dispensary an, um mit Dr. Patrick Dickson über den Thai-Monsun zu reden. Das Dispensary, ein zweistöckiges Gebäude mit Warte- und Sprechzimmer in der ersten Etage und einer Apotheke im Erdgeschoß, war in den letzten zwanzig Jahren um hundertzwei Zentimeter abgesackt, doch Dr. Dickson blieb fatalistisch; was konnte er schon dagegen tun? Dickson, ein hagerer gutaussehender Mann von einundsechzig in braunseidener Thaijacke, hatte in Cambridge Medizin studiert, bevor er nach Bangkok kam und die Landessprache erlernte. Dann legte er seine Prüfungen noch einmal in Thai ab, so daß er eine Praxis am Ort eröffnen konnte.

»Der Monsun kommt hier zwischen dem zwölften und neunzehnten Mai an. Er erzeugt eine so hohe Luftfeuchtigkeit, daß die Vögel Kondensstreifen am Himmel hinterlassen. Sehr bald wird die Stadt überflutet, und in den Straßen tauchen die ersten Boote auf; ich habe schon Leute auf Surfbrettern an meiner Praxis vorbeigleiten sehen. Es sieht aus wie in Venedig, und ohne den Verkehr herrscht jene besondere venetianische Stille. Man hört die Stille geradezu.

Um das Hin- und Herpendeln zu vermeiden, richte ich mich für mehrere Wochen in meinem Stadthospital ein. Wir haben eine Menge zu tun. Grippeepidemien brechen bei jedem Jahreszeitenwechsel aus; wir haben sie, wenn der Regen kommt und wenn er wieder geht. Hausbesuche werden natürlich mit dem Boot gemacht. Ich besuche regelmäßig einen reichen Industriellen in einer Villa nahe dem Kaiserpalast. Ich fahre durch seine Eingangstür und lege an der Treppe an. Dort werde ich von einem Diener begrüßt, der mein Boot mit einem Seemannsknoten festmacht. Auch dieses Haus sackt ab. Jedes Jahr müssen die Boote der Besucher ein Stück höher an der Treppe festgemacht werden. Schuld daran ist, daß die Menschen immerzu Brunnen graben und somit den Grundwasserspiegel verändern. Anschließend tauchen die Baugesellschaften auf und errichten ihre riesigen Gebäude. Wenn dann die alljährlichen Monsunfluten hinzukommen, ist die Katastrophe komplett. Aber Herrgott nochmal – ich kann mir trotzdem nicht vorstellen, anderswo zu leben.«

Ich aß in einem kleinen überfüllten Nepal-Restaurant in einer Seitenstraße des Colaba Causeway zu Abend. Während ich auf einen freien Tisch wartete, plauderte ich mit zwei Naturkundelehrerinnen, beide mittleren Alters und westlich, aber eher konservativ gekleidet. Wir sprachen vom Monsun, dem derzeitigen Hauptthema der Stadt, und ich erwähnte die Theorie V. P. Bannerjis, daß Bombays Niederschlagsmengen aufgrund unzureichender Sonnenphasen seit neunzehnhundertfünfundsechzig unregelmäßig seien. Ich gab ein wenig an und erhoffte mir Bewunderung, weil ich den stellvertretenden Direktor höchstpersönlich gesprochen hatte. Die beiden Damen aber blieben unbeeindruckt.

»Das hat absolut nichts mit der Sonne zu tun«, sagte die eine mit Nachdruck. »Was neunzehnhundertfünfundsechzig wirklich passierte, war, daß der Smog über der Stadt so gravierend zugenommen hatte, daß er den natürlichen Rhythmus des Monsuns spürbar zu stören begann. Jedes Jahr schleudern wir eintausendfünfhundert Tonnen Gifte von Autoabgasen in die Luft und eintausend Tonnen aus Chemie-, Düngemittel- und Textilindustrie.«

»Sie bilden eine Schicht direkt unter der Stratosphäre«, sagte ihre Freundin, »und wenn die Monsunwolken damit in Berührung kommen, geschieht etwas sehr Seltsames. Sie werden leicht und treiben davon, ohne einen Tropfen Regen abzugeben. Sie sind Geisterwolken.«

»Und nun sagen uns die Wissenschaftler«, fuhr die andere fort, »daß diese giftige Schicht, wenn sie längere Zeit an Ort und Stelle verbleibt, eine neue Form von Mikroorganismen hervorbringen kann. Sie fürchten, diese Mikroorganismen könnten sich in der Monsunzeit über Bombay festsetzen und höchst gefährliche und seltsame Krankheiten auf der Erde verbreiten.«

Dom Moraes, Gewinner des Newdigate-Lyrik-Preises und jetzt ein angesehenes Mitglied der Bombayer Literatenkreise, erklärte mir, die ärmeren Studenten fürchteten den Monsun.

Sie würden oft aus ihren hoffnungslos überfüllten Wohnungen vertrieben und müßten auf der Straße studieren. Dort könne man sie lernend unter den Laternen sitzen sehen. Der Regen treibe sie natürlich wieder nach Hause zurück, worunter ihre Arbeit sehr leide; enttäuschende Examensergebnisse seien oft auf den Monsun zurückzuführen.

Ich schlug bei Y. P. Rao unter dem Stichwort Wolken nach und spürte eine Intensität wie von Salz durch die trockene Prosa dringen. Seine Mitarbeiter, die sich von der Indischen Luftwaffe in schwindelerregende Höhen hatten tragen lassen, um die Monsunformationen über dem Arabischen Meer zu erforschen, hatten unerwartet hohe Wolken entdeckt, die weit über den höchsten Kumulusspitzen dahinzogen, einige davon in 45 000 Fuß Höhe. Obwohl sie, so grübelte Rao, teilweise Fraktostratus ähnelten – möglicherweise alte, von den Westghats abkommandierte Kumuluskronen –, gab es in 37 000 Fuß Höhe etwas, das durch Schwerkraft verzerrter Amboßzirrus hätte gewesen sein können. Nunja! Das Ganze wurde noch komplizierter durch die Entdeckung von zweiundzwanzig Regenbändern, die parallel zum Wind verliefen und innen so dunkel waren, daß die Piloten blind fliegen mußten. Rao spricht vom ›Eindruck eines chaotischen Himmels‹. Die Wolken waren nicht in seinem Wolkenatlas vermerkt. Sie stimmten nicht mit den internationalen Wolkencode-Kategorien überein. Es mußte weitergeforscht werden.

Bevor ich ins Bett ging, schaute ich zum Himmel hinauf und beobachtete einen Lichtkreis, der immer größer und intensiver wurde, bis plötzlich schwarze Wolken aufrissen und einen Vollmond enthüllten. Ich hatte den Mond seit Trivandrum nicht mehr gesehen, und jetzt war er von einem weißen, schwach und gefährlich mit Rot untermalten Kranz umgeben.

11. Juni

Zum Frühstück nahm ich ein Glas mit Mangos, das mir die Coffee-Shop-Schönheitskönigin brachte. Sie seien von einem Händler gekauft, warnte sie, nicht so saftig wie die aus dem Garten ihres Vaters und außerdem einen Tag zu früh gepflückt. In der Zeitung las ich einen Artikel, der mit ›Bitterernste Warnung‹ überschrieben war und berichtete, daß Indiens Waldbestand inzwischen auf zehn Prozent geschrumpft sei. Der für das klimatische und ökologische Gleichgewicht notwendige Bestand läge bei dreiunddreißig Prozent, und wenn die derzeitige Abholzungsrate nicht drastisch reduziert würde, wäre Indien vor Ende des Jahrhunderts eine Wüste, während seine Bevölkerung gleichzeitig die Milliardengrenze überschreiten würde.

Nun sei die Regierung dabei, dreihunderttausend Hektar Urwald für zwei hydroelektrische Kraftwerke unter Wasser zu setzen. Ihr eigenes Umweltschutzministerium hätte dringend davon abgeraten; dreihunderttausend Menschen müßten umgesiedelt werden, aber die Fanatiker in Delhi drängten ungeachtet dessen weiter auf die Verwirklichung des Projekts. ›Diese rücksichtslose Abholzung‹, schrieb das Blatt, ›gibt wenig Anlaß zu Optimismus, was Indiens zukünftige Umwelt betrifft.‹

Ich fragte mich, ob ich vielleicht einen der letzten Monsune erleben würde.

»Was haben Sie heute vor?« erkundigte sich die Schönheitskönigin in dieser direkten und vertraulichen Art, die für Bombays Einwohner so charakteristisch ist.

»Ich besorge mir ein Flugticket nach Delhi und schaue mich dort ein wenig um.«

»Der Regen hat die Stadt ganz schön abscheulich gemacht«, sagte sie. »Überall ist Schlamm, und viele Straßen sind unpassierbar. Es ist immer dasselbe. Die Behörden haben wieder mal geschlafen.«

Bevor ich abreiste, ließ ich mich noch einmal mit P. D.

Gupta in Delhi verbinden. Er saß an seinem Schreibtisch und hob sofort ab.

»Sie waren verreist«, sagte ich.

»Ein Kurzurlaub.« Er klang vorsichtig.

»Gibt's was Neues?«

»Die Gesuche sind an die Staatsregierungen von Assam, Meghalaya und Nagaland gesandt worden. Wir können nichts tun, bevor sie ihre Zustimmung gegeben haben.«

»Werden sie's tun?«

»Wer kann das schon sagen?«

»Kann Delhi nichts sagen?«

»Unter keinen Umständen. Wir führen sie an der langen Leine.«

Lang genug, fragte ich mich, um ihnen einen Strick daraus zu drehen? Ich dachte an die indischen Armee-Einheiten, die sich in allen drei Staaten in höchster Alarmbereitschaft befanden.

»Und wie ist das Wetter bei Ihnen?« fragte ich.

»Heiß! Genauer gesagt, sengend.«

»Noch kein Regen?«

»Kein Tropfen.«

»Ich fliege morgen nach Delhi – Freitag. Vielleicht könnte ich Montag auf einen Sprung vorbeikommen.«

Es entstand eine kleine Pause. »Ja.«

»Gleich morgens früh.«

Mr. Gupta machte ein seltsames Geräusch tief hinten in seiner Kehle. Es sollte wohl wie eine höfliche Aufforderung klingen, kam aber eindeutig wie ein Knurren heraus.

Bei meinem Spaziergang durch die Stadt traf ich häufig auf stehendes Wasser. An manchen Stellen war der Geruch von Fäkalien vorherrschend, an anderen der von Verwesung. Hier sickerten Abwässer durch zerborstenes Pflaster, dort wühlten Kinder, Hunde und Pferde in Haufen faulender Abfälle. Die Ratten waren aalglatt und dreist.

An einer Bushaltestelle hinter dem Hauptbahnhof beobachtete ich, wie ein jüngerer Mann, Schuhe und Socken in einer Hand, die Aktentasche in der anderen, durch das Wasser watete. Er trug ein blütenweißes Hemd und eine sorgfältig gebügelte Hose, die bis zu den Knien hochgekrempelt war. An der Haltestelle trocknete er sich mit einem Handtuch, das er seiner Aktentasche entnommen hatte, sorgfältig die Füße. Dann rollte er die Hosenbeine herunter und zog Socken und Schuhe wieder an. Er sagte mir, er sei Büroangestellter in einer Jutefabrik und lebe mit seiner Mutter auf der Straße.

Das Schwierigste sei, bei der Arbeit den Schein zu wahren; sein Chef wisse nicht, wie er lebte. Den Monsun würde er hassen. Er bedeute Elend, Entwürdigung, Angst. »Ohne den Mut meiner Mutter würden wir das alles niemals schaffen. Sie ist eine solche Kämpfernatur, das können Sie sich nicht vorstellen.«

Ich äußerte mein Erstaunen darüber, daß auch Büroangestellte unter den Obdachlosen seien. Er lächelte traurig und sagte, er kenne sogar untere Führungskräfte, die kein Dach über dem Kopf hätten.

Als ich im Indian-Airlines-Büro am Nariman Point Schlange stand, beschwerte sich ein korpulenter gutmütig-derber Sikh über den Zustand der Stadt. »Sie haben recht, abzureisen«, sagte er. »Der Spaß beginnt erst. Wenn wir die ersten richtigen Stürme bekommen, wird alles noch viel schlimmer.«

Die Monsunstürme verursachen jährlich Hunderte von Unfällen. Hier ein paar typische Beispiele, aufs Geratewohl aus den Listen der vorangegangenen Jahre herausgegriffen. Sie haben Fischerboote im Hafen versenkt oder auf Grund gesetzt, Barackensiedlungen dem Erdboden gleichgemacht, den Betonhafendamm nahe dem Marine-Drive-Schwimmbad beschädigt, den Port-Trust-Dampfer *Zephir* gegen die Kaimauer am Ballard Pier geschleudert, zwei zylinderförmige Tanks am Sassoon Dock weggeweht und beinahe acht seltene Panther im Victoria Gardens Zoo getötet; ein riesiger entwurzelter Baum verfehlte ihren Käfig nur um Schnurrhaaresbreite.

Jedes Jahr im späten Juni werden Spaziergänger auf dem Marine Drive von Steinen tief aus dem Meeresgrund getroffen. Diese Geschosse, die von der zornigen See selbst hochgeschleudert werden, haben schon Menschenopfer gefordert.

Die Indian-Airlines-Angestellte verkaufte mir das Ticket nach Delhi ohne Wenn und Aber. Ich konnte sogar zwischen mehreren Flügen wählen.

Mein Sikh-Freund bestätigte mir, daß dies höchst ungewöhnlich sei. »Sie wird ihre Gründe haben«, meinte er. »Vielleicht erwirbt sie sich Verdienste für den Fall, daß sie vom Blitz getroffen wird. Bei ihrer nächsten Inkarnation möchte sie kein Frosch sein.«

Ich bummelte über den Marine Drive. Das Meer war heute relativ ruhig, der Wind verhieß baldigen Regen; an der Strandpromenade parkende Pferdekutschen warteten ungeduldig auf die ersten Tropfen. Dann würden sie zum Oberoi fahren, um arabische Familien aufzunehmen, die sich so gerne mit offenem Verdeck durch die Straßen fahren ließen. Kutscher und Pferd gaben bei diesen Ausflügen oft ein klägliches Bild ab, ihre vergnügten Passagiere aber kosteten strahlend jede triefende Minute aus.

Eine längere Tradition auf dem Marine Drive haben die Maiskolbenverkäufer. Camellia Panjabi, eine bezaubernde Managerin eines Bombayer Hotels, sagte mir, sie tauchten mit dem Regen auf, ließen sich unter zerfetzten Schirmen nieder und bereiteten ihre Maiskolben auf einem Rost über glühenden Kohlen. »Sie verkaufen sie kochend heiß, und man ißt sie, während man mit Freunden durch den Regen spaziert. Alle tragen Jasmin. Er blüht beim Monsunausbruch auf, und Männer flechten sie zu Kränzen, die sich jeder auf dem Marine Drive wie eine Kette um den Hals hängt ...«

Am Chowpatty Beach sah ich einen Bildhauer aus Sand eine perfekte Frauenbüste herstellen. Er befeuchtete den Sand mit

Meereswasser und formte ihn so geschickt mit den Händen, daß der Kopf bald eine Ausdruckskraft und Persönlichkeit besaß, die noch andere Zuschauer anlockte. Es war jedoch nicht der Kopf eines jungen hübschen Mädchens, sondern der einer Frau mittleren Alters mit großer fleischiger Nase, schlaffen Wangen, herabhängendem Kinn und mißmutiger Miene. Sie starrte zornig auf den Strand, als wollte sie ein ungezogenes Enkelkind zurechtweisen.

Zwei unrasierte Männer mit zerzaustem Haar und hageren Gesichtern kamen herangeschlendert und stellten sich neben mich. Sie verströmten einen unangenehm säuerlichen Geruch, ihre Augen waren gerötet und triefend, als würden sie in Ölpfützen schwimmen. Ich wußte, ich hatte solche Augen schon gesehen, und dann, plötzlich, erinnerte ich mich an die Kannibalen – ein halbes Dutzend wild dreinblickender, verschlagener Männer, vor dem Gerichtsgebäude von Vila in Ketten gelegt. Mein Vater hatte gesagt: »Siehst du ihre Augen? Daran kannst du einen Menschenfresser erkennen, Sandy, und präg sie dir gut ein für den Fall, daß dich Kerle wie diese zum Essen einladen.«

Ich beobachtete die beiden argwöhnisch von der Seite. In Folge der wachsenden Beliebtheit von ›brown sugar‹ – unverarbeitetem Heroin – hatten Raubüberfälle in Bombay drastisch zugenommen, und ich fragte mich, ob sich auch das den Augen eines Süchtigen ablesen ließ. Auch Menschenfleisch konne süchtig machen, hatte mir mein Vater erklärt, besonders das Fleisch vom Kopf und von der Innenseite der Schenkel. Und das hatte er mit der Autorität eines Menschen gesagt, der im Alter von fünf Jahren seine erste Erfahrung mit Kannibalen gesammelt hatte.

Das war damals in den frühen Tagen auf Paama gewesen, als Maurice und Janeys Haus plötzlich von einer Kannibalenschar umzingelt war. Maurice, der das Ende nahen sah, reichte Janey seine Pistole mit der Bitte, erst den Jungen und dann sich selbst zu erschießen. Als sie durch alle Zimmer liefen, um nach ihm zu suchen, hörten sie plötzlich, wie das Kriegsgebrüll draußen in Gelächter umschlug. Meinem Vater war beigebracht worden, jedem eingeborenen Besucher freundlich die Hand zu geben, und jetzt war er in den Garten gegangen, um die Kannibalen zu begrüßen. Diese scheinbare Herausforderung des Knirpses entzückte die wilden Kerle so sehr, daß sie ihre Beile schulterten und sich unverrichteter Dinge in die Berge zurückzogen.

Was dann am Chowpatty Beach passierte, geschah so schnell, daß ich noch heute, Monate später, nicht sicher bin, es in der richtigen Reihenfolge zu erzählen. Einer der Männer trat vor mich, und obwohl ich abgelenkt war, drehte ich mich instinktiv nach seinem Kumpel um. Der holte eben mit einem schlagstockähnlichen Gerät aus und zielte auf meinen Kopf. Ich schrie und machte aus dem Stand einen Rückwärtssprung, der mich hoch in die Luft katapultierte; ich fand mich über dem Strand schwebend wieder, dankbar, entkommen zu sein; ein weiterer Bruchteil einer Sekunde, und meine Leiche hätte an einer großen Holztrommel gehangen und wäre vor ihrer Zerstückelung nach Paama-Manier mit Paddeln geschlagen worden, um ihre Knochen zu brechen.

Ich spürte, daß mein Vater irgendwo in der Nähe war und meine Aufmerksamkeit auf sich lenken wollte. In einer Höhe von etwa zwanzig Metern zwischen bunten Papierdrachen schwebend, suchte ich den Strand systematisch nach ihm ab, konnte ihn aber erstaunlicherweise nicht finden. Ich fragte mich, warum ich wohl hier oben in der Luft hing, und kam zu dem Schluß, es müsse mit dem Monsun und den ungeheuren Kräften, über die er befiehlt, zusammenhängen; ich war zu einem bloßen Fleck geworden, einem von Mr. Ghoshs Wolkennuklei. Verschwommen vernahm ich jetzt eine Stimme.

»Zurücktreten! Er braucht Luft!« Dann gewahrte ich ein hageres Gesicht mit Brille über dem meinen und hinter ihm noch weitere. Erstaunt stellte ich fest, daß ich auf dem Rücken lag. Das Gesicht sprach erneut. »Ich hab alles gesehen. War nur Streifschlag, glaube ich. Trotzdem müssen Sie zur Polizei. Diese Süchtigen werden echte Bedrohung.«

Ich richtete mich auf und befühlte meinen Kopf. Ich hatte eine dicke Beule, die allerdings nicht sonderlich schmerzte, und als ich aufstand, war die Verlegenheit größer als der Schock oder das Schwindelgefühl. Ich dankte dem bebrillten Mann und versicherte ihm, den Vorfall zu melden, sobald ich einen Polizisten sah. Nachdem ich festgestellt hatte, daß mein Portemonnaie unberührt geblieben war, setzte ich behutsam meinen Weg fort und spürte dabei ein sonderbares Hochgefühl in mir aufkeimen.

Am Anfang des Strandes, zwischen den Straßenhändlern, die *bhelpuri*-Snacks und *kulfi*-Eiscrème verkauften, malte ein weißhaariger, gebeugter Mann unter einem Schirm. Er stand an einem kleinen hölzernen Pult und nahm von dem Treiben ringsum nicht die geringste Notiz. Ich hielt an, blickte ihm über die Schulter und sah, daß er soeben eine indische Miniatur der traditionellen Schule beendete. Es war ein kunstvolles, leuchtendes Bildchen, das zwei Frauen, eine vor der anderen kniend, unter einem Mangobaum darstellte. Ein Bach floß durch den Vordergrund. Rosafarbener Lotos blühte im Wasser, und der Baum war voll lebhafter grüner Vögel und unreifer Früchte. Als der Maler mein Interesse bemerkte, sagte er, ohne seine Arbeit zu unterbrechen: »Die Frau des Barbiers reibt die Füße einer vornehmen Dame mit Henna ein. Die Früchte und Blumen sind Symbole der Fruchtbarkeit; sie will ihren Geliebten treffen.« Er machte ein paar Tupfer mit der Spitze seines Pinsels. »Das sind schwarze Bienen. Sie bedeuten erotische Erfüllung.«

»Es ist wunderschön«, sagte ich.

Er schaute mich an. Er hatte dicke weiße Brauen und einen ruhigen Augenausdruck. »Rembrandt hat solche Sachen gesammelt. Wußten Sie das? Karl I. von England auch. Die Ausländer glauben, sie stammten alle aus Rajasthan, aber es gab viele Malerschulen – die von Mughal, Gujarat, Punjab Hills, Himalayan Hills und viele mehr.«

»Welcher Schule gehören Sie an?« fragte ich.

Er lächelte. »Der Touristen-Schule von Bombay. Ich mache nur vier Bilder, Kopien von beliebten und berühmten klassischen Bildern, jetzt alle in amerikanischen Privatsammlungen. Ich mache dieses hier, ich mache Asketen im Rausch – Mönche, die in einem Tempelgarten Marihuana rauchen –, ich mache Krischna (in Blau), der seine Geliebte erwartet, und ich mache Liebende, die den nahenden Monsun betrachten. Das ist mein Bestseller.«

Seine fertigen Bilder waren auf einem tragbaren Ausstellungsständer aufgereiht. Die den Monsun betrachtenden Liebenden waren so mit Leben erfüllt, daß man glaubte, den Donner, den Vogelgesang und die Stimmen der Frauen zu hören, die ringsumher standen. Ich verspürte plötzlich den Wunsch, das Original zu besitzen.

Er bot mir seine Ausführung für hundertfünfzig Rupien an.

»Ich kaufe sie, wenn Sie mir die Geschichte genau erzählen.«

Er nahm seinen Pinsel auf und malte blasse Terrakottafarbe auf das Mieder der Barbiersfrau. »Der Mann ist ein Prinz. Während sich dunkle Monsunwolken über fernen Bergen türmen, steht er auf der Terrasse von seinem Palast und umarmt seine Geliebte. Blitze haben die weißen Kraniche aufgeschreckt, sie fliegen in den schwarzen Himmel auf. Der Pfau auf der Stange unter der Terrasse wird bald fortgehen und fröhlich im Wald herumtanzen; Pfauen tanzen immer zu Beginn von Monsun, auch wenn ich, ehrlich gesagt, nie einen dabei beobachtet habe. Dienerinnen tragen die Fächer des Prinzen und die Wasserpfeife. Die Musikantinnen unten besingen den Regen und auch unser Liebespaar. Wenn der Regen beginnt, zieht sich das Paar in den kleinen Pavillon zurück, um sich zu lieben. Wie Sie sehen, wartet das Bett dort schon auf sie; die rote Decke bedeutet Glück und Wonne. Unten im Garten sieht man einen Lotusteich und Bäume voll mit Vögeln. Sittiche fressen die reifen Mangos. Im Tal, direkt unter der schwarzen Wolke, liegt eine Stadt, die zum Königreich gehört. Auf den grünen Hügeln ringsum bringen Kuhhirten ihre Tiere in Sicherheit.«

»Aber es regnet nicht.«

»Jede Einzelheit auf dem Bild spricht vom Regen. Der Regen selbst wäre überflüssig.«

Ich gab ihm das Geld, und er steckte das Bild in eine Plastikhülle. Ich dankte ihm und wandte mich zum Gehen. Dann drehte ich mich noch einmal um. »Und wie malen Sie den Regen?«

»Regen wird mit Perlenschnüren gemacht«, sagte er.

Kapitel sieben

12. Juni

»Wir grünäugigen Frauen aus Delhi stammen allesamt von Alexander dem Großen ab«, sagte Mrs. Reddy und schenkte mir Jasmintee ein.

»Sie meint natürlich nicht direkt«, fügte ihr Ehemann Sanjay hinzu.

»Oh doch! Ich habe Alexanders Nase, genau wie auf den Münzen. Die Familienähnlichkeit ist frappierend.«

Sie war eine grobknochige Frau mit blasser Haut und schönen Gesichtszügen und hatte uns soeben ein Lammcurry zubereitet. Nun saßen wir wegen eines Stromausfalls, der auch die Klimaanlage hatte versagen lassen, im Garten und versuchten, uns abzukühlen. Die Reddys waren Freunde eines Londoner Nachbarn, und als ich sie nach meiner Ankunft in Delhi anrief, bestanden sie darauf, daß ich gleich am ersten Abend zu ihnen zum Essen kam. Sanjay sagte, er würde mich Punkt sieben abholen. Er sagte nicht, daß er mit dem Motorrad käme, und ich vergaß, danach zu fragen. Seine aufheulende Enfield Bullet jagte im Zickzackkurs durch das Gewühl und nahm den Kreisverkehr in Schräglagen, die allen Gesetzen der Schwerkraft hohnsprachen. Wir lieferten uns Wettrennen mit zwei Yamaha Rajdoots und – unweit der Diplomaten-Enklave Chanakyapuri – mit einer alten British Matchless, gefahren von einem geschwindigkeitsbesessenen Attaché mit Jagdfliegerhelm. Als wir uns dem Haus der Reddys in dem gepflegten Vorort Defence Colony näherten, teilte ich Sanjay mit, daß ich eigentlich nur nach Delhi gekommen sei, um meine Einreiseerlaubnis nach Cherrapunji zu erwirken.

»Dann sind Sie also hier, um unsere Bürokraten kennenzulernen!« brüllte er mir über die Schulter zu. »Ich kann Ihnen nur Blut, Schweiß und Tränen versprechen!«

Sanjay arbeitete in der Werbung und kannte Gott und die Welt. Sein Freund (mein Londoner Nachbar namens Peter Able) war ebenfalls Werbefachmann, und während wir draußen im Garten saßen, spielten wir mit Namen herum und bastelten an einem Slogan mit ›able‹ und ›ready‹. Ich steuerte noch ein ›willing‹ bei (ich war mit einem gewissen Amos Willink zur Schule gegangen). Würde ihm eine Partnerschaft angeboten, ließe sich eine Agentur mit Namen Reddy, Willink & Able gründen.

Dann aber kam ich zur Sache und fragte, ob er mir einen Rat geben könne.

»Ich glaube, Ihre Chancen, nach Cherrapunji zu kommen, sind äußerst gering«, sagte er langsam. »Sie müßten durch Shillong, die Hauptstadt von Meghalaya, einreisen, wo die Regierung keine Möglichkeit ausläßt, den Notstand auszurufen. Was in Cherrapunji selbst los ist, weiß ich nicht, aber das ganze Gebiet scheint ziemlich unsicher zu sein.«

»War meine Reise hierher also umsonst?« fragte ich.

»Die instinktive Reaktion unserer Staatsbeamten wird sein, die Erlaubnis zu verweigern«, meinte Mrs. Reddy. »Sie werden Ihnen natürlich sagen, es geschähe zu Ihrer Sicherheit, in Wirklichkeit aber tun sie's, um sich selbst in ihren Schützengräben aus Paragraphen zu verschanzen. Sie buddeln sich ein und halten die Stellung. Außerdem will jeder ein geruhsames Leben; Sie wären da bloß ein Störfaktor, mehr Papierkram, ein weiterer Aktenordner. Es wäre viel leichter für diese Herren, wenn Sie einfach gingen, und dazu wird man Sie auffordern. Es sind ängstliche Männer, die sich vor ihren Chefs und vor der Verantwortung fürchten.« Sie lächelte mich im Kerzenlicht an. »Sie werden nicht viele grünäugige Abkömmlinge Alexanders in den höheren Etagen unserer Ministerien finden.«

Das Thermometer zeigte vierunddreißig Grad, und die Luft

war so vollkommen unbewegt wie Wein, der zum Altern in Fässern lagert. Als sich Sanjay eine Zigarette ansteckte und sie in den Aschenbecher legte, stieg der Rauch in einer so geraden Säule hoch, als wäre sie mit dem Lineal gezogen. Die Eukalyptusbäume, die er als Schattenspender gepflanzt hatte, standen reglos, wie versteinert, da und erfüllten den Garten mit ihrem durchdringenden medizinischen Geruch. Vergebens hielt ich nach dem Mond Ausschau. Er war verdeckt von einem dichten Hitzeschleier und dem feinen grauen Sand, der Delhi Tag und Nacht wie in ein Leichentuch einhüllte. Der Sand, der von der Tharwüste herüberwehte, verharrte in einem geheimnisvollen Schwebezustand über der Stadt.

Mrs. Reddy schenkte mir erneut Tee ein. »Sie müssen trinken, Unmengen trinken«, sagte sie. »In diesem Klima braucht man täglich mindestens einen halben Liter Wasser pro Kilo Körpergewicht. Sonst kommt es zu Dehydration. Und dann zu Nierensteinen.«

»Nicht möglich.«

»Doch. Das eine ist eine direkte Folge des anderen. Und Dehydration kann den Menschen ohne vorherige Warnung niederstrecken. Man meint, man sei kerngesund, und im nächsten Augenblick wacht man im Krankenhaus auf und hängt am Tropf.«

Sanjay sagte, der Monsun sei am neunundzwanzigsten Juni fällig. Das Wetteramt berichtete, er käme plangerecht, doch er, Sanjay, verstände nicht, wie sie das so genau wissen könnten.

»Noch siebzehn Tage«, meinte seine Frau. »Und wie die sich dahinschleppen! Wir sind wie Kinder, die auf Weihnachten warten.«

»Was machen Sie am Wochenende?« fragte Sanjay.

»Ich habe noch keine Pläne.«

»Sie sollten nach Deeg fahren«, meinte Mrs. Reddy plötzlich.

»Richtig!« rief Sanjay aus.

»Was gibt's in Deeg?«

»Es hat den schönsten Monsun-Pavillon von Indien«, sagte sie, »gleich neben einem Palast und einem kleineren Pavillon, beide ebenfalls auf ihre Weise dem Monsun geweiht. Es ist einer meiner Lieblingsorte, etwa fünf Autostunden von hier entfernt, in Rajasthan. Sanjay«, sagte sie, »laß uns alle drei morgen nach Deeg fahren!«

»Morgen haben wir die Russen eingeladen. Sie kommen zum Abendessen. Und Sonntag erwarten sie uns im Oberoi zum Lunch.«

Sie beugte sich vor und berührte meine Hand. »Dann müssen Sie allein hinfahren. Es ist sehr wichtig. Erbaut wurde der Palast von einem unbedeutenden Maharaja und Ex-Thug – einem kleineren Kriegsherrn eigentlich –, doch er hatte Poesie in den Adern. Der Monsun-Pavillon ist aus Marmor und an den Seiten offen. Im Dach ist ein riesiger Wassertank verborgen, der früher von Elefanten aufgefüllt wurde, die das Wasser in Ledereimern heranschleppten. Neben dem Pavillon befindet sich eine Marmorschaukel und ein wunderschöner Hindugarten – ein Nachtgarten voller weißer Blumen, die im Mondlicht sichtbar werden.«

»Aber das ist alles nur Illusion.«

»Darum ist es ja so schön!« sagte seine Frau. »In einem Land ohne Regen hatte er sich seinen eigenen Monsun geschaffen. An einem festgesetzten Tag ließ er Blumen in die Seile der Schaukel flechten und führte seine Familie dann in den Monsuntempel. Und plötzlich strömte Wasser aus dem Tank über die Wände, tausend Brunnen plätscherten, und Diener, die auf der Zwischendecke verborgen waren, schlugen riesige Eisenkugeln zusammen, um Donner vorzutäuschen. Die Luft wurde kühl, überall ringsum war strömendes Wasser zu sehen und zu hören, und als seine Töchter dann auf der Monsunschaukel hin- und herschwangen, war die Illusion perfekt.«

Ich blickte sie hingerissen an. »Gleich morgen fahre ich hin.«

13. Juni

Der am Vorabend bestellte Wagen traf pünktlich um sieben Uhr morgens ein. Es war ein ziemlich alter hindustanischer Ambassador, gelenkt von einem großen, korpulenten, durch nichts zu erschütternden Mann, der, als er Delhis Straßen passierte, die schon zu dieser frühen Stunde von kampflustigen Fahrern bevölkert waren, bewies, daß er sein Geschäft verstand. Ich hatte ihn engagiert, weil ich als Ausländer keinen Mietwagen selbst fahren durfte und weil die Busse nach Deeg selten und zudem unzuverlässig waren. Einen großen Teil der Strecke würden wir der Grand Trunk Road folgen, die nach Agra und dann zum Taj Mahal führte.

Hitzedunst und Wüstenstaub bildeten einen dichten grauen Nebel, der die Sonne verdunkelte und die Sichtweite auf hundert Meter reduzierte. Während der Wagen in einem Wind schaukelte, der aus Hochöfen zu kommen schien, dachte ich an die Ingenieure der britischen Armee, die achtzehnhundertdreißig von Kalkutta nach Delhi aufbrachen, um die Vermessung der Grand Trunk Road vorzunehmen. Die Mannschaft bestand aus Indern mit Musketen, um Banditen und wilde Tiere zu vertreiben, zwei schwitzenden Kulis, die das Meßrad schoben, einem Beamten, der den Zyklometer betätigte, und weiteren Kulis, die Zelte, Vorräte, Theodoliten und Kompasse schleppten. Einer der Ingenieure faßte das Unternehmen in einem kleinen Gedicht zusammen:

Mond für Mond dreht sich das Rad der Zeit,
Und immer wieder komm ich her,
Wo kaum ein Baum, ein Strauch gedeiht
In diesem Staub- und Felsenmeer.
In diesen glühend heißen Breiten,
In diesen ausgedörrten Weiten.
Oh Land von Unbill und von Leiden,
Oh Land von sonderbaren Freuden.

Stoßstange an Stoßstange bewegte sich unsere Autokolonne in zügigem Tempo voran. Im Township Hodal, einer Siedlung aus strohgedeckten Backsteinhäusern, umgeben von jungen Eukalyptusbäumen, war das Dabchick Restaurant geöffnet. Wir kamen an einer Bruchbude vorbei, die sich ›English Wine Shop‹ nannte, und an einem Schild mit der Aufschrift ›Hauptabfluß kaputt Brücke Vorsicht‹; ein anderes warnte mit den Worten ›Material auf Bankett‹ vor Straßenarbeiten. Der Fahrer sagte: »Vier Dinge braucht man auf Indiens Straßen: gute Bremsen, gute Hupe, gute Reflexe, gutes Glück.«

Eine plötzliche Eingebung bewog mich, die Halskrause, die man mir im Londoner National Hospital gegeben hatte, aus meiner Tasche zu kramen. Ich erinnerte mich Wort für Wort an John Morgan-Hughes' Warnung, daß mich eine zweite Rückenverletzung in den Rollstuhl befördern könne, und jetzt war ich auf einmal fest davon überzeugt, daß etwas passieren würde.

Der Fahrer starrte mich fassungslos im Rückspiegel an.

»Alles in Ordnung, Sir?« fragte er.

Ich erklärte ihm, daß ich ein kleines Nackenproblem habe, und er widmete seine Aufmerksamkeit beruhigt wieder der Straße. Zwei Minuten später sprang die Motorhaube des Wagens vor uns plötzlich hoch. Der sichtlose Fahrer stoppte abrupt, wir ebenso, doch die Fahrzeuge hinter uns nicht, und so wurden wir in einer Folge von drei gewaltigen Hammerschlägen auf den Wagen vor uns katapultiert. Es war ein dunkelblauer Hindustan, und wir schoben ihn über eine fußhohe Straßenbegrenzung. In der anschließenden Stille bemerkte ich, wie sich kleine Wellen einer klaren Flüssigkeit über die Straße ergossen. Der Wind malte Katzenpfötchen darauf. Dann schrie der Fahrer »Benzin!« und kletterte nach draußen. Da die Hintertüren klemmten, konnte ich seinem Beispiel nicht folgen.

Die Landschaft war eben noch menschenleer gewesen, doch jetzt tauchten auf typisch indische Art schattenhafte Gestalten aus dem Dunkel auf. Der Anblick von zwei Männern, die mit brennenden Zigaretten durch das Fenster ins Wageninnere spähten, veranlaßte mich zu einem zweiten Angriff auf die Tür. Mit einem heftigen Fußtritt gelang es mir schließlich, sie zu öffnen, und ich sprang heraus wie ein Heckschütze aus einem abstürzenden Bomber. Die Windschutzscheibe des Wagens hinter uns, ein Jeep, dessen Motorhaube tief unter unserem Heck steckte, war um seine Insassen gewickelt wie eine Zellophanverpackung. Ihre fest ans Glas gepreßten Gesichter waren lebende rote, bluttriefende Kleckse. Ein Lastwagen, mit Troddeln und Fransen geschmückt, die verlassene Führerkabine mit surrealen roten Fischen bemalt und der Aufschrift ›Operators Good Transport Union Palwal‹, hatte sich ans Heck des Jeeps geschweißt. Aus dem Heckteil des Lasters schließlich ragte eine übel zugerichtete braune Limousine, aus der Schreie zu hören waren.

Beide noch zu sehr unter Schock, um etwas Sinnvolles zu tun, sahen mein Fahrer und ich benommen zu, wie sich die Menschen ringsum über die verkeilten Wagen hermachten, sie aufbrachen und ihre Insassen befreiten. Sie legten sie behutsam auf den Mittelstreifen, wo ein bebrillter Student der Zahnmedizin sie flüchtig untersuchte und verkündete, entgegen allem Anschein sei keine der Verletzungen gefährlich. Ein junger Mann erbot sich, die Polizei zu holen. Zwei Frauen aus der braunen Limousine weinten geräuschvoll, während der Fahrer des Hindustan mit der defekten Motorhaubensicherung, das Gesicht in den Händen vergraben, am Boden kauerte.

Ich entfernte meine Halskrause, die spöttische Blicke auf sich lenkte. Der Verkehr kam wieder in Fluß, Businsassen verrenkten sich die Hälse, um etwas zu sehen, während ein Europäer in einem Mercedes mit Chauffeur kaum von seiner Zeitung aufblickte. Der Student der Zahnmedizin hielt einen Lieferwagen an, verstaute seine Patienten und sich selbst darin und brauste davon. Mein Fahrer sagte, er wolle ein Telefon suchen. Wir hatten den schlimmsten Hitzedunst Delhis hinter uns gelassen, und die Landschaft, die durch die trübe Luft schimmerte, war eben und karg. Am Straßenrand bemerkte ich eine hohe weißgetünchte Wand mit der Aufschrift ›Fizz Drinks Pty Ltd Makers of Thril‹, daneben ein filmposter-ähnliches Plakat, auf dem sich ein reiches, schickes, attraktives Paar über eine gemeinsame Flasche hinweg zulächelte. ›Hum Tum Aur Thril‹, lautete ihre Botschaft.

Ein Mann trat durch das Tor der Thril-Fabrik und nickte mir zu. Er war knorrig und gebeugt und hatte einen unvermutet jugendlichen Blick. Nachdem er mich auf einer Holzbank hatte Platz nehmen lassen, reichte er mir eine angeschlagene Tasse mit stark gezuckertem Tee.

»Wo sind wir?« fragte ich.

»Faridabad«, antwortete er.

Arbeiter auf dem Weg zur Tagschicht kamen in den Genuß einer ausführlichen Beschreibung des Unfallhergangs. Sein von Gesten und Geräuscheffekten (›Krach! Bumm! Päng!‹) begleiteter Bericht schien alle zu erheitern. Und so zog an diesem Morgen jedermann mit einem Lächeln zur Arbeit.

Ein stämmiger, verantwortungsbewußt dreinblickender Mann in gestärktem Hemd und Hose kam auf mich zu, stellte sich als Transportleiter vor und führte mich mit gewichtiger Miene durch das Fabriktor ins Büro des Aufsehers, ein Betonkabäuschen, an dessen Decke sich knarrend ein alter Ventilator drehte. Er setzte mich auf einen Stuhl und fragte mich – in geradezu unheimlich ähnlichem Wortlaut wie der Arzt bei meiner ersten Untersuchung im National Hospital –, ob ich ein taubes Gefühl in den Extremitäten verspüre. Ich sagte, nein. Ob ich Blut spucke? Nein. »Spucken Sie in Ihr Taschentuch, damit ich es sehen kann.« Ich tat es, und er nickte. »Ja, der Auswurf ist klar.« Dann hob er seinen Zeigefinger, bewegte ihn hin und her und forderte mich auf, ihm mit den Augen zu folgen.

»Wonach suchen Sie?« fragte ich.

»Gehirnschaden.«

»Hab ich wohl nicht.«

Er nickte. »Entschuldigen Sie, daß ich solche Umstände mache«, sagte er, »aber als Transportleiter muß ich mich da auskennen. Auf Indiens Straßen sind mehr als eine Million Lastwagen unterwegs, viele von Wahnsinnigen gefahren. Ich muß Experte für Erste Hilfe sein, falls einer von meinen eigenen Fahrern einen Unfall hat.«

Der Aufseher, der wie ein romantischer Leinwandheld der vierziger Jahre aussah, brachte mir eine Ausgabe der *Times of India* und ein Glas kaltes Wasser. »Gekocht, kein Problem«, sagte er. Ich blätterte die Zeitung durch und erfuhr, daß der Einkaufsleiter von Air India um versiegelte Angebote zur ›Lieferung von Edel-Toffees für die Bordverpflegung auf Jahresvertragsbasis‹ bat. Der Monsun war über Konkan, Goa und Kerala ausgebrochen, über Assam und Meghalaya wurden Gewitter gemeldet. Das bedeutete, daß der stürmische Cherrapunji-Ausbruch noch nicht stattgefunden hatte; der östliche Monsun-Arm schien Verspätung zu haben.

Ein anderer Mann bot mir gesalzene Kichererbsen in einer braunen Papiertüte an und bat um die Erlaubnis, seinen Namen und seine Adresse – Sector 10, Housing Board Colony, Faridabad – in mein Notizbuch schreiben zu dürfen. Er hoffe, wir würden Brieffreunde werden. Weitere kamen, meist mit Snacks und Getränken, und trugen ihre Namen ein. Der Transportleiter erzählte mir, er sei Mechaniker bei der Indischen Luftwaffe gewesen und könne noch heute einen Dakota-Motor mit geschlossenen Augen auseinandernehmen. In seiner Dienstzeit habe er Shillong besucht und es sehr schön gefunden. »Die Armen leben ganz unten«, sagte er. »Es gibt dort herrliche Wasserfälle.« Cherrapunji aber kenne er nicht. »Das ist Sperrgebiet, außer wenn unsere Flugzeuge dort abstürzen. Das tun sie wegen dem Wetter.«

»Wo bleibt die Polizei?« fragte der Aufseher. »Hier in Haryana ist sie immer so langsam.«

Ein kleiner Mann mit tiefen Stirnfalten trat auf mich zu, ein Glas mit einer gelblichen Flüssigkeit in der Hand. Der Transportleiter und der Aufseher begrüßten ihn mit lautem

Hallo und Hohngelächter, doch er ließ sich nicht aus der Ruhe bringen.

»Er hat Kuhurin mitgebracht«, erklärte der Transportleiter. »Die Bauern benutzen ihn als allgemeines Stärkungsmittel. Er glaubt, das Zeug wird Ihnen nach dem Unfall guttun. Er sagt, er sei ganz frisch.«

Ich lehnte ab, und der kleine Mann trank das Glas demonstrativ selber aus.

Dann tauchten draußen Polizisten auf, alle stämmig und finster, inspizierten die verbeulten Wagen, ließen ihre langen hölzernen Schlagstöcke durch die Luft schwirren und brüllten diejenigen an, die am Unfallort geblieben waren. Ich sagte, ich wolle eine Aussage machen, aber der Transportleiter schüttelte nachdrücklich den Kopf.

»Tun Sie das nur, falls Ihr Fahrer angeklagt wird«, riet er mir.

»Die nehmen Sie mit auf Wache und halten Sie Stunden fest«, erklärte der Aufseher. »Die Polizei von Haryana macht nichts schnell. Und wenn es Gerichtsverfahren gibt, müssen Sie als Zeuge sprechen. Es ist besser, sich gar nicht blicken zu lassen.«

Ein Junge wurde ausgesandt, um auszukundschaften, was draußen vor sich ging. Er berichtete, der Fahrer des Palwal-Lasters sei wegen unvorsichtigen Fahrens festgenommen worden. Mein Fahrer erschien kurz darauf, noch immer völlig verstört. Er sagte, ein anderer Wagen sei unterwegs für mich, gefahren von einem Freund.

»Was werden Sie tun?« fragte ich.

Seine Hände zitterten. »Ich warte auf meinen Boss, Mr. Singh«, sagte er, wandte sich dann unvermittelt ab und setzte sich in den Schatten der Mauer. Als ich ihm folgen wollte, hielt mich der Transportleiter zurück. »Lassen Sie ihn. Er will allein sein.«

Ich kehrte in das Büro des Aufsehers zurück und stellte, nach einer Zeitung greifend, fest, daß meine Hände grün geworden waren. Es war ein blasses Grün mit einem bläulichen

Schimmer. Erstaunt und erschrocken machte ich einen Finger naß und rieb damit über mein Hemd. Es ging keine Farbe ab. Ich hielt sie dem Aufseher hin und fragte, ob sie ihm grün erschienen.

»Grün?« Er untersuchte sie. »Nein, eigentlich nicht.«

Meine Hände fühlten sich zudem ganz steif an und mein Nacken, als steckte er in einem Schraubstock, der langsam immer enger gedreht wurde. Ich dachte an John Morgan-Hughes und fragte mich, wie so eine Lähmung begann. Konnte sie heimlich vonstatten gehen und kaum wahrnehmbar weiterschleichen, bis man eines Morgens mit versteiften Gliedern erwachte?

Der Aufseher riß mich aus meinen Grübeleien mit dem Hinweis, ein Wagen sei da, um mich nach Deeg zu bringen. Es war wieder ein Ambassador, offensichtlich ein noch älteres Modell als der erste. Farnartige Rostmuster hatten sich in die ganze zerbeulte Karosserie gefressen. Mein Fahrer stellte mir seinen Freund vor, dessen riesige rechtwinklig sitzende Ohren seinen Kopf wie Buchstützen einrahmten, und sagte, sein Name sei Dalip. »Er tut mir einen Gefallen«, fügte er hinzu. »Dies ist nicht seine übliche Arbeit.«

»Was ist dann seine übliche Arbeit?« fragte ich.

»Ich fahre Leichenwagen«, sagte Dalip.

»Leichenwagen!«

»Ja, Sahib.«

»Das muß ja interessant sein.«

»Oh ja, sehr interessant.«

Er stieg ins Auto. Ich verabschiedete mich von den freundlichen Thril-Männern, die durch das Tor gelaufen kamen und uns, als wir davonfuhren, fröhlich nachwinkten. Meine Hände schienen wieder ihre normale Farbe angenommen zu haben, und ich freute mich auf Deeg. Dalip war äußerst schweigsam. Gelegentlich aber überkamen ihn so heftige Gähnanfälle, daß der Wagen kleine Schlenker machte.

»Sind Sie müde?« fragte ich.

»Nur etwas.«

»Vielleicht sollten wir uns unterhalten. Was ist so interessant daran, Leichenwagen zu fahren?«

»Witwen«, sagte Dalip, bevor er den Mund zu einem weiteren gedehnten Gähnen aufriß.

Zwei Stunden später ließ ich ihn anhalten und einen starken Kaffee trinken. Dann verließen wir die Grand Trunk Road und fuhren durch ebenes graues Land immer weiter nach Rajasthan hinein, vorbei an ausgetrockneten Flußbetten mit Sandstrudeln und -wirbeln dort, wo einmal Wasser geflossen war. In manchen Uferböschungen steckten Stöcke mit sonnenverblichenen Stoffetzen, von Mönchen dort aufgestellte Warnschilder, daß hier das Angeln verboten war. Ein sechsrädriger Armeelastwagen rumpelte laut hupend an uns vorbei und ließ eine dichte Wolke heißen grauen Staubes zurück. Auf seiner Hecktür war eine hochgestreckte Hand mit einem roten Kreuz darüber abgebildet; das Zeichen würde bedeuten, erklärte mir Dalip, daß man den Soldaten nicht zuwinken dürfe. Wir konnten die Staubfahne über der Landschaft flattern sehen, als der Lastwagen selbst längst verschwunden war, und ich schaute ihr noch immer versonnen nach, als unser Ambassador plötzlich merkwürdig zu schlingern begann. Dalip fuhr mit geschlossenen Augen, sein Atem ging tief und gleichmäßig.

»Wachen Sie auf!« brüllte ich und schlug ihm auf die Schulter.

Er schreckte hoch und räusperte sich. »Oh Gott!« sagte er, halb stöhnend.

»Wollen Sie anhalten und eine Pause machen?«

»Nicht nötig«, sagte er, brachte den Wagen zum Stehen und schaute sich um. »Falsche Straße«, meinte er.

Wir stiegen beide aus. Dann erblickten wir zwei Gestalten in der Ferne. Der Hitzedunst ließ sie gespenstisch erscheinen, doch als sie näher kamen, verwandelten sich ihre verschwommenen Silhouetten allmählich in einen kleinen Jungen und einen nackten Mann. Er trug nichts weiter als einen Ausdruck gebieterischer Gleichgültigkeit und blieb neben uns stehen, scheinbar ohne von unserer Gegenwart Notiz zu nehmen. Er war groß und wohlgenährt, hatte sein Haar zu einem Knoten gebunden, und sein knüppelgroßes Glied hing halb bis zum Knie herab. Sein Begleiter, ein Junge von sieben in zerlumpten Shorts, sprach Dalip in hohem jammerndem Hindi an, während sein Herr weiter geistesabwesend über meine Schulter hinwegstarrte.

Dalip unterbrach das Kind, um mir zu erklären: »Der nackte Kerl ist ein Sadhu, ein heiliger Mann. Er war Hafenzollbeamter, bevor er sich von Welt abwandte, sagt der Junge.« Er stieß ein gackerndes Geräusch aus. »Und natürlich wollen sie Almosen.«

»Wenn sie uns sagen, wie wir nach Deeg kommen, will ich ihnen was geben.«

Wir waren wohl so weit vom Kurs abgekommen, daß der Junge meinte, wir wollten ganz woanders hin. Seine Erklärungen waren kompliziert, und mittendrin mußte ich feststellen, daß Dalip überhaupt nicht zuhörte. Er sah so gelangweilt aus, daß ich mich einschaltete und fragte, ob der Junge nicht Englisch sprechen könne.

Es war der Sadhu, der antwortete.

»Fahren Sie diese Straße zwei Meilen weiter bis zum Checkpoint. Fahren Sie rechts, bis Sie zu einem Dorf mit großem Teich kommen. Dann fahren Sie links. Das ist die Straße nach Deeg.«

Die Stimme war hoch und schrill, sein Englisch ungeübt, aber korrekt. Neugierig fragte ich, woher er sei. Er wandte den Blick ostentativ von mir ab, während der Junge lange mit Dalip redete.

»Es ist verboten, einem heiligen Mann Fragen zu stellen«, erklärte Dalip. »Überhaupt wird er nicht von Vergangenheit sprechen; für ihn gibt es solche Dinge nicht mehr. Doch der Junge sagt, sein Meister hat früher mal bei der Westbengalischen Wasserbehörde Kricket gespielt. Er machte ein century, also hundert Punkte, gegen das Team vom Slumsanierungsamt in Dhaka, aber warum er uns das sagt, weiß ich nicht. Irgendwie muß es dem Sadhu noch wichtig sein. Und jetzt sollten wir ihnen wohl Geld geben und gehen. Sie müssen es dem Jungen geben, nicht ihm.«

Die Begegnung hatte Dalip irgendwie nervös gemacht. Sie hatte ihn aber auch geweckt, und er begab sich mit ungewohnter Eile zum Wagen zurück. Als ich dem Jungen ein paar Münzen gab, ließ sich der heilige Mann noch einmal vernehmen:

»Einhundertundzwei nicht out«, sagte er. »Drei Sechsen, fünf Vieren.« Damit wandte er sich abrupt ab und setzte seinen Weg fort.

Schweine liefen durch die engen heißen Straßen von Deeg. Wie reichverzierte Eistorten erhoben sich die Paläste des Maharajas von Bharatpur, Brijenra Singh, über der kleinen baufälligen Stadt. Dalip trennte sich am Tor von mir. Er sagte, er sei schon hier gewesen. Ich besichtigte den Sommerpalast, der neunzehnhundertzweiundfünfzig von der Maharaja-Familie aufgegeben worden und jetzt der demokratischen Öffentlichkeit zugänglich war. Besucher waren in Scharen gekommen, um der Hitze zu entfliehen; ich sah sie überall in den schattigen Fluren und Vorräumen dösen. Mein Gesicht war weit und breit das einzige fremdländische, und wo immer ich stehenblieb, blickte eine gähnende Gestalt hoch, bemerkte mein Interesse und erläuterte mir, was ich gerade betrachtete.

Die schönsten von all den großen prächtigen Räumen waren das Zimmer des Sekretärs und das Schachzimmer mit seinem Fußboden aus weißen und schwarzen Marmorfeldern und seinen prallen Seidenkissen unter einem seidenen Fächer. (Das klassische Monsunspiel war das Würfelspiel gewesen, dem in den letzten Regenmonaten leidenschaftlich gefrönt wurde; in diesen Kreisen waren Paläste, Landgüter, ja manchmal ganze Königreiche mit einem einzigen wahnwitzigen Wurf verspielt worden.) Draußen stand ein seltsamer kleiner Mogulpavillon, dessen Form an ein Hausboot erinnern sollte. Hier saßen der Maharaja und seine Familie, um den wirklichen Regen – vorausgesetzt, er kam – zu betrachten, die riesigen Türen weit geöffnet, damit ihre Füße naß werden konnten.

Im Totenzimmer erhob sich gähnend ein Mann von dem staubigen Granittisch, auf dem man einst die Leichen zu waschen pflegte. Er blickte mich an. »Haben Sie irgendwelche englischen Zeitungen?«

»Nein.«

Er rekelte sich.

»Kennen Sie jemand bei BBC?«

Ich sagte, ich würde dort ein paar Leute kennen.

Plötzlich hellwach, starrte er mich an. »Ich schwöre auf BBC World Service. Er sagt immer die Wahrheit. Ich höre ihn jeden Tag.«

»Ich habe auch schon mal dort gesprochen.«

»Angenehm!« Er ergriff meine Hand und schüttelte sie. »Wollen wir Tee trinken?«

»Zuerst möchte ich den Monsun-Pavillon sehen.«

»Natürlich. Ich führe Sie hin.«

Er erzählte mir, er würde hier schlafen, weil es so angenehm kühl sei, und manchmal hätte er merkwürdige Träume, aber eigentlich wollte er nur vom World Service sprechen und von den Leuten, die dort arbeiteten. Für ihn erinnerte ich mich an ihre Hingabe, ihr professorales Gehabe (obwohl die abgetragenen Tweedjacketts und ausgelatschten Schuhe teilweise auf ihre mageren Gehälter zurückzuführen sind; England kann sehr engherzig sein, wenn es darum geht, diejenigen zu entlohnen, die seine immer rarer werdenden Qualitätszentren aufrechterhalten) und an ihre erstaunliche Kantine, eine der besten in ganz London. Das sollte die ausländischen Rundfunkleute bei Laune halten. Im Gegensatz zu den Engländern beschwerten sich alle Ausländer, doch ausländische Intellektuelle, denen mittelmäßiges Essen vorgesetzt wird, tun es mit einer Heftigkeit, die schier unerträglich ist.

Mein neuer Freund hieß Ramesh. Er hatte lange Arme und rastlose tiefliegende Augen, denen nichts zu entgehen schien. Als wir vor dem Monsun-Pavillon, oder *kesav bhawan*, angelangt waren, fingen sie die Sonne ein und glitzerten wie Quarz.

Der ganze hübsche Bau schien aus schwerelosem Stein zu bestehen und seine Position nach den Geboten des herrschenden Windes zu verändern. Fünf Mogulbögen auf einer erhöhten Marmorplattform trugen das flache Dach, dessen Wassertanks hinter verzierten Friesen verborgen waren. Die offene Halle darunter war von Gruppen sich rekelnder Menschen bevölkert. Vier breite Steinrinnen liefen auf die zentralen Bögen zu, jede mit lotusförmigen eisernen Springbrunnen versehen.

Ramesh sagte, es seien dreitausend Springbrunnen, von Meisterinstallateuren angebracht, die der Maharaja so hochschätzte, daß er sogar in philosophischen und militärischen Fragen ihren Rat einholte.

»Die halb-oktagonalen Ecksteine, auf denen die edlen Bögen stehen, säumt ein einundneunzig Zentimeter breiter Kanal, der die Innen- und Außenquadrate einer eleganten Bogenreihe trennt und mit einem Rand winziger Düsen versehen ist. In der Mitte befindet sich eine weitere Reihe von Springbrunnen. Die Rohre über den Bögen sorgten für das Regenspektakel, wenn das Wasser aus dem Tank abgelassen wurde. Und der Wasserdruck ließ Lithokugeln sich drehen, wodurch Donnergeräusche entstanden.«

»Was sind Lithokugeln?« fragte ich.

»Steinkugeln, Sir.«

Wir schlenderten umher, bewunderten die luftigen Arkaden und besichtigten den angrenzenden, jetzt leeren Betontank, der riesig und an den Seiten mit dreitausend Löchern versehen war, um dreitausend Springbrunnen zu speisen.

»In jedes Loch wurde von Tauchern ein Farbstoff hineingegeben«, sagte Ramesh, »rot, grün, gelb und so weiter, alle Farben des Spektrums.«

Hier in der Gluthitze, im gleißenden Licht von Rajasthan versuchte ich mir dieses unglaubliche Schauspiel vorzustellen – Wasser, das aus den Springbrunnen sprudelt und von den Mogulbögen herabströmt, die Strahlen in dem Arkadenkanal, die ihren kühlenden vielfarbigen Nebel verbreiten, kleine Regenbögen, die sich bilden, Donner, der steinern über allem dröhnt. Menschen, die in einem endlosen Sommer gefangen sind, muß das wie ein Blick ins Paradies vorgekommen sein.

Wir gingen zu einem Verkaufswagen und tranken dünnen Tee. Ramesh erzählte, er arbeite hier halbtags als Führer, und begann, von den Schwierigkeiten eines solchen Lebens zu sprechen, aber ich hörte gar nicht zu. All mein Denken war wieder ausschließlich auf den Monsun gerichtet, ich fragte mich, wo er sein mochte, wann er kommen würde, und sehnte ihn herbei; zum erstenmal, so wurde mir klar, dachte ich wie ein Inder. Dann hörte ich Ramesh sagen: »Fleet Street, vielleicht sogar bei Ihrer Zeitung.«

Ich starrte ihn an. »Was?«

»Ich würde auch eine britische Arbeitserlaubnis brauchen. Aber mit Ihren BBC-Kontakten ist das kein Problem. Ach ja! Und eine Frau zum Heiraten. Am liebsten wäre mir natürlich eine Asiatin, aber sie müßte britische Staatsbürgerin sein, damit ich in England bleiben und meinen Beruf dort ausüben kann.«

Ich trank meinen Tee aus. »Ich bin sehr müde und werde ein Nickerchen machen.«

»Sie können mein Bett im Totenzimmer haben«, meinte er.

»Ich gehe in den Pavillon«, sagte ich. »Bis später.«

Die am Boden dösenden Leute machten mir Platz. Nach den Ereignissen des Morgens war ich erschöpft, und ich fragte mich, ob mir ein Schläfchen an einem Ort wie diesem gewisse ungeahnte Erkenntnisse über die Natur des Monsuns offenbaren würde. Mit meiner Tasche als Kopfkissen legte ich mich auf den Boden und war in Sekunden eingeschlafen.

Eine vertraute Stimme drang an mein Ohr:

Sie ließ Geweb und Webstuhl stehn,
Ans Fenster eilig hinzugehn,
Sie sah die Wasserlilie wehn,
Sie sah den Helm, die Feder schön,
Sie sah hinab gen Camelot.

Ich schlug die Augen auf. Ramesh hockte grinsend neben mir, ein grünes Plastikkofferradio auf den Knien.

Hinaus fiel ihr Gewebe jach,
Der Spiegel barst mit lautem Krach;
»Nun traf der Fluch mich!« bebt' und sprach
Die Dame von Shalott.

Er schaltete es aus. »World Service!« sagte er. »Ich glaube, es ist der berühmte Schauspieler Sir John Gielgud.«

Ich hatte von meiner Frau geträumt, die mit meiner Tochter im Richmond Park spazierenging. Die Sonne brach durch das Laub der Bäume und fiel auf ihre Gesichter. Bei diesem Bild und der Stimme Gielguds, die Tennyson rezitierte, überflutete mich eine Welle von Heimweh, wie ein Fieber. Ich sah mich um und erinnerte mich, wo ich war. Dieser Ort hatte nichts mit mir zu tun. Es war ein groteskes Prachtgebilde, von irgendeinem Showman errichtet, der heute einen Vergnügungspark leiten würde; ich sehnte mich nach den Geräuschen, Gerüchen und Eindrücken echten Regens. Es war Zeit zu gehen.

»Und was ist mit meinem Job?« fragte Ramesh.

»Schreiben Sie für die lokale Presse und schicken Sie mir ein paar Proben«, sagte ich. »Sowas geht nur schrittweise.«

»Wie soll ich denn da reinkommen? Ich habe nicht mal einen Abschluß.«

»Sie versuchen's einfach. Sie klopfen an jede Tür. Sie schreiben Artikel und legen sie denen so lange vor, bis einer veröffentlicht wird. In England müssen Sie das auch, Ramesh. Einen einfachen Weg gibt es nicht.«

Ich gab ihm etwas Geld, das er wortlos einsteckte, Zorn und Enttäuschung in den Augen; sie waren zu Nadelstichen aus Licht geworden. Sein Kofferradio unter den Arm geklemmt, wandte er sich um und stapfte davon zu seinem Granitbett im Totenzimmer des Maharajas.

Dalip stand unter einem Baum und plauderte mit einer älteren Frau in einem blaßrosafarbenen Sari. Er erzählte mir, sie sei Witwe und hätte ihn angesprochen. »Witwen mögen mich«, erklärte er. »Ich weiß, wie man sie tröstet.«

»Und wie tun Sie das?«

Er ließ den Wagen an. »Man muß Psychologie von Kummer verstehen. Zehn Prozent ist Talent, der Rest gesunder Menschenverstand. Fahren wir jetzt zurück?«

»Okay.«

Eine halbe Stunde später, mitten in der weiten staubigen Landschaft, nickte er ein. Der Wagen fuhr knapp zwischen zwei Zedrachs hindurch und blieb neben einem schwarzen Kuhgerippe stehen. Mit einem knochigen Klappern flogen Geier auf, Fleischfetzen im Schnabel. Später sahen wir ein paar Frauen Eimer und Krüge aus einer Pumpe am Straßenrand füllen; ihre kräftigfarbenen Saris brachen das staubige Licht mit neonähnlicher Leuchtkraft. Bald darauf stellten wir fest, daß wir uns wieder verfahren hatten. Die Landschaft war leer und karg. Plötzlich schoß mir ein Gedanke durch den Kopf.

»Haben wir Wasser, Dalip?« fragte ich.

»Wasser?« Er schien überrascht. »Nein.«

»Wir sind doch nicht unterwegs in die Wüste?«

Er runzelte die Stirn und hielt das Lenkrad nervös umklammert. »Ich weiß nicht, wohin wir fahren. Dies ist nicht mein Bezirk.«

Pollenproben haben ergeben, daß diese Gegend vor sechstausend Jahren, als der Monsun noch reichlich fiel, mit üppigen Wäldern und ausgedehnten Süßwasserseen bedeckt war. Sie wurde von einer Zivilisation bewohnt, die von primitivem Getreideanbau lebte, doch jetzt war weit und breit kein einziger Grashalm zu sehen. Erosion hatte einen Großteil des Bodens in den Himmel befördert; Quarzpartikel in den Wolken trockneten den feuchten Monsunwind aus, verhinderten sogar die Bildung von Abendtau.

Die wenigen verkümmerten, blattlosen Bäume riefen in mir die Schreckensvision sich ausbreitender Wüsten wach – obwohl die Rajasthans, die sich mit einer Geschwindigkeit von fünf Zentimetern pro Stunde ausdehnt, eine Schildkröte ist im Vergleich zum Hasen Sahel. Die Sahelwüste bringt es auf mehr als elf Meter am Tag oder zweieinhalb Meilen im Jahr.

Wir kamen zu einem winzigen Hüttendorf, an einem Teich gelegen, dessen schlammiger Grund glitzerte. Ein Junge erschien mit ein paar Fächern aus Pfauenfedern. Ich kaufte einen, während ein staubbedeckter, traurig dreinblickender Mann mit einem blauen Handtuch auf dem Kopf versuchte, mir sein Vieh zu verkaufen.

»Drei Kühe«, sagte Dalip lebhaft. »Er kann sie nicht ernähren.«

»Wie kann ich Kühe ernähren?«

»Acha«, sagte Dalip, was in Ordnung bedeutet, und sprach dann auf Hindi mit dem Mann.

Der hob die Schultern.

»Bitte sagen Sie ihm, ich würde gern helfen, aber es ist unmöglich.«

»Er versteht«, sagte Dalip.

Sie sprachen noch eine Weile, dann hockte sich der Mann hin und begann, mit dem Finger sorgfältige Linien in den Staub zu zeichnen. Es war eine Landkarte.

»Das ist zu ungenau«, beschwerte sich Dalip und stellte dem Mann in herrischem Ton, der mir fast peinlich war, weitere Fragen.

Mit unglaublicher Ruhe und Geduld redete der Mann weiter, dehnte langsam seine Karte aus, fügte hier ein gewundenes Flußbett hinzu, dort ein Haus (eine Polizeistation), erklärte alles auf schulmeisterhafte, fast pedantische Weise.

Ich bat Dalip, für mich zu dolmetschen. Er tat es unwillig, aber am Ende waren wir beide sicher, den Weg zur Hauptstraße zurückzufinden.

Wenig später ging uns das Benzin aus.

Ein heftiger Wortwechsel folgte. Ich versuchte Dalip klarzumachen, daß er für das Benzin verantwortlich sei und jetzt gefälligst welches auftreiben müsse. »Wo denn?« fragte er. »Soll ich vielleicht nach Öl bohren?« Die Landschaft hatte sich verändert, und unser nutzloses Gefährt stand am Hang eines seichten Tals. Laut Staublandkarte müßte am Ende des Tals ein kleines Dorf liegen.

Ich drängte Dalip, es ausfindig zu machen. Ich würde solange auf den Wagen aufpassen.

»Nein«, sagte er.

»Warum nicht?« Ich wurde langsam wütend.

Er starrte finster auf seine Hände. »Weil das ein Tigerschutzgebiet ist.«

»Ein was?«

»Tigerschutzgebiet. Hat mir der Mann gesagt. Ich bleibe beim Wagen. Sie holen Benzin.«

»Wir holen es beide.«

»Dann werden wir beide gefressen. Das ist sinnlos.«

»Niemand wird gefressen. Öffentliche Straßen werden nicht durch Tigerreservate gelegt.«

»Tiger wissen nicht, daß es eine öffentliche Straße ist. Vielleicht sind wir vom öffentlichem Straßensystem abgekommen. Und ich bin für Auto verantwortlich. Also muß ich bleiben.«

Wir blickten uns beide störrisch an. Plötzlich hörte ich hinter einer Biegung ein Trippeln, das näher kam. »Ist das Regen?« fragte ich verblüfft.

Dalip lachte. »Schafe!« rief er.

Die Herde bestand aus etwa fünfhundert frischgeschorenen Schafen, und während sie wie eine weiße Wolke an uns vorbeizog, sagten uns die drei jungen Schäfer, wir könnten zwei Meilen entfernt Benzin kaufen. Und Tiger gebe es auch nicht, versicherten sie uns, sonst würden sie ihre Tiere nicht hier entlangführen. Sie seien zur Schur in Alwar gewesen und hätten nun einen Heimweg von achthundert Kilometern vor sich bis zur Sandsteinstadt Jaisalmer. Doch kaum waren sie fort, quengelte Dalip weiter.

»Tiger verlassen Schutzgebiete in Trockenzeiten, das ist bekannt.«

»Ich denke nicht daran, die ganze verdammte Nacht hier hocken zu bleiben.«

»Dann müssen Sie Benzin holen«, sagte er mit eiskalter Logik.

Also zog ich los. Rötlich glühend in der staubigen Luft neigte sich die Sonne gen Westen, brannte aber noch immer unerbittlich. Ich entsann mich eines kürzlich veröffentlichten Berichts der Royal Meteorological Society, der besagte, daß Rajasthan seit Beginn der Klimaregistrierung vor hundert Jahren dreißig Dürrejahre erlitten habe. Nur Punjab mit dreiunddreißig und Sauraschtra und Kutch mit vierunddreißig seien noch schlimmer dran gewesen, und die statistische Wahrscheinlichkeit, daß weitere folgen würden, sei in diesen drei Gebieten am größten.

Ich dachte an die Soldaten des britischen Lancer-Regiments auf ihrem Weg nach Aliwal im Punjab, achtzehnhundertsechsundvierzig. An einem einzigen Tag fielen dreiundvierzig Männer mit einem Sonnenstich von ihren Pferden, am Abend waren vierzehn von ihnen tot. Die Offiziere des Vorpostens, eine Meile vom Lager entfernt, lagen in dieser Nacht völlig apathisch unter den Bäumen, nasse Handtücher um ihre Köpfe gewickelt. Major H. M. L. Lawrence, ein politischer Agent, meinte, ›fünfundzwanzig Meter feinen Musselins um einen europäischen Hut oder eine Kappe gewickelt, bietet besten Schutz gegen die Sonne‹; eine Vernachlässigung dieser Vorsichtsmaßnahme führe zum ›völligen Verkochen‹ der Gehirnsubstanz. Der französische Botaniker Victor Jacquemont empfand die Sommerhitze als ›in jeder Hinsicht unvorstellbar. Während ich dies niederschreibe, bin ich aller

Kleidungsstücke entledigt, außer einem dicken Turban aus weißem Musselin und meinen Kniehosen.‹

Ich hatte weder Turban noch Hut, und nach einer Weile bekam ich leichte Schwindel- und Übelkeitsanfälle, die mein Gleichgewicht beeinträchtigten. Ich trat in den Schatten einer riesigen obeliskähnlichen Wegmarkierung, die von Hitzerissen durchzogen war, und nahm mein Notizheft aus der Tasche, um es als Kopfschutz zu benutzen. Doch es öffnete sich auf einer Seite, auf der jemand gekritzelt hatte: ›Warum nehmen Sie mich nicht zur Kenntnis?‹

Die Handschrift war groß, ausladend und hastig. Ich benutzte dieses spezielle Notizbuch erst seit Bombay und trug es fast immer bei mir. Da saß ich nun am Rande der Rajasthanwüste, die Augen von Schweiß brennend, und fragte mich, wer in aller Welt diese traurige kleine Frage gestellt haben könnte. Ich setzte meinen Weg fort und grübelte weiter über die Identität dieser Person – es sah nach einer Frauenhandschrift aus –; wie aber sollte ich sie erraten, wenn ich sie gar nicht zur Kenntnis genommen hatte?

Ich kam an einem verblichenen Plakat vorbei, auf dem stand: ›Die Indische Marine garantiert ein erfülltes Leben.‹ Nach der nächsten Biegung erblickte ich drei Häuser und einen großen Teich, in dem mehrere Büffel lagen; ihre Köpfe und Hörner schauten aus dem Wasser wie Wikingerhelme. Eine barbusige junge Frau, die den Saum ihres Saris nachlässig über die Schulter geworfen hatte, hockte am Teich und wusch einen Kupferkessel. Als sie mich bemerkte, verhüllte sie sich rasch und rannte mit abgewandtem Gesicht in eines der Häuser. Kinder tauchten auf, dann ein Mann mit geröteten, tränenden Augen.

»Gibt es hier irgendwo Benzin?« fragte ich.

Er betrachtete mich eine Weile, nickte dann stumm und verschwand im Haus. Ein heißer Wind erhob sich und füllte die Luft mit blassen Sandwolken, die die Sonne verdunkelten. Zwei Frauen in leuchtend orangefarbenen Saris tauchten auf, lodernden Flammen gleich, die im Näherkommen langsam menschliche Gestalt annahmen. Der Mann kam mit einem glänzenden Zwanzig-Liter-Kanister zurück. Er sagte, er enthalte nur fünfzehn Liter, aber er wolle den Kanister wiederhaben. Er spannte einen der Büffel vor einen Karren, und wir setzten uns schwankend und knarrend in Bewegung, als säßen wir in einem kleinen sturmgeschüttelten Baum. Er deutete mit dem Kinn auf den Büffel, dessen magere Flanken vom Schlamm glänzten, und fragte: »Wieviel geben Sie mir für diese Kuh?«

»Tut mir leid, aber ich kann keine Tiere kaufen.«

Wir ruckelten schweigend weiter durch den wehenden Staub. Drei Frauen in grellrotem, blattgrünem und malvenfarbenem Sari kamen uns entgegen, die Gesichter verhüllt, stoffumwickelte Bündel auf den Köpfen balancierend. Je farbloser die Landschaften Rajasthans waren, dachte ich, desto farbenprächtiger kleideten sich die Frauen, die sie bewohnten.

Dalip saß schlafend über das Lenkrad seines Wagens gebeugt. Ich schlich mich auf Zehenspitzen heran und stieß dicht an seinem Ohr einen wilden Tigerschrei aus.

Mit einem ›Nnngghhrryyaaa!‹ warf er sich in seinen Sitz zurück.

»Füllen Sie das Benzin in den Tank«, sagte ich. »Unterdessen bezahle ich diesen Mann.«

Die Dämmerung brach herein. Der Mann sprach von einem Hotel, fünf Meilen von hier entfernt, das wir im Dunkeln erreichten. Es war ein ehemaliges Jagdhaus des Maharajas, jetzt von einem Stamm schweigender, finster dreinblickender Diener bewohnt. Sie schienen überrascht, als ich fragte, ob Zimmer frei seien. Alle Zimmer seien frei. Ich wählte zwei billige aus und sagte Dalip, wir würden uns beim Abendessen sehen.

»Ich esse allein«, erklärte er würdevoll.

Es gab keinen Strom, und so benutzte ich meine Kerze, um die gerahmten englischen Stiche von Vögeln neben meinem Bett zu betrachten – stockfleckige gelbe Zaunkönige und verblichene Bartmeisen. Das höhlenartige weißgekachelte Badezimmer enthielt eine Porzellankloschüsssel, wie man sie in öffentlichen viktorianischen Toiletten vorfand, hergestellt von John Bolding & Sons Ltd., Grosvenor Works, London.

Eine Kerze erleuchtete meinen Weg zum Abendessen durch Räume, geschmückt mit Porträts von selbstzufriedenen pausbäckigen Männern, die schwere Bärte und die Köpfe selbsterlegter Tiere, meist Tiger, zur Schau trugen. Im Speisezimmer standen zwanzig Tische mit gestärkten weißen Decken und Silberbesteck. Ein Dutzend Kellner standen bereit, aber ich war heute abend der einzige Gast. Ein alter Mann mit linealgeradem Rücken brachte mir braune Windsorsuppe und sah zu, wie ich sie löffelte. Sie war kalt und versalzen, und mein Löffel klapperte laut gegen den Teller.

»Wo ist der Maharaja?« fragte ich.

Er zuckte die Schultern. »Delhi.«

»Und was macht er in Delhi?«

»Ich weiß nicht. Wir haben keinen Kontakt mehr. Irgendwas mit Import-Export.«

Das Hauptgericht bestand aus einem kleinen zähen Lammkotelett und ein paar Salzkartoffeln. Während ich darin herumstocherte, fragte ich, wann wohl der Monsun käme.

»Wir haben Hoffnung auf Monsun aufgegeben«, sagte er. »Dies Jahr kommt er wahrscheinlich nicht.«

»Was werden Sie tun?«

»Abwarten.« Er schenkte mir erneut Wasser ein. »Letzte Woche ist Kind getötet.«

Ich starrte ihn an. »Wie bitte?«

»Ist bis jetzt nur Gerücht – Bauern haben einem kleinen Jungen die Kehle durchgeschnitten, um Götter zu besänftigen und Regen zu bekommen. Vielleicht stimmt es, vielleicht nicht. Aber beim letztenmal, vor fünfzehn oder zwanzig Jahren, hatten wir prächtigen Monsun. Das Kind ist nicht umsonst gestorben. Möchten Sie Nachtisch?«

»Nein.«

»Es gibt auch Dickmilch. Sogar Pudding.«

Ich nahm meine Kerze und machte mich auf den langen Rückweg durch die Schatten zu meinem Bett.

Aber ich konnte nicht einschlafen, und es war nicht allein die Hitze, die mich schwitzen ließ. Mitte der sechziger Jahre hatte es eine ähnliche Geschichte gegeben – vielleicht dasselbe Menschenopfer, das dem prächtigen Monsun des Kellners vorausgegangen war –, die zwar von der indischen Regierung hartnäckig geleugnet, von einem mir bekannten indischen Journalisten in London aber sehr ernst genommen worden war. Wenn ich an die verdorrte Landschaft dachte, an die unterernährten, verzweifelten Menschen, die ich heute gesehen hatte, war ich fast geneigt, sie für wahr zu halten.

Meine Gedanken schweiften zurück zu dem Unfall von heute morgen, und mir wurde klar, daß ich ungeheures Glück gehabt hatte. Jetzt aber schmerzte mein Genick, und meine Hände fühlten sich an, als steckten sie in Schienen. Ihre grüne Färbung war wohl auf Hysterie zurückzuführen. Im Monsun-Pavillon in Deeg war es fünfzig Grad heiß gewesen, und jetzt schien es auch nicht viel kühler zu sein. Mein Kopfkissen und meine Laken waren naß vor Schweiß; ich gab soviel Flüssigkeit ab, daß der Feuchtigkeitsgrad um mein Bett herum gewiß anstieg und ein winziges tropisches Mikroklima entstehen ließ mit kleinen Wolken, die sich unter der Zimmerdecke bildeten. Wer weiß, vielleicht würde es sogar regnen, warm und salzig. Ich dachte an sehr, sehr kaltes Bier. Ich dachte an Eis. Ich dachte an die Frau, die ich nicht zur Kenntnis genommen hatte.

Ein Engländer namens J. M. Merk beschrieb den Sommer achtzehnhundertachtzig im Punjab mit folgenden Worten:

> Bei Sonnenaufgang, oder kurz nach fünf Uhr, müssen die Häuser geschlossen werden, nur eine kleine Tür bleibt als Verbindung zur Außenwelt geöffnet. Solange die heißen Winde stark und stetig wehen, kann man die Zimmer einigermaßen kühl halten, indem man Schutzwände aus ›Lumpen‹ oder Gräsern vor der Tür errichtet und ständig mit

Wasser besprenkelt, oder Stoffventilatoren von Dienern drehen und befeuchten läßt. Und nachts helfen die *pankhas*, der Fächer aus Palmwedeln. Mensch und Tier lechzen und ringen nach Luft, denn selbst im Haus steht das Thermometer Tag und Nacht zwischen fünfunddreißig und fünfundvierzig Grad. Nach und nach verliert der Europäer den Appetit und leidet an Schlaflosigkeit. Kraft und Energie lassen ihn im Stich. Auch die Pflanzenwelt leidet; fast alles Grün welkt dahin, das Gras scheint verbrannt bis in die Wurzeln, Büsche und Bäume sind sterbenskrank, die Erde ist so trocken wie eine gepflasterte Straße, der Boden ist voller Risse, und die ganze Landschaft bietet einen Anblick von Öde und Traurigkeit. Die Hitze ist in der Tat entsetzlich.

Aus weiter Ferne vernahm ich ein Geräusch wie tiefes, grollendes Donnern. Doch schon nach wenigen Atemzügen stellte ich beglückt fest, daß es das ferne Brüllen eines Tigers war. Befriedigt schlief ich endlich ein.

14. Juni

Ich wurde im Morgengrauen von Pfauenkreischen geweckt. Das Licht war ein sanftes staubiges Grau. Ich bat um Kaffee und bekam eine Tasse mit heißem Wasser und ein kleines Gefäß mit einem Pulver, das die Konsistenz von getrockneter Tonerde besaß. Ich bearbeitete es mit meinem Löffel, hackte und hämmerte, bis ich schließlich genug geschürft hatte, um mir ein schwarzes und bitteres Gebräu zu bereiten, das nur mit viel Zucker trinkbar war.

Dalips Laune verbesserte sich umgekehrt proportional der Entfernung nach Delhi. Als wir die Peripherie erreichten, war er in Hochstimmung. An jeder Straßenecke standen Polizisten, aber er fuhr unbeeindruckt vorbei, überglücklich, wieder zu Hause zu sein. Auch er hatte die Geschichte von dem getöteten Kind gehört. Er sagte, die Regierung versuche, es zu vertuschen, was bedeute, daß es wahrscheinlich stimme. Gefangen in ihrer Unwissenheit und ihrem sonderbaren ländlichen Aberglauben, seien diese Bauern zu allem fähig. Wenn man mit den Göttern in Verbindung treten wolle, gebe es andere Mittel. Er wisse zum Beispiel von Musikern, die Wasserreservoire füllen könnten, indem sie speziell dafür komponierte Regenragas davor spielten.

Als wir an meinem Hotel vorfuhren, stellte er den Motor ab und drehte sich mit einem breiten Lächeln zu mir um.

»Also, Dalip, vielen Dank«, sagte ich, die Hand schon am Türgriff, um auszusteigen.

Das Lächeln wurde noch breiter. »Uhr, Brieftasche, Brille, Hoden – nichts vergessen?« fragte er vergnügt.

Ich sah ihn resigniert an. Dalip war am Steuer eingeschlafen, hatte sich verfahren, hatte eine Benzinpanne gehabt. Er hatte mich eine Hotelübernachtung für zwei Personen gekostet. Doch die hundert Rupien, die ich ihm reichte, wurden nur mit einem Seufzer und einem gemurmelten Abschiedsgruß entgegengenommen. Und kaum war ich ausgestiegen, waren er und sein Ambassador schon auf und davon.

Der Mann an der Rezeption sagte mir, ich hätte besser in Rajasthan bleiben sollen. Gestern nacht hätten Terroristen im südlichen Delhi fünfzehn Menschen mit Maschinengewehren getötet. Viele weitere seien lebensgefährlich verletzt, darunter kleine Kinder. Die Täter seien mit Sicherheit Sikh-Extremisten, Mitglieder der Tiger Force von Khalistan. Eine Dreiviertelstunde seien sie in einem gestohlenen Datsun durch die Straßen gejagt und hätten blind in die Menge geschossen. Er riet mir, das Hotel nicht zu verlassen. »Überall ist Polizei«, sagte er. »Sie hält jeden an, durchsucht jeden.«

Es war Sonntag nachmittag, und ich ging zum Hotel-Swimmingpool. Dort saß ich in Hörweite von zwei Indern in italienischen Designer-Badehosen, die sich schläfrig über die Vorzüge handgefertigter englischer Schuhe unterhielten; beide hatten, so stellte sich heraus, ihre Leisten bei namhaften

Schuhmachern in Mayfair. Ihre rubingeschmückten Ehefrauen und Töchter saßen an der Bar, tranken Pimms on the Rocks und naschten gezuckerte Mandeln. Danach mußten sie ruhen. Nur ihre Lider bewegten sich, wie die von Eidechsen.

Die Hitze war unerträglich. Obwohl die Sonne hinter dem Sandnebel verborgen blieb, konnte man nicht barfuß bis zum Rand des Schwimmbeckens laufen. Ein glühender Wind kam aus der Wüste, der leicht nach Abwässern roch, und plötzlich fürchtete ich, ohnmächtig zu werden.

In meinem Zimmer lag ich dann halb bewußtlos auf dem Bett, schwitzte wie ein Schwein und hatte Halluzinationen vom Monsun; ich hörte und sah ihn sich Delhi nähern, roch sogar feuchte Erde, Gräser und Blumen und fragte mich, ob sich diese Düfte nicht chemisch isolieren und in Fünfundzwanzig-Milliliter-Kristallflakons an Parfumtheken verkaufen ließen. Monsun! Der Duft, den Indien liebt! *Das* Weihnachtsgeschenk für die Angebetete!

Plötzlich war ich hellwach und fühlte mich prächtig. Vielleicht hatte das Schwitzen, wie im Saunabad, alles Gift aus meinem Blut geschwemmt. Ich duschte, ging dann in die Bar und füllte, indem ich drei eisgekühlte Bier hinunterkippte, wieder einige Quentchen auf. Anschließend begann ich mich seelisch auf die erste Handlung am nächsten Morgen, mein Treffen mit Mr. P. D. Gupta im Außenministerium, vorzubereiten.

15. Juni

Einer Eingebung folgend, rief ich vorher an. Ich erfuhr, daß Mr. Gupta sich soeben zur Konferenz der Asiatischen Außenminister begeben habe, die gerade in Delhi abgehalten würde. Doch die Person, mit der ich sprach, war über meinen Fall informiert und sagte mir, daß er an das Delhier Ausländeramt weitergeleitet worden sei. Er gab mir die Adresse und sagte, ich müsse dort hingehen und die entsprechenden Formulare ausfüllen.

In der Stadt herrschte eine seltsam gereizte Stimmung. Viele Geschäfte hatten aus Protest gegen die Morde vom Samstagabend geschlossen. Die Mörder liefen noch immer frei herum, und die Menschen forderten den Rücktritt von Rajiv Gandhi. Ich brauchte zwei Stunden, um das Ausländeramt zu finden, einen unauffälligen Betonklotz, anonym zwischen anderen ähnlich häßlichen Klötzen versteckt. Ich mußte meinen Namen und viele persönliche Daten in ein großes Hauptbuch eintragen, bevor es mir gestattet war, über eine staubige Treppe ins zuständige Stockwerk zu steigen. Ich betrat einen Raum voller grimmig dreinblickender ausländischer Antragsteller, die in einer Schlange darauf warteten, von zwei Beamten befragt zu werden. Ich füllte ein umfangreiches Formular aus und reihte mich ein hinter zwei kichernden tibetanischen Mönchen, die nach Kaschmir ausreisen wollten.

Es dauerte drei Stunden, bis ich vor einem der beiden Beamten, einem müde wirkenden Mann in einem blauen zerknitterten Hemd, angelangt war. Er überflog meinen Antrag und gab ihn mir kopfschüttelnd zurück.

»Nein«, sagte er.

»Was soll das heißen?«

»Das heißt nein. Ist Ihnen das Wort nicht bekannt?«

»Aber Sie haben doch meine Akte vom Außenministerium. Wenn Sie hineinschauen, werden Sie sehen …«

Er warf mir ein kurzes Lächeln zu. »Wir haben keine Akte«, sagte er. »Und was Sie wollen, ist unmöglich. Zur Zeit sind Meghalaya, Assam und Nagaland für Ausländer gesperrt. Wir lassen niemanden herein.«

»Aber die Leute im Ministerium haben doch beantragt …«

»Ministerium! Ministerium!« rief er. »Gehn Sie nach Hause, sage ich Ihnen! Sie kommen dort nicht rein und basta!« Er machte eine wegwerfende Handbewegung in meine Richtung, und als ich ging, sah ich in den Gesichtern der übrigen ängstlichen und schwitzenden Antragsteller wenig Mitgefühl. Hier war sich jeder selbst der Nächste.

Ich rief beim Wetteramt an und bat um ein Interview mit dem Generaldirektor Dr. R. P. Sarker. Ich wollte mit Indiens Wetterfrosch Nummer eins über den Monsun reden, und jetzt fiel mir ein, daß er auch ein nützlicher Verbündeter in Sachen Cherrapunji sein könnte. Dr. Sarker wirkte offen und zugänglich und erklärte sich bereit, mich noch am selben Tag zu empfangen. Als ich dort eintraf, wurde gerade ein uralter Atco-Mäher mit defektem Motor von einem Zebubullen über den Rasen gezogen. Der Gärtner, der diese Operation überwachte, saß unter einem Pupulbaum und las in einem astrologischen Handbuch. Er sagte, er habe Geisteswissenschaften studiert.

Dr. Sarker, ein lebhafter, liebenswürdiger Mann und begeisterter Meteorologe, hatte ein holzgetäfeltes sonnendurchflutetes Büro im obersten Stockwerk des Gebäudes. Er schätzte, daß der Monsun planmäßig am neunundzwanzigsten Juni, plus oder minus dem üblichen Fünf-Tages-Spielraum, in Delhi eintreffen würde. Er äußerte sich halbwegs zufrieden mit seinem bisherigen Vorankommen; es würde einen guten, wenn auch nicht überragenden Monsun geben.

Wie er das vorhersagen könne?

Er strahlte mich an. »Daten! Heutzutage sind unsere Forschungen global, müssen Sie wissen. Wir sind Teil eines multinationalen Konzerns, der Informationen aus der ganzen Welt verarbeitet. Wie ist das Wetter in London? Das müssen wir wissen, denn in zwei oder drei Tagen kann uns das beeinflussen. Wir spüren allen Systemen nach. In diesem Büro können Sie Leute über alles Erdenkliche diskutieren hören: die Druckkorrelationen in Australien, Buenos Aires und Tahiti, das Luftstrommuster über der Sowjetunion, den Zustand der Eisberge in der Antarktis – die siebte Expedition des Indischen Meteorologischen Instituts ist zur Zeit am Eiskap –, Temperaturen in Nordeuropa und so weiter. Dieses ganze

Material muß in Delhi statistisch ausgewertet werden. Was wir suchen, ist der Auto-Regressive Integrated Moving Average, kurz ARIMA, die genaueste Methode der Vorhersage, über die wir verfügen.«

Er sprach von einem interessanten Zusammenhang zwischen dem El-Niño-Strom und den Südlichen Oszillationen, ENSO genannt. (Der fischreiche El Niño, der vor der Küste von Peru fließt, ist zu einem wichtigen Faktor der Monsunvorhersage geworden; gehen seine Sardellenbestände zurück, muß Dr. Sarker auf das Schlimmste gefaßt sein.) Indien ist aktives Mitglied der hundertsechzig Nationen umfassenden Weltorganisation für Meteorologie, WMO, die ständig über das GTS, das Globale Telekommunikationssystem, in Verbindung stehen, hat die Gründung des Sommermonsun-Aktivitätszentrums, SMAC, unterstützt, das in Delhi eingerichtet wurde und mit Monsunspezialisten aller Teilnehmerländer besetzt ist.

Während er die verschiedenen Monsunprojekte beschrieb, an denen sie teilgenommen hatten – MONEX '79, MONSUN '77, ISMEX '73 und IIOE oder Internationales Indisches Ozean-Experiment –, schaute ich auf die Ehrentafel an der Wand, auf die Namen der früheren Generaldirektoren dort oben in Gold und fragte mich, was sie dazu gesagt hätten.

Der erste, H. F. Blandford, achtzehnhundertfünfundsiebzig ernannt, erbte ein behelfsmäßiges Meldesystem, das ein Jahrhundert zuvor von Beamten der Ostindischen Gesellschaft eingerichtet worden war. Sie waren sich der enormen wirtschaftlichen Bedeutung der Vorhersage des indischen Wetters bewußt, und alle Amtsärzte und Steuereintreiber der Provinz waren angehalten, Winde und Niederschlagsmengen zu registrieren. Aber sie benutzten primitive, nicht genormte Geräte, die ihnen ohne Bedienungsanleitungen überlassen wurden, so daß ihre unterschiedlichen Auslegungen wenig Licht auf das undurchdringlichste aller Geheimnisse warfen – den Monsun.

Mit Blandford sollte sich das schlagartig ändern. Er war der erste einer ganzen Reihe von englischen, in Indien stationierten Klimatologen, die sich brennend für das Phänomen Monsun interessierten. Für sie wurde es zu einer fesselnden Beschäftigung, einem Lebenswerk, das herausstellte, daß der Monsun ein Wesen von ungeheuerer Komplexität und Subtilität ist. Jeder gelüftete Schleier enthüllte eine Vielzahl von weiteren. Sie entdeckten eine Kette von miteinander verbundenen, voneinander abhängigen Geheimnissen, das meteorologische Gegenstück zu DNS und Doppelhelix.

Blandford ging systematisch vor. Um genauere Daten zu erhalten, konzipierte er das ausgefeilteste meteorologische Netzwerk in Asien; jeden Tag trafen Wettertelegramme aus ganz Indien und Burma ein. Er errichtete Bergobservatorien und Drachenstationen. Er stellte speziell ausgebildete junge Inder ein und konnte sein eigenes Sendungsbewußtsein auf sie übertragen. Und obwohl ihn die Antworten auf das Monsungeheimnis weiter quälten, stellte er am Ende doch wenigstens die richtigen Fragen. Seine Monographie *The Rainfall of Northern India* wurde zu einem Klassiker auf seinem Gebiet, während sein Lehrbuch *The Indian Meteorologist's Vade-Mecum* bis zum Ende des Jahrhunderts ein Standardwerk der tropischen Meteorologie blieb.

Sein Nachfolger, Sir John Eliot, verfolgte eine Politik der globalen Kooperation, die Dr. Sarker entgegengekommen wäre. Indien nahm achtzehnhundertsiebenundneunzig am ersten internationalen Wolkenjahr teil und arbeitete mit ausländischen Wissenschaftlern wie dem Franzosen Teisserence de Bort, der die Stratosphäre entdeckte, eng zusammen. Es war Eliot, der als erster regelmäßige Vorhersagen der Monsunregen veröffentlichte (anfangs waren die Daten streng geheim und nur den obersten Staatsbeamten zugänglich). Sein Assistent, ein junger Physiker und Summa-cum-laude-Cambridge-Absolvent namens Gilbert Walker, übernahm Eliots Posten und trieb die Monsunforschung energisch voran. Dabei wurde er zur Koryphäe der indischen Meteorologie.

Walkers Neugier war grenzenlos. Überall suchte er nach Ursache und Wirkung. Gab es, wie Sir William Willcocks,

Generaldirektor der Wasserspeicher Ägyptens, behauptete, einen Zusammenhang zwischen Monsunregen und den Überschwemmungen des Nils? Ja. Beeinflußte die Abholzung der Wälder den Monsun? Nein. War die Sonnenfleckenaktivität (mit einem geschwärzten Thermometer gemessen) ein signifikanter Faktor? Manchmal. Gab es eine direkte Wechselwirkung zwischen meteorologischen Ereignissen in Indien und weit, weit entfernten Gebieten? Mit Sicherheit.

Walker verblüffte seine Kollegen, indem er Luftdruckmessungen in Sydney und Buenos Aires analysierte und die Eisberge in der Antarktis zählte. Was in aller Welt hatte das mit den Regenfällen über den Westghats zu tun? Eine ganze Menge, wie sich herausstellte. Walker entwickelte seine Südliche Oszillationstheorie – daß Hochdruck über dem Pazifik mit Tiefdruck über dem Indischen Ozean zusammenfällt und daß letzterer im Winter auf starke Sommerregen hindeutet. Diese Theorie ist bis heute einer der Grundpfeiler der Monsunwissenschaft, und genaugenommen knüpfen Dr. Sarker und seine Kollegen dort an, wo er vor fast einem Jahrhundert aufgehört hat. Und Dr. Sarker bestätigte das. »Sir Gilbert ist der Vater der Monsunforschung.«

Bevor ich sein Büro verließ, fragte ich, ob ich auf seine Unterstützung bei meinem Cherrapunji-Vorhaben zählen dürfe. »Selbstverständlich«, sagte er mit der für ihn so typischen Großzügigkeit. »Obwohl ich Ihnen sagen muß, daß es Ihnen wahrscheinlich nicht weiterhilft. Diese Angelegenheiten werden auf einer sehr viel höheren Ebene als der meinen getroffen.«

An diesem Punkt hörte ich auf, tägliche Eintragungen in mein Notizbuch zu machen. Die Maschinerie der Bürokratie fraß die Tage auf und machte sie bedeutungslos. Ich wartete – am Telefon, auf Treppen, in Fluren und Vorzimmern –, während ich meiner Akte von Beamtem zu Beamtem, von Gebäude zu Gebäude folgte. Sie befand sich jetzt in Händen von Mr. R. B. Baksh aus der Presseabteilung des Außenministeriums, einem ernsten, schulmeisterlichen Mann, dessen Büro in einem sehr langen Flur lag; merkwürdigerweise hatte die Nummer an seiner Tür nichts mit den übrigen rechts und links zu tun. Bei unserem ersten Zusammentreffen bestätigte er mir, daß man in meinem Auftrag Gesuche an die Regierungen von Assam, Meghalaya und Nagaland geschickt habe, daß aber bis heute keine Antwort erfolgt sei. Ihm seien die Hände gebunden. Er wünsche mir viel Glück.

Sanjoy Hazarika aber, der *New-York-Times*-Mann in Delhi, selbst aus Assam stammend, erklärte mir, die Entscheidungen würden hier, in einem Sekretariatsgebäude nahe dem Parlament getroffen. Inzwischen solle ich alle sich bietenden Wege gehen und mit möglichst vielen Menschen reden. Seine Tante, Aufsichtsbeamtin im Assam House in Delhis Diplomatenviertel, könne eventuell Unterstützung auf Staatsebene erwirken. Doch er warnte mich davor, mir allzu große Hoffnungen zu machen. »Einer meiner Freunde vom National Geographic Magazine hat sechs Wochen lang versucht, eine Einreiseerlaubnis für Assam und Meghalaya zu bekommen; dann gab er auf und reiste heim.«

Mrs. Hazarika, eine freundliche, mitfühlende Dame, versprach, alles nur eben Mögliche zu versuchen. Als erstes aber brauche sie meine Aktennummer vom Außenministerium.

Ich benutzte ihr Telefon und rief Mr. Baksh an. »Ihre Aktennummer ist geheim«, erklärte er und legte auf.

Mrs. Hazarika seufzte und schlug mir vor, bei einer anderen Regierungsabteilung um Unterstützung nachzusuchen. »Tourismus vielleicht. Sprechen Sie mit Ramesh Chandra, dem stellvertretenden Generaldirektor im Ministerium.«

Während ich auf einen Termin bei Mr. Chandra wartete, rief ich Peter Gregory Hood an, der in der Britischen Hochkommission mit Presseangelegenheiten betraut war. Er war freundlich, aber nicht ermutigend. »Die offizielle Argumentation ist wahrscheinlich die, daß diese Gebiete von Unruhen heimgesucht sind, die Ihr Leben gefährden können. Und das ist eine Haltung, die wir nicht anfechten können.«

Die *Times of India* berichtete von einer zeitlich unbegrenzten Ausgangssperre in Shillong, der Hauptstadt Meghalayas, auf Grund einer ›sich verschlechternden Sicherheitslage‹. Bei einem Zusammenstoß von Studenten mit der Polizei hatte es am Vortag einen Toten und sechsundzwanzig Verletzte gegeben. Der Mob, der Geschäfte und Autos in Brand gesteckt hatte, bestand auch aus Mitgliedern des Khasi-Studentenbunds, die gegen die Verhaftung ihres Präsidenten Bull Lyndgoh protestierten. Alle Schulen und Colleges von Shillong waren geschlossen worden, und ›wegen der weiterhin angespannten Lage in der Stadt wurden Polizeieinheiten verstärkt‹.

In Assam waren zwei Minister zum Rücktritt gezwungen worden, der eine wegen Unfähigkeit, der andere wegen Korruption.

An der Börse von Kalkutta waren die Pfefferpreise gestiegen, die Jutepreise gefallen, Köper, Rupfen und Mehlsäcke ›alle schwach wegen mangelnder Nachfrage‹.

Mr. Chandra in der Tourismus-Abteilung gab mir einen vernünftigen Rat. »Vergessen Sie Nagaland«, sagte er. »Die lassen Sie nicht mal in einen Umkreis von hundert Meilen; indische Soldaten werden dort erschossen. Wenn Sie Ihren Antrag nach dorthin zurücknehmen und sich auf Meghalaya und Assam beschränken, werde ich Sie unterstützen.« Er nahm einen Stift zur Hand. »Wie lautet Ihre Aktennummer beim Auswärtigen Amt?«

»Sie ist geheim«, sagte ich.

Er lächelte. »Aber mir dürfen Sie sie schon nennen.«

»Das kann ich nicht. Man nennt sie ja selbst mir nicht.«

Er legte den Stift nieder. »Nun, das wird Ihnen das Leben nicht gerade leichter machen«, meinte er.

Ich ging einer ganzen Menge von Spuren nach, die plötzlich im Sande verliefen. Sanjay Reddy drängte mich, einen Geschäftsmann namens P. V. Biswas aufzusuchen, der wichtige

Beziehungen in Assam hatte. Mr. Biswas, ein korpulenter kurzsichtiger Mann, der an einem alten Rollpult saß, bot mir ein Glas Whisky an und erklärte mir, sein Einfluß erstrecke sich nicht auf Visumsfragen; das sei eine Grauzone. Aber er kritzelte mir eine kurzes Empfehlungsschreiben an einen ehemaligen Politiker namens Singh, der mir seine großartige Sammlung burmesischer Buddhas aus dem siebzehnten Jahrhundert zeigte und mir gleichzeitig erklärte, daß er nur wenig für mich tun könne. Er wiederum verwies mich an einen Mr. Basheer, einen wohlhabenden Hemdenstoffabrikanten. Sein Sohn, ein Mathematiker, habe unlängst eine Aufnahmeprüfung für Harvard absolviert, und das Resultat werde täglich erwartet; etwas zerstreut sprach Mr. Basheer mit einem gewissen Mr. Chakravarti, dessen Freunde in Assam von weit höherem Rang waren als seine eigenen. Chakravarti, ein reizender, gebildeter alter Herr, würzte seine Kommentare mit Gleichnissen, die mir zu verstehen gaben, daß seine Freunde in Assam, wenngleich von hohem Rang, ihre Anweisungen doch unweigerlich aus Delhi bezogen. Aber er versprach, meinen Fall seinem Freund J. S. Bhagat vorzulegen, einem Grundstücksmakler, auf den ›Leute aus den Kabinettreihen‹ hörten.

Nichts geschah.

Ich rief dann einen Kollegen in London an, der Delhi gut kannte. Er riet mir, Vijay Shankardass, einen Rechtsanwalt, zu kontaktieren, der gleichzeitig mit Rajiv Gandhi in Cambridge studiert hatte. Also ließ ich mich mit Mr. Shankardass verbinden, der mir aufmerksam zuhörte und versprach, ein paar Erkundigungen einzuholen und mich dann anzurufen.

Er hielt sein Wort. Er hatte für mich ein Treffen mit Mr. D. G. Mehrotra, dem Privatsekretär des Außenministers, arrangiert. »Er selbst war zwar nicht da, aber ich erklärte die Angelegenheit seinem Sekretär«, sagte Mr. Shankardass in seiner kühlen, distinguierten Cambridge-Diktion. »Mehrotra ist ein äußerst kompetenter Bursche und müßte in der Lage sein, Ihnen zu helfen. Aber es wäre wohl vernünftig, meinen Sekretär Radhakrishnan mitzunehmen. Er kennt sich aus in unserem bürokratischen Labyrinth. Er wird Sie morgen früh um halb zehn von Ihrem Hotel abholen.«

Radhakrishnan, ein kleiner geschäftiger Mann, führte mich über die großen Boulevards von Delhi hin zu Sir Edwin Lutyens' hübschen, aus rotem und grauem Sandstein errichteten Bürogebäuden. Vor dem Eingang des Außenministeriums waren Soldaten postiert, und ein Bediensteter mit gelbem Gartenschlauch besprengte die Faservorhänge vor der Tür. In der gewölbten, gotisch anmutenden Eingangshalle stürzte sich Radhakrishnan in die lärmende Menge, verschuf sich bei den Beamten Gehör und kam bald darauf mit zwei Sicherheitsausweisen zurück.

Mr. Mehrotra, ein freundlicher Mann mit graumeliertem Haar, hatte ein nüchternes, spärlich möbliertes Büro, dessen einziger Schmuck ein großer goldener Buddha auf einem Aktenschrank war. Er sagte uns, daß er erst heute morgen um halb drei aus Moskau zurückgekehrt sei. »Aber ich bin fest entschlossen durchzuhalten«, sagte er und hörte mir geduldig zu. »Der Bursche, der dieses Problem lösen könnte, ist R. B. Baksh in der Presseabteilung. Ich rufe ihn gleich an.«

»Ich habe schon mit ihm gesprochen«, sagte ich. »Ich glaube sogar, daß er meine Akte hat.«

»Ich rufe trotzdem an.«

Als er den Hörer abheben wollte, stürmte ein großer, besorgt dreinblickender Mann in Weste und zerknitterter Leinenhose ins Zimmer und rief: »Telegramm! Telegramm!«

Mr. Mehrotra wurde blaß und sprang auf, aber ehe er ein Wort äußern konnte, war der Eindringling bereits wieder draußen.

»Das war der Außenminister N. D. Tiwari höchstpersönlich!« sagte er. Seufzend griff er erneut zum Telefon und war schließlich mit Mr. Baksh verbunden. Nach einem kurzen Gespräch legte er mit einem weiteren Seufzer auf. »Bitte rufen Sie heute abend um sechs Uhr an«, sagte er. »Bis dahin müßte ich Ihnen Neues mitteilen können.«

Ich las eine Zeitungswerbung der Delhier Polizei mit folgendem Wortlaut: ›Verbreiten Sie keine Panik, denn damit würden Sie den Terroristen zu ihrem Ziel verhelfen, Angstpsychosen auszulösen. Helfen Sie der Delhier Polizei, Ihnen zu helfen.‹

Obwohl er hundemüde sein mußte, war Mr. Mehrotra so höflich wie immer. »Ich hab versucht, zu beschleunigen und zu siegen. Ich hab das ganze Haus abgeklappert, und das Resultat lautet: beschleunigen ja, siegen nein. Noch nicht. Ich muß die Angelegenheit einem neuen Mann übergeben, und der muß nun von vorn anfangen. Es wird sechs Tage dauern. Mindestens. Vielleicht aber auch zwei bis drei Wochen. Dann habe ich hoffentlich unser Resultat, aber versprechen kann ich natürlich nichts. Solche Dinge liegen nicht in unserer Macht.«

»Ich denke, ich sollte nach London zurückfliegen«, sagte ich, »und dort auf das Ergebnis warten.«

Er zögerte, bevor er sagte: »Eine taktische Atempause, kein Rückzug, hoffe ich.«

»Keine Sorge.«

»Sehr gut. Übrigens halte ich Ihren Entschluß für vernünftig. Rufen Sie mich jede Woche an, und ich gebe Ihnen den neuesten Stand der Dinge bekannt.«

Ich versuchte, die Air India zu erreichen. Während ich auf eine Verbindung wartete, fiel mein Blick auf einen Artikel in der *Times of India* mit dem Titel: ›Chaos bei Pilotenprüfungen‹. Es hieß, zahlreiche Fragen bei den gesamtindischen Qualifikationsprüfungen für Berufspiloten seien entweder falsch oder unvollständig. Manchmal würde die gleiche Frage zweimal gestellt; manchmal enthielten die Fragen unzureichende Daten, so daß die Kandidaten ihre Berechnungen gar nicht anstellen könnten. Als Folge davon litten die Piloten unter Angst und Unsicherheit.

Schnell legte ich den Hörer wieder auf und rief die British Airways an. Es gab am Abend einen Flug nach London und erstaunlicherweise auch noch einen letzten freien Platz. Ein paar Stunden später bestieg ich die ausgebuchte Tristar und flog heim.

In London lud mich mein Verleger zum Mittagessen in ein schickes griechisches Restaurant ein. Nachdenklich lauschte er meinem Bericht. »Wenn wir mal eine Skala von eins bis zehn annehmen«, fragte er schließlich, »wie groß ist dann Ihre Chance, nach Cherrapunji zu kommen?«

»Fünf«, sagte ich, was natürlich weit übertrieben war.

Er nickte, und dann sprachen wir in stillem Einverständnis von anderen Dingen und von Büchern, die andere Autoren für ihn schrieben – die, wie ich annahm, alle ein gutes und starkes Ende hatten. Ich wußte, daß das Cherrapunji-Ende meinem Vater ebensoviel bedeutet hätte wie mir; seine sture schottische Beharrlichkeit, die ihn stets alles zuende führen ließ, was er begann, hätte ihn, wäre er an meiner Stelle gewesen, sicher ans Ziel gebracht. Aber wie?

Ein paar Tage später, als ich meiner Tochter den Cherrapunji-Stich beschrieb, dämmerte es mir plötzlich.

Zu Fuß hätte er's erreicht.

L. Geo. Lopez, der Künstler, hatte das Dorf auf die Kuppe einer Reihe von bewaldeten grünen Hügeln, die Khasis, plaziert, die, wie ich mich erinnerte, durchaus zu bewältigen schienen, mehr eine Wanderung als eine Kletterpartie. Nach meiner Landkarte zu urteilen, überblickten die Khasi-Berge die Grenze nach Bangladesch. Ein Nebengleis der Eisenbahn führte von Sylhet in Bangladesch nach Chhatak über ein Grenzdorf, knappe zwanzig Meilen von Cherrapunji entfernt, und eine Grenzüberquerung von Chhatak sah machbar aus. Wenn die Vordertür eines Hauses geschlossen ist, hätte mein Vater gesagt, dann versuch's über die Hintertür.

Ich machte einen Dreißig-Kilometer-Marsch durch den Richmond Park, um mir zu beweisen, daß ich es schaffen könnte, und traf mich dann mit einem Freund von der Hochkommission von Bangladesch zum Essen. Er war ein charmanter und kultivierter Mann, der mit mindestens zwei Mitgliedern des britischen Kabinetts in Oxford studiert hatte und meine scheinbar beiläufigen Fragen sofort durchschaute.

»Mein lieber Alex!« sagte er lachend. »Schlagen Sie sich das aus dem Kopf. Die Inder schießen auf illegale Grenzgänger. Die sind ein großes Problem für sie geworden. Inzwischen versuchen so viele, die grüne Grenze zu passieren, um der Armutsfalle von Bangladesch zu entkommen, daß die Khasi-Stämme Aufstände machen. Diese Berge wimmeln von Soldaten, und wenn die Sie nicht erwischen, dann tut's der Khasi-Pöbel.«

Also gab ich die Idee auf.

Andere Freunde hatten Ideen, meist wenig feiner, mehr paramilitärischer Natur, die sie selbst ungemein amüsierten, mir aber nicht weiterhalfen. Ich verlor allen Mut und war immer mehr davon überzeugt, niemals nach Indien zurückzukehren.

Dann, eines windigen Londoner Nachmittags, rief Mr. Mehrotra aus heiterem Himmel über eine knackende Leitung an und drängte mich zurückzukommen. Zwei Stunden später tat Vijay Shankardass das gleiche und deutete in seiner geschraubten juristischen Ausdrucksweise an, daß die Dinge endlich in Bewegung gekommen seien. »Die Zeichen für Shillong scheinen plötzlich gut zu stehen«, sagte er, »obwohl das Antragsverfahren für Cherrapunji, wie ich fürchte, weiter in der Schwebe bleibt; dort sehe ich Probleme. Im großen und ganzen ist dies jedoch der geeignete Augenblick, zurückzukommen und die Dinge in Angriff zu nehmen.«

Ich kam am ersten Tag der Monsunsitzung des Parlaments. Es war eine erbitterte stürmische Angelegenheit, die sich mit Bestechungs- und Schmiergeldern beim Kauf von Bofor-Geschützen und deutschen U-Booten für die Armee befaßte; die Opposition hatte sogar eine *dharna*, oder Demonstration, im Treppenhaus des Parlamentsgebäudes veranstaltet. Trotz ›heftiger Proteste und Gegenproteste‹ und eines Aufrührers, der ›sich die Lunge aus dem Leib schrie‹, debattierten sie nicht über den Monsun selbst, der, wie die *Economic Times* es nannte, sich auf beängstigend sprunghafte Art und Weise verhielt: ›Es hat die Aussaat von *kharif* in verschiedenen Landesteilen behindert. Reis, *jowar*, Mais und *bajra* könnten nachteilig beeinflußt worden sein. Wenn weniger als vierzig Prozent der Distrikte im Land normale bis heftige Regenfälle bekommen, wird 1987/88 dann das vierte Jahr in Folge mit einem unterdurchschnittlichen Monsun sein?‹

Ein früherer Finanzminister sagte: ›Jeder meiner Haushaltspläne war vor allem ein Glücksspiel mit dem Monsun.‹

Die Reddys kamen auf einen Tee in meinem Hotel vorbei. »Wir sind alle am Boden zerstört. Der Monsun hat sich davongemacht, und alles ist entsetzlich. Den ganzen Tag gibt's Stromausfall, und abends zwischen sechs und zehn funktioniert die Klimaanlage nicht. Und jetzt sollen auch noch ein Dutzend englischer und kanadischer Terroristen mit Kalaschnikows durch die Straßen ziehen. Was die hier wollen, hat man uns nicht mitgeteilt. Wir wissen nur, daß sie glattrasiert sind und daß die Polizei in Alarmbereitschaft ist.«

»Versammlungen von mehr als fünf Personen sind verboten«, sagte Mrs. Reddy, die trotz ihrer abgespannten Gesichtszüge noch immer schön war. »Und auch das Rufen von Parolen.«

Ich lachte. »Und wo ist der Monsun geblieben?«

»Das weiß der Himmel«, sagte Sanjay. »Irgendwo unten im Süden. Er will sich einfach nicht vom Fleck bewegen.«

»Wir haben nicht mal den Jakobinerkuckuck gesehen«, sagte Mrs. Reddy. »Er sollte eigentlich vierzehn Tage nach Erreichen der Küste über Delhi fliegen. Und nun begehen wir das Teej-Fest, bei dem junge Mädchen auf blumengeschmückten Schaukeln die Ankunft des Monsuns feiern sollen. Aber die armen Dinger schaukeln bei Temperaturen von vierzig Grad und kriegen einen Sonnenstich.«

»In Assam sind schlimme Überschwemmungen. Wußten Sie das, Alex?« fragte Sanjay.

»Nein.«

»Die Armee ist mit Booten da oben. Mindestens dreißig Personen sind ertrunken und Tausende vom Wasser eingeschlossen. Ich fürchte, das kann sich negativ auf Ihr Gesuch auswirken.«

»Gibt es immer noch Revolten in Meghalaya?«

»Letzte Woche schon.«

»Herrgott nochmal!«

»Bleiben Sie dran«, sagte er. Sie schauten auf die Uhr, tranken eilig ihren Tee aus und donnerten auf ihrer Enfield Bullet davon.

Ziemlich entmutigt rief ich Vijay Shankardass an. Er berichtete mir, daß für morgen vierzehn Uhr ein Treffen mit Prasad Rao, einem Sonderbeauftragten des Außenministeriums, vereinbart sei. Mr. Rao sei endlich aus dem Urlaub zurück und könne mir sicher Neues mitteilen.

Vor dem Abendessen suchte ich den Wahrsager des Hotels auf, einen korpulenten alten Mann, der ein kleines Büro im Erdgeschoß hatte. Er forderte seine Bezahlung im voraus, in Dollar. Ich fragte ihn, ob ich bald nach Assam und Meghalaya im Nordosten reisen würde.

Er betrachtete meinen Handteller und sagte, indem er geistesabwesend an einem hohlen Zahn saugte: »Niemand fährt heute mehr an solche Orte. Fliegen Sie nach England zurück. Wer möchte schon in Delhi bleiben?« Er wollte nur über Stromsperren und Wasserknappheit reden. Der Wasserdruck in der Hauptstadt sei schwach; das menschliche Herz könne besser pumpen. »Wenn Sie, wie ich, unter dem Dach wohnen, wird Ihnen nicht mal der Tank aufgefüllt.«

In der Lounge des Maharaja spielte ein kahlköpfiger älterer Geiger in Frack und schwarzer Krawatte vor einem aufmerksamen eleganten Delhier Publikum. Er hatte einen auffällig blankpolierten Schädel und dicke Brillengläser, die seine Augen wie Lupen vergrößerten, und spielte so schlecht, daß es schon wieder komisch war. Tat er es absichtlich, um die Leute zu unterhalten? »Hummelflug«, verkündete er, bevor er eine Folge derart schockierender Mißklänge fiedelte, daß sich die Zuhörer verblüfft ansahen. Als sich unsere Blicke kreuzten, warf er mir ein schwaches, ironisches Lächeln zu. Ich eilte zum Abendessen, plötzlich überglücklich, wieder hier zu sein.

Prasad Raos Büro befand sich im Shastri Bhavan, einem riesigen, mietskasernenähnlichen Gebäude in der Dr. Rajenda Prasad Road. Vier freundliche Angestellte teilten mir mit, daß Mr. Rao gerade in einer Besprechung sei. Sie dauerte eine Stunde, und als Mr. Rao aufkreuzte, war er nicht eben bei bester Laune.

In seinem Büro hingen eine große Indienkarte und verschiedene recht gute Bilder – halbabstrakte Gestalten und Landschaften. Er schleuderte seine Sandalen von den Füßen, um sich dann auf seinem hoffnungslos überfüllten Schreibtisch auf die Jagd nach meiner Akte zu machen. Schließlich begann er laut vorzulesen, wobei er seine Füße aneinanderrieb. »Die Regierung von Indien hat den Antrag von Alexander Russell Frater, Assam, Imphal und Shillong zu besuchen, überprüft. Die Erlaubnis, Assam und Imphal zu besuchen, kann nicht erteilt werden, aber ein siebentägiger Besuch in Shillong wird gestattet. Gezeichnet Amanda Prasad (Miss) im Auftrag des Innenministeriums.«

Er schloß die Akte und sah mich an.

»Was ist mit Cherrapunji?« fragte ich.

»Nein.«

»Und was nun?«

Er zuckte die Achseln. »Sie können die Leute im Ausländeramt aufsuchen. Sie ändern vielleicht diesen Bescheid.«

»Ich war schon dort. Zweimal.«

»Dann eben nicht.«

»Mr. Rao, wie lautet meine Aktennummer?«

Er runzelte die Stirn. »Die kann ich Ihnen nicht geben. Sie ist geheim.«

»Aber Sie können sie denen geben.«

»Unmöglich.«

Er war gelangweilt und nicht bei der Sache. Wichtigere Dinge warteten auf ihn. Plötzlich wütend, sagte ich: »Ich verlasse dieses verdammte Büro nicht eher, bis Sie dem Ausländeramt meine Aktennummer gegeben und mitgeteilt haben, daß ich vorbeikomme.«

Stirnrunzelnd angelte er ein Schlüsselbund aus seiner Westentasche und schloß sein altes Telefon auf. Das Gespräch war kurz und wurde fast im Flüsterton geführt, aber ich hörte, wie er sagte: »Auftragnummer eins-fünf-null-eins-drei-Schrägstrich-sieben-eins-Schrägstrich-acht-sieben-Bindestrich-F-Bindestrich-E.« Dann sagte er »Acha« und legte auf.

»Man erwartet Sie um halb fünf«, sagte er. »Ach ja, und nehmen Sie das hier lieber mit.« Er reichte mir ein lilafarbenes Formular, das auf meinen Namen lautete. »Das ist Ihre Einreiseerlaubnis nach Shillong«, sagte er lächelnd. »Seien Sie froh. Das ist mehr, als irgendwer von uns erwartet hat.«

Meine Motorradrikscha geriet in einen Verkehrsstau. Während ich so dasaß und meine Hoffnung mit jedem Schweißtropfen weiter schwinden fühlte, fragte ich mich, weshalb eines der offensichtlichen Ziele der indischen Bürokratie zu sein schien, dort Chaos zu schaffen, wo vorher keins gewesen war.

Dabei kamen mir die Neuen Hebriden und ihre Kondominiumsregelung in den Sinn. Der Gesamteffekt war in etwa der gleiche gewesen. Die Machtaufteilung durch Briten und Franzosen führte zur Verdoppelung jedes Aspekts ihrer Herrschaft. Die Inseln hatten zwei verschiedene Währungen und Briefmarken, zwei Rechtssysteme und zwei Verwaltungen, in denen jeder Beamte ein Pendant auf der anderen Seite hatte. Durch Sprache und gegenseitige Antipathie getrennt, kamen diese Beamten selten zusammen. Die einzige Ausnahme war ein Unternehmen, das Gemeinsames Gericht hieß und von einem britischen und einem französischem Richter und einem neutralen, vom spanischen König ernannten Vorsitzenden geführt wurde. Der Abgesandte des Königs war ein korpulenter spanischer Aristokrat, der Conde de Buena Esperanza, dessen Freund und Landsmann, der Conde de Andino, zum Staatsanwalt ernannt wurde; ein Holländer bekam den Posten des Standesbeamten. Der Gerichtspräsident sprach wenig Französisch, kein Englisch und war taub. Aber da sowieso keiner aus der Richterschaft verstehen konnte, was die einheimischen Zeugen sagten, spielte es keine große Rolle. Maurice nannte das Kondominium ›Pandämonium-System‹ und schrieb darüber Pamphlete mit Titeln wie *Unter zwei Flaggen; ein hoffnungsloses Experiment und ein großer Skandal.* Er hätte sich hier zu Hause gefühlt.

Ich traf fünf Minuten vor Büroschluß im Ausländeramt ein. Der Beamte, der mich schon vorher befragt hatte, war eben im Begriff heimzugehen, und erklärte mir – sehr freundlich –, daß mein Cherrapunji-Antrag hoffnungslos sei. »Ich hatte geglaubt, wir sehen Sie nie mehr wieder«, sagte er. »Gehen Sie nach England zurück. Küssen Sie Ihre Frau. Herzen Sie Ihre Kinder. Hier gibt es nichts für Sie.«

In der *Times of India* las ich einen Leitartikel über die Dürre mit der Überschrift ›Düstere Aussichten‹. Er berichtete, daß nur zehn der fünfunddreißig Wetterregionen Indiens normale oder übermäßige Regenfälle registriert hätten – auf Rajasthan war noch kein Tropfen gefallen –, was das Schreckgespenst einer Hungersnot heraufbeschwor.

Die Leserbriefe waren beredter Beweis für die wachsenden Ängste der Menschen. Mr. A. Mathan schrieb:

> Ich bin sicher, daß kein Einwohner von Delhi das Verschen ›Regen, Regen, mach dich fort‹ hören wollte, nicht einmal aus unschuldigem Kindermunde, wenn das Quecksilber tagsüber noch immer bis auf 40 Grad klettert. Wir brauchen jetzt dringend Regen. Wir nehmen die Geschenke der Natur und die Gaben des Schöpfers so lange als selbstverständlich hin, bis ein Zeitpunkt kommt, an dem sie uns

vorenthalten werden. Und dann neigen wir dazu, zu murren und über die vielen Segnungen nachzudenken, die von uns als Teil des normalen Lebens betrachtet werden.

Und S. S. Gadkari beschwerte sich über das Niveau der Wetterberichterstattung in der indischen Presse: ›Die Darstellung über das Ausbleiben des Monsuns war sehr unzureichend. Den Durchschnittsmenschen beschäftigen mehr sein Mißbehagen diesbezüglich und die Erleichterung, die der Regen bringen wird, als alle politischen Nachrichten, die in den Schlagzeilen hervorgehoben werden.‹

An diesem Morgen flog Vijay Shankardass mit seiner Familie nach London. Sein Sekretär, Mr. Radhakrishnan, rief mich an, um mir mitzuteilen, er habe vor seiner Abreise mit jemand ›sehr Hochgestelltem‹ gesprochen.

»Wie hoch ist sehr hoch, Mr. Radhakrishnan?«

»Das darf ich nicht verraten.«

»Es war doch nicht einer von seinen alten Cambridge-Bekannten?«

Er kicherte. »Sir, Sir! Sie dürfen mich nicht drängen! Aber ich soll Ihnen sagen: Sprechen Sie mit Gupta!«

»Wann?«

»Jetzt, Sir!«

Mr. Gupta war lebhaft und freundlich. »Ach ja! Der Mann, mit dem Sie reden müssen, ist Prem Prasad vom Innenministerium«, sagte er. »Möglichst noch heute.«

Aber Mr. Prasad war frühzeitig nach Hause gegangen. »Rufen Sie morgen früh wieder an«, riet mir sein Sekretär.

Am nächsten Morgen erfuhr ich, daß Mr. Prasad wegen eines Unwohlseins nicht ins Büro kommen würde.

Mr. Gupta empfahl mir, Prasads Vorgesetzten Satish Chandra anzurufen, der beamteter Staatssekretär war. Sein Beschluß würde endgültig sein.

Mr. Chandra teilte mir, sehr höflich, mit, daß er noch nie von mir und meinem Fall gehört habe, versprach mir aber, sich darum zu kümmern. Gegen Mittag rief ein Mann mit jugendlicher Stimme aus Mr. Chandras Büro an und bat mich, Ms. Prem Gulati in einem Regierungsbüro in der Nähe des Khan-Marktes aufzusuchen. »Eingang Nummer eins«, fügte er hinzu. »Sie weiß, daß Sie kommen, und wird die Genehmigung ausstellen und den Paß stempeln. Ach ja, und vergessen Sie nicht, Ihre Shillong-Genehmigung mitzunehmen.«

»Aber warum?«

»Sind Sie nicht der Bursche, der nach Cherrapunji will?«

»Ja.«

Er kicherte. »Nun, Sie können hin.«

Als ich in das heruntergekommene Gebäude rannte, nahm ich kaum Notiz von den gewaltigen Wolken, die sich im Westen aufzutürmen begannen. Eingang Nummer eins war die Sicherheitsabteilung, und am Boden der dichtgefüllten Halle hockte ein pockennarbiger Mann mit Nehrukappe vor einer Schreibmaschine und tippte, was ein kleiner schielender Mann ihm mit ungeheuerer Konzentration und Schnelligkeit diktierte. Das Licht ging aus. Ich entriß einem protestierenden Angestellten das Hauptbuch, zündete ein Streichholz nach dem anderen an und trug die zahlreichen persönlichen Daten ein, die erforderlich waren, ehe man mich nach oben lassen würde. Ein anderer Angestellter übergab mir zwei weitere ellenlange Formulare und forderte mich auf, sie auf beiden Seiten auszufüllen. Ich tat es, viele Streichhölzer opfernd, an einem kleinen Tisch, auf dem ein unbeaufsichtigtes Baby schlief.

Ein paar Dutzend schwitzender Ausländer drängten sich schweigend im dunklen, stickigen Büro von Ms. Gulati, einer gelassenen, mütterlichen Frau in grünem Sari, die im Licht zweier auf Untertassen stehender Kerzen arbeitete. An einem Afrikaner, der »Punjab! Punjab!« schrie, vorbeischauend, winkte sie mich heran.

»Ja?«

Ms. Gulati unterbrach meine Erläuterungen. »Ich habe Sie

erwartet. Doch zuerst müssen Sie Ihre Einreiseerlaubnis nach Shillong fotokopieren. In dem Gäßchen hinter dem Gebäude gibt es eine Kopiermöglichkeit, die Kosten sind minimal. Lassen Sie Ihren Paß hier. Wenn Sie zurückkommen, ist er fertig.«

»Stromausfall. Sie müssen warten«, sagte der Mann, der den Kopierer bediente. Seine Stimme klang besorgt, und er blickte immer wieder hinauf zu dem Streifen schwarzen Himmels, der zwischen den Häusermauern sichtbar war. Als ein Blitz über den Dächern zuckte, schrie er dem Messerschleifer nebenan etwas zu, aber seine Worte wurden vom Donner übertönt. Dann gab es wieder Strom, und ich rannte, meine Kopie fest an mich gepreßt, in Ms. Gulatis Büro zurück.

Dort war es noch immer dunkel. Ms. Gulati saß gelassen unter ihren schattenhaften Antragstellern im Kerzenlicht, reichte mir lächelnd meinen Paß und forderte mich auf, zu lesen, was sie geschrieben hatte. Ich beugte mich zum Licht hinab und sah die Worte ›Genehmigung, Cherrapunji via Shillong für drei Tage zu besuchen. Gezeichnet Prem Gulati, Urkundenbeamtin, Innenministerium‹ und den großen Stempel der Regierung von Indien, der dem Ganzen Gültigkeit verlieh.

»Tausend Dank«, sagte ich.

»Die Genehmigung gilt von morgen früh an. Sie werden über Kalkutta fliegen müssen.«

»Ja.«

»Wann reisen Sie ab?«

»Jetzt. Heute abend. Sobald ich einen Flug bekomme.«

»Bekommen Sie einen?«

»Das ist meine geringste Sorge.«

Sie lachte. »Viel Glück!«

Die Halle von Eingang Nummer eins war leer, die Schreibmaschine stand einsam am Boden. Alle waren nach draußen auf die Straße gestürzt, wo sie, begleitet von lauten Hupkonzerten, zusammen tanzten – Angestellte, Schreiber, bewaffnete Sicherheitsbeamte und die unzähligen Menschen, die sich noch vor wenigen Augenblicken schreiend Gehör zu verschaffen versucht hatten.

Ich steckte meinen Paß in die Tasche und trat hinaus zu ihnen in den warmen strömenden Regen.

Kapitel acht

Ich nahm eine Rikscha zum Reisebüro Cox and Kings, Nähe Connaught Place und trieb den Fahrer zu halsbrecherischer Geschwindigkeit. Wasser spritzte durch die fehlenden Bohlen hoch, während wir dem Geschäftsviertel entgegenjagten.

Auch dort gab's keinen Strom. Die Büros der Fluggesellschaften lagen im Dunkel, die Computer schwiegen, alle Transaktionen waren unterbrochen. Das verhieß nichts Gutes, aber ich wußte, daß es bei Cox and Kings Leute gab, die gewieft genug waren, mir in einer ausgebuchten Maschine einen Last-minute-Platz zu finden. Ich hatte in den vergangenen Wochen gelegentlich vorbeigeschaut, um über den letzten Stand der Dinge zu berichten und mich zu vergewissern, daß meine unbefristeten Tickets nach Kalkutta und Shillong noch immer gültig waren. Sie waren fest davon überzeugt gewesen, daß ich es nie schaffen würde, aber als sie meine Shillong- und Cherrapunji-Genehmigungen im Licht einer Hurrikan-Laterne begutachtet hatten, machten sie sich an die Arbeit.

Die Laterne wurde hochgedreht, bis sie qualmte. Jemand bereitete starken Tee. Dann griffen sie zu ihren Telefonen, sprachen mit Verbindungsleuten, erinnerten an alte Gefälligkeiten, baten – eine Hand wäscht die andere – um einen Freundschaftsdienst, und eine Stunde später hatte ich mein Ticket für den letzten Indian-Airlines-Airbus des Tages nach Kalkutta. Der Platz hatte ursprünglich einem deutschen Bergsteiger gehört, der aber war dreißig Meter von einer Himalayafelswand gestürzt und jetzt auf einer Bahre unterwegs nach Frankfurt. Auch mein Weiterflug auf der Vayudoot-Fokker-Friendship nach Shillong am nächsten Morgen acht Uhr dreißig war schon gebucht.

Zwei Stunden, nachdem er begonnen hatte, hörte der Regen wieder auf. Die schwere, drückende Luft war vom süßlichen Modergeruch verwelkter Ringelblumen geradezu verpestet.

Der Airbus holperte und ruckelte durch dichte Wolkenmassen und regenträchtige Winde. Der Kapitän entschuldigte sich für den unruhigen Flug. »Ursache ist der launische Monsun«, sagte er, »der, wie Sie wissen, nach ungewöhnlicher Verzögerung in Delhi eingetroffen ist. Meine Kollegen beim Flughafenwetterdienst meinen allerdings, es sei gar nicht der richtige Monsunbeginn gewesen. Die heutigen Schauer seien vielmehr von einem Monsuntrog ausgelöst worden, der sich von den Ausläufern des Himalayas nach Südwesten bewegt. Wie auch immer, es ist bisher alles, was Gott uns in diesem verrückten Jahr gewährt hat, und wir müssen dankbar sein für Seine Güte und um mehr bitten. Ich wünsche Ihnen einen angenehmen Flug.«

Die Passagiere, größtenteils Geschäftsleute, lauschten mit gebannter Aufmerksamkeit. Mein Nachbar, ein bläßlicher Auktionator mit Nehrukappe, seufzte. »Schon wieder hält der Teufel einen Regenschirm über Delhi«, sagte er. »Hat der Monsun nun begonnen oder nicht? Wenn er sich so unberechenbar gebärdet, start-stop, stop-start, wird jeder depressiv und nervös. Diese Stimmung wirkt sich auf alle Bereiche aus, selbst auf Handel und Börse.«

Am siebzehnten Juli neunzehnhunderteins schrieb der Vizekönig Lord Curzon an seine Frau:

> Liebste, süße Kinkie,
> wir hatten diese Woche seltsames Wetter. Nachdem der Monsun vor acht Tagen ernsthaft begonnen zu haben

schien, ließ er plötzlich nach; wir hatten ganze Tage ohne Regen, und besorgte Telegramme strömten aus allen Teilen Indiens herein. Jetzt, während ich schreibe, es ist Viertel vor zehn Uhr abends, hat es eben wieder zu regnen begonnen, und die letzten Berichte sind etwas ermutigender. Wenn es nur keine neue Hungersnot gibt. Mich schaudert beim bloßen Gedanken daran.

Mein Nachbar nahm eine Prise Schnupftabak, der stark nach Gewürznelken roch, und erklärte mir, daß er am einundzwanzigsten März, bei der Tagundnachtgleiche also, zuversichtliche Vorhersagen über einen ungewöhnlich ergiebigen Monsun gelesen hätte.

»Vom Wetteramt?« fragte ich.

»Nein, nein, von gewissen Top-Astrologen.«

Ob die Tagundnachtgleiche denn auf irgendeine traditionelle Weise mit dem Monsun zu tun habe?

Er zuckte die Achseln. »Bei Tagundnachtgleiche erfolgt der Ausbruch der südlichen Winde, die ihn schließlich herbringen, deshalb vermute ich, daß sie den emotionalen Beginn des Monsuns markiert. Der zehnte Tag nach der Tagundnachtgleiche ist besonders günstig zum Pflanzen von Kokospalmen. Ich habe meinen Gärtner dabei beobachtet. Er drückt jede Kokosnuß ans Herz und betet, bevor er sie in die Erde setzt. Er träumt schon vom Regen, wissen Sie.«

Wir kamen auf die Hitze außerhalb von Indien zu sprechen. Ein anatolischer Büchsenmacher, der bei Temperaturen, die häufig fünfzig Grad überstiegen, durchgedreht war, hatte sich auf den heulenden Hund seines Nachbarn gestürzt und ihn mehrfach gebissen.

Anderswo in der Türkei ertranken sechzig Menschen, die, um sich abzukühlen, ins Meer gesprungen waren.

Der Auktionator seufzte. »Gott sei Dank ist es bei uns noch nicht zu solchen Extremen gekommen.«

Anderswo in Indien aber warteten die Menschen mit wachsender Sorge auf den Regen. ›Ein besonderer Schiwa-Lingam, bestehend aus 28 Kilo Quecksilber‹, schrieb die *Times*, ›wurde am Samstag für wochenlange Gebete in Rajkot aufgestellt, »um den Regengott zu besänftigen«. Die »yagna« wird auf dem Lal-Bahadur-Shastri-Gelände abgehalten. Der stellvertretende Vizekanzler der Saurashtra-Universität, Mr. Labubhai Trivedi, der zu den Organisatoren gehörte, berichtete, das Quecksilber sei durch wedische Methoden »in feste Form verwandelt« worden.‹

Der Durchschnittsbürger von Rajkot, dem der Zugang zu solchem High-tech-Zauber verwehrt war, kam zu täglichen Demonstrationen und Gebetsversammlungen, ›um den Regengott versöhnlich zu stimmen‹. An manchen Orten wurden diese sogar oft per Regierungserlaß vorgeschrieben. Zwei Jahre zuvor hatte der Landwirtschaftsminister in Karnataka angeordnet, daß im ganzen Staat solche Bittgebete um Regen veranstaltet wurden. Es hieß, daß er sich, um die Ausgaben niedrig zu halten, zuerst Kostenvoranschläge von verschiedenen führenden Tempeln, Kirchen und Moscheen hätte vorlegen lassen. Die Gebete erbrachten allerdings nur kurze Schauer, und seine politischen Gegner behaupteten hinterher, die Verträge seien an die heiligen Männer ergangen, die die kostengünstigsten Angebote unterbreitet hätten, statt an die mit den nachweisbar besten Ergebnissen im Spezialgebiet der Regenherbeiführung durch Gebete.

Um den Regengott Varuna Nadu zu beschwichtigen, wurde in Tamil Nadu eine Eselshochzeit mit allem religiösen Zeremoniell gefeiert. Die ›Braut‹ trug einen leuchtend bunten Seidensari, der ›Bräutigam‹ einen seidenen Dhoti, und ein Priester zelebrierte die Feier nach Hinduritus.

In Jamnagar ertönten am ersten August neunzehnhundertsechsundachtzig auf Geheiß der örtlichen geistlichen Führung um Punkt elf Uhr die Sirenen. Die Arbeit wurde niedergelegt, der Verkehr stand still, als alle dreihunderttausend Einwohner fünf Minuten lang beteten. Ein Sprecher verkündete: »Die ganze Bevölkerung stand geschlossen da. Wir hoffen, der Regengott beachtet uns und bringt uns Erleichterung von unseren drängendsten Problemen, der Trinkwasserknappheit und dem Vertrocknen der Ernte.«

Am folgenden Tag wurde in Hyderabad die achtzehnjährige Swaroopa Rani als Seherin während der Bonalu-Regenbeschwörungszeremonie eingesetzt:

> In einen roten Sari gekleidet, Gesicht und Hände glänzend von Gelbwurz, bestieg das Mädchen einen nassen Bottich und verfiel, als die Andächtigen ›Mahankalamma ki jai!‹ riefen, in Trance.
>
> Die Seherin beantwortete die Fragen der Versammelten. Sie sagte, die Göttin sei nicht ›böse‹ mit ihrem Volk, und bat, es segnend, um geröstete *dhal* und *jaggery*, sobald der versprochene Regen eingesetzt habe.
>
> Hunderttausende nahmen an dem farbenprächtigen Fest teil. Mr. S. M. Haq, Stellvertretender Polizeipräsident, brach die traditionelle Kokosnuß, als die Prozession an der Polizeiwache anhielt.

Wir flogen weiter durch die Dunkelheit, fort von Regen und Turbulenzen. Unter uns lag Varanasi, dessen Lichter in der klaren Luft glänzten; ein Mondstrahl fiel auf den Ganges und ließ sein gekräuseltes Wasser silbrig glitzern. Peter Mundy, einer der ersten Briten, die Indien gründlich bereisten, traf hier während des Monsuns von sechzehnhunderteinunddreißig ein. ›In Zeiten des Regens‹, so berichtete er, ›überflutet er die Ufer acht oder neun Meilen weit, das diesseitige Ufer etwas höher, und das Land in zehn oder zwölf Gebieten ist sehr fruchtbar, angenehm, friedlich und gut verwaltet.‹

Wenn der Monsun über Varanasi erschien, brachte er stets eine Zeit der Gelehrsamkeit und Besinnung mit sich. Da das Reisen wegen der angeschwollenen Flüsse und unpassierbaren Straßen unmöglich war, ließ sich ein ganzes Heer von wandernden Sadhus im Ort nieder und erteilte Unterricht als

Entgelt für Nahrung und Unterkunft. Jeden Abend versammelten sich Menschenmengen in bestimmten Tempeln und Häusern, um sie predigen zu hören. Manchmal befanden sich in der Menge andere Sadhus, die den Rednern vor einer begeisterten Zuhörerschaft widersprachen; ihre Streitgespräche, mit hitzigen Stimmen geführt, die den Lärm des Regens auf dem Dach noch übertönten, konnten bis weit in die Nacht hinein dauern. So wurde Varanasi in der Monsunzeit zu einem großen Markt für religiöse und spirituelle Ideen.

»Ob das heute noch so ist?« sagte der Auktionator. »Ich weiß es nicht. Aber man könnte auch argumentieren, daß die Sadhus an Ort und Stelle bleiben, um keine kleineren Lebewesen zu töten. Wenn der Monsun kommt, ist die Welt plötzlich voll von neuem Leben – Insekten, Würmer, winziges Getier –, und wir laufen Gefahr, sie zu vernichten, wenn wir den Fuß auf die Erde setzen. Selbst ein Grashalm ist heilig; ich kann ein Samenkorn pflanzen und es, wenn daraus drei Halme sprießen, als lebenden Gott betrachten, ja, sogar ein religiöses Fest zu seinen Ehren feiern.« Er schaute mich an. »Konsequent zuende gedacht, bedeutet eine solche Haltung, daß ein strenggläubiger Hindu sich nicht aus dem Haus wagt. Ich habe von Menschen gehört, die während dieser Zeit tatsächlich aus diesem Grund daheim geblieben sind. Eine solche Frömmigkeit ist heutzutage gewiß selten, obwohl wir diese Idee stets im Hinterkopf haben. Ich übrigens auch.«

»Aber Sie befinden sich in zehntausend Metern Höhe.«

Er nahm seine Nehrukappe ab, kratzte sein gelichtetes Haar und setzte sie wieder auf. »Vielleicht tötet selbst das Flugzeug Insekten.«

»Doch nicht in dieser Höhe.«

»Aber bestimmt beim Starten und Landen.«

Als wir im Dum-Dum-Flughafen von Kalkutta ausstiegen, berührte er meinen Arm und deutete mit dem Zeigefinger in Richtung Rollfeld. Ganze Galaxien schwärmender Insekten glitzerten im Gegenlicht wie kosmischer Staub.

Ich nahm ein Taxi zum Ashok Airport Hotel, das nur ein paar Fahrminuten über holprige Straßen entfernt lag. Auf dem Armaturenbrett war in dilettantischer Schrift ›Vorfinanziert von der Bank of Madura‹ aufgemalt. Im Ashok wurde gerade das Restaurant geschlossen. Müde und hungrig, wie ich war, beschwerte ich mich beim Mann an der Rezeption. Was das für ein Flughafen-Hotel sei, das Passagiere, die nach zweiundzwanzig Uhr eintrafen, verhungern ließ?

Er musterte mich stirnrunzelnd. »Wenn Sie Beschwerde machen wollen, müssen Sie korrektes Beschwerdeverfahren einhalten«, sagte er.

Ich ging. In der Bar brachte mir ein müde dreinblickender Kellner köstliche Hühnerfleisch-Sandwiches. Dazu servierte er eine Flasche eisgekühltes Kingfisher-Bier, wünschte mir eine gute Nacht und verschwand.

Mein Zimmer roch muffig. An den Möbeln waren Brandspuren von Zigaretten, an den Wänden exotische Flecken. Von irgendwoher war Tanzmusik zu hören. Der Regen hämmerte ans Fenster und erfüllte mich auf einmal mit so tiefer Melancholie, daß ich, während ich so dalag, darüber ins Grübeln kam. Mir wurde bewußt, daß die Umstände – die Dunkelheit, die Tanzmusik, der Regen – mir vertraut erschienen, und dann fiel es mir plötzlich wieder ein. Vor ein paar Jahren wurde ich spät nachts in einem dänischen Badeort am Kattegat durch das Läuten des Telefons geweckt.

Es war meine Schwester, die aus Neuseeland anrief. Sie hatte unsere Mutter besucht, bei der man vor wenigen Wochen ein Krebsleiden festgestellt hatte. Als mich die Nachricht erreicht hatte, war ich zu ihr geflogen und hatte sie in bemerkenswert guter Verfassung angetroffen. Der Arzt gab ihr noch ein halbes Jahr, und sie sagte mir, sie wolle noch einmal die Neuen Hebriden besuchen, besonders Paama. Sie hatte die Inseln immer gehaßt und irgendwie für den Tod meines Vaters verantwortlich gemacht; jetzt aber sprach sie, völlig überraschend, von einer Einladung, die ich vor einigen Jahren von Paama mitgebracht hatte. Ich traf alle notwendigen Vorkehrungen, um bald zurückzukommen und sie dorthin zu begleiten.

Meine Schwester sprach sehr ruhig. Sie sagte, unsere Mutter liege im Sterben. Es sei alles sehr plötzlich gekommen. Sie sei ins Koma gefallen und könne, obwohl jetzt kurz bei Bewußtsein, nicht sprechen. Sie wolle den Hörer an ihr Ohr legen, damit ich zu ihr reden könne.

Es dauerte eine Weile, ehe ich begriff. Ich empfand Schock, Verwirrung und dann ein merkwürdiges Lampenfieber. Welche Worte wären angemessen? Was sagte man als letztes zu seiner Mutter?

»Gib ihr zu verstehen, wieviel sie dir bedeutet«, riet meine Schwester.

Wir waren keine Familie, die ihre Gefühle offen zeigte, und ich hatte nie zuvor so etwas gesagt. Als ich meinen Monolog begann, trommelte der Regen an die Scheibe, und irgendwo in dem dänischen Hotel wurde Tanzmusik gespielt. Einmal hörte ich am anderen Ende der Leitung ein schwaches Keuchen, aber sonst blieb meine Mutter stumm. Ich redete von unserer baldigen Reise nach Paama und auch von meinem Vater, und dann hörte ich die Stimme meiner Schwester, die sagte, ich könne aufhören. Unsere Mutter sei wieder bewußtlos, und das blieb sie, bis sie, wie ich am Morgen erfuhr, vier Stunden später starb.

Sie war neunzehnhundertachtzig, kurz bevor die Inseln ihre Unabhängigkeit von England und Frankreich erhielten, nach Paama eingeladen worden. Der *Observer* hatte mich auf die Neuen Hebriden geschickt, um einen Bericht zu schreiben – mein erster Besuch dort seit Kindertagen, und ich fand vieles verändert vor; die Menschen, jetzt politisiert, waren in probritische und pro-französische Parteien gespalten. Die probritische wurde von schwarzen presbyterianischen, die pro-französische von römisch-katholischen Geistlichen angeführt. Gegenseitiger Haß, Argwohn und Groll wurden von London und Paris noch geschürt, und die unerquickliche Atmosphäre machte mich noch trauriger als die Tatsache, daß unser Haus und Hospital dem Wetter, den Termiten und der Zeit zum Opfer gefallen waren.

Ich wollte ein Wochenende auf Paama verbringen. Ich schickte eine Nachricht und startete eines Samstagmorgens mit einer kleinen Air-Melanesia-Maschine, gelenkt von zwei jungen Franzosen, zur Insel Epi. Um sich Abwechslung zu verschaffen, durchflogen sie ein paar wirklich interessante Gewitter, in Epi aber, wo ich in eine Barkasse nach Paama umstieg, war strahlend blauer Himmel. Auf der Überfahrt bot mir der Steuermann Zuckerrohr und stellte sein Transistorradio an. Wir hörten die Nachrichten von Vila in Bislama oder Pidgin-Englisch – ›Nasonal Developmen Bang blong ecrivan‹ (›The National Development Bank is intended for everyone‹) ›Kopra Bod blong yumi se Jif Minista‹ (›The Chief Minister says we must have our own copra board‹) – und sahen eine Rauchfahne vom aschweißen Gipfel des Lopevi aufsteigen; die Nußbäume, zwischen denen Maurice seine drei Kirchen errichtet hatte, gediehen noch immer prächtig an seinem Fuße. Paama begann den Horizont auszufüllen, kleiner, als ich es in Erinnerung hatte, aber auch schöner und in zartes, buttergelbes Morgenlicht getaucht.

Wir fuhren in die Liro-Bucht ein, wo Maurice und Janey einst ihr Mobiliar an Land hatten treiben lassen. Eine dichte Menschenmenge drängte sich am Strand. Als die Barkasse auf Grund aufsetzte, sangen sie ›There is a Green Hill Far Away‹, und eine ältere Dame kam mit einem Sonnenschirm und einem riesigen Blumenstrauß durch die Fluten gewatet. Ich sprang heraus und nahm die Blumen, knietief im Wasser, in Empfang. Den Sonnenschirm über mich haltend, erklärte sie mir, wir dürften uns nicht von der Stelle rühren, bis der Gottesdienst vorbei sei. Ein Inselpastor in weißem Leinenanzug und Stehkragen stimmte ein Dankgebet ob der glücklichen Heimkehr des Mannes ›Soltwater‹ an, was Pirat, Eindringling oder, in gewissen Fällen, ›lange verloren geglaubter Reisender‹ bedeuten kann.

Ein zweites Lied folgte. Meine Begleiterin und der Steuermann kannten es auswendig und sangen energisch mit, während mein Schweigen verblüffte, forschende Blicke hervorrief; konnte dieser stumme Fremdling wirklich der Enkel von Maurice sein? Seine Stimme wäre noch draußen auf hoher See zu hören gewesen.

Der Pastor hielt eine kurze Ansprache und hieß Sandy, den Sohn und Enkel berühmter Männer, nach einer Abwesenheit von neununddreißig Jahren willkommen. Neununddreißig Jahre! Woher wußten sie das? Als letzte Tat vor Verlassen Paamas hatte Klein-Sandy eine Kokosnuß gepflanzt, und es würde ihn sicher freuen zu hören, daß sie sich zu einer gesunden Palme, die noch heute Früchte trug und ›Sandys Baum‹ genannt wurde, entwickelt hatte; ich konnte mich nicht im entferntesten daran erinnern und hörte mit wachsendem Erstaunen und wachsender Besorgnis zu. Da morgen Sonntag sei, solle Sandy in der Rev. Maurice's Church den Morgengottesdienst abhalten und dann einem Fest zu seinen Ehren beiwohnen, zu dem jedermann eingeladen sei. Und nun solle er herkommen, damit alle ihn begrüßen könnten.

Geleitet von der älteren Frau, watete ich durchs Wasser an den Strand und schüttelte, vom Sonnenschirm beschattet, die Blumen im Arm, den an mir vorüberziehenden Menschen die Hand. Der Pastor und eine Gruppe fröhlicher junger Männer riefen die Ältesten herbei, führten mich zu meiner Kokospalme, vor der sie sich mit mir zu einem offiziellen Foto aufstellten. Die Frauen der Gemeindeältesten trugen ein köstliches Mahl aus Reis, Yamswurzel und in Kokosmilch gekochtem Fisch in das kleine Regierungsgästehaus. Während sie draußen schweigend auf die Töpfe und Teller warten, wollten ihre Männer alles über meine Familie erfahren, betrachteten die Fotos der Kinder und stellten viele detaillierte Fragen. In welchen Schulfächern waren sie am besten? Welches waren ihre bevorzugten biblischen Geschichten? Wie hießen die Pastoren, die sie getauft hatten?

Später dann zeigten sie mir die Überreste des Missionshauses, das einem Hurrikan zum Opfer gefallen war, und reichten mir einen kleinen Stein, der Teil der Küchenwand gewesen war. Ich sah, daß ein paar Swatow-Orangenbäume, knorrig, aber noch fruchtbar, überdauert hatten.

Sie brachten mich zu dem Hospital, das mein Vater errichtet hatte, jetzt von einem alten schweigsamen Mann geführt, der einer seiner Schüler gewesen war. Es war ein kühles, anmutiges Gebäude, mehr ein Privat- als ein Krankenhaus, von Palmen beschattet und vom Duft blühender Bäume erfüllt. Die seien, so erzählten mir die Ältesten, von meiner Mutter gepflanzt worden.

Zum Abendessen kehrten wir ins Gästehaus zurück. Der Pastor und die Ältesten sprachen lebhaft vom Sonntagsgottesdienst. Als ich darauf hinwies, daß ich völlig ungeeignet sei, ihn zu halten, und unmöglich ein öffentliches Gebet sprechen könne, kicherten sie und führten mich in eins der Geheimnisse des südpazifischen Presbyterianismus ein: das Delegieren. Ich könne andere dazu berufen, die Gebete zu sprechen, müsse aber aus einem Evangelium lesen und die Predigt abhalten.

Bei Schweinebraten, Fischcurry, Cornedbeef-Beignets, süßen Kartoffeln und wildem Spinat, von den Frauen gekocht, die draußen im Dunkel saßen, wählten wir die Kirchenlieder und Texte. Als sie sich scherzend darüber stritten, wer die Gebete übernehmen solle, machte ich den Vorschlag, die Frauen hereinzubitten; vielleicht würde eine von ihnen gern ein Gebet vortragen.

Die Ältesten lehnten diesen Vorschlag als exzentrisch ab, und das Gespräch wurde allgemeiner. Sie erzählten mir von dem Leben, vor dem Maurice sie ›gerettet‹ hätte. Vor seiner Ankunft hätten die Männer den Kannibalismus praktiziert, *nambas*, Penisgurden aus Stroh, getragen, die ihre Geschlechtsorgane ständig erigiert hielten, und unentwegt Kava getrunken, um high zu sein.

Kava wurde – und wird auf anderen Inseln heute noch – von den Frauen zubereitet. Sie kauen die Wurzel der *piper-methy-*

sticum-Pflanze, spucken das Gekaute in einen Topf und machen sich dann rar. (Frauen dürfen nicht zusehen, wenn die Männer trinken; wenn eine von ihnen zufällig in eine Kava-Zeremonie hereinplatzt, muß sie die traditionelle Strafe über sich ergehen lassen, die auf der Stelle ausgeführt wird – ein Schlag mit einer schweren Kavawurzel auf den Kopf.)

Das Zeug sieht aus wie Tee mit Milch und ist nicht alkoholisch, aber eine einzige Ration hat die Wirkung von vier großen Whiskys und haut einen vier Minuten später um. Anders als Alkohol ruft es eine tiefe Melancholie beim Trinkenden hervor; er wird schweigsam und schläfrig, seine Augen werden empfindlich gegen Licht, seine Ohren gegen Lärm. Es macht süchtig, und obwohl der Geist klar bleibt, kann eine vorübergehende Lähmung der unteren Gliedmaßen eintreten.

Als Maurice hier eintraf, saßen die Kavatrinker oft stundenlang da und starrten auf Steine, die jeder den Geist irgendeiner Pflanze oder eines für den Stamm wichtigen Gegenstandes bargen. Es gab den Yamstein, den Bananenstein, den Kokosnußstein und den Schweinestein. Die Ältesten sagten, daß Maurice, der Mitleid mit den armen wilden steineverehrenden Bewohnern von Paama hatte, die Hand ausstreckte und sie in einen Zustand der Gnade erhob.

Dann sprachen sie von den Franzosen. Ich hörte vertraute Geschichten über ihr Doppelspiel, ihre Hinterhältigkeit und ihren offenkundigen Kultur Imperialismus, ihr Pochen darauf, daß die Bewohner der von Frankreich verwalteten Inseln französische Geschichte, Sprache und Literatur erlernen mußten. »Im Regenwald lesen die Kinder Zola!« sagte einer. Die Ältesten redeten wie Maurice, der die Franzosen verabscheut hatte, und erzählten mir sogar eine ähnliche Geschichte, die Maurice so gerne von sich gab – von einem gierigen französischen Händler auf Malekula, der willkürlich seine Preise verdoppelte und innerhalb von einer Stunde bankrott war. Ob ich erraten würde, warum?

Ich schüttelte den Kopf.

»Seine Kunden kratzten all ihr Geld zusammen«, sagte einer der Ältesten, »bis auf den letzten Centime ...«

»Und warfen es ins Meer!« sagte ein anderer.

Später dann, als sie gegangen waren, lauschte ich dem schläfrigen Tosen der Brandung und dachte über Maurices Einfluß auf diese Insel nach; selbst seine Vorurteile waren noch intakt. Viele der anderen Inseln, die von seinen Presbyter-Kollegen ›zivilisiert‹ wurden, waren zu ihrer einstigen Lebensform zurückgekehrt, die Männer trugen wieder ihre *nambas*, tranken Kava und starrten auf Steine.

(Auf Tanna hatte ich eine Woche zuvor eine abtrünnige Gemeinde besucht, wo die Männer einen Herzog-von-Edinburgh-Stein verehrten. Sie träumten, daß er sich bald von seiner jetzigen Frau trennen und als ihr Häuptling oder Großer Mann kommen würde; ich hatte die aus dem Buschland geschlagene Landebahn für sein Flugzeug und die drei feierlichen, barbusigen Teenager gesehen, die seine neuen Frauen sein würden. Der riesige *namba*, den er tragen sollte, war schon per Post zum Buckingham Palace geschickt worden, und sein gerahmtes Porträt prangte in der Mitte eines blumengeschmückten Schreins; der Herzog-Stein war der größte und heiligste in ihrer Siedlung.)

Auf Paama hingegen schien sich wenig verändert zu haben. Maurice hatte eine Gemeinde geschaffen, die selbst vierzig Jahre nach seinem Weggang noch seiner Vorstellung von einer ehrbaren Gemeinde entsprochen hätte – sparsam und gottesfürchtig, so wie man sie in jedem ehrbaren Glasgower Vorort antreffen konnte. Wie hatte er das fertiggebracht? Ohne Frage liebte er die Menschen von Paama und zog ihre Gesellschaft jeder anderen, ausgenommen seiner engsten Verwandtschaft, vor, und sie fühlten wohl eine ähnliche Zuneigung zu ihm. *Wir hatten Spaß*. Das sagte er oft, wenn er von ihren Veranstaltungen, Versammlungen oder Festen zurückkam. *Ja, wir hatten richtig Spaß*. Vielleicht braucht man letzten Endes gar nicht weiter zu suchen.

Vierhundert Menschen kamen zur Kirche, strömten von überall aus den Wäldern herbei, die übliche Teilnehmerzahl. An der Wand hinter der Kanzel hingen zwei Bilder, ein nicht sehr großer Druck von Jesus und ein riesiges, kunstvoll gerahmtes Bild von Maurice, ähnlich dem Porträt eines Firmenchefs in einem Sitzungssaal. Ich las aus dem Ersten Brief an die Korinther – ›Wenn ich mit den Zungen der Menschen und der Engel rede, doch Liebe nicht habe, bin ich ein tönendes Metall oder eine klingende Schelle‹ –, weil das die eine Lieblingspassage meiner Mutter war, und danach hielt ich eine politische Ansprache, eine Bitte um Einigkeit, die auf zwei Versen aus Johannes, Kapitel 14 basierte. Die Kirchengemeinde saß wohl zu Gericht, verkündete aber kein Urteil. Das blieb den dreißig Kindern überlassen, die sich auf dem Boden rings um die Kanzel versammelt hatten und jetzt während meiner Ansprache auf dem Rücken lagen und mit offenen Mündern schliefen.

Hinterher, bei einem Festmahl mit Spanferkel, in einem Lehmofen gebacken, beschenkte man mich mit Palmmatten und kunstvoll bestickten Kissenbezügen. Ich wurde von zwei weinenden, halbblinden Greisinnen umarmt, die einst Hausmädchen bei meinen Großeltern gewesen waren, und von vielen bedrängt, bald mit meiner Mutter wiederzukommen. Mehrere Frauen erzählten mir von den Dingen, die sie während ihrer Besuche für sie getan hätte, von der ruhigen Art, in der sie ihnen Selbstachtung und Stolz auf ihr Geschlecht beigebracht hätte.

»Ich möchte sie noch einmal Blumen malen sehen, das müssen Sie ihr sagen«, meinte eine. »Sie konnte sie auf dem Papier wachsen lassen, ich habe ihr immer so gern zugesehen.«

Ich versprach, es sie wissen zu lassen. Nach dem Essen fing es an zu regnen, ein warmer vertrauter Kindheitsregen aus Wolken, die Fraktonimbus ähnelten. Die Kohlen in dem Lehmofen zischten und verloschen wie die großen regenerzeugenden Feuer in Kerala. Meine Inselfreunde schienen glücklich und gelöst.

Als ich nun in meinem Hotelzimmer von Dum Dum an sie dachte, war mir, als seien sie Teil meiner Indienreise geworden – obwohl diese Verschmelzung durch die plötzliche Erinnerung an ein kurzes, aber kräftiges Nach-Fest-Erdbeben auf Paama wieder aufgehoben wurde. Es hatte das Obst von den Bäumen geschüttelt und die Menge zum Lachen gebracht. Vielleicht erinnerte ich mich jetzt daran, weil Maurice wollte, daß ich die richtigen Prioritäten setzte. Ich war in Kalkutta auf der Jagd nach dem Monsun, und an mein Fenster trommelte heftiger indischer Regen. Ich bemerkte, daß die Tanzmusik verstummt war, und sank endlich in Schlaf.

Achtzehnhunderteinunddreißig schrieb Thomas Bacon aus der Bengalischen Berittenen Artillerie: ›In der Monsunzeit ist Dum Dum und die gesamte Umgebung so überflutet, daß man mit einem kleinen Boot vom Hauptquartier zu den Salzwasserseen oder zu den Sundurbunds und weiter aufs offene Meer paddeln kann, das mehr als hundert Meilen entfernt liegt.‹

Um sieben Uhr dreißig erschien ich an dem winzigen Vayudoot-Schalter in Dum Dum für den Acht-Uhr-dreißig-Flug nach Shillong. Ich war in Hochstimmung. Vor vierundzwanzig Stunden hatte ich alle Hoffnung, Cherrapunji jemals zu sehen, mehr oder weniger begraben, und jetzt eröffneten sich plötzlich die großartigsten Aussichten. Noch heute nachmittag würde ich in Cherrapunji sein, wo der Monsun, wie ich wußte, voll im Gang war. Ich dachte an das Bild in meinem Kinderzimmer. Ich dachte an meinen Vater. Ob ihm vielleicht bewußt war, wohin ich ging? Daß ein Grund meiner Reise war, eine alte unerledigte Familienangelegenheit zu regeln?

Der Vayudoot-Schalter war unbesetzt bis auf eine Gruppe von Schreinern, die weiter hinten Trennwände errichteten. Ich schrie einem Mann zu, der gerade Sperrholz sägte, daß ich mich nach Shillong einchecken wolle. Er warf mir einen kurzen verdutzten Blick zu und fuhr mit seiner Arbeit fort. Ein paar Minuten später tauchte ein junger Angestellter in einem eleganten Leinenanzug auf. Er trug eine Eton-Krawatte und sagte mir, der Flug nach Shillong sei storniert worden.

»Sie hätten die frühe Maschine nach Gauhati nehmen müssen«, meinte er. »Sie ist um fünf Uhr dreißig gestartet und wäre bei Bedarf in Shillong zwischengelandet.«

»Aber auf meinem Ticket steht: Abflug acht Uhr dreißig. Und es ist gestern von Ihrem Hauptbüro in Delhi ausgestellt worden.«

Er betrachtete das Ticket. »Delhi hätte es wissen müssen. Diese Acht-Uhr-dreißig-Maschine fliegt seit neun Tagen nicht mehr. Sie selbst haben es angeordnet. Wegen Mangel an Flugzeugen, hieß es.«

Ich starrte ihn an. »Und was soll ich jetzt tun?«

»Kommen Sie morgen um vier Uhr dreißig wieder. Ich buche Sie für den Fünf-Uhr-dreißig-Flug und veranlasse eine Zwischenlandung in Shillong.«

Der Angestellte blickte stirnrunzelnd zu den Schreinern hin. »Was für einen Radau diese Brüder machen!« Er schrieb mein Ticket mit einem eleganten Schnörkel um und gab es mir zurück. »Möchten Sie einen Tee?« fragte er.

»Gern.« Mein Ärger und meine Enttäuschung schwanden fast augenblicklich dahin. Vielleicht wollte mich Indien lehren, mich in das Unvermeidliche zu fügen, wenn doch nichts daran zu ändern war.

Wir gingen in ein leeres Restaurant, in dem ein Mann mit Besen unsere Bestellung aufnahm. »Auch Toast?« fragte er.

»Ja, bringen Sie uns Toast«, sagte mein Begleiter, und dann lächelte er mich an. »Entschuldigen Sie meine Neugier, aber ich frage mich die ganze Zeit, warum Sie nach Shillong wollen. Es ist kein Ort, der von Ausländern besucht wird.«

Ich erzählte ihm von Cherrapunji und dem Monsun. Und ich fügte hinzu, daß ich jetzt einen der drei Tage verlieren würde, die Ms. Gulati mir zugebilligt hatte.

»Aber Sie können diese Zeit auch hier in Kalkutta nutzen«,

sagte er. »Wir haben auch Monsun. Er ist schon da, hat aber bisher – unberufen – noch nicht die schrecklichen Überschwemmungen wie im letzten Jahr gebracht. Damals am sechsten Juli waren wir von den sintflutartigen Regenfällen wie gelähmt – hundertsieben Millimeter in zwölf Stunden!«

Kalkutta, so dachte ich, hatte Schlimmeres erlebt. Achtzehnhunderteinunddreißig schrieb Leutnant Bacon: ›Hundertvierzig Stunden ohne Unterbrechung hielt der Himmel seine Schleusen geöffnet.‹

»Der Flughafen mußte wegen Überschwemmung geschlossen werden«, fuhr mein Begleiter fort. »Es fuhren weder Straßenbahnen noch Busse; deshalb mußten die Menschen bis zur Taille im Wasser nach Hause gehen.« Er blickte mich traurig an. »Manch einer wurde nie mehr gesehen.«

»Warum?«

»Als die Fluten einsetzten, rannten viele Einwohner auf die Straßen und rissen die Kanaldeckel auf, um das Wasser in ihren Häusern abfließen zu lassen. Die später Vermißten waren Fußgänger, die in die offenen Kanalschächte fielen. Plumps! Und weg waren sie, in den Abwasserkanälen verschwunden. Bis heute ist ihre Zahl nicht bekannt.«

»Großer Gott!«

»Sie sollten mal mit jemand hier über den Monsun sprechen. Uns bereitet er nichts als Ärger.«

Der Mann mit dem Besen brachte unseren Tee und Toast. Ich wollte bezahlen, aber der Angestellte verbat es mir mit streng erhobener Hand. »Kommt gar nicht in Frage. Das geht auf Kosten der Vayudoot.«

»Wer würde denn mit mir über das Hochwasser sprechen?«

»Unser Bürgermeister Kamal Kumar Basu, ein berühmter Marxist, die Geißel der Regierung von Delhi.«

Ich lachte. »Kann ich denn einfach hereinspazieren und mit dem Bürgermeister von Kalkutta sprechen?«

»Warum nicht? Das tut jeder. Zwischen mittag und eins verfolgt er die Politik der offenen Tür. Sie müssen natürlich warten, bis Sie dran sind, aber er wird Sie empfangen.«

Ich trank meinen Tee aus. »Woher haben Sie diese Krawatte?« fragte ich.

»Von einem Herrenausstatter in einer Seitenstraße des Shakespeare Sarani«, sagte er. »Komischerweise hat meine Tante, die mit den Flüchtlingen arbeitet, letzte Woche eine ganz ähnliche gesehen. Sie steckte in einem Kleidersack aus England.« Er legte ein paar Münzen auf den Tisch. »Aus einem Second-hand-Laden für die Dritte Welt.«

Unter der gnädigen Morgensonne sahen Kalkuttas siebenhundert verdreckte Quadratkilometer gesäubert und erneuert aus. Der Monsunregen hatte die Straßen ausgespült, die Gebäude gewaschen. Überall sproß Grün hervor. Von Dum Dum aus gesehen, schien es zu glitzern, eine Gartenstadt, alles andere als der ›überquellende Dreckshaufen‹, den Kipling so verabscheut hatte. Aber als sich mein Taxi dem Zentrum näherte, setzte sich das alte Kalkutta wieder durch. Die Verkehrsampeln waren ausgefallen. Die Straßengemeinde der Gehsteigbewohner und ausgemergelte Rinder schlängelten sich durch die gewaltigen Staus und Rückstaus, und über allem lagen Abgasschwaden wie eine dünne blaue Wolkendecke. Das Gedränge verschlimmerte sich noch durch einen Demonstrationszug von streikenden Metallarbeitern, die, angeführt von einer Blaskapelle, anrückten. Sie überquerten eine Straßenkreuzung, bewacht von drei hektischen, wild gestikulierenden Polizisten, die zu der Musik zu tanzen schienen. Dann traten Kapelle und Streikende aus dem Glied; die Musiker spielten, während sie sich an den stehenden Wagen vorbeidrängten, munter weiter, jetzt aber im Wettstreit mit den wütend hupenden Autofahrern.

»Gott o Gott!« murmelte mein Taxichauffeur. Er war ziemlich überdreht und nervös.

Die Einwohner Kalkuttas unterscheiden sich von allen restlichen Indern. Eine seltsame Heiterkeit ist ihnen eigen, als befänden sie sich kurz vor dem Weltuntergang und wollten dabei aus jedem Tag ein Maximum herauspressen. Die anderen Inder behaupten, daß die Stadt längst außer Kontrolle geraten sei, daß Kalkutta und bürgerliche Ordnung zwei sich widersprechende und unvereinbare Begriffe seien. Es würde jene Zukunft darstellen, die sie alle erwartete, sollten ihre anarchischen, sorglosen Naturen jemals von der Leine gelassen werden.

Ich zahlte mein Taxi und setzte meinen Weg zu Fuß fort, um den Mann aufzusuchen, der mit der Regierung dieser Stadt betraut war.

Der Sekretär des Bügermeisters saß an einem geschwungenen schwarzen Schreibtisch, der mit Intarsien in Hakenkreuzmuster verziert war. Hinter ihm hingen ein Kalender der Jadob-Elektrizitätsgesellschaft und der gerahmte Druck eines griechischen Kriegers, der vor dem Parthenon zu einer Versammlung ernster Frauen spricht. Der Mann notierte sich meinen Namen und schickte mich in einen überfüllten Warteraum, der mit schweren Ledersesseln und Sofas ausgestattet war. Die Bittsteller waren ein Querschnitt durch die Gesellschaft, wohlgenährte Händler, Studenten, ein paar wie Juristen aussehende Männer in Anzügen, Arme aus den Slums. Alle saßen sie in vorbildlicher Haltung da und lauschten, die Augen weit geöffnet, auf den Lärm, der aus dem Büro des Bürgermeisters drang. Dort fand eine stürmische Besprechung statt. »Nein! Das habe ich nie gesagt. Hört denn kein Mensch richtig zu? Ich sagte heute. Heute! Das ist keine Entschuldigung. Holen Sie's! Holen Sie's auf der Stelle!«

Ein verängstigter schwitzender Mann kam durch die Tür gehastet und verschwand in einem Flur.

»Wer soll das gesagt haben?« brüllte der Bürgermeister. »Wer hat Ihnen das erzählt? Na, den werd ich mir vorknöpfen. Ich gebe ihm genau zwei Minuten, um hier zu erscheinen und sich zu rechtfertigen. Zwei Minuten! Ich schau auf die Uhr!«

Ein zweiter Mann flitzte durchs Vorzimmer, und alle blickten sich zustimmend an. Hier war die Führung, die Kalkutta brauchte, ein Oberhaupt wie ein Nawab.

Kamal Kumar Basu verhandelte rasch und effizient mit seinen Besuchern. Obwohl ich einer der letzten war, wurde ich innerhalb der Besuchsstunde aufgerufen und gebeten, vor seinen großen polierten Schreibtisch zu treten. Seine Mitarbeiter saßen auf Sofas, brüteten über Dokumenten oder blickten geistesabwesend auf ein Glasschränkchen mit den Memorabilien der Kommunistischen Partei – Medaillen, Briefe, eine kleine bronzene Lenin-Büste. Der Bürgermeister, ein hagerer, ergrauter Mann mit wachen Augen in weißem Hemd und Dhoti hörte mich an und hob eine Hand.

»Holen Sie Sengupta, Kanalisation!« befahl er einem Untergebenen. Zu mir gewandt, sagte er: »Es ist besser, wenn Sie mit einem Spezialisten sprechen. Natürlich haben wir Probleme mit dem Monsunhochwasser, und ich versuche gerade, die Regierung in Delhi dazu zu bewegen, mehr Geld zur Verfügung zu stellen, damit wir die Stadt in der Regenzeit sicherer machen können. Innerhalb der nächsten drei Monate wird ein Bericht auf dem Tisch des Ministerpräsidenten liegen. Einer der Hauptpunkte wird sein, daß unsere Kanalisation achtzehnhundertsechsundneunzig gelegt wurde. Von den Briten. Sie erbauten Kalkutta als eine große Kolonialhauptstadt, die zweite Stadt des Empires nach London. Lord Curzon sprach von einer europäischen Stadt auf asiatischem Boden, und das trifft genau das Problem. Sie bauten Kalkutta für sich selbst, schöne öffentliche Gebäude, Kathedralen, Kirchen, herrliche Vorstädte. An die Millionen Inder, die hier lebten, verschwendeten sie keinen Gedanken; es wurde keine richtige Infrastruktur geschaffen, und schon damals war die Stadt berüchtigt für ihren Schmutz und ihre Armut. Kipling haßte sie. Inzwischen hat sich die Einwohnerzahl vervier facht, und wir müssen, was alles noch schlimmer macht, mit einem gewaltigen Strom von Flüchtlingen fertigwerden – sie machen derzeit vierzig Prozent der Bevölkerung aus. Diese Flut von verarmten Bauern bedeutet, daß wir nur noch dem Namen nach eine Stadt sind. Selbst rings um das Geschäftsviertel herrschen ländliche Werte und Lebensweisen vor; die

Landbevölkerung lebt in Hütten hinter den Büroblocks und, natürlich, auf der Straße.« Er warf mir einen ernsten Blick zu. »Wenn der Monsun kommt, ist das veraltete System total überfordert. Ihr Leben wird zu einer Hölle aus Elend und Leid.«

Mr. Sengupta steckte den Kopf zur Tür herein. Ich verabschiedete mich von Kamal Kumar Basu und folgte dem Sonderbeauftragten in Sachen Kanalisation der Stadtverwaltung von Kalkutta in ein anderes Büro. Dort wurden Tee und Gebäck serviert und Kollegen per Telefon herbeizitiert – D. K. Sanyal, ein untersetzter, bebrillter leitender Ingenieur (»Kanalisation!« sagte er, als er mir die Hand schüttelte), und P. K. Ghose, stellvertretender Chefingenieur der Stadtverwaltung.

Ich fragte nach dem Monsunhochwasser im letzten Jahr. Mr. Sengupta sagte: »Der Regen legte die Stadt völlig lahm, und wir alle wurden zu seinen Opfern. Über hunderttausend Menschen wurden in hundertsechzig Entlastungslagern untergebracht. Eine Woche lang mußten zweihundertsiebenundsiebzigtausend mit Nahrungsmitteln, Trinkwasser und Medikamenten versorgt werden. Um die Lage zu entspannen, wurden zweihundert zusätzliche mobile Pumpen herbeigeschafft, Kanaldeckel geöffnet, Schlammfanglöcher ausgehoben und *nikashi*-Kanäle gesäubert. Gesamtkosten der Operation – achtundfünfzig Millionen Rupien.«

»Sind viele Menschen in den Einstiegsschächten verschwunden?« fragte ich.

Die Männer blickten einander vielsagend an. »Das ist eine weitverbreitete Horrorgeschichte«, meinte Mr. Ghose, ein kleiner, dunkelhäutiger, ernsthafter Mann. »Es wäre töricht zu behaupten, sowas sei nie vorgekommen. Aber sicher nicht so oft, wie man Ihnen hat weismachen wollen.«

»Das Ausmaß unserer Probleme ist ungeheuerlich«, sagte Mr. Sanyal. »Die Briten haben unser Kanalisationssystem angelegt – es ist so alt wie das von London –, allerdings für eine weit geringere Einwohnerzahl konzipiert. In jenen Tagen hielt man eine Bevölkerungsdichte von dreihundert Menschen pro Acre in Kalkutta für akzeptabel.«

»Er meint dreihundert Inder«, sagte Mr. Sengupta trocken.

»Dank der Flüchtlinge, die seit der Teilung zu uns hereinströmen, haben wir jetzt Bezirke mit viertausendfünfhundert pro Acre«, fuhr Mr. Sanyal fort. »Aber wir haben immer noch die alte Kanalisation am Hals und nicht die Mittel, sie auszubauen. Was in einer Flutsituation nötig wäre, ist ein aufeinander abgestimmtes System von Pumpeinheiten und Entschlammungsnetzwerken, die überschüssiges Wasser durch die Flutkanäle in den Hooghly River abfließen lassen.«

»Es gibt aber auch eine positive Seite«, sagte Mr. Ghose. »Wenn die Katastrophe eintrifft, ziehen alle am selben Strang. Jedes Jahr, rechtzeitig vor dem fünfzehnten Juni, halten wir im Rathaus unter dem Vorsitz Seiner Hochwürden Monsun-Planungssitzungen ab. Achtunddreißig Abteilungsleiter nehmen daran teil, so daß, wenn das Hochwasser kommt, jeder weiß, was zu tun ist. Polizei, Feuerwehr, Wasserwerk, Ziviler Rettungsdienst, Telefonamt, Elektrizitätswerk – jeder hat seine Aufgabe. Die medizinischen Hilfsdienste sind in Alarmbereitschaft. Ganze Flotten von Schnellbooten stehen bereit, um Obdachlose in Sicherheit zu bringen.« Er lächelte. »Kalkutta wird plötzlich zu einer organisierten Stadt.«

»Unsere Ratsmitglieder begeben sich höchstpersönlich an Ort und Stelle, um die Führung zu übernehmen«, sagte Mr. Sanyal. »Ich habe den Bürgermeister, selbst den Gouverneur von Westbengalen durch brusthohes Wasser gehen sehen, um Frauen und Kinder in Sicherheit zu tragen. Mr. Sengupta übrigens auch.«

Mr. Sengupta gestattete sich ein bescheidenes Achselzucken. »Wissen Sie, diese Katastrophen reinigen alles. Sie spülen die Ratten fort.«

»Wir bereiten einen Sonderbericht für den Ministerpräsidenten vor«, sagte Mr. Ghose. »Der Titel lautet *Kalkutta – Stadt der Freude*, Thema ist die Notwendigkeit einer verbesserten Kanalisation. Bessere Flutkanäle zum Beispiel. Neue Pumpenhäuser.«

»Erneuerung der Rohrsysteme«, sagte Mr. Sanyal. »Eine neue Kläranlage mit Autoklav, Bau von neuen Kanalschächten und Schlammfanglöchern; Arbeit am Tally's Nullah, der jetzt die Abwässer von Tollygunje und den südlichen Vororten in den Hooghly führt und dort Verschmutzungen hervorruft.«

»Verbesserte Festmüllentsorgung und nächtliche Latrinenaushebung«, sagte Mr. Sengupta. »Die Stadt produziert täglich zweitausendsechshundert Tonnen Müll; die Leute schmeißen ihren Dreck einfach auf die Straße und lassen ihn von den *mazdoors* fortkehren. Wenn der Monsun kommt, verstopft er das Abflußsystem.«

»Wir brauchen also Abfalleimer, Handkarren, zusätzliche Besen, Kehrmaschinen«, fuhr Mr. Sanyal fort. »Und Verbrennungsanlagen für die ansteckenden Krankenhausabfälle, die derzeit noch mit dem Hausmüll weggeworfen werden.«

»Dann gibt es die vielen Kühe in Kalkutta«, sagte Mr. Sengupta, »ganz zu schweigen von den unzähligen Hunden und Katzen. Sie alle sterben auf den Straßen, und wir versuchen, Delhi klarzumachen, daß ihre Kadaver gesondert entfernt und vernichtet werden müssen.«

»Delhi wird auch von unseren Abortentsorgungsproblemen hören«, sagte Mr. Ghose. »All unsere Aborte und Klärbehälter werden per Hand entleert und gesäubert – ein vorsintflutliches Verfahren, das unbedingt abgeschafft werden muß. Was wir brauchen, sind automatische Senkgrubenentleerer.«

»Eines unserer Ziele ist«, fuhr Mr. Sanyal fort, »den mittellosen Slumbewohnern zu helfen, die zwangsläufig die am schlimmsten Betroffenen sind, wenn der Monsun beginnt.«

Er knabberte an einem Stück Gebäck. Wir tranken schweigend unseren Tee. »Und wie stehen die Chancen, daß Delhi etwas unternimmt?« fragte ich schließlich.

Mr. Sengupta seufzte. »Um die Wahrheit zu sagen, sie

mißgönnen uns unseren einstigen Ruhm. Bis neunzehnhundertelf war Kalkutta Indiens Hauptstadt, und die Zentralregierung mißtraut uns bis zum heutigen Tag. Von Zeit zu Zeit kommen ein paar Experten aus Delhi, um Berichte zu schreiben, dann hört man nichts mehr von ihnen. Jetzt aber hat sich die Lage so verschlimmert, daß sie nicht mehr untätig bleiben können.«

»Hat es bei diesem Monsun denn schon Überschwemmungen gegeben?« fragte ich.

»Bisher nicht«, antwortete Mr. Sengupta.

»Dreimal auf Holz geklopft!« sagte Mr. Sanyal.

»Wir verfolgen die Wetterberichte genau«, sagte Mr. Ghose. »In einem Land, das überflutet zu werden droht, ist der Wetterprophet König.«

Ich bedankte mich bei diesen netten Männern, die mir ihre Zeit geopfert hatten, und ging wieder hinaus in ihre pulsierende, verschmutzte, nervöse Stadt.

Kipling wohnte im Great Eastern Hotel in der Old Court Street, als er für die *Civil and Military Gazette* journalistisch tätig war. Seither wird das Hotel viel von Journalisten frequentiert; vier saßen beim Essen an einem Tisch neben dem meinen, drei aus Delhi und ein Australier. Der Aussie wollte über Staatsangelegenheiten reden, über die Gandhi-Dynastie und die Zukunft der Kongreßpartei, aber er kam gar nicht zu Wort, weil die Inder ausschließlich über Mangos diskutierten.

»Die Alfonso ist einfach unvergleichlich«, verkündete der eine. »Sie hat einen wunderbar würzigen Geschmack und ein Fruchtfleisch ähnlich wie ein Pfirsich. Sie ist …«

»Nein, nein!« unterbrach ein Kollege. »Die Langra, die köstliche Langra, ist ohne Frage unübertrefflich. Das Fleisch ist unerhört pikant und der Nachgeschmack besser noch als Tokaier.«

»Ich schmecke Rosenblüten in der Langra«, meinte der dritte.

»Aber in der Alfonso auch!« rief der erste. »Dazu eine Spur Geißblatt. Und darf ich Sie daran erinnern, daß die Alfonso die offizielle Harrods-Mango ist?«

Die anderen lachten. »Das heißt doch nur, daß sie transportfähig ist«, sagte einer. »Wie tiefgefrorenes Hammelfleisch.« Dann fügte er hinzu: »Übrigens schmecke ich Rosenblüten auch in der Daseri.«

»Ach, die Daseri! Ja, eine Daseri aus einem guten Garten ist nicht übel, aber ihre Zeit ist jetzt vorbei. Sie schmeckt nur in der Vormonsunzeit.«

Ein Kellner mischte sich ein. »Meine Herren«, sagte er, »wir haben Safedas auf Nachtischwagen.«

Die Inder blickten interessiert auf. »Reif?«

»Reif?« wiederholte der Kellner mit singender Stimme. »Perfekt, Sir. Gott hat gewollt, daß sie heute verzehrt werden.«

Der verblüffte Australier schlürfte geräuschvoll sein Bier. »Ihr seid ja schlimmer als ein Haufen gottverdammter Weinkenner.«

»Arthur, das ist eine sehr ernste Angelegenheit«, sagte der Mann, der mit dem Thema begonnen hatte. »Wir reden von der edelsten Frucht auf Erden. Sie ist eines der Juwelen in Indiens Krone, die uns alljährlich vom Monsun vermacht werden, und weckt große Leidenschaft in uns allen. Sie müssen eine Safeda zum Nachtisch nehmen, dabei aber bedenken, daß dies keine der wirklich erlesenen Mangos ist. Sie ist groß und sehr süß...«

»Zuckersüß sogar«, sagte ein Kollege.

»Ja, zuckersüß. Aber es fehlen ihr diese wunderbaren subtilen Geschmacksnuancen der Langra.«

»Oder der Chausa«, sagte ein anderer, was von seinen Kollegen jedoch mit Spott aufgenommen wurde; selbst der Kellner erlaubte sich ein leichtes Lächeln.

»Die Chausa ist so groß wie die Safeda, aber das ist auch die einzige Ähnlichkeit. Ich würde sagen, sie ist ungefähr so aufregend wie eine Kartoffel.«

»Für meinen Geschmack«, meinte einer, »ist die Kalmi die köstlichste von allen.« Und an den Australier gewandt, fuhr er fort: »Sie ist klein und besonders saftig. Man knetet sie tüchtig, dann schneidet man die Spitze ab wie bei einem gekochten Ei und saugt den Inhalt aus. Der Geschmack ist einfach göttlich.«

»Man kann sie im Büro essen«, sagte ein Kollege. »Aber wenn ich auch eine Schwäche für die Kalmi habe, so behaupte ich dennoch, daß die Langra die Mango für den wahren *aficionado* ist. Ich kenne Langra-Freaks, die ihre Früchte jedes Jahr aus ganz bestimmten Gärten kaufen ...«

»Aus bestimmten Teilen bestimmter Gärten ...«, fügte ein Kollege hinzu.

»Von bestimmten Bäumen bestimmter Teile bestimmter Gärten«, sagte ein anderer.

»Mein Großvater hat mal einen Langra-Baum gepflanzt«, erzählte einer, »aber ehe er die Früchte verzehren konnte, mußte er ihn mit einem anderen Baum vermählen. Mit einer Tamarinde. So will es der Brauch.«

»Ich kenne diesen Brauch«, sagte ein Kollege. »Auch Jasmin wurde als geeigneter Bräutigam für eine Mango betrachtet.«

»Die Hochzeit wurde mit einem großen Fest begangen. Zweihundert Gäste kamen. Meine Großmutter mußte ihren Schmuck verkaufen, um es zu bezahlen. Aber es war eine phantastische Party mit der Folge, daß die Früchte, als der Baum schließlich trug, ein Hochgenuß waren.«

»In Jubbulpore hatte sich ein Mann einen Wasserspeicher angelegt; er wagte nicht, daraus zu trinken, bevor er ihn mit einem Bananenbaum vermählt hatte, den er zu diesem Zweck an der Böschung anpflanzte.«

Der Australier nahm sichtlich allen Mut zusammen und begann, von Politik zu reden. Seine Begleiter seufzten. Ich bat um meine Rechnung und ging.

Ich streifte durch die Stadt, um mir die Monumentalbauten anzuschauen, errichtet von einer heimwehkranken britischen Gemeinde, die der Symbole der Bestätigung und Kontinuität bedurfte – die St. John's Church (mit dem Grabmal von Job Charnock, dem Gründer Kalkuttas von sechzehnhundertzweiundneunzig), die St. Paul's Cathedral, das Victoria Memorial aus weißem Marmor, das Government House, nach Lord Curzons Haus in Derbyshire gestaltet, der High Court, eine Nachbildung des Rathauses von Ypern, und das gewaltige Writers' Building, das einst Heerscharen kritzelnder Angestellter der Ostindischen Gesellschaft beherbergte. Das einzige große britische Monument, das ich nicht sehen konnte, war die Kanalisation.

Als der britische Architekt James Fergusson achtzehnhundertzweiundsechzig in Kalkutta eintraf, warf er einen fachmännischen Blick auf die Bauwerke. Er meinte, daß die Briten in Indien einem Gotik-Rausch verfallen seien; die dorischen Säulen, die überall wucherten, dienten nur dazu, ›die Luftzufuhr zu behindern, ohne die Hitze draußen zu halten‹. Die Kathedrale war gewissermaßen ›Armen-Gotik‹, ihr flaches Dach von ›diagonalen Trägern gestützt, wie wir sie in unseren Bahnhöfen verwenden‹, und ihre glaslosen Fenster im Perpendikularstil ›verunstaltet durch grünbemalte Bretter, um die Sonne fernzuhalten. Wir haben manch seltsames Ding in diesem Land geschaffen, aber keines ist annähernd so abscheulich wie dieses.‹ Das Government House sei zwar, so meinte Fergusson, recht ansehnlich, aber zu niedrig. Das Rathaus mit seinen dorischen Säulengängen erschien ihm protzig. Erstaunlicherweise sei bei den Entwürfen all dieser Gebäude das Klima nie berücksichtigt worden. ›Kalkutta hatte das Pech‹, so schloß Fergusson, ›daß seine Architektur in die Hände von Amateuren – meist von Militäringenieuren – gelegt wurde, die sich erst mit dem Thema auseinandersetzten, wenn sie tätig werden sollten, und die glaubten, daß ein paar Stunden des Nachdenkens und ein paar Tage des Zeichnens ausreichten, um einen wichtigen Architekturentwurf auszuarbeiten.‹

Das hatte zur Folge, daß die Vizekönige und ihre Familien in ihrem niedrigen, luftlosen Government House die gleichen Unannehmlichkeiten zu erdulden hatten wie alle anderen auch. Bei Ausbruch des Monsuns, so beschwerte sich Lady Canning, sei die Atmosphäre drinnen ›wie in einem Orchideentreibhaus‹. Die Depeschenkassetten ihres Gatten nähmen sich aus ›wie Flaschen alten Portweins – weiß und pilzig‹. Die Räume würden von Insekten eingenommen. Grillen und Heuschrecken nisteten sich in ihren Kleidern ein; drei Zentimeter lange Käfer und fünf Zentimeter lange Kakerlaken spazierten überall herum, und auf dem Eßtisch krabbelte soviel Ungeziefer herum, daß sie die Weingläser mit improvisierten Deckeln abdecken müßten.

Für Fanny Eden waren die Schlangen, ›die das Government House in Besitz nehmen‹, das Schlimmste am Monsun. Fledermäuse flogen nachts in ihrem Schlafzimmer umher, und einmal schlich sich ein Äffchen ein, das Porzellan zertrümmerte und einen Papagei stahl, der ihrem französischen Zimmermädchen gehörte. Übelriechende Zibetkatzen kletterten an den Säulen in ihre Gemächer, und um Mitternacht krochen Schakale aus den Abflußschächten und heulten in den Büschen. Und auf den Balkonbrüstungen hockten hundert zwei Meter große Adjutantenvögel, Aasfresser, von denen es hieß, sie würden tote Babys aus dem Hooghly River fischen und mit Haut und Haar verschlingen.

Thomas Babington Macaulay schrieb, daß Insekten und Totengräber die einzigen Lebewesen seien, die sich am Klima des Monsuns erfreuten – obwohl es, wie er spöttisch hinzufügte, ›besser ist als im Unterhaus‹. Die Feuchtigkeit griffe alles an. ›Stahl rostet; Rasierklingen werden stumpf; Gewebe zerfallen; Bücher verschimmeln und lösen sich vom Einband; Stuck wird rissig; Bauholz fault; Matten verrotten.‹ Macaulay vermochte seinen Gleichmut nur mit Äpfeln und Eis, aus den Vereinigten Staaten importiert (sie schickten ihm auch Romane), und riesigen Krügen mit Limonade aufrechtzuerhalten.

Honoria Lawrence, eine eifrige Tagebuchschreiberin, die Kalkutta im Jahre achtzehnhundertsiebenunddreißig besuchte, hielt fest, wie Europäer ohne Zugang zu amerikanischem Eis ihre Häuser kühl zu halten versuchten.

> An der dem Wind zugewandten Seite werden Matten aus wohlriechendem *kuss-kuss*-Gras aufgehängt und ständig befeuchtet. Die hindurchwehende Luft ist herrlich kühl. Aber das wichtigste Möbelstück in einem indischen Haus ist der *punkah*, ein länglicher Rahmen aus leichtem, weiß gestrichenem Holz, der mit Stoffbahnen bespannt ist. Er hängt in der Mitte des Raums an einer langen Schnur, an der ständig gezogen werden muß.

Ein pflichtbewußter *punkah-wallah* konnte sein eigenes winziges Windsystem erzeugen.

> Zum Schutz gegen die ständige Luftbewegung des Punkah müssen die Kerzen und Lampen auf dem Tisch mit einem Glasschirm versehen werden. Streut man Pfeffer auf seinen Teller, muß man die Hand davorhalten, damit einem der Punkah nicht alles ins Gesicht wirbelt. Legt man beim Schreiben kein Gewicht auf die Ecke des Briefbogens, bläst ihn der Punkah gegen die Feder.

Jemima Kindersley, Gattin eines Offiziers der Bengalischen Artillerie, fand an einem besonderen Aspekt des Kalkutta-Monsuns Gefallen:

> Was ich stets mit Ehrfurcht und zugleich mit besonderem Genuß betrachte, sind die Blitze; kein Abend vergeht ohne sie; es sind nicht die blendend grellen Lichtstrahlen, die ich sonst gewohnt war, sondern atemberaubend schöne Feuer, die zwischen den Wolken spielen und den ganzen Himmel überspannen, in jede Richtung und in jeder denkbaren Form.

Fanny Parks schwärmte von den Geräuschen des Kalkutta-Regens, der ›die ganze Nacht in Strömen fiel; es war ein Vergnügen, ihm zu lauschen, und es klang, als würde er in großen Wassergefäßen aufgefangen ... Heute ist es so dunkel, so feucht, so englisch, keine Spur von Sonne, dafür eine drückende Atmosphäre und immer noch dieser himmlische Regen.‹

Ich ging in den siebzehnhundertsechsundachtzig von den Briten angelegten Botanischen Garten, den Ort, an den sich Lady Canning täglich zum Blumenmalen begab – wenn sie nicht gerade auf der luxuriösen Staatsyacht mit dem Marmorbadezimmer umherreiste. Ich setzte mich in den Schatten eines gewaltigen Banyanbaums. Er wölbte sich über mir wie ein gotisches Kirchenschiff und war erfüllt vom Kreischen und Plappern unzähliger Hügelatzeln. Während ich so an das alte Kalkutta dachte, mein Kopf voll von englischen Stimmen, wurde mir plötzlich bewußt, daß ich wirklich englische Stimmen von irgendwo oben im Baum vernahm. Ein scharfer Geruch nach etwas Gerauchtem, Haschisch oder Harz, wehte zu mir herunter, und ich schnappte Gesprächsfetzen auf. »Er will über die Arakan-Yoma-Berge von Bangladesch hereinkommen«, sagte eine Frau. »Will Brian das wirklich versuchen?« fragte ein Mann. »Der hat wohl nicht mehr alle Tassen im Schrank!«

Ich konnte die beiden nicht sehen; die Zweige waren dort, wohin sie geklettert waren, dicht und gewölbt und umgaben sie wie der Bug einer Galeere. Da ich heimliches Lauschen hasse, ging ich weiter und kam in ein Wäldchen von Mangobäumen, wo die Luft kühl, dunkel und wohlriechend war. Es war herrlich da drinnen wie in einem kleinen schattigen Pavillon, und das Gurren der Tauben hatte eine angenehm einschläfernde Wirkung. Ich erinnerte mich, daß Mangobäume, die, wie diese, für das Allgemeinwohl gepflanzt worden waren, einst als heilig galten. Selbst Tau- und Regentropfen, die von ihren Blättern rannen, durften nicht angerührt werden. Sie waren ein Trankopfer für die Seele des gütigen Mannes, der etwa ein Jahrhundert zuvor den Garten angelegt hatte, um Durchreisende mit Schatten und Früchten zu laben. Ich dachte an ein altes indisches Sprichwort: ›Die Blätter eines grünen Baumes sind eine Büchersammlung, die uns die Weisheit des Schöpfers lehrt.‹ Und während mich ein ruhiges, unerwartetes, fast überirdisches Glücksgefühl überkam, entsann ich mich der Worte des Dichters Rabindranath Tagore:

> Zu Deiner Ehre, mein Gott, laß all meine Sinne sich verbreiten und diese Welt zu Deinen Füßen berühren.
>
> Wie eine Regenwolke im Juli, tief hängend von ihrer Last nicht entladenen Regens, so laß meinen ganzen Geist sich vor Deiner Tür neigen, zu Deiner Ehre.
>
> Wie eine Schar heimwehkranker Kraniche, die Tag und Nacht zu ihren Bergnestern zurückfliegen, so laß mein ganzes Leben die Reise zu seiner ewigen Heimat antreten, zu Deiner Ehre.

Als ich an einem Erfrischungsstand einen Kaffee trank, kam ein junges englisches Pärchen, um Samosas zu kaufen.

Ich fragte die beiden, wie ihnen Kalkutta gefiele.

»Phantastisch«, sagte das Mädchen, das ernste braune Augen und ein schnelles Lächeln hatte. »Es ist soviel los hier. Und die Leute sind echt interessant und lustig.«

»Auch wenn man von den Bettlern nicht gerade Witze zu hören bekommt«, meinte ihr Freund trocken. Sein Haar und sein Bart waren dünn und strähnig, seine knochige Nase sonnenverbrannt.

»Wissen Sie, wir treffen dauernd auf diese Leute, die die Welt verbessern wollen«, sagte sie. »Intellektuelle und so. Der Typ, der unser Hotel in der Sudder Street leitet, ist ein marxistischer Schriftsteller. Und der Kassierer möchte Filme machen. Gestern haben wir bis zwei Uhr früh diskutiert. Die diskutieren hier viel.« Sie runzelte die Stirn. »Ich weiß, daß

Kalkutta in mancher Hinsicht ganz schön abscheulich ist, aber irgendwie mag ich es trotzdem.«

»Molly ist eine Romantikerin«, sagte der junge Mann. »Sie möchte für immer in Indien bleiben. Sie wünscht sich einen Marmorpalast und einen großen schattigen indischen Garten. An einem See. Stimmt's, Mol?«

»Ja«, lächelte Molly. »Der Nawab von Cambay hatte sowas, was mir gefallen würde. Ein hübscher kleiner Sommerpalast, wo das Wasser durch Marmorsäulen in acht Springbrunnen auf dem Dach gepumpt wurde. Der Kassierer hat uns gestern nacht davon erzählt. Er sagte, abends würden die Springbrunnen angestellt, und das Wasser würde durch duftendes Gras und Jasmin herabrieseln. In heißen Sommernächten konnte man sich seinen eigenen kleinen Monsun schaffen, bei dem alles kühl und duftend war.«

Ich erzählte ihr von Deeg und seinen dreitausend Brunnen. Sie holte Stift und Notizbuch aus der Tasche und notierte sich den Namen. Dann fragte sie mich, was ich denn so in Indien triebe. Ich erzählte ihr von meinem Projekt, und sie fragte: »Heißt das, Sie reisen dem Monsun hinterher?«

»Ich versuche es.«

Sie warf mir einen ernsten, forschenden Blick zu. »Könnten wir mitkommen? Was hältst du davon, Nick?«

»Warum nicht?« meinte der junge Mann gedehnt.

»Ich liebe den Regen«, sagte sie. »Er hat so etwas … Sinnliches. Er macht die Luft so weich. Die Tage sind von Duft und Träumen erfüllt. Und ich liebe die Nächte, wenn der Regen aufgehört hat. Dann liegt ein Zauber in der Luft. Manchmal ist das Mondlicht so hell, daß man die einzelnen Blüten an den Bäumen erkennen kann.«

»Da gibt es eine Schwierigkeit«, sagte ich. »Ich fliege morgen an einen Ort, für den man eine Einreisegenehmigung braucht, und die zu bekommen, dauert etwa sechs Wochen.«

»Ach«, sagte sie. »Naja, war nur so eine Idee.«

Wir plauderten noch ein Weilchen. Die Schatten wurden

länger, und Nick warf einen Blick auf seine Uhr. »Die Tore werden bei Einbruch der Dunkelheit geschlossen«, sagte er.

»Sie wollen doch nicht etwa in den Garten zurück!« rief ich.

Molly lachte. »All unsere Sachen sind dort«, sagte sie. »In einem Banyanbaum versteckt. Wir haben fast den ganzen Tag darin verbracht und werden auch heute nacht dort schlafen.«

Als ich sie durch das Tor schlüpfen sah, dachte ich, daß sich manche Dinge einfach nicht ändern. Indien war zwar ein souveräner Staat, befreit von der Zwängen der britischen Herrschaft, aber jetzt kehrten die Nachfahren der Briten zurück und empfanden, wie ihre Ahnen, grenzenlose Liebe für dieses Land. Ungeachtet ihrer Erwartungen fühlte sich Molly nach Arkadien verzaubert. Als romantisches Idealbild übte das turbulente verarmte Indien noch immer seinen Zauber aus, und der Schlüssel für all das – die Farben, die Stimmungen, die Düfte, das subtile, geheimnisvolle Licht, die Poesie, die übersteigerten Erwartungen, die Art von Schönheit, die einem das Herz stocken läßt – nun, das blieb der Monsun.

Hinter unserem Haus auf der Insel stand ein Jasminbaum mit kräftigen schiefergrauen Ästen. In der Nähe wuchsen andere Jasminbäume, die den Boden mit weißen und goldgelben Blüten bedeckten, die, wenn man darauf trat, winzige Duftwirbel auslösten. Anderswo im Garten wucherten Hibiskus, Bougainvillea, Weihnachtsstern, wilde Orchideen und Tigerlilien, die das Licht filterten und vertieften, so daß man hätte glauben können, durch getöntes Glas zu schauen. Auch das war ein Stück Arkadien.

Mein Vater richtete mir ein Baumhaus in dem Jasmin ein, indem er Bretter zwischen den unteren Ästem verkeilte und ein Stück Segeltuch an den oberen befestigte. Der Ausblick war begrenzt durch Blüten und Blätter; Schmetterlinge mit einer Flügelspannweite wie der von Tauben schwebten vorbei. Ab und zu kletterte auch mein Vater nach oben und brachte mir Limonade, und manchmal sprach er dann von sich, so wie er es nie, weder vorher noch später, getan hatte, erzählte von Glasgow, an das er sich kaum erinnern konnte, von seiner Kindheit auf Paama und seiner Schulzeit in Australien. Oft hörte ich Sorgen heraus, die meist von Geldschwierigkeiten herrührten.

Die Mission zahlte ihm hundert englische Pfund im Jahr. Damit konnte er seine Familie nicht durchbringen, und so mußte er Geld leihen von den ortsansässigen Händlern aus Tonkin, die horrende Zinsen verlangten. Kritisch wurde es, als meine Mutter schwerkrank wurde und dringend eine Hysterektomie vorgenommen werden mußte. Er schrieb an die Mission und bat um einen Vorschuß auf sein Gehalt, um sie zur Operation nach Australien schicken zu können. Doch man verweigerte ihm das Geld und schrieb, er müsse lernen, auf eigenen Füßen zu stehen. Und am Tag, als er diesen brutalen Brief erhielt, hatten sie ihn endgültig verloren. Den ganzen Krieg hindurch arbeitete er zielbewußt für die Inselbewohner und die Truppen, danach aber nahm er seinen Hut und brach jeden Kontakt mit der Mission ab.

Im Baumhaus nun sah ich meinen Vater zum erstenmal als einen gewöhnlichen Mann mit all den Ängsten und Ungewißheiten, die ich meinen Kindern Jahre später zu ersparen versuchte. Diese Andeutung menschlicher Schwäche verunsicherte mich, brachte mich aus dem Gleichgewicht. Und wann immer ich konnte, lenkte ich ab und schnitt unser Lieblingsthema, das Wetter, an.

Das war etwas anderes. Hier konnte ich mich selbstsüchtig entspannen, mich vergnügen, mir einreden, meinem Vater erginge es genauso. Und vielleicht war es auch so. In Augenblicken wie diesen zeigte er sich von seiner starken Seite.

Hier im Baumhaus erzählte er mir von einem Phänomen, das Menschen in den Bergen begegnen konnte, wenn ihre Schatten auf Wolken- oder Nebelbänke fielen. Gebeugtes Licht treffe auf reflektiertes innerhalb der Feuchtigkeitströpfchen und bewirke einen hellen Kranz oder Hof um den Kopf des Betrachters. Wenn nun mehrere Menschen Seite an Seite stehen und ihre Schatten alle auf dieselbe Wolke fielen – die Schatten werden Brocken-Gespenster genannt –, so sehe man merkwürdigerweise nur den Lichtkranz um den eigenen Kopf.

Er erzählte mir vom Flächenblitz und vom Elmsfeuer, das von Schiffstakelagen, von Wetterhähnen oder sogar menschlichem Haar hell ausstrahle. Ein Blitz sei kein fester Gegenstand, sondern eine gewaltige Hitzeentladung, die Eichen spalte, indem sie ihren Saft zum Kochen bringe. Ich erfuhr von den Ephemeriden der Sterne und wie das Mondlicht dünne Wolkenbänke manchmal mit überirdischen Pastelltönen von rosa und grün überziehen könne. Mein Vater wußte eine Menge über Regenbögen, die in dieser Region besonders häufig waren. Er erklärte mir, daß Meeresgischtregenbögen aufgrund der Wirkung aufgelösten Salzes auf die Brechung des Lichts gewöhnlich kleiner seien als Süßwasserregenbögen. Er sagte, ein Morgenbogen gehe meist dem Regen voraus, während ein Nachmittagsbogen ihm folge; manchmal, bei regnerischem Wetter, sehe man nur ein oder zwei kurze Fragmente. Ich hatte sie selbst schon einmal gesehen und wußte, daß die Segler sie Windhunde nannten.

Unter den Fußgängern, die vor einer Ampel nahe der Howrah-Brücke warteten, war eine Gruppe von Trauernden, die eine Totenbahre trugen. Der Tote, ein vornehm wirkender Mann Ende fünfzig mit grauem, sorgsam gekämmtem Haar, war mit Ringelblumen umgeben. Als die Ampel Grün zeigte, trugen ihn seine Freunde behutsam über die Straße und waren bald in der Menschenmenge verschwunden.

Ich zog für die letzte Nacht in Kalkutta noch einmal ins Ashok, ganz einfach weil es von dort nicht weit zum Dum Dum Airport war. In der Bar erzählte ich zwei einheimischen Geschäftsmännern vom Bürgermeister und den Geldern, die er sich für seine Kanalisation erkämpfen wolle. Der eine lachte und sagte: »Ich will Ihnen mal erklären, warum Delhi nicht mit dem Geld rausrücken will. Die Hälfte davon verschwindet nämlich in den Taschen der Leute. So ist das nun mal in Kalkutta. Ich weiß, daß meine Angestellten mich bestehlen, ich weiß sogar um wieviel – um fünf Prozent des Gewinns. Deshalb muß ich diesen Teil in meine Kalkulationen einbeziehen. So funktioniert unser System. Würde ich das Spiel nicht mitmachen, gäbe es keine Zusammenarbeit. Aber ich bin ein kleiner Geschäftsmann, und meine Leute wissen genau, wie weit sie gehen können. Bei Regierungsgeldern ist nur der Himmel die obere Grenze. All die Unternehmer und Subunternehmer! All die Vergünstigungen! All die ›Provisionen‹! Eine Goldmine ist das, und nur wenig würde tatsächlich unten in Ihren Kanälen landen.«

Kurz vor zehn Uhr abends begann es zu regnen – richtiger Monsunregen, begleitet von Donner. Ich trat an die Eingangstür, um hinauszuschauen. Die Scheinwerfer der vorfahrenden Wagen wirkten so schwach wie Öllampen. Riesenpfützen breiteten sich mit einem solchen Tempo aus, daß sie an ihren Rändern kleine Wellen schlugen. Wenige Zentimeter darüber hing ein Baldachin hochhüpfender Tropfen in einem Schwebezustand, der allen Gesetzen der Schwerkraft zu widersprechen schien, ein glitzernder Silbermantel, den man fast an einer Ecke ergreifen und ins Haus hätte ziehen können.

Es war der erste richtige Monsunregen, den ich seit sechs Wochen erlebte – die Schauer in Delhi zählten nicht –, und ich verspürte ein geradezu absurdes Gefühl der Zufriedenheit. Dieses steigerte sich noch durch die Tatsache, daß ich endlich auf den östlichen Arm des Monsuns gestoßen war. Die Verbindung war zustande gekommen. Der Regen hatte den langen Weg über Thailand und Burma zurückgelegt, schien aber nicht im mindesten reisemüde. Im Gegenteil, er fiel mit enormer Wucht und Energie, und ich wußte, daß er in Cherrapunji noch zehnmal stärker sein würde.

Die *Times of India* schrieb: ›Der Hauptstadt und den benachbarten Gebieten steht wahrscheinlich ab morgen eine neue Hitzewelle bevor. Laut Berichten des Wetteramtes und trotz zum Teil bewölkten Himmels hat sich die Lage heute »drastisch« verändert.‹ So hatte der Regen in Delhi also nur ein lächerlich kurzes Gastspiel gegeben.

Ich las einen Artikel mit dem Titel ›Schreckgespenst der Dürre in vielen Regionen‹. Da saß ich nun in meinem Zimmer und lauschte dem Regen, der in Strömen auf eine Stadt fiel, die immer wieder überflutet wird, und erfuhr, daß die fast reife Ernte in vielen Gebieten Anzeichen von ›Feuchtigkeitsstreß‹ aufwies, daß der Milchertrag der Kühe zurückging, daß die Wasserknappheit bedrohlich zu werden begann. In Gujarat hätten sie die ganze Reis-, Baumwoll-, Hülsenfrucht-, *bajrat-* und Maisernte eingebüßt. ›Viele Gebiete haben nicht einen einzigen Regentropfen abbekommen, und 10402 Dörfer werden mittels Tankwagen und Ochsenkarren mit Trinkwasser versorgt.‹ Rajasthan stehe seine vierte Dürrezeit hintereinander bevor. Die *samba*-Ernte in Tamil Nadu schien gefährdet. Das Leitungswasser in Haryana sei brackig geworden und sei weder zum Trinken noch zur Bewässerung geeignet; die Trinkwasserknappheit sei im Begriff, bedenkliche Formen anzunehmen. Die einzigen Staaten, die sich vergleichsweise eines ›guten Monsuns‹ erfreuten, seien Westbengalen, Sikkim, Orissa, Assam – und Meghalaya. Alle anderen Teile Indiens müßten mit einem so kärglichen Monsun rechnen, daß er, so deuteten Experten an, der schlechteste des zwanzigsten Jahrhunderts werden könne.

Hungersnot blieb das wirkliche Gespenst, das Indien heimsuchte. Sechzehnhunderteinunddreißig wurde Peter Mundy Zeuge, wie hungernde Menschen in Tierexkrementen nach unverdauten Körnern wühlten. Er sah Frauen, die ihre eigenen Kinder rösteten, und Reisende, die ihres Fleisches wegen überfallen wurden. ›Kaum waren sie, Mann oder Frau, tot, wurden sie schon in Stücke geschnitten.‹

Zweihundert Jahre später kam Generalmajor Sir W. H. Sleeman in ein Gebiet, in dem

> jedes Dorf seine Vielzahl an Toten und Sterbenden hatte; die Straßen waren übersät mit ihnen. In Sagar sah man Hunderte in Gärten, Höfe und Ruinen kriechen, sich unter Büschen, Gräsern, Matten oder Stroh verbergen, damit sie ruhig sterben konnten und ihre Körper nicht von Vögeln und wilden Tieren zerrissen würden, ehe sie den letzten Atemzug getan hatten. Ehrbare Familien nahmen lieber Opium, als daß sie bettelten, und Mann und Frau und Kinder starben einander umschlingend.

Während Lord Auckland, der sich im Government House in Kalkutta verschanzt hielt, klagte, daß ihn die schreckliche Hungersnot von achtzehnhundertvierunddreißig maßlos langweile, erkannten andere Briten die Notwendigkeit, etwas dagegen zu unternehmen. Gegen achtzehnhundertachtundsechzig hatten sich die Behörden eine Hungerdoktrin einfallen lassen mit dem Ziel, ›jedes Leben zu retten‹. Allerdings fanden die frühen Bemühungen derer, die mit dieser Aufgabe betraut waren, nicht immer ein positives Echo; Lord Lytton, der Vizekönig, bemerkte verärgert, die ersten Hungerhilfelager in Madras erschienen ihm ›wie Picknicks ... und die Menschen darin, die nicht die geringsten Arbeiten verrichten, platzen vor Fett‹. Außerhalb des Lagers aber würden die Inder weiter sterben.

Achtzehnhundertachtzig wurde von einer Sonderkommission in Kalkutta der beeindruckende Famine Code, der Hungerkodex, durchgesetzt. Hungerverhütungsmaßnahmen sollten größtenteils Aufgabe der Technik sein. Dörfer sollten Teiche anlegen, um das Monsunwasser besser speichern zu können; Bewässerungskanäle sollten ausgehoben, Flüsse durch Erddämme gezähmt werden. Durch die Westghats wurde ein Tunnel gelegt, um Wasser von einer Seite zur anderen führen zu können. Der Obere Gangeskanal transportierte Wasser aus dem Heiligen Strom auf einer erstaunlichen Route durch Berge, quer über ein Flußbett des Himalaya und unter einem anderen hinweg. Eisenbahnen wurden gebraucht, um Nahrungsmittel in bedrohte Gebiete zu befördern, und mehrere Tausend Kilometer Schienen wurden verlegt. Jährlich wurde eine Summe von fünfzehn Millionen Rupien für die Hungerhilfe bereitgestellt.

Es war ein bemerkenswertes Projekt, letztendlich aber mußten die Krisen vor Ort und von Männern – Beamten des indischen Staatsdienstes – gemeistert werden. Achtzehnhundertvierundsiebzig überließ man Herman Kisch, dem dreiundzwanzigjährigen Sohn eines Londoner Chirurgen, die Betreuung von

> einem Gebiet von hundertachtundneunzig Quadratmeilen. Wenn ich fertig eingerichtet bin, werde ich drei Schriftführer, zwölf Unterinspektoren und vierundzwanzig Boten unter mir haben. Ich soll mich mit jedem Dorf persönlich vertraut machen. In einem, das ich besuchte, war der Zustand der Bewohner derart bedenklich, daß ich es als notwendig ansah, sie auf der Stelle mit gekochter Nahrung zu versorgen, anstatt darauf zu hoffen, daß sie lebendig das nächste Lebensmittellager erreichen.
>
> Der Zustand mancher Kinder läßt sich kaum beschreiben. Nach allem, was ich dort gesehen habe, kann ich mir vorstellen, daß ein Skelett aus einem Anatomiemuseum in der Lage ist zu laufen. Bevor ich es mit eigenen Augen sah, hätte ich nie glauben können, daß jemand mit solch dünner Umhüllung der Knochen überhaupt noch am Leben sein kann.

Innerhalb von kürzester Zeit hatte der junge Kisch, indem er auf Pferden und Elefanten kreuz und quer durch die Lande jagte, fünfzehn Lagerhäuser für Getreide aus Regierungsvorräten errichten lassen und fünfzehntausend taugliche Dorfbewohner zu Hilfsdiensten herangezogen. Alle erhielten einen kleinen Lohn. Kalkutta verabscheute Almosen, deshalb stand Selbsthilfe auf der Tagesordnung; wenn ein Mann für seinen Reis arbeiten konnte, dann, so gebot es viktorianisches Feingefühl, solle er es auch tun. Innerhalb von nur wenigen Wochen bauten sie fünf Dämme, vierzig Reservoire – die ›rund ums Jahr‹ Wasser enthalten sollten – und vier riesige zentrale Lagerhäuser, die jedes mehrere Millionen Pfund Getreide im Wert von einer Million Rupien aufnehmen konnten.

Kischs Optimismus zahlte sich aus. Der Monsun setzte Anfang Juni ein (Sturzbäche von den Bergen brachen zwei seiner Dämme), und bald trafen ›täglich Tausende von Karren, Ochsen, Pferden und Maultieren‹, beladen mit Reis, bei den Lagerhäusern ein und nötigten ihn, ›wie ein Verrückter umherzulaufen, um dafür zu sorgen, daß er ordentlich gelagert wurde‹.

Er und Tausende anderer junger Männer des indischen Staatsdienstes kämpften wie Tiger, um Leben zu retten. Jeder Tod war ein persönliches Versagen, und die Infrastruktur, die sie geschaffen hatten, ließ die schrecklichen Schatten des Hungers allmählich zurückweichen. Ihr Werk, heute größtenteils vergessen, bleibt ein Triumph humanitärer Organisation und eines der größten Geschenke, die Indien jemals von den Engländern erhielt.

Was es für mich so bemerkenswert machte, war die Tatsache, daß sie den Monsun richtig einzuschätzen und ihn gewissermaßen zu zähmen wußten. Nur Menschen wie die Viktorianer mit ihrer Energie, ihrem Optimismus und ihrem ungeheuren Selbstvertrauen konnten die Regelung eines Phänomens, das unmittelbar Gott untersteht, in die Hände nehmen.

Allmählich verspürte ich jenen nervösen Kitzel, der mit dem erwarteten Höhepunkt einer Reise einhergeht. Während ich an Cherrapunji dachte und mir auszumalen versuchte, was mich dort erwartete, griff ich zum Telefon und rief die Baptistas in Bombay an. Es war ein spontaner Entschluß. Sie waren direkt am Beginn meiner Planung beteiligt gewesen, und jetzt erhoffte ich mir irgendwie ihren Segen für sein glückliches Ende. Eigentlich hatte ich gar nicht damit gerechnet, durchzukommen, doch innerhalb von Sekunden ertönte Aloysius' Stimme, klar wie eine Glocke.

»Mein Bester!« rief er. »Lange nichts gehört!« Er erinnerte sich an mich, und seine Stimme schien voller Wärme und Anteilnahme. »Sind Sie im Taj? Kommen Sie zum Dinner vorbei.«

»Ich bin in Kalkutta«, sagte ich.

»Oh Gott! Regnet es?«

»Wie aus Kübeln.«

»Ich gebe gerade eine Grillparty. Und ich habe richtigen Scotch – ein halbes Dutzend Black Label. Und eine Menge Freunde.«

»Wie geht's Rita?«

Kurzes Schweigen. Dann sagte er: »Rita ist im Moment nicht bei mir. Sie, naja, sie ist anderswo. Aber es geht ihr gut! Ja! Tiptop! Eigentlich besser als je zuvor.«

»Richten Sie ihr Grüße aus, wenn Sie mit ihr sprechen.«

»Natürlich! Sie wird sich freuen.«

»Aloysius, ich wollte Ihnen nur sagen, daß ich morgen nach Cherrapunji fahre. Sie erinnern sich, daß wir in London davon sprachen? Man hat mir schließlich doch die Einreise bewilligt, und ich breche morgen früh auf.«

Er lachte. »Wenn Sie nach Bombay zurückkommen und davon erzählen, sind Sie die große Attraktion und werden von Party zu Party gereicht. Aber wie kommen Sie hin?«

»Ich fliege nach Shillong.«

»Ich habe Freunde in Shillong! Sie müssen sie unbedingt besuchen. Dileep und Iris Patel. Ich hab ihre Nummer irgendwo in meinem Schreibtisch. Solange ich suche, können Sie mit Shashi reden. Dem Vulkanologen. Sie sind ihm auf Bunny Guptas Party in Goa begegnet. Shashi!« rief er. »Ich hab hier Alex an der Strippe. Den Monsun-Menschen aus England. Er fährt morgen nach Cherrapunji.«

Shashi übernahm den Hörer. Seine Stimme war so belegt, daß ich fast seine Black-Label-Fahne riechen konnte. Er erzählte, Ally und Rita lebten auf Probe getrennt. Es sei ihr Wunsch gewesen und scheine ein Dauerzustand zu werden. Ally habe wieder seine Migräneanfälle. Manchmal seien sie so heftig, daß er sogar schon davon spreche, in die Londoner Nervenklinik zurückzukehren. Was ich denn für einen Eindruck von Kalkutta habe?

Ich sagte, es sei schockierend und stimulierend zugleich.

»Eines Tages«, sagte er, »wird dieser ganze verfluchte Ort in die Luft fliegen. So wie einer der Vulkane Ihres Großvaters. Wahrscheinlich in der Monsunzeit, wenn all diese erbärmlichen Kreaturen, die auf der Straße leben, die Dinge in die eigene Hand nehmen. Denken Sie an meine Worte, es wird katastrophal werden, wie damals die Teilungskrawalle.«

Aloysius kam mit der Telefonnummer der Patels in Shillong zurück. Ich erkundigte mich nach seiner Migräne. Er sagte, sie komme und gehe, offenbar ausgelöst durch Bordeaux-Wein, Schokolade und Käse; darauf müsse er nun bedauerlicherweise verzichten. Wir plauderten noch ein paar Minuten, dann wünschten wir uns alles Gute und legten auf.

Aber Shashis Vergleich mit dem Vulkan ließ mich für den Rest des Abends nicht los. Die größte Eruption, die Maurice je erlebte – sie bildete die Grundlage seines Buches –, ereignete sich im Dezember neunzehnhundertdreizehn, als sich der Berg Benbow auf der Insel Ambrym, gleich gegenüber von Paama, nicht in einen, sondern gleich in sechs angrenzende Vulkane verwandelte. Das Epizentrum befand sich genau unter dem schönen neuen Krankenhaus von Ambrym, das in einer Säule komprimierten Dampfes siebentausend Meter in die Höhe katapultiert wurde. (Nur wenige Augenblicke vorher hatten sich die Patienten und das Personal in einem offenen Boot über die brodelnde, kochende See davongemacht; doch ein paar hundert Meter von der Küste entfernt wäre ihr Boot beinahe von einem unterseeischen Vulkan zum Kentern gebracht worden. Dieser Vulkan verwandelte sich in eine dreihundertdreißig Fuß hohe Insel.)

Maurice war in seiner Barkasse unterwegs gewesen, um Menschen von den dampfenden Stränden fortzubringen. Ein paar Monate später kam er mit einer Gruppe von Marineoffizieren der *HMS Sealark* zurück, um eine Untersuchung zu leiten; sie stapften über eine Aschenebene und gelangten zu dem zweiundzwanzig Meter tiefen See, der sich jetzt an der Stelle des Krankenhauses befand. Der Benbow grollte noch immer, ließ die Erde von Zeit zu Zeit beben und stieß eine viertausend Meter hohe Rauchwolke aus. Aus Hunderten von Löchern qualmte und spuckte es, während die Lavasäulen, die den Boden übersäten, die Form vorzeitlicher Kamine angenommen hatten. Nichts wuchs dort mehr.

Doch Shashi hatte sich geirrt. Denn nicht Kalkutta drohte der Untergang, sondern diesen riesigen Gebieten Indiens, in denen der Monsun ausgeblieben war.

Ein seltsamer tapferer Optimismus herrschte in Kalkutta. Mir kam wieder in den Sinn, daß der Stadtrat seinem Bericht für Delhi den Titel *Stadt der Freude* gegeben hatte. Ich hatte das nur für ein typisches Beispiel des gängigen Werbejargons gehalten, ironisch und provozierend; jetzt aber wußte ich, daß etwas anderes dahintersteckte. Für die Menschen auf der Straße war dies eine Zufluchtsstätte. Sie, die Opfer von Hunger oder Verfolgung, waren freiwillig in Kalkutta und lebten, trotz härtester Bedingungen, lieber hier als dort, von wo sie geflohen waren. Und obwohl der unaufhörliche Zustrom von Flüchtlingen die vielen Probleme des Bürgermeisters noch erschwerte, ließ er sie weiter kommen.

Ich dachte an die überängstliche, erbärmliche Art, wie westliche Nationen mit den Besitzlosen umgehen, und mir wurde klar, daß Kalkutta eine geistige Generosität an den Tag legte, die uns alle zutiefst beschämen müßte.

Die Stadt war unzerstörbar – trotz des Übermaßes an Regen, der ihre Fundamente durchtränkte und faulen ließ.

Y. P. Rao glaubte, der Regen würde von Windwellen aus der

Bucht von Bengalen gebracht. Schätzungsweise zehn dieser oberen troposphärischen Rinnen zogen jeden Monat über die Stadt, sorgten für einundachtzig Prozent ihrer Regentage und für zehn Gewitter; jedes traf mit dem Durchzug der kältesten Teile der Rinne zusammen. Anderswo in Indien aber blieb der Himmel leer, während die leidenden Menschen auf der Erde durch alte, erprobte Mittel versuchten, die Wolken zu beschwören – tausendköpfige Chöre rotgekleideter Frauen mit brennenden Kerzen in den Händen sangen: ›Om, shakti, Parashakti!‹ Züge von Musikanten spielten regenauslösende Weisen auf Timpani und Saiteninstrumenten, während ihre Gehilfen Kampfer verbrannten, ländliche Priester zelebrierten Hochzeiten von Fröschen und sangen mit ihren hohen, tremolierenden, wolkenimpfenden Stimmen religiöse regenbeschwörende Lieder.

Die Menschen, die dieses Jahr nicht singen würden, waren diejenigen, die es gewöhnlich taten – die blumengeschmückten Dorfmädchen, die auf blumenbedeckten Schaukeln unter Mangobäumen herumtollten. Vielleicht würden ihre Willkommensgesänge für den Regen im nächsten Sommer wieder über dem grünen, triefenden Land ertönen.

Schaukle, schaukle, Rani Raja,
bis zum Erblühen der Rose.
Schaukle, schaukle, Rani Raja,
bis zum Erblühen der Ringelblume.
Schaukle, schaukle, Rani Raja,
bis zum Erblühen der Champa.

Kapitel neun

Es war nicht schwer, morgens um Viertel vor vier ein Taxi zu bekommen. Etwa zehn standen vor dem Hotel, und ihre Fahrer schliefen auf den Rücksitzen. Mein Fahrer erzählte mir, daß sie praktisch in ihren Wagen lebten und jeden Abend versuchten, einen Platz vor einem der größeren Hotels zu ergattern, für den Fall, daß sich in den Nachtstunden eine Fahrt ergab. »Und wann sehen Sie Ihre Familien?«

»Meine Familie lebt in Chittagong«, sagte er betrübt. »Ich besuche sie einmal im Jahr.«

In der Abflughalle brannten nur wenige Lichter, und der Vayudoot-Check-in-Schalter stand verlassen. Ich war viel zu früh dran und ließ mich gähnend auf eine Bank fallen. Um halb fünf tauchte mein Freund, der Flughafenangestellte, auf, elegant wie am Vortag. Er schien erstaunt, mich zu sehen. »Guten Morgen!« sagte er. »Was treibt Sie zu dieser nächtlichen Stunde hierher?«

»Mein Flug nach Shillong«, antwortete ich. »Sie haben ihn gestern für mich gebucht. Er geht in einer Stunde.«

Er rückte behutsam eine Gardenie in seinem Knopfloch zurecht. »Er geht in vier Stunden«, sagte er. »Die Fünf-Uhr-dreißig-Maschine fliegt heute nach Gauhati und Tezpur. Ihr Flug nach Shillong geht jetzt um acht Uhr dreißig.«

»Sie sagten doch, der Acht-Uhr-dreißig-Flug sei storniert.«

Er lächelte mich an. »Ja, und morgen ist er wieder storniert. Aber heute geht er ausnahmsweise doch. Sie fliegen mit meinem Freund Kapitän Ravi. Es gibt nur noch einen weiteren Passagier. Sie haben also jeder viel Platz.«

Lustlos lud ich ihn zum Frühstück ein. Er sagte, er müsse auf die drei Passagiere warten, alles Armeeoffiziere, die mit der Fünf-Uhr-dreißig-Maschine flögen. Im leeren Restaurant legte derselbe Kehrer seinen Besen beiseite, um mir Tee und Toast zu bringen. Während ich wartete, hörte ich, wie über Lautsprecher ausgerufen wurde, daß die Aeroflot-Maschine nach Hanoi in Kürze starten würde. »Bitte halten Sie die Bordkarten bereit«, sagte eine weibliche Stimme. Dann nieste sie und rief: »Gesundheit!«

Die Morgendämmerung enthüllte pfützenübersäte Rollbahnen, in denen sich ein klarer, rosafarbener Himmel spiegelte; als die Sonne aufging, begannen die Pfützen leicht zu dampfen. Durch den Dunst sah ich eine betagte Fokker Friendship, die weiter draußen stand. Um acht Uhr fünfzehn wurde ich, begleitet von dem Angestellten und meinem Mitpassagier – einem untersetzten wachsamen Sikh, der wie ein Militär in Zivil aussah –, in einem Lieferwagen dorthin gefahren. Beim Aussteigen bemerkte ich, daß die Maschine mit der Patina alter Rüstungen überzogen war. Auf dem oberen Treppenabsatz stand erwartungsvoll ein dunkelhäutiges, dralles, glutäugiges Mädchen, aber der Angestellte schob sie beiseite und rief: »Ravi! Ravi! Du kriegst Gesellschaft!«

Der attraktive, jugendlich wirkende Pilot schaute zur Cockpittür heraus. »Die verdammte Hydraulik funktioniert nicht«, sagte er. Neben ihm stand ein kahlköpfiger, nervös dreinblickender älterer Mann mit dem roten Kastenzeichen auf der Stirn.

»Wir haben ein Leck«, flüsterte er matt.

»Das ist Bodeningenieur Gopalan«, sagte Kapitän Ravi. »Er fliegt mit, um unterwegs Notreparaturen ausführen zu können.«

Erleichtert stellte ich fest, daß der Sikh das Ganze als Routineangelegenheit anzusehen schien. Ungerührt von der Nachricht wählte er einen Sitz und vertiefte sich sogleich in seine Zeitung.

Auch Kapitän Ravi schien nicht allzu beunruhigt. »Wir können also das Fahrgestell erst einziehen, wenn der Druck ausreichend zugenommen hat, das heißt nach etwa zwanzig Minuten.«

»Mr. Frater kommt aus England«, sagte der Angestellte. »Er fliegt mit Ihnen, um das Monsunschauspiel über Cherrapunji anzuschauen. Kann er den dritten Sitz kriegen?«

Kapitän Ravi deutete auf die ausgetretene Metallstufe, die ins Cockpit führte. »Die kann man hochklappen als dritten Sitz.« Dann wies er auf einen roten Bolzen, der über der Stufe aus dem Türrahmen ragte. »Das ist die Handbedienung der Hydraulik, die Gopalan eben eingebaut hat. Wir können Ihren Sitz natürlich nicht hochklappen, solange sie in dieser Position ist. Aber wenn es Ihnen nichts ausmacht zu stehen, können Sie gerne bleiben. Später können Sie dann meinen Platz übernehmen.«

Ich lachte.

»Natürlich, warum nicht?« Er schaute auf die Uhr und wandte sich dann an seinen Kopiloten, einen bulligen jungen Mann, der kaum älter als zwanzig sein konnte. »Sag dem Tower, wir sind startbereit.«

»Gute Landung!« rief der Angestellte und eilte davon. Unsere beiden ehrwürdigen Turbinenpropeller heulten auf, und ich wurde, an die Cockpittür gelehnt, Augenzeuge des Starts und langsamen Anstiegs in östliche Richtung. »Unsere Flughöhe wird elftausend Fuß betragen«, sagte Kapitän Ravi, »auf einem Steuerkurs von null, zwei, null. In achtzehn Minuten erreichen wir NOMIX – eine imaginäre Linie entlang der Grenze zu Bangladesch. Dort, denke ich, sollten wir versuchen, das Fahrgestell einzuholen.«

Gopalan, der hinter mir stand, stopfte sich unentwegt Fenchelkerne in den Mund und erfüllte die Luft mit einem Geruch nach Lakritze. Er nickte nervös. »Fahrgestell hoch über Bangladesch. Gut, gut, einverstanden.«

»Die hier ist siebenundzwanzig«, sagte Kapitän Ravi, »und wahrscheinlich die älteste Friendship, die noch fliegt.«

Nach der Routenkarte flogen er und sein Oldtimer täglich etwa dreißig Kilometer an Cherrapunji vorbei. Was, fragte ich, sind die besonderen Probleme beim Monsunflug?

»Vor allem Nebel oder sintflutartiger Regen, Sekunden bevor die Maschine aufsetzt«, antwortete er. »Und böige Seitenwinde; zwanzig Knoten schaffen wir eben noch, bei mehr besteht erhöhte Schleudergefahr. Wolken. Ku-Nim kann in einer Höhe von bis zu fünfundfünfzigtausend Fuß auftreten. Mehr als die Hälfte der größeren Turbulenzen über Indien werden von Monsun-Ku-Nim ausgelöst. Er erscheint auf dem Wetterradar – je stärker die Zelle, desto stärker das Signal.«

Der junge Kopilot, der sein Hemd fast bis zum Bauchnabel aufgeknöpft hatte, zuckte zusammen, wobei seine Goldketten leise klirrten. »Blitz«, sagte er.

»Er bellt nur, aber er beißt nicht. Es gibt einen ungeheuren Knall, der die Passagiere immer erschreckt. Der Blitz stellt keine wirkliche Gefahr dar, kann aber beim Piloten zu einer vorübergehenden Blindheit führen. Sie dauert nur wenige Minuten an, ist aber beim erstenmal oft recht beängstigend.«

»Ich hab immer noch Angst, wenn wir beide gleichzeitig blind werden«, sagte der Kopilot.

Kapitän Ravi drehte sich um. »Gopalan, wie wär's, wenn Sie uns Ihre Fenchelkerne probieren ließen?«

Verlegen reichte der Ingenieur seine Tüte herum. »Die Flugzeugkontrolle wird durch starken Regen erschwert«, sagte der Kapitän kauend. »Am Ende eines langen Tages stellt man plötzlich fest, wie hundemüde man ist. Ein Pilot muß bei der Monsunarbeit topfit sein. Der vorherrschende Wind kommt immer von rechts und ist manchmal so stark, daß man die Maschine nicht hineinlenken kann. Dann muß man einen Weg finden, ans Ziel zu gelangen, indem man immer nur nach links steuert.«

»Linienböen«, sagte der Kopilot.

»Ja, aber hauptsächlich in der Zeit unmittelbar vor dem Monsun. Sie enthalten Winde von hundert Knoten und bilden sich immer gegen vier Uhr nachmittags im Umkreis von

Kalkutta; das Einfliegen in Dum Dum kann zum Wellenreiten werden. Linienböen treten auch in Meghalaya auf, wohin wir jetzt fliegen, dort kann man ihnen allerdings rund um die Uhr begegnen.«

Dröhnend näherten wir uns der NOMIX-Linie. Dhaka erteilte uns die Erlaubnis, sie zu überfliegen, und kurz darauf entstand nervöse Spannung im Cockpit, als Gopalan seine behelfsmäßigen Hydraulikbolzen betätigte und Kapitän Ravi seinen Fahrwerkhebel zog. Erleichtert vernahmen wir erst ein Surren und dann ein Klicken, als die Räder einrasteten. Jetzt wandte sich Gopalan, zum erstenmal lächelnd, an die glutäugige Stewardess und bat sie, Teewasser aufzusetzen. Als wir östlich am Madhupur-Dschungel vorbeiflogen, fingen wir den Brahmaputra auf dem Radarschirm ein; eine gespenstische, perfekt verkleinerte Ausgabe des Flusses bot sich uns dar, lange bevor wir ihn wirklich erreichten.

Dann begann sich die Landschaft vor uns auf rätselhafte Weise zu dematerialisieren. Die blassen Grün- und Brauntöne wurden allmählich durch einen anschwellenden Lichterguß ersetzt, der in Quecksilber überging und dann in das milchig schimmernde Blau arktischen Eises. Ich betrachtete dieses glitzernde Reich und die Tatsache, daß wir in elftausend Fuß Höhe bald darin eingeschlossen sein würden.

»Was ist das?« fragte ich.

»Überschwemmungen«, sagte Kapitän Ravi. »Ausgelöst durch Monsunregen und Schmelzwasser im Brahmaputra. Von hier bis zu dem Punkt westlich von Cherrapunji, wo wir Bangladesch verlassen, fliegen wir über solches Gebiet. Schön, was? Ich liebe es, wie das Wasser den Himmel widerspiegelt und die Wolkenschatten kleine Inseln bilden. Aber dort unten sind zweihundert Menschen ertrunken, eine Million sind obdachlos, und eine Million Tonnen Reis sind vernichtet. Dhaka hat die Welt um Nahrungsmittel und fünfzig Schnellboote zum Verteilen gebeten, doch bisher gab es nur ein schwaches Echo.«

Während ich auf diesen friedlichen Binnensee herabblickte, dessen Oberfläche hier und da durch das Kielwasser kleiner Boote durchzogen wurde, kam mir zum Bewußtsein, daß wir den Teil der Welt überflogen, der ständig am meisten vom Monsun geplagt wird. Regelmäßige Überschwemmungen, *kal Baisakhis* genannt, deponieren Wasser direkt vom Himmel, während weitere Wassermassen von den Ausläufern des Himalaya, die durch Entwaldung für Brennholz und Weideland der Erosion preisgegeben sind, in Kaskaden herabfluten. Jetzt ist Bangladesch jedes Jahr gefährdet, und obwohl schon seit längerem Dämme und Kanäle zur Abwehr dieser jahreszeitlichen Flut geplant sind, ist bisher herzlich wenig geschehen.

Die Heimsuchung der Überschwemmungen kommt aus dem Norden. Vom Süden, aus der Bucht von Bengalen, kommen die Zyklone. Sie sind die meistgefürchteten Zerstörungswerkzeuge des Monsuns. Sie töten blindlings und in so großen Zahlen, wie man sie üblicherweise mit einem Atominferno in Zusammenhang bringt. Neunzehnhundertsiebzig brachte ein solcher Zyklon in Bangladesch einer halben Million Menschen den Tod. (Die kinetische Energie, die von einem tropischen Sturm freigesetzt wird, entspricht einer Explosion von dreihundertsechzig Megatonnen.) Im Jahr neunzehnhundert veröffentlichte Sir John Eliot, Indiens altes Wettergenie, sein *Hand-book of Cyclonic Storms in the Bay of Bengal*, in dem er den Beweis erbrachte, daß die frühe Phase des Sommermonsuns Bedingungen schafft, die ihr Entstehen begünstigen. Schätzungsweise fünfzehntausend Menschen starben im Mai neunzehnhundertfünfundachtzig, als ein Zyklon, der, vom Sandwip Channel kommend, über Südbangladesch hereinbrach und eine riesige Flutwelle hinter sich herzog. Die unvermeidliche Choleraepidemie folgte. Ein erschütternder Artikel im *Daily Telegraph* berichtete: ›In der Nähe aufgedunsener Kinderleichen benutzten Sanitäter auf der Insel Urir Char eine einzige Spritze, um dreihundert Menschen zu impfen. »Wir können die Spritze nicht wechseln, wir können es uns nicht leisten. Gott wird ihnen Widerstandskraft geben«, sagte Nural Islam, der leitende Sanitätsoffizier der Marine von Bangladesch.‹

Um das Elend des Landes noch zu verschlimmern, folgten ausgedehnte Überschwemmungen und setzten die Gebiete, die wir jetzt überflogen, unter Wasser.

»Es war eine schreckliche Zeit«, sagte Kapitän Ravi. »Innerhalb von nur drei Tagen war das ganze Land zum Katastrophengebiet geworden. Manchmal, wenn wir die Gegend überflogen, sahen wir unsere Passagiere weinen.« Er trank von dem starken schwarzen Tee, den die Stewardess uns gebracht hatte. »Ich bin auch über die Küstengebiete geflogen. Was die verwüstet hatte, waren nicht nur die Zyklone, sondern auch die Sturmfluten, die sie mit sich brachten. Verursacht werden sie durch auflandige Winde, fallenden Luftdruck, Meeresbodenfriktion und viele andere Faktoren. Ein Freund von mir, der im Wetteramt arbeitet, sagte mir, daß sie jetzt die Sturmrouten beobachten und so die Höhe der Flutwellen vorhersagen können.«

Fünfzehnhundertneunundsechzig trieb der Kaufmann Caesar Frederick in der Bucht von Bengalen in einem Zyklon, ›der unsere Segel, Rahen und Ruder davontrug; und weil das Schiff in der See schlingerte, brachen wir den Mast und warfen ihn über Bord ... Sechzig Männer taten nichts anderes, als Wasser zu schöpfen ... nichts anderes, als das Meer ins Meer zurückzuwerfen.‹

Dann, etwa gegen vier Uhr morgens, trug eine Flutwelle – Frederick spricht von einer ›großen Woge der See‹ – das Schiff hinauf auf ›das fruchtbarste Eiland der Welt‹, eine ganze Meile ins Inselinnere. Kurz nachdem man sie willkommen geheißen hatte, richtete die geschäftstüchtige örtliche Gemeinde einen großen Basar ein ›mit Läden gleich neben dem Schiff‹. Und dort stillte die verwirrte Mannschaft vierzig Tage lang ihren Hunger mit ›feinem Reis, gepökeltem Rindfleisch, Wildschwein und großen fetten Hühnern gegen eine kleine Münze, nicht mehr als ein Penny wert.‹

Die Auswirkung der Monsunsturmflut auf die Schiffahrt

ist gut dokumentiert. Albert Hervey schrieb achtzehnhundertdreiunddreißig, daß nahe bei Kalkutta ›ein gewaltiges Schiff der Ostindischen Gesellschaft von achthundert oder eintausend Tonnen aus dem Wasser gehoben wurde und mehrere hundert Meter vom Flußufer entfernt mitten auf einem Reisfeld landete.‹ Und zwei Jahre später wachte ein Engländer, der eine Villa in Coringa an der Nordostküste bewohnte, eines Morgens auf und sah einen langen Schiffsbalken in sein Fenster hereinragen. Es war das Bugspriet eines großen aufgegebenen Teeklippers, der friedlich in seinem Garten ruhte.

Das Überschwemmungsgebiet dehnte sich endlos aus. Kein klarer Horizont war zu sehen, obgleich ein schwacher Streifen Helligkeit weit vor uns vielleicht die Stelle markierte, wo Himmel und Erde zusammenstießen, oder vielleicht nur andeutete, daß noch eine weitere Endlosigkeit von Himmel und Wasser dahinter lag. Dann glaubte ich, über dem Rumpfbug die Andeutung eines Flusses auszumachen, ein breites, sich windendes schlammiges Gebilde, das gerade noch genügend Schnelligkeit und Oberflächenspannung aufwies, um sich von der restlichen überfluteten Welt, die er durchfloß, abzuheben. Er wurde von einer langen grünen Brücke überspannt, einer unwirklichen, sinnlosen Konstruktion, die teilweise überschwemmt war und wie ein Wehr schäumte. Aber das Bild schien mir vertraut, und ich erkannte – wie jemand, der eine Landschaft nach einem grobkörnigen Foto identifiziert –, daß ich es schon auf dem Radar gesehen hatte.

»Der Brahmaputra!« sagte ich.

Kapitän Ravi nickte. »Naja, mit etwas Phantasie.«

Neben den Inseln, die von den Wolkenschatten herrührten, waren nun echte Inseln zu sehen, kleine Hügel, die aus dem Wasser ragten mit Dörfern darauf. Ich sah eine, mehrere Grade rechts vor uns. »Können wir uns die mal etwas näher anschauen?« fragte ich.

»Klar.« Kapitän Ravi kletterte aus dem Cockpit und streckte sich. »Übernehmen Sie!«

Ich ließ mich auf seinen Sitz gleiten. Er deutete auf einen Bakelitschalter auf dem Autopilot. »Drücken Sie den nach rechts.«

Ich tat es, und die Fokker legte sich in die Kurve.

»Weiter.« Die Fokker ging noch mehr in Schräglage.

»Sie sind auf Kurs. Jetzt können Sie wieder geradeaus fliegen.«

Ich schaltete zurück in die Vertikale, und wir flogen direkt über das Dorf, eine Ansammlung von roten Dächern und Kokospalmen, zwischen denen ich, selbst in dieser Höhe, winkende Menschen erkennen konnte. Eine andere Insel tauchte mehrere Meilen von unserem Kurs auf. »Nach links schalten?«

»Klar, nach links.«

Gopalan erschien mit der glutäugigen Stewardess im Schlepptau. Keiner von beiden schien über den Mannschaftswechsel erstaunt zu sein. Das Mädchen hatte Bleistift und Stenoblock in der Hand und notierte sorgfältig, was Gopalan laut vom Armaturenbrett ablas. Der Kopilot hatte ein weiteres Dorf entdeckt und deutete mit dem Finger drauf. Es wurde von einer Kirche mit einem barocken Glockenturm überragt und sah aus wie ein italienisches Bergstädtchen. Zwanzig Minuten durchstreifte ich das Flutgebiet, dann überließ ich Kapitän Ravi wieder das Steuer.

Er wies nach vorn. »Meghalaya!« Ich erblickte eine Wolkenburg aus granitfarbenem Kumulus, die sich fünfzig Meilen vor uns auftürmte. »Wissen Sie, was Meghalaya bedeutet? ›Aufenthalt der Wolken‹. Sie sind immer da, hocken über den Bergen, sind fast ein fester Bestandteil dieser Welt. Es ist der einzige indische Staat, den man zuverlässig auf dem Wetterradar ausmachen kann.«

Der Kopilot nahm Verbindung mit Gauhati auf. Dorthin sollte die Fokker weiterfliegen, nachdem sie mich in Umroi auf der kleinen Flugpiste abgesetzt hatte, die Shillong bediente. Gauhati, ein vollausgerüsteter Flughafen, meldete acht Kilometer Sichtweite und ein Okta Wolkendichte in dreitausend Fuß Höhe, konnte aber keine Auskunft über das Wetter in Umroi geben.

»Jähe Windböen können hier zum Problem werden«, sagte Kapitän Ravi. »Während der Monsunzeit erreichen sie dreißig Knoten und können aus jeder Richtung kommen. Gefahr besteht, bis die Maschine stoppt. Die Landebahn liegt in einem Tal, das oft mit Wolken aufgefüllt ist, so wie mit Milch, die man in eine Schüssel gießt. Das und heftiger Regen, der die Sicht behindert, kann Landemanöver zu richtigen Selbstmordversuchen machen.«

»Wie ist das Wetter denn heute wohl?« fragte ich, plötzlich beunruhigt. »Können wir landen?«

Er zuckte die Achseln. »Das wissen wir erst, wenn wir zwanzig Meilen davor sind. Umroi hat sehr primitive Funkgeräte.«

»Umroi hat sowas wie einen Detektorenempfänger.«

Die drohende Meghalaya-Wolkenburg erhob sich über einer Kette aus Hügeln, die so unvorstellbar grün waren, daß sie radioaktiv zu sein schienen. Sie glitzerten in der Morgensonne, und ihr wildes, kraftvolles, urzeitliches Smaragd färbte beinahe die Unterseiten der Wolken.

»Die Khasiberge«, sagte Kapitän Ravi. »Die regenreichsten der Welt.« Er deutete nach rechts. »Cherrapunji liegt in der Richtung, ist aber heute nicht zu sehen. Vollkommen eingeschlossen.« Er warf einen Blick auf sein Bendix-Wetterradargerät und erklärte die nahende Wolke für harmlos.

Meghalayas Wolken bereiteten uns einen tosenden und ungestümen Empfang, bevor sie aufrissen und einen herrlichen Ausblick gewährten – gewelltes Hochland mit kleinen dichten Wäldern, schattigen Lichtungen und Flüssen, die so mächtig dahinströmten, daß wir sie fast hören konnten. Die Wildblumen glaubten wir fast zu riechen. Wir konnten sie nicht sehen, aber diese bewaldeten Hügel und geheimen Täler verströmten eine eigenartige, sanfte, sternenähnliche Leuchtkraft wie von Lilienfeldern unter Bäumen. Wir überquerten einen verlassenen überwucherten Garten, und man hätte sich leicht vorstellen können, daß hier ein in der Morgendämmerung gepflanztes Samenkorn vor Einbruch der Dunkelheit blühen würde.

Wir flogen von Südwesten ins Umroi-Tal ein. Es sah klar aus, obwohl Wolkenfetzen die östlichen Hänge herunterzuwehen begannen. Den Piloten war es nicht gelungen, Kontakt mit dem Flugplatzleiter aufzunehmen, und jetzt prüften sie den Himmel so aufmerksam wie Kampfflieger, die nach feindlichen Jagdbombern Ausschau halten.

Der Kopilot deutete auf die Wolke, die sich im Osten auftürmte. »Und da unten ist ein schwerer lokaler Schauer, der die Flugpiste gegen vier Uhr erreicht«, knurrte Kapitän Ravi. »Siehst du ihn?«

»Ja«, antwortete der Kopilot.

Der Schauer, ein rauchgraues, hektargroßes, mehrere hundert Meter hohes Gebilde bewegte sich mit der Geschwindigkeit eines galoppierenden Pferdes über den Talboden.

Dann kam über Funk die Stimme des Flugplatzleiters. Sie klang atemlos.

»Wie steht's mit dem Wind, Umroi?« erkundigte sich Kapitän Ravi.

»Null, fünf, null bei sieben Knoten.«

Zu mir gewandt, sagte er: »Die Regierung rührt keinen Finger, um diese kleinen Flugplätze im Nordosten zu verbessern. Sie sind unglaublich schlecht ausgerüstet. Umroi hat nicht einmal ein Telefon, und das Funkgerät stammt aus der Steinzeit. Manchmal scheint es besser, ich würde mein Fenster aufreißen und herunterbrüllen.«

Er inspizierte das Tal. Die niedersteigende Wolke verwandelte sich in dichten Nebel, der sich der Landebahn zu nähern begann. »Wo ist Gopalan?«

Gopalan stand neben mir. »Hier, Ravi!«

»Wir wollen das Fahrwerk ausfahren. Ich muß schnell runter.«

Drei grüne Lämpchen auf dem Armaturenbrett zeigten an, daß das Fahrwerk ausgefahren und fest verankert war. Wie eine Schwalbe glitt Kapitän Ravi durch Nebel und Regen der Piste entgegen. Es war ein wilder und aufregender Flug mit heulenden Motoren und mehreren kleinen, abrupten Kurswechseln. Die Landebahn, sichtbar unter dem vorüberfliegenden Blätterdach, verschwamm plötzlich, als der Regenschwall ihr äußerstes Ende erreichte. Grüne Vögel flogen von den Baumwipfeln auf, dicht unter unseren Rädern her.

Der Nebel, der die Fokker nach links abdrängte, näherte sich bereits dem Ende der Rollbahn.

»Oh Gott«, murmelte Mr. Gopalan.

Der Kopilot richtete sich kerzengerade auf.

Ich spürte, wir befanden uns in den Händen eines der besten Monsunpiloten von ganz Indien. Dieser Mann kannte die Launen des Monsuns und besaß die Erfahrung und das Geschick, mit ihnen umzugehen. Der Monsun hatte seine Punkte angesagt, und er, Ravi, würde mitgehen.

Die Fokker setzte mit einem dumpfen Aufprall auf, Sekunden bevor sie völlig von Regen eingehüllt war. Er donnerte auf den Rumpf und strömte über die Frontscheibe, übertönte sogar das Heulen des Rückschubs. Kapitän Ravi betätigte die Bremsen nur behutsam, um nicht ins Schleudern zu kommen. Im Halbdunkel und bei Sichtweite Null kamen wir zum Stehen.

»Spitzenleistung, Ravi«, sagte ich.

Noch erregt von der Jagd durch die Wolken, drehte er sich grinsend um und meinte: »Ist doch selbstverständlich, mein Freund.«

Bis er die Maschine sicher geparkt hatte, waren Schauer und Nebel weiter das Tal hinaufgezogen.

»Es gibt noch immer Aufstände in Shillong«, sagte Ravi. »Seien Sie vorsichtig.« Ich verabschiedete mich und stapfte über das glänzende Vorfeld zu dem winzigen Terminal, wo ein übergewichtiger Offizier in khakifarbenem Pullover und knallbuntem kariertem Halstuch mich erstaunt ansah. »Transitpassagiere müssen an Bord bleiben!« bellte er.

»Ich bin kein Transitpassagier. Ich steige hier aus.«

»Das geht nicht. Sie haben keine Genehmigung.«

Ich zeigte ihm Ms. Gulatis handgeschriebene Eintragung in meinen Paß. Er starrte kopfschüttelnd darauf. »Cherrapunji! Dahin können Sie nicht.«

»Delhi sagt aber, ich kann.«

»Delhi sagt immer *acha*, aber was weiß Delhi schon? Ich bin hier zuständig, und ich sage, Cherrapunji ist Sperrgebiet.«

Ich stand in einem kahlen, zellengroßen Raum vor ihm. Er saß auf einem Holzstuhl, der bei jeder seiner Bewegungen knarrte, was sein Gewicht und seine plumpe, unmilitärische Silhouette noch unterstrich. Am Boden darunter lag ein Pornoheft, in dem auf einer Doppelseite eine nackte nordische Blondine mit geschlossenen Augen und gespreizten Beinen prangte. Als er merkte, daß ich hinschaute, schob er schnell seinen Stuhl zurück, was einen ohrenbetäubenden Lärm verursachte, und wollte seinen großen, nassen, schlammbedeckten Stiefel darauf setzen.

Er brachte es nicht übers Herz.

Mit einem sonderbaren Geräusch, halb Stöhnen, halb Zischen, ging er zur Tür. Er rief einen Namen, und ein älterer Unteroffizier mit Schnurrbart und freundlichem Lächeln kam hereingeschlichen. Der Offizier fauchte ihn in Hindi an und wandte sich dann wieder an mich. »Ihre Genehmigung für Shillong läuft in sechsunddreißig Stunden ab. Das heißt, daß Sie morgen die Fokker nach Kalkutta erreichen müssen. Wenn Sie sie verpassen, muß ich Sie festnehmen.« Er gab mir meinen Paß zurück. »Dieser Mann wird Sie zum Büro des Stellvertretenden Kommissars in Shillong begleiten. Sie müssen sich bei ihm melden. Und dann werden Sie erfahren, was er von dieser Cherrapunji-Genehmigung hält.« Mit diesen Worten und einer knappen Handbewegung entließ er uns. Ich hob meine Reisetasche auf und folgte dem Unteroffizier aus dem Terminal.

Shillong lag einunddreißig Kilometer entfernt und war über eine kurvenreiche, ansteigende Straße zu erreichen. Wir fuhren in einem klapprigen Bus, dessen Kühler wie ein defekter Wasserhahn tropfte. Zweimal hielten wir bei einem Teehaus, damit der Fahrer Wasser nachfüllen konnte, und einmal am Fuß eines steilen Hangs, wo alle aussteigen und schieben mußten. Die Landschaft war wunderschön, sanftes Licht fiel auf smaragdgrüne Felder, die von rauschenden Bächen durchzogen waren. Der Unteroffizier sprach kein Wort Englisch, lächelte aber freundlich und schien die Fahrt zu genießen. An einem Haltepunkt eilte er in einen kleinen Basar und kam mit getrockneten Melonenkernen zurück. Während ich sie knabberte und mich an der vorüberziehenden Landschaft erfreute, fragte ich mich, ob der Stellvertretende Kommissar mir tatsächlich die Einreise nach Cherrapunji verweigern würde.

Die Stadt lag zwischen Kiefern und Pinien auf dem Gipfel eines breiten Hügels. Wir stiegen an der Endstation aus und gingen zu Fuß weiter. Ängstlich um sich blickend wie einer, der einen Überfall aus dem Hinterhalt fürchtet, drängte mich mein Begleiter, schneller zu gehen. Viele Polizisten waren zu sehen, die, immer zu zweit, auf und ab gingen. Die Einwohner aber schenkten ihnen keine Beachtung; die Khasis, kleine, stämmige, robust wirkende Menschen, sahen durch sie hindurch und behandelten sie wie Luft. Der einzige, den sie zur Kenntnis nahmen, war ein junger Gendarm mit verbundenem Kopf. Er wurde mit höhnischem Gelächter gegrüßt und von den Khasi-Mädchen verspottet; seine Kollegen, die das beobachteten, machten finstere Gesichter und schwangen drohend ihre Bambusstöcke wie Sensen.

Auf unserem Gang durch diesen alten englischen Erholungsort zeigte sich, daß wenigstens eines ihrer herrschaftlichen Gebäude intakt geblieben war. Die Anglikanische Kirche war ein solch vollkommenes Beispiel englischer Kirchenbaukunst, daß mich fast so etwas wie Heimweh überkam. Wapshot muß diesen Ort gekannt haben – obwohl er als kompromißloser Glasgower Presbyterianer wahrscheinlich nie den Fuß hineingesetzt hatte. Er hätte ihn als feindliches Lager angesehen, in dem singende, Rotwein süffelnde Vikare in Frauengewändern ihre Irrlehren verbreiteten und gefährliche Territorialansprüche geltend machten. Trotzdem war die Kirche sehr hübsch und ähnelte verblüffend einer, die ich manchmal in London aufsuchte.

Der Stellvertretende Kommissar war nicht in seinem Büro, und so führte mich der Unteroffizier zu seinem fünfhundert Meter entfernten Bungalow. Aber dort war er auch nicht, und der Diener teilte uns mit, daß der derzeitige Aufenthaltsort des S. K. unbekannt sei. Leichter Regen setzte ein. Der Unteroffizier wußte nicht, was er tun sollte, aber ich wußte es. Wir waren jetzt eine Stunde in dieser kleinen, steilen Stadt herumgeklettert, auf der Suche nach dem Stellvertretenden Kommissar, und ich fand, daß es jetzt an ihm war, die Initiative zu ergreifen, wenn er mich zu sehen wünschte. Kapitän Ravi hatte mir den Namen eines Hotels genannt. Mit der freundlichen Hilfe eines vorübergehenden Polizisten, der etwas Englisch sprach, teilte ich meinem Begleiter mit, daß ich dorthin zu gehen gedächte.

Das Pinewood erwies sich als angenehmes, gemütliches Gebäude, dessen Veranda auf einen gepflegten Garten blickte. Der Hotelmanager unterdrückte ein Lachen, als ich fragte, ob es ein freies Zimmer gebe. Doch bevor er mich aufforderte, mir einen Zimmerschlüssel von seinem Bord auszusuchen, wollte er meinen Paß und die Genehmigung sehen. »Cherrapunji«, murmelte er und begutachtete die Eintragung wie eine seltene exotische Briefmarke. »Wann wollen Sie hin?«

»Möglichst bald.«

Ich bot dem Unteroffizier Tee an, aber er schüttelte scheu den Kopf und schlich davon. Der Manager erzählte mir, das Hotel sei Anfang des Jahrhunderts von einem Schweizer Unternehmerpaar, M. und Mme. Perouse, für Urlaubsgäste aus Assams Teeplantagen gebaut worden. Mein Zimmer war wie eine Höhle mit einem schattigen Umkleideraum und angrenzendem Badezimmer, dabei feucht und schmutzig. Der Manager selbst machte mich verschmitzt lächelnd darauf aufmerksam. »Ziemlich dreckig, wie?« rief er aus. »Kein Wasser und Strom nur manchmal; wenn Sie Wasser brauchen, bringt es Diener. Ach ja, und Ratten auch.«

»Der Diener bringt Ratten?«

Er lachte und klopfte mir auf die Schulter. »Kommen Sie! Ich öffne Bar.«

Wir tranken Black-Label-Bier. Das Glas vornehm zwischen Finger und Daumen haltend, beschrieb er mir die Schwierigkeiten, ein Hotel inmitten von bürgerkriegsähnlichen Unruhen zu führen – keine Mitarbeiter, keine Gäste, keine Vorräte, keine Telefonverbindung, nichts. Er warnte mich, daß ab acht Uhr abends Ausgangssperre sei, die sehr streng gehandhabt würde; jeder, der danach auf der Straße angetroffen würde, riskierte einen Schlag auf den Kopf und Gefängnis.

»Diese besondere Ausgangssperre gibt's seit einer Woche«, sagte er. »Weil wir hier so viele Anti-Ausländer-Aufstände haben. Wütend sind die Leute vor allem auf Flüchtlinge aus Bangladesch und Nepal; sie kommen zu Tausenden rein und nehmen uns Land und Jobs weg. Aber im Moment ist hier kein Ausländer besonders beliebt.« Er trank sein Glas leer. »Darum müssen Sie mit Taxi nach Cherrapunji fahren. Es sind hundertzwölf Kilometer hin und zurück, und Sie müssen vor Sonnenuntergang wieder hier sein. Die Straße ist im Dunkeln gefährlich. Ich arrangiere das gleich mit zuverlässigem Fahrer.«

»Regnet es dort?« fragte ich.

Er lachte. »*Regnen!* In Cherra? Sie wissen doch, der meiste Regen fällt dort in diesem Monat, Juli. Bis jetzt hatten sie neuntausenddreihundert Millimeter. Das sind knapp zehn Meter.«

»Vor ein paar Jahren hatten sie zwölf Meter.«

»Achtzehnhundertsechsundsiebzig hatten sie fünfundzwanzig Meter. Mehr. An manchen Tagen einen Meter. Kein

Wunder, daß die Leute etwas übergeschnappt sind; sie kriegen Wasserkopf. Komisch ist nur, daß Shillong nicht mal zwei Meter im Jahr kriegt, dabei ist es nur sechsundfünfzig Kilometer entfernt. Ich bin aus Delhi, und da wären zwei Meter ein Gottesgeschenk. Sie sagen schon jetzt, dies wird schlechtester Monsun seit hundert Jahren.«

»Ich war eben erst selbst in Delhi«, sagte ich und erzählte von dem heuchlerischen Monsun, der die ganze Stadt in Erregung versetzt hatte, um sich nach einem Tag heimlich aus dem Staub zu machen.

Er nickte. »Ein hoher Beamter vom Finanzministerium hat gesagt, es wird keinen Regen geben bis achtzehnten August, wenn Jupiter rückläufig ist und Saturn auch. Jetzt ist Jupiter noch beherrschend. Mars bewegt sich bis zum einunddreißigsten August vor der Sonne, deshalb wird Regen dünn sein wie Morgentau. Aber wenn sich Sonne vor Mars bewegt, soll Delhi starken Regen kriegen.«

Dann sprang er auf und schickte einen Laufburschen los, um mir ein Taxi zu holen.

Der rostzerfressene Ambassador wurde von einem knochigen jungen Mann gefahren, der eine zerbrochene Sonnenbrille und einen eindrucksvoll gezwirbelten Schnurrbart trug. Neben ihm saß ein Junge, auf den der Fahrer unentwegt mit der sanften, reuigen Stimme eines Beichtenden einredete. Der Junge hatte ein Bündel grüner Blätter in der Hand, die er dem Fahrer eins nach dem anderen in den Mund schob. Ansonsten aber schwieg er und hörte dem Monolog aufmerksam zu.

Wir fuhren über eine von scharlachrotem Rhododendron gesäumte Straße nach Westen, dann südwärts durch Hügel auf die Grenze von Bangladesch zu. Ein kompliziertes, ineinandergreifendes System von Bächen und Flüssen teilte die Landschaft in zahlreiche von Gräben umgebene Inseln auf. Wenn unser Motor wieder einmal versagte, war die Luft erfüllt vom lauten Plätschern des strömenden Wassers. In Laitlyngkot, wo die Luft einst vom Hammerschlag vieler kleiner

Eisenschmieden erfüllt gewesen war, hielten wir an einem Basar, um Bananen und süßen Tee zu kaufen. Die Nachkommen der Eisenarbeiter waren stämmige, gelassene und selbstbewußte Menschen, die einem fest ins Auge blickten. Während ich meinen Tee unter einer Eibe trank, näherte sich ein Bus, der mit feuerroten Dämonen bemalt war und die Aufschrift trug ›Gottes Gaben kann niemand auslöschen‹. Er hielt an, und die zahlreichen wartenden Fahrgäste erstürmten ihn wie Bergsteiger, kletterten aufs Dach, lehnten sich dann bequem zurück und zündeten ihre Pfeifen an.

Ein indischer Beamter bat darum, ins nächste Dorf mitgenommen zu werden. Er war ein Bodenanalytiker aus Madras und sagte mir, daß die Khasi, die ihre Toten auf der regendurchtränkten Erde nicht verbrennen konnten, die Leichen in heimischem Honig mit Orangenaroma konservierten. Ich erwiderte, daß ich diese Geschichte zum erstenmal gehört hätte, als ich fünf war, wobei damals die Rede von randvollen Gräbern auf einem morastigen Friedhof gewesen sei. Er sah mich neugierig an. »War Ihre Familie hier?« fragte er.

»Nein. Freunde der Familie.«

Wir fuhren an einem ruhigen, klaren Fluß vorbei mit Weißbuchen an den Ufern und Hornfelsgestein in seinem Flußbett. An einer Straßenseite erhob sich eine steile Wand aus kohlehaltigem Sandstein, an der anderen blickte man in tiefe bewaldete Täler, die mich an das Cherrapunji-Gemälde erinnerten. Ich fragte mich, ob es noch immer Tiger dort unten gab und nackte Nomaden, die sie mit Pfeil und Bogen verfolgten. Der Bodenanalytiker sagte, Nomaden gebe es wohl, aber keine Tiger. Heutzutage jagten die Nomaden Wildschweine, Faultiere, Hirsche und natürlich Affen, die sie in großen Mengen verzehrten. Auch Leoparden gebe es, und manchmal räuberische Elefanten.

»Vor einiger Zeit verfolgte ein großer Elefantenbulle eine Frau durch den Wald bei Rajapara bis zu ihrem Haus, trat es nieder und trampelte die Frau zu Tode. Man konnte ihr nicht helfen. Nur ein Jäger im Dorf besaß ein Gewehr.« Hier ließ er ein hohes Kichern vernehmen. »Es war ein Vorderlader aus dem letzten Jahrhundert. Aber leider fehlte ihm die passende Munition.«

Kurz vor Sohrarim kamen wir an einer Gruppe hockender Frauen vorbei, die schrien und wild gestikulierten. Ich hielt das für eine Bekundung sozialer Spannungen, doch der Bodenanalytiker erklärte mir, die Frauen verscheuchten nur die Affen aus ihren Ingwergärten. Dann verließ er uns, und weiter begleitet von der beichtenden Stimme des Fahrers begannen wir die letzte Etappe nach Cherrapunji. Die Stimme war leicht gereizt geworden, untermalt von einem klagenden Singsang.

Die Landschaft vor uns begann sich zu weiten. Wir fuhren an einem hohen grasbewachsenen Hang entlang, der mit Felsen und verkümmerten, windschiefen Schraubenpalmen durchsetzt war. Es war ein öder, trostloser Anblick, obwohl die Wände der schwindelerregenden Schluchten so dicht bewaldet waren, daß sie unter einer heißen Sonne wie mit einem schimmernden grünen Teppich bedeckt schienen.

Und die Sonne knallte geradezu auf den Hang. Weit und breit war kein Regentropfen zu sehen, und ich blickte betrübt in einen leeren Sommerhimmel. Die Schluchten dehnten sich in tiefe urwaldähnliche Täler aus, und ich begriff plötzlich, warum es in dieser Höhe keine Wolken gab. Sie waren alle dort unten; Schleier von federigem Zirrus, Inseln von gewölbtem Kumulus, die sich brodelnd durch die Täler schoben wie ein bodenverhafteter Tropensturm. Es war beunruhigend, diese Umkehrung von Himmel und Erde zu betrachten, aber auch schön. Kleine vollkommene Regenbögen standen auf der Wolkenroute, steckten ihren Weg mit Lichtern ab, luden sie sogar mit einem kurzen bunten Schimmern auf, während sie vorbeizogen.

Der Fahrer hielt plötzlich in seinem Gemurmel inne und deutete nach vorn. »Cherra«, sagte er.

Er schaltete in einen kleineren Gang und lenkte den Wagen langsam die steile, gewundene Straße hinauf. Ich reckte den

Hals, um besser sehen zu können, und am Ende der Steigung, dreizehnhundert Meter über dem Meeresspiegel, erblickte ich schließlich den nassesten Ort auf Erden.

Es gab nicht viel zu sehen; zunächst eine Gruppe niedriger farbloser Gebäude, die sich beim Näherkommen als Busstation und Basar erwiesen. Zwei verbeulte Vehikel, die Fracht und Fahrgäste aufnahmen, trugen die Aufschrift ›Gottes Gaben kann niemand auslöschen‹. Ich stieg aus und bat den Fahrer, mich in drei Stunden hier abzuholen. Draußen stellte ich fest, daß viele der Marktleute, ähnlich wie die nepalesischen Sherpas, kattunumwickelte Rucksäcke an ihren Stirnriemen trugen. In jeden dieser Riemen war zudem ein zusammengeklappter Schirm gesteckt, was dem Träger das Aussehen eines Einhorns verlieh. Die Häuser und Teeläden waren mit Wellblech bedeckt, das im Laufe der Zeit dünn wie Rasierklingen geworden war, und über die hohen Schornsteine waren Plastiktüten gestülpt, um den Regen abzuhalten.

Ich nahm Reserviertheit, ja Feindseligkeit wahr. Niemand lächelte. Und obwohl die Dorfbewohner meinem Blick auswichen, spürte ich ihre Blicke im Rücken. Das einzige Wesen, das mit mir sprach, war ein kleines Mädchen, dem ich eine Handvoll Erdnüsse und eine reife Orange abkaufte. Dann griff sie unter ihren Tisch und holte mit ernster Miene ein Tablett hervor, auf dem holzgeschnitzte, mit versilberten Köpfen versehene Opiumpfeifen aufgereiht waren.

Nebenan war ein Stand mit bootsförmigen, bastgeflochtenen ›Südwestern‹, die, über Kopf und Schultern getragen, Schutz gegen Regen boten. Ich ging weiter auf der Suche nach dem Schirmverkäufer von Cherrapunji und fand ihn, einen abgezehrten Mann mit roten entzündeten Augen, neben einer schlüpfrigen Steintreppe hockend. Er war dabei, einen ganzen Regenschirm aus verschiedenen defekten zu machen, indem er sorgfältig alte verrostete Eisenstäbe in einen mit den Zehen gehaltenen Kranz steckte. Um ihn herum lagen Reste von geölter Seide, bunte und gemusterte Nylonfetzen und Griffe, teils gewöhnliche, teils Phantasiegebilde – Köpfe von Enten, Hunden, Pferden, Hasen und Indianerhäuptlingen.

»Ich möchte einen Schirm kaufen«, sagte ich.

Nach all diesen Wochen besaß ich immer noch keinen, und Cherrapunji schien mir der angemessenste Ort, diesen Mangel zu beheben.

Er wollte nicht mit mir ins Geschäft kommen. Hinter ihm befand sich ein ganzer Stand mit Schirmen, neuen oder reparierten, aber er winkte mit dem Finger und schüttelte den Kopf. Keiner war für mich erhältlich. Ich wußte, daß die Marktleute zuschauten, denn es herrschte plötzlich Stille auf dem Platz, aber ich ließ nicht locker. Schließlich griff er, indem er mir einen unergründlichen Blick zuwarf, hinter sich und holte einen Sonnenschirm aus rosa Seide mit Spitzeneinfassung und Silbergriff hervor. Es war eine zerbrechliche europäische Antiquität, wohl im vorigen Jahrhundert hergestellt, um eine wohlhabende Dame vor der Sonne zu schützen. Gegen dreizehn Meter Regen würde er soviel Schutz bieten wie ein geknotetes Taschentuch. Ich hörte ein schwaches, unterdrücktes Lachen von den Zuschauern hinter mir und reichte ihm den Schirm zurück. Er nahm ihn mit einem leicht ironischen Lächeln entgegen. Ich dankte ihm für seine Bemühungen und verließ den Platz.

Cherrapunji lag auf dem Ausläufer eines Tafellandes, fünf Kilometer lang und drei breit. An seiner Rückseite säumten Wasserfälle die bewaldeten Kalksteinfelsen und schäumten zwischen den Bäumen in wolkengefüllte Schluchten. Von einem hieß es, er sei der viertgrößte der Welt, aber heute stellten sich so viele zur Schau, daß ich ihn nicht von den anderen isolieren konnte; nicht weniger als zwölf sprangen von dem glitzernden Hundert-Meter-Felsen vor mir herab. Die Tatsache, daß sich die Wolke nicht von den Schluchten trennen wollte, brachte mich auf den Gedanken, daß sie irgendwie mit den Wasserfällen verhaftet war, sich vielleicht sogar aus ihnen speiste. Schließlich sonderte jeder von ihnen pro

Sekunde Milliarden Wolkenpartikel ab, die, wenn sie absorbiert waren, den wirbelnden Massen, die einem die Sicht nahmen, noch mehr Dichte gaben.

Wenn sie aufrissen, tauchten weitere Wasserfälle auf. Vielleicht hatte ich durch meine Willenskraft selbst einen ins Leben gerufen, denn als ich den Blick durch den Dunst auf einen bestimmten Punkt richtete, sah ich plötzlich eine neue Kaskade aus dem Fels hervorschießen. Nie zuvor hatte ich so viele gesehen, oder mir auch nur vorstellen können, daß solche verschwenderische Fülle dieser herrlichen transparenten Gebilde sich an einem einzigen Ort versammeln konnten. Isoliert durch diese schäumende Wand und im Norden durch Regenbögen abgegrenzt, war die Stadt erfüllt vom Widerhall niederstürzenden Wassers.

Am südlichen Ende fiel die Landschaft steil hinab zu den überfluteten Ebenen von Bangladesch, die jetzt in der Nachmittagssonne in betörendem karibischem Blau schimmerten. Cherrapunjis Höhenlage bot mir wie von einer Tribüne aus einen weiten Blick auf das überschwemmte Land dort unten, und mir wurde plötzlich klar, daß die Wassermassen dieser Hügel gar keine andere Möglichkeit hatten, als sich über das ungeschützte Flachland zu ergießen. Genau das tat Cherrapunjis Regen. Er trug maßgebend zur jährlichen Überschwemmung von Bangladesch bei. Als ich so dastand und über die beiden Seiten der Monsunmedaille nachdachte – auf der einen Tod und Zerstörung, auf der anderen Leben und Fortbestand –, fragte plötzlich eine Stimme hinter mir: »Was machen Sie hier?«

Ich drehte mich um. Ein kräftiger Inder in einem zerknitterten Safarianzug musterte mich.

»Ich schau mich nur ein wenig um.«

»Wo sind Ihre Papiere?«

»Warum?«

»Sicherheitspolizei. Sie befinden sich im Sperrgebiet.«

Ich zeigte ihm meinen Paß mit der Aufenthaltsgenehmigung für Cherrapunji. Er betrachtete ihn eine Weile und gab ihn mir dann stirnrunzelnd zurück. »Das ist ein Irrtum«, erklärte er. »Sie dürfen sich hier nicht aufhalten.«

»Delhi sagt, ich dürfe.«

»Leider ist Delhi sehr weit weg. Sie müssen den Ort sofort verlassen. Viele Illegale kommen durch Cherrapunji von Bangladesch herein. Die Menschen sind wütend, und die Lage ist sehr angespannt.«

»Sehe ich etwa wie ein Illegaler aus Bangladesch aus?«

Er legte den Kopf auf die Seite und sagte überraschend: »Vielleicht ein Illegaler aus Bangladesch, der einen schlechten Tag hat. Aber die Leute hier machen da keinen Unterschied, sie sind gegen alle Ausländer. Sie glauben, die sind hier, um zu stehlen.«

Ich erklärte ihm, weshalb ich hier sei, und als ich ihm versprochen hatte, zwei Stunden vor Sonnenuntergang verschwunden zu sein, gab er nach. Anschließend begleitete er mich ein Stückchen und erzählte mir, die indische Regierung habe den Vorschlag gemacht, die ganze Grenze gegen Bangladesch mit einem Zaun zu versehen.

»Der Zaun soll stabil sein, beste Stahlqualität, und hier an den Hängen unterhalb von Cherra verlaufen. Vielleicht werden wir ihn sogar unter Strom setzen, aber wir haben schon Schwierigkeiten, genügend Strom für unsere eigenen Bedürfnisse zu erzeugen. Und die Leute aus Bangladesch sind einfallsreich, wissen Sie; sie würden wahrscheinlich Leitungen vom Zaun zu ihren verdammten Häusern führen, um so Licht zu haben.« Er deutete vage auf die Hänge. »Nur ein paar hundert Meter südlich von uns gibt es einen großen Klimawechsel; die Leute von Cherrapunji bauen herrliche tropische Früchte an – Orangen, Grapefruit, köstliche Bananen, die besten Mandarinen der Welt.«

Er verließ mich am alten englischen Friedhof. Mehrere Grabsteine trugen die verwitterte Aufschrift: ›Gestorben von eigener Hand‹. Cherrapunji war die erste britische Bergstation im Nordosten gewesen, aber ihre Gründer hatten nicht bedacht, welch niederdrückende Wirkung Regen und Einsamkeit auf die Psyche der jungen Männer haben würden, die sie verwalten sollten.

Achtzehnhundertfünfzig verbrachte Joseph Dalton Hooker, früher Arzt der Royal Navy, dann Naturforscher, die Monsunmonate in Cherrapunji. Er fand es

> so trostlos und ungastlich, wie man es sich nicht schlimmer vorstellen kann ... es gibt dort keinen Baum und selten einen Strauch zu sehen außer gelegentlichen Gruppen von Schraubenpalmen. Die niedrigen weißen Häuser sind klein an der Zahl und sehr verstreut, manche eine Meile voneinander entfernt; und eine kleine weiße Kirche, unbenutzbar wegen der Feuchtigkeit, steht verlassen mitten darin.

Der Regen versetzte Hooker in Erstaunen. Der erste Mensch, schrieb er, der die Aufmerksamkeit der übrigen Welt darauf lenkte, war ein

> Mr. Yule, der im Monat August 1841 feststellte, daß 6700 Millimeter fielen; und daß an fünf aufeinanderfolgenden Tagen alle vierundzwanzig Stunden 760 Millimeter fielen! Dr. Thompson und ich registrierten auch 760 Millimeter an einem Tag und einer Nacht und während unseres siebenmonatigen Aufenthalts über 12300 Millimeter, so daß die jährliche Gesamtmenge die 15000 Millimeter, die in den folgenden Jahren registriert wurden, weit überstieg!

(Er war allerdings verwirrt über die merkwürdigen ortsgebundenen Regenmuster. Stellte man sein Meßgerät ein paar hundert Meter entfernt auf, registrierte es nur halb soviel wie zuvor.)

Doch es war nicht der Regen, der ihn veranlaßte, in ›Churra Poonji‹ zu bleiben. Es war die Flora, ›eine ungeheure Artenfülle‹, die, wie er meinte, wohl die reichste ganz Asiens sei. ›Wir sammelten bis zu zweitausend verschiedene Blütenpflanzen im Umkreis von zehn Meilen um Churra, dazu noch eine Fülle von Moosen, Flechten und Pilzen.‹ Er fand zweihundertfünfzig Orchideenarten, viele am Boden der feuchten Wälder oder auf den grasigen Hängen wachsend, und fünfundzwanzig Arten von Balsam, solche tropischer und auch gemäßigter Zonen. Es gab Eichen, Palmen (vierzehn Arten), Bambus (fünfzehn Arten) und hundertfünfzig verschiedene Gräser, was bemerkenswert war, hatte ganz Indien doch kaum vierhundert Arten aufzuweisen.

Der Standort Cherrapunji selbst aber war Ödland, sein karger Boden und sein rauhes Klima – Rauhreif im Winter ist häufig – brachten nicht viel mehr als die allgegenwärtigen Schraubenpalmen hervor, die auch ich hier überall sah. Hooker wurde bei seinen Exkursionen von zwei ortsansässigen Offizieren der Kolonie begleitet, den Leutnants Raban und Cave, beide begeisterte Hobbygärtner, die, wie er berichtete, ihren eigenen englischen Garten anzulegen versuchten. ›Nur wenige englische Gartenpflanzen gediehen in den Blumenbeeten. Selbst in den Töpfen und Kästen gingen Geranien und ähnliches wegen mangelnden Sonnenlichts ein.‹ Es gelang ihnen, ein paar Petunien, Kapuzinerkresse, Chrysanthemen und Fuchsien aufzuziehen, aber ›der Gänseblümchensamen, der frisch aus England eingeführt wurde, ging nur sehr kümmerlich auf. Jetzt haben sie ein kleines luftiges Treibhaus errichtet, und was fehlt, ist nur noch das Sonnenlicht.‹ (Gesunde junge Apfel-, Pfirsich- und Birnbäume, in Moos verpackt, kamen regelmäßig auf amerikanischen Kühlschiffen nach Kalkutta – das Eis, das man auf dem Markt für einen Penny das Pfund verkaufte, erwies sich als heilsam gegen das Nachmonsunfieber –, aber sie gediehen leider nur in den kühlen, gemäßigten Bergstationen des Himalaya.) Als ich mich jetzt auf den Weg zu den Mawsmai-Fällen machte, fragte ich mich, ob auch die beiden auf dem vergessenen Friedhof ihre letzte Ruhe gefunden hatten. Wenn sie nicht Selbstmord begangen hatten, waren sie vielleicht Opfer eines Klimas geworden, das Europäer wahllos hinweggerafft hatte. Sechzehnhundertneunzig schrieb der Geistliche James Ovington:

September und Oktober, die beiden Monate, die direkt auf die Regenzeit folgen, sind der Gesundheit der Europäer sehr unzuträglich; in diesen beiden Monden sterben gewöhnlich mehr von ihnen als im ganzen restlichen Jahr. Das Übermaß an Erddämpfen nach dem Regen bringt die Luft zum Gären und erzeugt darin eine solch schwüle Hitze, daß kaum jemand den fiebrigen Auswirkungen, die sie auf den Geist ausüben, zu widerstehen, noch sich von den Fiebern und dem Ausfluß zu erholen vermag ... Dieses Verhängnis hat unter den dort residierenden Engländern das Sprichwort entstehen lassen: Zwei Monsune sind eine Lebensphase.

Als ich die kleine Presbyter-Schule von Cherrapunji (neunzehnhundertdreißig fertiggestellt) erblickte, blieb ich abrupt stehen. Obwohl sie verschlossen und verlassen dalag, schien der Schatten von Wapshot noch über ihr zu schweben. Hatte er sie gegründet oder gar erbaut? Wenn ja, hätte das in seinen Briefen erwähnt sein müssen, und ich begann, über den Bau nachzusinnen, den mein Vater, weit entfernt und vor langer Zeit, sich vorgestellt haben mochte. Vielleicht hatte er mir sogar davon erzählt: ›Sandy, stell dir vor: Wapshot baut die nasseste Schule der Welt!‹ Dann hätte er über die Bausubstanz, die Fundamente, das Dach und die Regenrinnen gegrübelt, die erforderlich waren, um die Abc-Schützen vor den Sturzbächen zu schützen, die sich aus dem Himmel ergossen. Das einzige, um das er, ein Mann der Praxis, sich gewiß keine Sorgen gemacht hätte, wäre der Lehrplan gewesen; nur meine Mutter hätte sich wohl Gedanken darüber gemacht.

Ich ging weiter mit dem Gefühl, etwas Großartiges gesehen zu haben, ein verlorenes Monument, von dem ich gerüchteweise gehört, das ich aber nie in Augenschein genommen hatte.

Die Häuser im Umkreis lagen, wie die von den Engländern erbauten, weit verstreut. Eine der Gartenmauern war aus zwei Hälften eines Dakota-Flügels, eine andere aus einer

Höhenflosse zusammengesetzt. In mehreren Gärten sah ich Dakota-Propellernaben, die als Blumentöpfe herhalten mußten; Orchideen schienen besonders üppig in ihnen zu gedeihen. Dann erinnerte ich mich an den freundlichen Thril-Transportleiter in Faridabad, der als Dakota-Mechaniker in der indischen Luftwaffe auf einem Stützpunkt nahe Cherrapunji gedient und von ihrer hohen Unfallrate gesprochen hatte; diese recycelten Trümmer schienen mir aber weniger das Resultat mangelnder Handfertigkeit seinerseits gewesen zu sein als vielmehr das der hier vorherrschenden klimatischen Bedingungen während der Monsunzeit. Ich stellte mir vor, ich müßte eine Dak blind durch strömenden Regen steuern, durch Turbulenzen, die von den Bergen und durch Windböen, die aus den Tiefen von Bangladesch kamen. Es mußte eine lebensgefährliche Kombination gewesen sein. Kein Wunder, daß so viele Maschinen um Cherrapunji herum zerschellt waren – eine weitere unbekannte Zahl von Opfern auf seiner Todesliste.

Die Mawsmai-Fälle lagen am Rande der Siedlung. Auf dem Felsvorsprung, von dem aus man sie überblicken konnte, stand eine geborstene Steinbalustrade, ein kleines nostalgisches Relikt eines großen englischen Besitzes, wo sich wohl an schönen Abenden die Ausgebürgerten einfanden, um die hübschen Kaskaden zu betrachten, die sich ins Tal ergossen. Hier werden sie sich zum Plaudern getroffen, die Tage bis zum nächsten Heimaturlaub gezählt, sich über die Khasis ausgelassen, möglicherweise die Ansicht: ›Mürrische, sture Kerle, die spät aufstehen und in ihrer ganzen Person unerträglich schmutzig sind‹ geteilt, vielleicht erschüttert das durch eigene Hand erfolgte plötzliche Hinscheiden eines Nachbarn beklagt (›Kam er Ihnen in letzter Zeit nicht auch so niedergeschlagen vor?‹) und endlich die Frage erörtert haben, wie man sich am besten gegen die Feuchtigkeit schützt.

Ratschläge zur geeigneten Kleidung waren selbst in London zu bekommen – Flanelloberhemden, wollene Unterhemden, Hosen aus amerikanischem oder holländischem ungebleichtem Drillich, Socken aus Merinowolle, feste, aber bequeme Stiefel, Gamaschen, ein Regenumhang, mit dem man reiten konnte, ein Cashmeremantel, mit Perlknöpfen, Haken und Ösen am Hals zu schließen, und zwei Meter warmer roter Flanell für eine eventuelle plötzliche Verkühlung der Nieren. Ein gewebter Bindengürtel galt als hervorragender Schutz gegen die Ruhr. Man sollte in Flanell schlafen und Schirme mit fester Seiden- oder Alpakabespannung mit sich führen.

Unterhalb der Fälle fand Hooker Lorbeer- und Brombeersträucher, Jasmin, Eichen und, zu seiner Überraschung, Khasi-Bergleute, die in verborgenen Kohlegruben arbeiteten. Heute war der Mawsmai von zahlreichen anderen Wasserfällen umgeben. Federn weißen Wassers schossen aus dem grünen Kliff, verloren sich im Nebel, tauchten als schäumender Bach wieder auf, der in die Tiefe stürzte, um die tropischen Obstgärten zu bewässern und die Überflutungen in Bangladesch noch zu verschlimmern.

Wapshot hat sich vielleicht gelegentlich zu diesen abendlichen Treffen eingefunden, obgleich ich mehr den Eindruck hatte, daß er an solchem gesellschaftlichem Smalltalk wenig Gefallen fand; und wenn er sich leidenschaftlich über die Werte seiner Regenmeßgeräte ausgelassen hätte, wäre er den anderen gewiß auf die Nerven gegangen. Und was hätte mein Vater aus Cherrapunji gemacht? Sicher hätte er seine Ähnlichkeit mit den wilderen Teilen seines geliebten Westschottlands sehr geschätzt und dies, vorausgesetzt, er hätte einige jener berühmten Tausend-Millimeter-Tage mitbekommen, als *die* Reise seines Lebens betrachtet. Nun war ich an seiner Stelle hier, und ich versuchte, auf die Fälle hinabblickend, sein Bild heraufzubeschwören. Aber ich konnte den scheuen jungen Arzt nicht sehen, der einst seinen Verstand an den Extremen des tropischen Wettersystems maß und der mich eindringlich nach allen Einzelheiten über Cherrapunji und den indischen Monsun ausgefragt und den

Kopf geschüttelt hätte mit diesem erstaunten, beglückten Lachen, das ich so sehr vermißte.

Aber ich sah nur den tapferen, müden Mann vor meinem geistigen Auge, der von seinem lebensbedrohenden Herzleiden wußte und sich hartnäckig gegen seine Pensionierung wehrte, den der unvermeidliche schwere Infarkt ereilte, nachdem er zwei Wochen zuvor eine neue Praxis in Neuseeland eröffnet hatte; es passierte auf den Stufen eines Postamtes in Auckland, wo er einen liebevollen Brief an meine Tochter abgeschickt hatte. Ich stellte mir diesen Vater vor, wie er mich jetzt ein wenig zweifelnd anblickte und sich im Innern fragte, ob diese Reise wirklich eine gute Idee gewesen war. Reiseberichterstattung, was? Nun, vielleicht ist sowas ja sinnvoll. Aber auch notwendig? Hm. Er hatte immer gewünscht, daß ich Arzt werde wie er.

Ein paar Jungen lehnten an der Balustrade und plauderten laut miteinander. Ich bemerkte, daß sie plötzlich schwiegen und mich beobachteten. Zwei lösten sich aus der Gruppe und kamen, Schirme unter den Arm geklemmt, zerfetzte Hemdzipfel aus ihren abgetragenen Pullovern hängend, zu mir her geschlendert. Einer sprach Englisch.

»Was machen Sie hier?« fragte er.

»Ich bin hergekommen, um mir die Wasserfälle anzusehen.«

»Woher gekommen?«

»England. London.«

»Sind Sie Methodist?«

»Nein.«

»Ich bin Methodist. Mein Freund hier ist Animist. Er sieht Gott in den Wasserfällen. Wo sehen Sie Gott?«

»Na ja … in meinem Kopf, denke ich. Aber nicht sehr oft.«

Er nickte und übersetzte für seinen Freund. Der Freund, der eine nervöse Störung hatte, die ihn zucken und zwinkern ließ, redete lange auf ihn ein.

»Er sagt, er sieht auch die Geister toter Ahnen hier. Das da sind zwei Großtanten, die in einem Dorf weiter unten wohnten. In einer stürmischen Nacht, als sie ihre Kartoffeln im Basar von Cherra verkauft haben, klettern sie die hohe, gefährliche Kliffleiter neben Mawsmai runter – und stürzen ab.«

Jetzt sprach wieder der Freund.

»Sie waren betrunken!«

»Das ist ja eine schreckliche Geschichte«, sagte ich.

»Ja.« Er lachte vergnügt.

»Ihr Englisch ist sehr gut.«

»Natürlich. Ich höre jeden Tag BBC World Service. Und mein Lehrer hat bei Methodisten gelernt. Waliser. Thomas Jones, Vater von Khasi-Alphabet, hat uns unsere geschriebene Sprache gegeben und in Cherrapunji große Mode aus Literatur gemacht. Jetzt gibt's hier überall in den Bergen Dichter.« Er deutete mit dem Kinn auf seinen Freund. »Er ist Dichter. Er hat ein sehr gutes Gedicht über die Großtanten geschrieben. Es heißt ›Der Sturz‹.«

Ich bat um eine Übersetzung von ›Der Sturz‹ und dachte belustigt: Waliser? Methodisten? Ich hatte nie gewußt, daß die Methodisten in Cherrapunji gewesen waren. Hätte Wapshot sie in seinen Briefen erwähnt? Zweifellos, aber mir war nie etwas von ihren Taten berichtet worden. Vielleicht hatte mein Vater gemeint, ich sei noch zu jung dafür gewesen; Geschichten von alttestamentarischen Sintfluten und von honigbeschmierten Leichen waren vielleicht langweilig, aber nicht kontrovers. Ich sah Wapshot in einem neuen Licht. Er war ein gestreßter Mann gewesen, hatte Tag und Nacht mit den beredsamen Walisern und ihren schmelzenden bardischen Stimmen konkurrieren müssen; vielleicht hatten sie auch noch Rugby in den Khasihügeln eingeführt. Armer Wapshot. Er hatte sicher alle Hände voll zu tun gehabt.

Die Jungen diskutierten noch immer mit gedämpften, eifrigen Stimmen über den einleitenden Vers, als plötzlich die Sonne verschwand und eine Bombe dreißig, vierzig Meter über unseren Köpfen explodierte. Der Blitz und der Knall ließen mich fast vom Boden abheben, die jungen Männer aber blickten kaum auf. Lässig öffneten sie ihre Schirme und debattierten weiter, während ich fassungslos auf die nahende Cherrapunji-Regenfront starrte.

Eine Fontäne aus schwarzen Wolken schob sich in Spiralen über die Hügel und stieg dann steil in den Himmel empor. Sie formte ein zeltähnliches Gebilde, die Spitze hoch oben, die Seiten sich bis zum Boden herabrollend. Es war sehr dunkel im Innern, aber ich sah eben noch eine Armada von verschwommenen galeonsähnlichen Schiffen, deren Unterseiten mit gewundenen Wasserkabeln geschmückt waren, auf uns zusteuern. Sie gaben ein dumpfes Grollen und ein Geräusch wie sich entladende Hydranten von sich, und der Regen zischte in senkrechten Bahnen fester Materie herab, daß die Erde aufschäumte und die Stangen des Dichterschirms, unter den ich mich geflüchtet hatte, sich bogen wie die Zweige junger Bäume.

Mir kamen die Worte von Y. P. Rao in den Sinn. ›Beobachtungen von Meteorologen, die diese Gegend besuchten, deuten darauf hin, daß der phänomenale Regen von Cherrapunji sich nur über ein kurzes Stück der Hügel und einen kleinen Teil des Hanges ergießt.‹ Er glaubte, er würde in eine einzigartige orographische Falle gelockt. Die im Süden aufsteigende Luft stieße auf diesen kleinen Hügelteil, um dann nolens volens in eine südlich ausgerichtete trichterförmige Öffnung in den Hügeln geleitet zu werden – ein Pferch aus Kalkstein, dem sie nur entweichen konnte, indem sie sich abregnete.

Ich verspürte nur wenig von der Erregung meiner ersten Monsuntage im Süden, die allgemeinen Jubel ausgelöst hatten. Dies hier war dagegen eine routinemäßige Matineevorstellung, gewiß eindrucksvoll, faszinierend aber nur für den passionierten Sammler meteorologischer Daten; solche Spezialisten beobachteten jetzt ungläubig, wie es in ihren Meßgeräten schäumte, als hätte man sie mit Champagner gefüllt.

Der Regen hüllte uns ein in eine tiefe erleuchtete Wolke. Der Dichter und sein Freund zogen, gedrängt von ihren Begleitern, mit dem noch immer nicht übersetzten Gedicht von dannen. Ich machte mich auf den Weg zum Basar und sah kurz darauf sechs Männer und eine Frau aus dem schottischen Nebel auftauchen und im Gänsemarsch, ihre geschlossenen Schirme unter ihr Stirnband geklemmt, auf mich zukommen. Als sie schon vorbeigezogen waren, drehte sich die Frau plötzlich um, kam zurückgelaufen und legte ein braunes gesprenkeltes Vogelei in meine Hand.

Als ich im Pinewood zu Abend aß, setzte sich ein gutgekleideter Inder mittleren Alters unaufgefordert an meinen Tisch und bestellte zwei Black-Label-Bier. Er fragte mich, wie ich den Tag verbracht hätte. Ich sagte ihm, ich sei in Cherrapunji gewesen. Er wollte wissen, was ich von dem Ort hielte. Ich erwiderte, ich hätte ihn sehr seltsam gefunden, und fragte, wer er sei.

»Oh, niemand Besonderes. Ein gewöhnlicher Steuerzahler.«

»Sie sind nicht zufällig der Stellvertretende Kommissar?«

»Gott behüte, nein.« Er schenkte mir ein flüchtiges Lächeln. »Wenn ich richtig verstanden habe, wollen Sie über Cherrapunji schreiben. Was werden Sie berichten?«

»Das weiß ich noch nicht.«

»Sie sind hauptsächlich am Monsun interessiert?«

»Mehr oder weniger.«

»Wurden Sie bedroht?«

»Nicht im geringsten.«

»Haben Sie mit jemand gesprochen?«

»Mit einem Polizisten. Ein paar Jugendlichen. Warum?«

Er zögerte. »Nun, in Meghalaya ist eine Entwicklung im Gange, die zu einem Problem wie dem der Briten in Nordirland werden könnte.«

»Sie meinen wegen der illegalen Einwanderer?«

»Das Problem geht noch sehr viel tiefer. Wir sind jetzt wirklich in Südostasien; diese Leute hier gehören, was Rasse, Sprache und Kultur angeht, mehr zu den Thais, sogar den Khmern, als zu uns, und sie streben ein Maß von Autonomie an, das wir ihnen nicht gewähren können. Jetzt werden sie aggressiv. Es gibt Gerüchte, daß sie sogar Waffen von den Rebellen in Nagaland bekommen.« Er lächelte. »Und einige unserer hartnäckigsten Aufsässigen sind, so fürchte ich, in Cherrapunji zu finden. Der Ort ist zu einer Art revolutionärem Treibhaus geworden.«

»Ich verstehe.«

Ein Kellner brachte das Bier. Mein Gegenüber hob sein Glas. »Prost!« sagte er und sprach von anderen Dingen – von Londoner Restaurants, vom Service der Air India und von den Folgen der Ausgangssperre auf Shillongs Rotlichtbezirk hinter dem Delhi Hotel. »Die Mädchen langweilen sich und sind pleite, arme Dinger!« meinte er. Dann stand er auf und sagte: »Sie werden natürlich nicht Ihren Rückflug morgen vergessen.«

Ich erwiderte, mir sei sehr an meinem Rückflug gelegen. Er nickte, schenkte mir ein letztes höfliches Lächeln und verließ den Raum.

Als ich wenige Tage später in meinem Londoner Büro eintraf, wartete dort ein Brief auf mich. Er stammte vom Indischen Hochkommissar und ließ mich wissen, daß meinem Gesuch, nach Cherrapunji reisen zu dürfen, nach sorgfältiger Überprüfung durch die zuständigen Behörden in Delhi, nicht stattgegeben werden konnte. Man äußerte Bedauern und die Hoffnung, daß mir der Negativbescheid keine übermäßigen Unannehmlichkeiten bereiten würde.

Da ich am Morgen noch mehrere Stunden zur Verfügung hatte, schaute ich mich in Begleitung eines freundlichen und gebildeten jungen Khasis namens Jerry in Shillong um. Er war ein Freund des Hotelmanagers und führte mich zuerst zum Golfplatz. Im Klubhaus, einem großen, glanzlosen, neunzehnhundertsiebenundzwanzig errichteten Flachbau, betrachtete ich die Stiche an der Wand – Golfkarikaturen aus den Zwanzigern, eine verblichene Karte mit der Aufschrift: ›Der Alte Klub, St. Andrew's 1921, gestiftet vom Hersteller der Dunlop-

Golfbälle‹, und über der Bar hing ein Schild: ›Halten Sie nicht das ganze Feld auf. Bedenken Sie, daß der Platz hinter Ihnen voll durstiger Kerle ist, die kostbare BIERZEIT verlieren.‹

Wir besuchten das Schmetterlingsmuseum, wo viele der fünfhundert Arten, die in den Khasibergen beheimatet sind, ausgestellt und nach den Lepidopterologen benannt waren, die sie als erste im Netz gefangen hatten: Doubleday, Westwood, Cramer, Donovan, Gray, Butler und Hope. Mr. Wankhar, der heitere Kustos, führte mich in den Raum, wo Exemplare seiner Schmetterlingsfarm, aus der sich Sammler der ganzen Welt eindeckten, hinter Glas gerahmt wurden. Er zeigte mir seine Renner: ›Nawab, Raja, Amerikanischer Fuchs, Indischer Perlmuttfalter. Wollen Sie kaufen? Ich mache Ihnen einen Sonderpreis.«

Ich lehnte ab. Diese juwelengleichen Kreaturen hätten draußen herumflattern und die Hügel schmücken sollen. Im Staatsmuseum hingen riesige Ölgemälde von Lord Keating, dem ersten Hochkommissar von Assam, und von Edward VII. in vollem Krönungsornat. Andere Gemälde, meist von englischen Ladies in Seidengewändern und mit Kronen, hatten noch nicht identifiziert werden können, und Dr. Chattopadhyay, der stellvertretende Kustos, fragte mich, ob ich ihm dabei behilflich sein könne. Er war stolz auf seine Bilder, aber ihre Anonymität minderte ihren Wert. Bedauerlicherweise konnte ich nicht einmal raten.

Stets die Abflugzeit der Fokker von Umroi im Hinterkopf, eilten wir zum Basar, einem dichten Gewirr von belebten Gäßchen, von denen jedes einzelne einem bestimmten Gewerbe vorbehalten war – hier die Kochgeschirrlieferanten, dort die Gewürzhändler und etwas weiter die Korbflechter. In der übelriechenden, mit Gedärmen übersäten Metzgergasse schwang ein junger Mann seine Axt wie ein Holzfäller und trennte den Kopf eines verdutzt dreinblickenden Büffels vom Rumpf, um dann mit ein paar scharfen Schnitten den dampfenden Magen freizulegen. Er selbst war blutüberströmt – getrocknetes Blut verklebte sein Haar, so daß es borstenartig hochstand, Zähne und Augen leuchteten in seinem blutverkrusteten Gesicht.

In der gutbestückten Gasse der Schirmverkäufer bemühte man sich, mich als Kunden zu gewinnen. Als ich eben wegen eines schwarzen Kirchenvorsteher-Modells zu handeln begann, fiel mir ein, daß dies mein letzter Tag auf der Monsunfährte war, und so folgte ich Jerry in die Gasse, die Bedarf fürs Bogenschießen anbot. Er erzählte, daß die Bogenschieß-Wetten in Shillong viele Menschen auf die Schießfelder lockten. Die Schützen geben eine festgesetzte Anzahl von Pfeilen auf eine zylindrische Bambuszielscheibe ab. Gewettet wird auf die Anzahl von Schüssen, die die Zielscheibe treffen, und jeder, der die beiden letzten Ziffern der Gesamtzahl voraussagt, bekommt seine Einlage im Verhältnis acht zu eins zurück.

Plötzlich sagte er: »Ich kenne einen Engländer, der hier in Shillong lebt, Mr. Tom Richmond. Schade, daß Sie schon abreisen müssen. Sie hätten sich bestimmt gut mit ihm verstanden.«

Das war interessant zu hören. »Wissen Sie, wo er wohnt?«

»Natürlich.«

Ich mußte in zwei Stunden in Umroi einchecken. Eine Stunde dauerte die Fahrt dorthin, und ich mußte vorher noch packen und meine Hotelrechnung zahlen.

»Fahren Sie mich hin«, sagte ich.

Zwanzig Minuten später hielten wir vor einem kleinen zweistöckigen Holzhaus mit blauen Tür- und Fensterrahmen. Thomas Sebastian Richmond entpuppte sich als gutaussehender, rüstiger Mann von fünfundsiebzig. Er begrüßte mich herzlich und führte mich in ein Wohnzimmer mit bequemen Sesseln, einem Klavier, einer spezialangefertigten Bar mit Spiegelrückwand und Vorhängen, zwei freundlichen Jagdhunden und diversen Maschinenteilen. Es roch sehr stark nach Fleisch. »Ich stamme aus Westcumberland, aus Seascale«, sagte er. »Meinen ersten Hasen hab ich erlegt, wo heute dies Atomkraftwerk steht. Und zur Schule mußte ich nur die Straße hinunter, in St. Bees. Früher lebte hier in Shillong ein alter St.-Beghian-Schulkamerad von mir – keine zwei Golfschläge von diesem Haus entfernt, komisch, was?«

Er zog die Vorhänge von der Bar zurück. »Wie wär's mit einem Schluck? Ist zwar alles nur indisches Zeugs, aber der Whisky ist ganz erträglich.«

Ich sagte, mir sei's dafür noch zu früh, und außerdem dürfe ich mein Flugzeug nicht verpassen.

Mr. Richmond kam neunzehnhundertdreiunddreißig als junger Teepflanzer nach Assam und drei Jahre später dann zum erstenmal nach Shillong. »Um mir vom berühmten Dr. Hughes im Waliser Missionshospital den Blinddarm entfernen zu lassen. Man nannte das damals hier ›das Schottland des Ostens‹; an den meisten Abenden standen Dudelsackspieler in den Musikpavillons, und alles heulte Rotz und Wasser in seine Gingläser. Man zwängte sich jeden Abend ins Dinnerjackett, und wenn der Gouverneur aufkreuzte, mußte man mit dem Saufen warten, bis er gegangen war.« Er putzte seine Brillengläser. »Schade, daß Sie fortmüssen. Wir hätten Carruthers besuchen können. Er wohnt in Upper Shillong, aber er kommt aus Dumfriesshire und macht gute Geschäfte im Geflügelbusiness.«

Mr. Richmond selbst war im Räucherbusiness. »Hauptsächlich Speck. Und natürlich Berge an Schinken für Weihnachten. Ich habe ein einheimisches Mädchen geheiratet, und wir haben drei Söhne, Georges, Tony und Bill. Bill ist bei der Polizei, und Georges leitet die Bürgerwehr. Ich habe noch eine Schwester daheim in Seascale und einen Bruder irgendwo in Pinner. Wir haben uns inzwischen aus den Augen verloren, aber er war früher bei Rowland Ward, dem berühmten Tierpräparator.«

Ich fragte Mr. Richmond, wie er mit dem Monsun zurechtkomme.

»Langeweile wird zum Problem.« Er deutete mit dem Kinn zu seinem Klavier. »Dieses Jahr will ich es reparieren und stimmen. Es war völlig im Eimer, als ich es bekam, aber wenn ich fertig bin, wird es wie ein großer Konzert-Steinway klingen. Alte Klaviere reparieren ist eine beliebte Monsun-Beschäftigung in Shillong. Jeder Haushalt hat eins, manche zwei. Es gibt hier mehr Klaviere pro Kopf der Bevölkerung als irgendwo sonst in Indien. Jerry, alter Knabe, kann ich dich wirklich nicht zu einem Schlückchen verführen?«

Jerry sagte, er müsse gleich wieder zur Arbeit. »Man kann hier erstaunlich ordentliches Zeug kriegen. Einer meiner alten Kumpel, Mike Hunt, machte immer einen ausgezeichneten Kirschbrandy, und ich habe ihm manchmal dabei geholfen. Es war ein berühmtes Gesöff, eins von den Dingen, die Besucher immer mit nach Hause nahmen: Orangenhonig, gerahmte Khasi-Schmetterlinge und Captain Hunt's Kirschbrandy. Dann erweiterte er seine Produktion auf Pflaumenbrandy, und das hat ihn wohl umgebracht; Pflaumenbrandy hat einen gefährlich hohen Holzalkoholgehalt.« Er strahlte mich an. »Mikes Schwester hat sich diesen Kerl geangelt, dem all die Frachtkähne in Port Said gehören, Sie wissen schon. *Dicker Fisch.*«

Mrs. Richmond, eine sanfte, scheue Inderin in einem blauen *jainsem*, brachte Tee und Gebäck, aber Jerry warf mir einen eindringlichen Blick zu und deutete auf die Uhr. An der Haustür gestikulierte Mr. Richmond um ihn herum. »Ich habe dieses Haus gebaut, als ich achtundfünfzig meine Teeplantage in Assam aufgab. Damals konnte man noch hundert Meter von hier Schnepfen und Rauhfußhühner erlegen. An kalten Tagen konnte man die Biester sogar in aller Ruhe vom Schlafzimmer aus abschießen. Doch das ist vorbei.«

Ich versprach, seine Schwester in England anzurufen, verabschiedete mich und jagte mit Jerry ins Pinewood zurück. Ich hatte noch genau eine Stunde, um nach Umroi zu fahren.

Jerry kehrte in sein Büro zurück. Der Hotelportier bot sich an, mir ein Taxi zu holen, und teilte mir dann mit, es sei leider keines aufzutreiben. Mich überkam schon ein leichtes Panikgefühl, doch wenige Augenblicke später setzte ein klappriges Ambassador-Taxi, an dessen Türgriffen kühn weiße

Seidenschals flatterten, einen Luftwaffenoffizier vorm Hotel ab. Als er heraussprang, sprang ich hinein. In spätestens vierzig Minuten mußte ich einchecken, und ich bat den Fahrer, mich so schnell wie möglich zum Flugplatz zu bringen. Auch dieses kleine verhutzelte Männchen mit roter Baseballkappe ließ sich von einem Jungen neben ihm mit Blättern füttern. Dieser kannte zwei englische Wörter: »No Problem«. Doch schon nach wenigen Sekunden erkannte ich, daß wir ein sehr großes Problem hatten. Der Motor klapperte wie Münzen in einer Sammelbüchse, und der Fahrer wurde nicht mit den Gängen fertig, verstand nichts vom Lenken und wurde schwindelig, wenn die Geschwindigkeit vierzig Stundenkilometer überschritt. Bei dreißig Stundenkilometern hielt er die Augen geöffnet, manchmal sogar auf die Straße gerichtet.

»Kann er nicht schneller fahren? Ich verpasse mein Flugzeug.«

»No Problem«, meinte der Junge.

Es fing an zu regnen, nicht heftig, aber eben genug, um den Straßenbelag schlüpfrig zu machen. Der Ambassador begann in den Kurven seitwärts zu rutschen, sogar rückwärts, und veranlaßte die nahenden Fahrzeuge zum Hupen. Das erzürnte den Fahrer, der sich manchmal unvermittelt in derselben Richtung wiederfand wie der Wagen, der ihm eben noch entgegengekommen war, und er hupte wütend hinterher. Wann immer er die Hupe benutzte, leuchtete über seinem Rückspiegel, in dem der Spiegel fehlte, ein rotes Licht auf. Als ich es auf einem völlig leeren Straßenstück aufblinken sah wie Aladins Lampe, ging *mir* plötzlich ein Licht auf.

»Der Mann ist betrunken«, sagte ich.

Der Junge stopfte ihm ein weiteres Blatt in den Mund. »No Problem.«

Wir hielten vor einer kleinen strohgedeckten Reparaturwerkstatt, wo der Fahrer leicht torkelnd einen Ersatzreifen abholte, der abgenutzt war und glatt wie ein Wasserball, und ihn in den Kofferraum warf. Ich mußte in zwanzig Minuten in Umroi sein, und wir hatten noch nicht ein Viertel des

Weges zurückgelegt. Er steckte eine Kassette in sein Stereogerät und drehte es auf volle Lautstärke – alte Frankie-Lane-Nummern, gespielt auf einer Wurlitzerorgel. Wir brachten es auf dreißig Stundenkilometer, der Fahrer fummelte nervös an den Schaltern herum, kaute Blätter und rauchte pausenlos winzige Zigaretten, die ihm der Junge drehte. Beladene Lastwagen und Busse scherten ungeduldig aus und überholten uns, und unsere rote Lampe blinkte, während der Fahrer ihnen sein ausgedehntes, lächerliches Gehupe hinterherschickte. Als dann die Straße etwas steiler abzufallen begann, geriet der Ambassador ernsthaft ins Schleudern. Nachdem er sich einmal gemächlich um die eigene Achse gedreht hatte, grub er seinen Kühler in eine hohe schlammige Böschung und löste dabei einen kleinen Erdrutsch aus. Da saßen wir nun und sahen zu, wie die rauchende Haube langsam unter einer Kaskade von Steinen und nasser weißer Erde verschwand.

Der Fahrer stieg aus und fiel prompt der Länge nach auf die Nase.

Der Junge sagte: »No Problem.«

Und ich begann mich auf eine Gefängnisstrafe gefaßt zu machen.

Der Stellvertretende Kommissar, ein großer Mann mit müden Augen, saß in seinem geräumigen Büro mit Blick auf einen schattigen Garten. Er schaute auf, als ich hereingeführt wurde. »Sieh da«, meinte er, »unser illegaler Einwanderer.«

Meine Erklärung nahm nicht mehr als eine Minute in Anspruch. Er hörte mir aufmerksam zu, nickte dann und klopfte mit einem Bleistift auf seine Zähne. Schließlich fragte er: »Glauben Sie, daß es einen Zusammenhang gibt zwischen der moralischen und ökonomischen Gesundheit einer Nation und der Art und Weise, wie sie Cricket spielt? Ich meine: Hat man damals in den Zeiten, als Großbritannien reich war und von Christen regiert wurde, schon so mit dem Schiedsrichter gestritten, die Schläger in die Gegend geschleudert, Wutanfälle auf dem Spielfeld ausgetobt und so weiter?«

»Nun, Sie erinnern sich bestimmt an die berühmte Australien-Tournee«, erwiderte ich. »Da ging's auch ziemlich wüst zu.«

Er nickte. »Harold Larwood, der immer auf ihre Köpfe zielte. Ja. Aber damals hatte Deutschland schon wieder aufgerüstet, und es drohte Kriegsgefahr. Und England machte mit Mosley seine eigenen Faschismus-Erfahrungen, und so war das rüde Spiel vielleicht lediglich ein Symptom allgemeinen Unbehagens, ein Gefühl, daß die alte Ordnung sich für immer zu verändern begann.«

»Ich denke, Larwood wollte nur Tore.«

»Wahrscheinlich. Aber ich könnte mir auch vorstellen, daß die Stimmung der englischen Mannschaft die Unsicherheiten im Heimatland widerspiegelte. Ihr festgelegter Ehrenkodex, ihr ... *bushido* wurde aufgegeben. Und jetzt geschieht das gleiche bei uns. Unsere Wirtschaftslage ist prekär, unsere Cricketspieler führen sich auf wie eine Affenhorde, und das Publikum ist noch schlimmer. Früher spielten die Männer aus einem tiefen indischen Nationalstolz heraus; es war, als entschiede man sich, Priester zu werden. Heute spielen sie, weil Geld, Überseereisen, Alkohol und leichte ausländische Mädchen locken.«

»Klingt plausibel«, sagte ich.

»Ich hörte neulich, daß dies der schlechteste Monsun des Jahrhunderts werden wird. Was das für die Wirtschaft bedeutet, läßt sich gar nicht ausmalen. Und die Langzeitwirkung auf das Cricketspiel, nun, die könnte katastrophal sein.« Er seufzte und schlug dann meine Akte auf. »Wie lange möchten Sie also in Shillong bleiben? Noch zwei Tage? Vier? Eine Woche?«

»Ein Tag müßte reichen«, sagte ich.

Er änderte den Eintrag in meinem Paß und reichte ihn mir mit einem Lächeln. »Trotzdem, unsere Jungs schlagen eure noch allemal.«

Ich kehrte ins Pinewood zurück. Der Manager erschrak, als er mich eintreten sah, und betrachtete stirnrunzelnd die veränderte Aufenthaltserlaubnis, ehe er mir meinen Zimmerschlüssel aushändigte. Ich rief bei Mr. Richmond an, doch niemand ging ans Telefon. Es war gerade noch hell genug, um einen Ausflug zum Shillong Peak zu unternehmen, von dem aus Joseph Dalton Hooker in der einen Richtung die Gangesebene überblickt hatte und in der anderen ›das ganze Assamtal ... und die dunkle Kette des Niederen Himalaya, gekrönt von Gipfeln aus gefrorenem Silber‹. Er errechnete, daß er von hier aus insgesamt dreißigtausend Quadratmeilen, mehr als die Fläche von Irland, überschauen konnte.

Heute war die Aussicht durch leichten Nebel verschleiert, und das gelegentliche Aufleuchten und Glitzern von Eis in der Ferne fühlte ich eher, als daß ich es sah. Diese Berge markierten die nördliche Grenze für den Monsun. Hier wurde er aufgehalten und blieb auf diese Weise mehr oder weniger innerhalb von Indien gefangen, so daß seine letzten Tage eine reine Familienangelegenheit waren. Klimatologen glauben indes, daß die Berge auch beim Entstehen und Wachsen des Monsuns eine Schlüsselrolle spielen könnten. Die Tiefe des Himalaya-Schnees könnte die Wucht des jungen Monsuns beeinflussen, ja sogar das Tempo seines Vordringens von Trivandrum her bestimmen. Schwerer, spät schmelzender Frühjahrsschnee hemmt die Erwärmung des Hochlandes – vor allem des Tibetanischen Plateaus –, die für die Erzeugung von monsunbildenden Winden und Jetstreams erforderlich ist.

Y. P. Rao hatte auf dem Silver-Hut-Gletscher auf halber Höhe des Mount Everest Messungen vornehmen lassen. Er fand heraus, daß die nächtliche Strahlung von der Schneeoberfläche ›hinaus ins Weltall‹ die Temperaturen bis auf fünfundzwanzig Minusgrade sinken ließ, daß die intensive Sonnenstrahlung tagsüber das Quecksilber dann aber auf zwanzig Plusgrade klettern ließ. Konnte der Schnee unter solch heftigen Schwankungen schmelzen? Wurde die Strahlung durch den Monsun verändert? All diese Fragen bedurften, so meinte Rao, weiterer Forschung.

Auf dem Rückmarsch hinunter nach Shillong dachte ich an Sir George Everest, den leitenden Landvermesser Indiens, der achtzehnhundertfünfundsechzig als junger Hauptmann in der Bengalischen Artillerie den Großen Meridianbogen Indiens maß. Es war eine komplizierte trigonometrische Untersuchung unter Zuhilfenahme von ›Fähnchen und Masten mit Pfeilern bei allen Gelegenheiten und blauen Lichtern in großen Abständen‹. Die üblichen blauen Vermessungslichter aber waren nicht verfügbar, und so improvisierte Everest, indem er Tassen mit Öl, Harz und Baumwollsamen anzündete und unter umgestülpte, mit Löchern versehene Tontöpfe stellte. ›Ich habe gelegentlich auf sehr befriedigende Weise aus einer Entfernung von dreißig Meilen einen Winkel zwischen zwei dieser kleinen Lichter gemessen, lange nachdem der Tag so weit fortgeschritten war, daß es unnötig war, die Drähte des Teleskops anzustrahlen.‹

Everest, der seine Sextantenmessungen auf dem Rücken eines Elefanten und seine vertikalen Winkelmessungen stets um drei Uhr morgens vornahm – ›Mit dieser Methode hat man die größten Chancen, die Irrtümer der Erdrefraktion zu überwinden‹ –, stieß dabei auf ein seltsames Phänomen. Die trockene Jahreszeit erwies sich als ungeeignet für Beobachtungen bei Tageslicht, weil ein Nebel die Atmosphäre erfüllte, die ein Teleskop nicht zu durchdringen vermochte. Nach Einbruch der Dunkelheit war das anders. Dann ist der ›Nebel so durchlässig für Nachtlichter, daß wir Entfernungen von vierzig bis fünfundvierzig Meilen durchdringen können‹.

Als der Monsun einsetzte, geschah das Gegenteil. Das Klima mochte ›Gesundheit und Wohlbefinden äußerst abträglich sein ... und doch ist der Himmel klarer, als man es sich vorstellen kann, *außer wenn Nebel aufkommen*‹. Nachts konnte er selbst aus fünf Schritt Entfernung keins der blauen Baumwollsamenlichter erkennen, und er äußerte sich erzürnt über die Anomalien, die sich bei Beobachtungen während trockenen und feuchten Wetters ergaben; neben dem Enträtseln der Gesetze, die die Erdrefraktion bestimmen – über die ›wir nie zu irgendeinem Ergebnis kommen werden‹ –, sollten ihm die undurchsichtigen Nebel von Indiens Monsun der größte Dorn im Auge sein.

Fünfundzwanzig Jahre später, im Sommer achtzehnhundertfünfzig, erblickte eine Gruppe junger Landvermesser – alles Schützlinge von Everest – zum erstenmal den Berg, den sie später nach ihm benennen sollten. Er lag weit in der Ferne, ein winziger Eisfinger, kaum sichtbar am nördlichen Horizont. Dennoch errechneten sie, getreu den Methoden, die Everest ihnen beigebracht hatte (und unter Berücksichtigung des Unsicherheitsfaktors Erdrefraktion) seine gewaltige Höhe mit solcher Genauigkeit, daß sich zu dem mit modernsten Techniken errechneten Wert nur eine Differenz von neun Metern ergab.

Der einzige Gast, der außer mir im Pinewood zu Abend aß, war der Luftwaffenoffizier, der in dem klapprigen Taxi vorgefahren war. Ich erwog, ihn an meinen Tisch zu bitten, um Erfahrungen auszutauschen. Aus der Ferne aber war Lärm eines Zusammenstoßes von Polizei und Aufständischen zu hören, und der Offizier saß gedankenverloren über seinen Teller gebeugt. Ich ging zu Bett. Heute nacht aber hatte der Diener Ratten geschickt. Mit der Entschlossenheit und Unbeirrbarkeit neuer Mieter eilten sie durch den dunklen Raum, und im Licht meiner Taschenlampe sah ich, wie eine in meinen Schuh krabbelte und es sich darin gemütlich machte. Nur mein Wurf mit dem anderen Schuh brachte sie aus der Ruhe und in eine Ecke zurück, wo ihre Artgenossen, nach den klingelnden Geräuschen zu urteilen, eben versuchten, zu jemandem am Telefon durchzukommen.

Am Morgen rief ich Aloysius Baptistas Freunde, die Patels, an. »Wir machen uns große Sorgen um Ally«, sagte Iris Patel.

»Er scheint auf etwas wie einen Zusammenbruch zuzusteuern. Wußten Sie, daß er Cherrapunji besuchen will?«

»Nein. Ich hab erst vor wenigen Tagen mit ihm telefoniert. Er hat nichts dergleichen erwähnt.«

»Er hat uns einen sehr seltsamen Brief geschrieben. Der klang gar nicht nach ihm – kein Witz, kein Klatsch und kein Wort über Rita. Mein Mann meint, er steckt in einer persönlichen Krise. Könnte das sein?«

»Durchaus möglich.«

»Aber Cherra? Was hofft er da zu finden? Und wer in aller Welt hat ihm diese Idee in den Kopf gesetzt?«

»Ritas Vater kannte Cherrapunji aus seinen Tagen bei der Luftwaffe. Sie und Ally haben darüber gesprochen.«

Sie schwieg, und nach einer Weile sagte sie schließlich: »Ich denke, er sucht nach einem Mekka.«

Ich selbst dachte, daß er vielleicht nach seinem eigenen Heimatland sucht. Und ich dachte auch, daß der Monsun der Schlüssel zu seiner Suche sein könnte. Fand er nicht jährlich bei seiner Monsunkur in Trivandrum ein neues Leben? Eine Reise dorthin, wo dieser Regen seinen Höhepunkt erreicht, würde ihn tief ins Innere Indiens und, so tief er gehen wollte, in sein eigenes Inneres führen. »Es wäre ein verrückter Ort für ein Segelflugzeug«, sagte ich, nicht ganz im Scherz. Etwas unbeholfen versuchte ich, Allys wohltönende Party-Stimme zu imitieren, Iris aber lachte nicht. Wir tauschten noch ein paar Höflichkeitsfloskeln, bevor wir das Gespräch in beiderseitigem Einvernehmen beendeten.

Als ich bei Tom Richmond aufkreuzte, lachte er. »Hab schon gehört, daß Sie Ihr Flugzeug verpaßt haben«, sagte er. »Warum sollten wir Sie nicht zum Flugplatz bringen? Wir könnten ein kleines Picknick machen. Bill kommt sowieso vorbei. Mit seiner Frau Enid. Interessantes Mädchen, sehr helle. Wir könnten den Jeep nehmen. Familienausflug.«

Bill, der Polizist, erwies sich als rauh, aber herzlich, Enid als kleine, aber hübsche Frau, die eben ihre Doktorarbeit über die matrilinearen Aspekte der Khasi-Gesellschaft abgeschlossen hatte. Hier war die Erbfolge an der mütterlichen Abstammungslinie ausgerichtet; ein Junge übernahm den Familiennamen seiner Mutter, Land und Besitz gingen von der Mutter an die Tochter. »Das Mädchen macht oft den Heiratsantrag«, sagte Enid. »Und die älteren Schwestern sind traditionsgemäß die Oberhäupter und Versorger der Familie.«

»Sie lieben Prozesse«, sagte Bill. »Und die Anwälte lieben sie, versteht sich. Diese Schwestern verbringen ihr halbes Leben vor Gericht und streiten miteinander über ihre Landansprüche.«

Tom genehmigte sich einen kleinen Brandy an der Bar. »Die alte Eisenbahnlinie Assam-Bengalen ging mitten durch meinen Garten – auf den Knochen von Iren errichtet, wie es heißt. Nachts war es wirklich wunderschön; überall Glühwürmchen und Ochsenfrösche.«

Neben einem gerahmten Bild vom Lake District hing ein Tigerkopf an der Wand. »Darf man heute nicht mehr schießen«, sagte er. »Es sei denn, man ist Polizist.«

Bill lachte. »Na, hör mal, Daddy. Wir schießen nur, wenn die öffentliche Sicherheit gefährdet ist – Menschenfresser, bösartige Elefantenbullen und so weiter.«

»Und den Rest«, sagte Tom.

Als das Picknick fertig war, kletterten wir alle in Bills Jeep und starteten nach Umroi. Tom erzählte bedauernd vom plötzlichen Tod eines Kampfhahns, den er abgerichtet hatte. »Prächtiges Tier, kannte keine Furcht, ein verrückter Kauz. Hahnenkämpfe sind hier sehr beliebt, allerdings auch verboten. Ein alter Kumpel von mir, er wohnte hier die Straße herunter, hat ein paar besonders gute und hitzige Kämpfer gezüchtet. Er ist inzwischen gestorben. Er ging nach Repton. Er war zwei Meter groß. Komisch, aber all meine Bekannten aus Repton waren ungewöhnlich groß.«

Wir passierten eine Stelle, an der ein Jahr zuvor ein Biertransporter verunglückt war. Bill erzählte, es hätten sich so viele Leute auf die Pfützen gestürzt und solche Mengen aus ihnen getrunken, daß die Straße mit den Bierleichen wie ein Schlachtfeld ausgesehen hätte.

»Illegaler Alkoholhandel ist auch ein großes Problem hier«, fügte er hinzu. »Meine Leute verbringen eine Menge Zeit damit, Schmuggler zu jagen. Das ist ein richtiger Jux. Die bringen das Zeugs in alten amerikanischen Schlitten her, in Buicks und Chevys mit starken Acht-Zylinder-Motoren, mit denen sie rückwärts so schnell fahren können wie vorwärts. Kaum meint man, man hätte einen in die Ecke gedrängt, saust er mit hundert Sachen davon – *in entgegengesetzter Richtung*. Das macht es verdammt schwer, sie zu schnappen.«

Als wir etwa die halbe Wegstrecke zurückgelegt hatten, verdunkelten Wolken das Tal, und der Regen prasselte so heftig nieder, daß wir bei einer Sichtweite, die kaum bis zur Kühlerhaube reichte, nur noch im Schrittempo fahren konnten.

»Die Fokker kommt da niemals runter«, sagte ich.

»In einer Minute kann alles wieder weggeblasen sein«, meinte Tom. Und er hatte noch nicht zuende gesprochen, als die Wolke auch schon das Tal hinaufzog, wie Rauch, der von einem Abzugsgebläse aufgesogen wird. Er erzählte mir, daß er in den Fünfzigern zum letztenmal in England gewesen sei und keine weiteren Reisen geplant habe. Und ich dachte, als jetzt ein sanftes zinnfarbenes Licht auf Bäche und kleine Gebirgsseen fiel und grasende Schafe auf grünen Hängen zu sehen waren, daß dieses Bild in seiner Vorstellung mit dem von Cumberland verschmelzen mußte.

Wir fuhren auf eine Wiese neben der Landepiste. Bill schenkte kaltes Bier aus, Enid verteilte Sandwiches, Fleischbällchen und kleine in Eierteig gebratene Steaks. Tom schrieb schnell einen Brief an seine Schwester, den ich in London einwerfen sollte. Die Sonne schien, und die leuchtenden Khasi-Schmetterlinge flatterten zwischen den Monsunblumen umher.

Während ich dasaß, Bier trank und an die kleine Hebrideninsel dachte, wo dies alles eigentlich begonnen hatte, dämmerte es mir plötzlich, daß mich der Monsun sowohl in die Vergangenheit als auch in die Zukunft geführt hatte, zwei parallele Reisen in entgegengesetzte Richtungen. Und mir wurde klar, daß der Anstoß dazu nicht im National Hospital bei der Begegnung mit den Baptistas erfolgt war, sondern ein Jahr vorher, als ich vom Tod meiner Mutter in Neuseeland erfahren hatte. Der Verlust unseres zweiten Elternteils rückt uns als nächsten in die Schußlinie, macht plötzlich bewußt, daß auch unser Leben begrenzt ist. Es ist der Augenblick, wenn wir endgültig erwachsen werden.

Der Monsunregen hatte mir dabei geholfen. Ich fühlte mich jünger, stärker, besser und auf sonderbare Weise eins mit mir. Dieser Monsun mochte für einen Großteil Indiens erschreckend schlecht gewesen sein, da ich aber – wohl als einziger im ganzen Land – beauftragt war, ihm zu folgen, hatte ich eine Belohnung erhalten, wie sie üblicherweise jedem im Land zuteil werden sollte.

Von der Landebahn her waren anhaltende Pfeiftöne zu hören. »Sie haben das Flugzeug gesichtet«, sagte Tom.

Die Fokker tauchte zwischen den Wolken auf, die sich jetzt am Eingang des Tals zusammenballten. Als ich das Flugplatzgebäude betrat, kam mir der übergewichtige Sicherheitsbeamte, der mir mit Verhaftung gedroht hatte, entgegen, stieß einen hohen, erstickten Schrei aus und streckte einen Finger in die Luft; als er dann aber Bill sah, stand er stramm und salutierte. Er führte uns in einen winzigen VIP-Raum, der mit einem Polstersofa und einem verblichenen gerahmten Foto des Premierministers ausgestattet war. Er brachte uns Tee und bot uns Betel aus einer Silberdose an. Er war sehr beflissen, fast verschmitzt. »Ihr Freund, Kapitän Ravi, fliegt die Maschine«, sagte er.

Einen Augenblick später kam Ravi zur Tür herein, begrüßte alle und trank hastig etwas Tee. »Wo haben Sie gestern gesteckt?« fragte er. »Wir müssen sofort los. Da braut sich wieder was zusammen.«

»Wie steht's mit der Hydraulik?« fragte ich.

»Nicht schlecht. Der Notbolzen steckt nicht mehr in der Tür. Sie können also auf dem dritten Sitz Platz nehmen.«

Ich verabschiedete mich von meinen Freunden. »Mein Großvater war George Richmond, der Maler«, sagte Tom. »Hab ich Ihnen vom alten George erzählt? Er war berühmt, einer der englischsten aller Künstler. Hat was mit der Art zu tun, wie er das Licht benutzte.« Er schüttelte mir die Hand. »Machen Sie's gut, alter Wetterhahn, und trinken Sie einen Schluck auf mein Wohl, wenn Sie wieder daheim sind. Ist jetzt Sommer da, was? Sind Sie schon mal in Buttermere gewesen? Gab früher 'ne nette Kneipe dort. An warmen Sommerabenden konnte man auf der Terrasse alle Vögel von England hören.« Und dann sah ich, daß er Tränen in den Augen hatte.

Der junge Kopilot in dem winzigen Cockpit spähte schon unruhig nach allen Seiten. »Los, los, es wird Zeit«, murmelte er. Wie ein Feuerwehrauto jagte Ravi die Fokker zur Piste. »Ziehen Sie Ihren Gurt fest«, sagte er. Er zog den Gashebel, noch bevor er richtig in Position war, beschleunigte in der Kurve und schoß los, während der übliche Umroi-Nebel sich von hinten heranwälzte und vorne am Ende der Rollbahn eine schwarze Wand sich aufzutürmen begann. Aus dieser aber züngelten Flammen, begleitet von kleinen wirbelnden Rauchwolken. »Sie schießen auf uns!« rief Ravi, den Lärm der Motoren übertönend. Entgeistert starrte ich nach vorn. Die Basis des rauchenden, brennenden Walles kroch über den Talgrund, ihre Kuppel aber wölbte sich steil empor, um Teil des Himmels selbst zu werden. Und er kam aus dem Süden. Ich fragte mich, ob dies ein dramatisches *son et lumière*-Cherrapunji-Spektakel war, das ein Gastspiel in Umroi gab, um mir etwas zu bieten, das ich niemals im Leben vergessen würde.

Drei Meter über dem Boden brachen wir in diesen Wall hinein. Kräftige Wirbel schleuderten uns weitere fünfzehn Meter in die Höhe. Der Regen trommelte wie Schrot gegen den

Rumpf, Blitze erhellten das Cockpit. Flaschen zersplitterten in der Pantry, und die Stewardess, die hinten angeschnallt saß, schrie laut auf. Fast eine Viertelstunde schlingerte und hüpfte die Fokker ächzend und stöhnend durch den Mahlstrom, während sich ihre Flügel bogen wie die einer gleitenden Möwe.

Und als wäre der Monsun meiner Gegenwart überdrüssig geworden und wollte mich ausspeien, stießen wir plötzlich in ruhige Luft und Sonnenschein, so blendend, daß wir blinzeln mußten. Die saphirgrünen Ebenen von Bangladesch vor uns waren mit den Schatten von harmlosen Wolken übersät, die durch den weiten, blassen indischen Himmel trieben. In einem Monat würde sich der Regen zurückziehen und in südlicher Richtung die gleiche Route nehmen, auf der er gekommen war. Die letzten Schauer würden über Trivandrum niedergehen und dann vielleicht in kleinen Rauchwölkchen am Horizont Abschied nehmen.

Ich schaute zurück, um einen letzten Blick von Cherrapunji zu erhaschen, aber es lag unter einem lavendelfarbenen Baldachin, der bis zum Himalaya und darüber hinaus reichte und das Auge viel weiter zog, als es wirklich schauen konnte. Er schien die halbe Welt zu bedecken, und ich stellte mir vor, wie es wäre, wenn der Sommermonsun frei dahinströmen könnte, ohne diesen Bergwall.

Ravi, der vorsichtig um die Wolken herum steuerte, sprach mit jemandem über Funk.

Selbst Sibirien, dachte ich, könnte ein Land voller Reis und Mangobäume werden und grüner Landschaften, die sich überall im Wasser widerspiegelten.

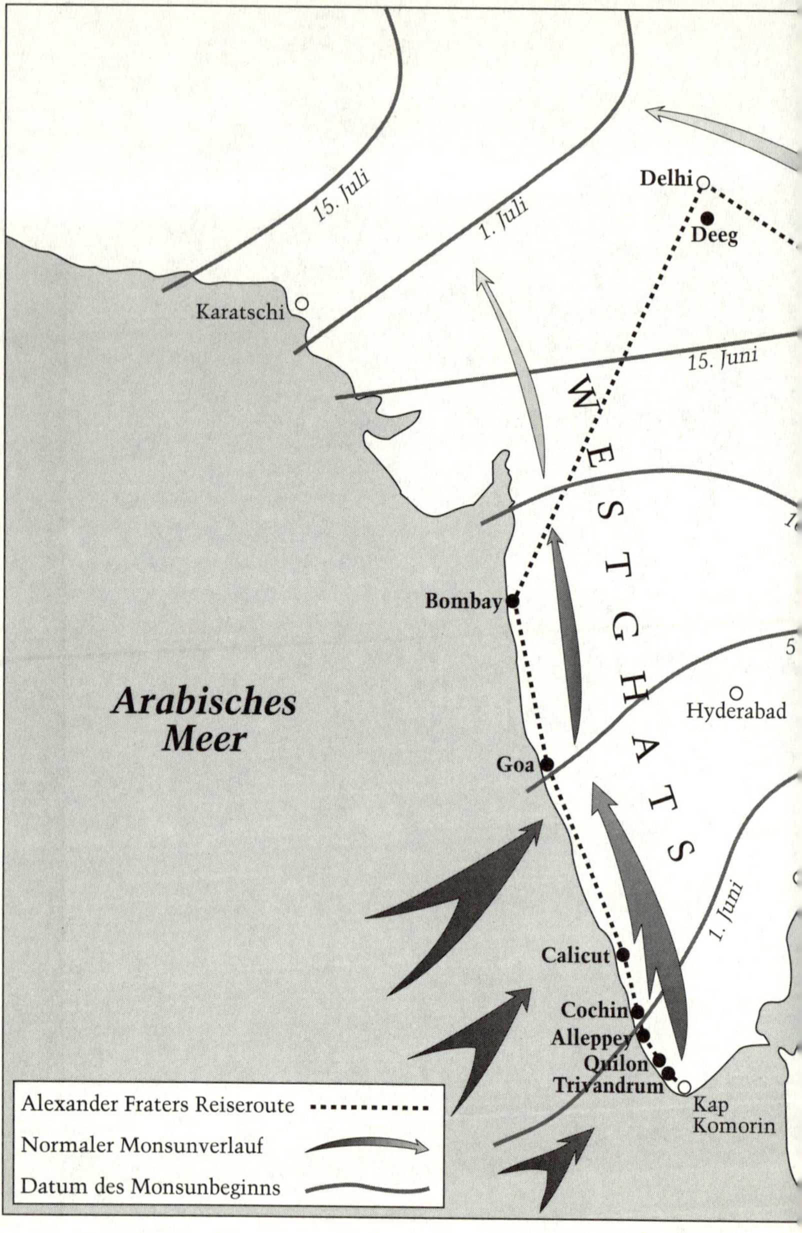
15. Juli
1. Juli
15. Juni
Delhi
Deeg
Karatschi
WESTGHATS
Bombay
Hyderabad
Arabisches Meer
Goa
1. Juni
Calicut
Cochin
Alleppey
Quilon
Trivandrum
Kap Komorin
Alexander Fraters Reiseroute
Normaler Monsunverlauf
Datum des Monsunbeginns

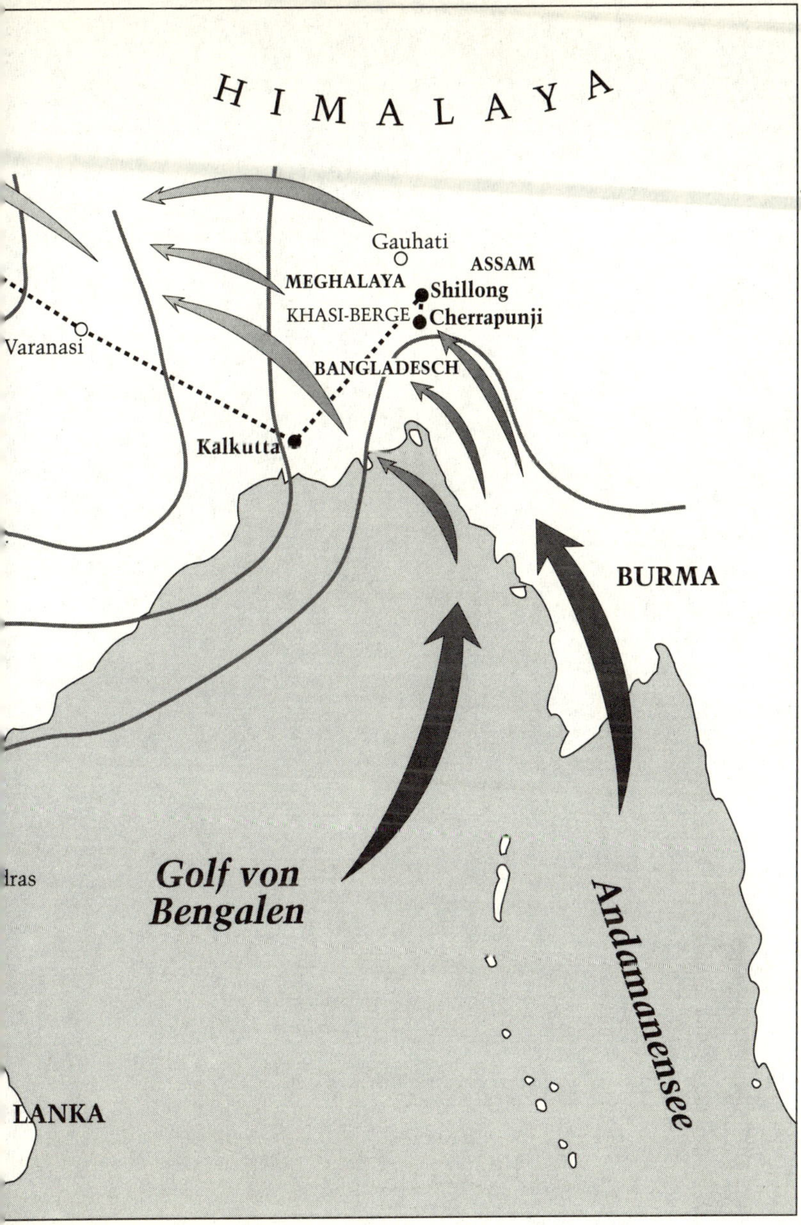
HIMALAYA
Gauhati
ASSAM
MEGHALAYA
Shillong
KHASI-BERGE
Cherrapunji
Varanasi
BANGLADESCH
Kalkutta
BURMA
Golf von Bengalen
Andamanensee
LANKA

Zwischen Arktis und Antarktis

Expeditionen in unbekannte Welten

Mary Crow Dog
Lakota Woman
Die Geschichte einer Sioux-Frau
dtv 30399

Mary Crow Dog
Richard Erdoes
Ohitika Woman
dtv 30589

John Fire Lame Deer
Richard Erdoes
Tahca Ushte
Medizinmann der Sioux
dtv 20034

Marvin Harris
Fauler Zauber
Wie der Mensch sich täuschen läßt
dtv 30585

Indianische Realität
Nordamerikanische Indianer in der Gegenwart
Hrsg. v. Wolfgang Lindig
dtv 4614

Hartmut Krech
Meine Seele wird nach Süden ziehen
Liebesgeschichten von Indianern aus der ersten Hälfte dieses Jahrhunderts
dtv 30508

Wolfgang Lindig
Mark Münzig
Die Indianer
Kulturen und Geschichte
Bd. 1: Nordamerika
Von der Beringstraße bis zum Isthmus von Tchuantepec
dtv 4435

Bd. 2: Mittel- und Südamerika
Von Yucatan bis Feuerland
dtv 4435

Redmond O'Hanlon
Redmonds Dschungelbuch
dtv 12005

Redmond O'Hanlon
Ins Innere von Borneo
dtv 12130

Louis Sarno
Der Gesang des Waldes
Mein Leben bei den Pygmäen
dtv 30513

Ken Saro-Wiwa
Die Sterne dort unten
Erzählungen
dtv 12334

Naturwissenschaft im dtv

Gerald Hühner
»Zwei mal zwei ist vier?«
Mutmaßungen über Selbstverständliches · dtv 33004

Philip Johnson-Laird
Der Computer im Kopf
Formen und Verfahren der Erkenntnis · dtv 30499

Lynn Margulis,
Dorion Sagan
Geheimnis und Ritual
Die Evolution der menschlichen Sexualität
dtv 30557

Josef H. Reichholf
Comeback der Biber
Ökologische Überraschungen · dtv 30537

Josef H. Reichholf
Das Rätsel der Menschwerdung
Die Entstehung des Menschen im Wechselspiel mit der Natur · dtv 33006

Mark Ridley
Darwin lesen
Eine Auswahl aus seinem Werk · dtv 30519

Jeanne Rubner
Was Frauen und Männer so im Kopf haben
dtv 30524

Nancy M. Tanner
Der Anteil der Frau an der Entstehung des Menschen
Eine neue Theorie zur Evolution
dtv 30591

Rudolf Treumann
Die Elemente
Feuer, Erde, Luft und Wasser in Mythos und Wissenschaft
dtv 30583

Frederic Vester
Denken, Lernen, Vergessen
Was geht in unserem Kopf vor?
dtv 30395

Frederic Vester
Neuland des Denkens
Vom technokratischen zum kybernetischen Zeitalter
dtv 33001

Kurt Weis
Was ist Zeit?
Zeit und Verantwortung in Wissenschaft, Technik und Religion
dtv 30525

Berthold Wiedersich
Das Wetter
Entstehung, Entwicklung, Vorhersage
dtv 30552

Fred Alan Wolf
Die Physik der Träume
Von den Traumpfaden der Aborigines bis ins Herz der Materie
dtv 33005

358 Zeitalter der Nationalstaaten / Balkan (1871–1908)
ÖSTERREICH-
UNGARN
RUSSLAND
Wien
Budapest
Galizien
Tarnopol
Dnjestr
Bessarabien
Pruth
Jassy
Moldau
Theiß
Donau
Siebenbürgen
Drau
Agram
Kroatien
Banat
Sawe
Walachei
1881
RUMÄNIEN
Bukarest
Bosnien-
Sarajewo
Herzegowina
österr. bes.
Belgrad
SERBIEN
1882
Plewna
BULGARIEN
1908
Sofia
Ostrumelien
Stara Zagora
MONTE-
NEGRO
Ragusa
Antivari
Dalmatien
Üsküb
Wardar
Rumelien
Adrianopel
Konstantinopel
San Stefano
Albanien
Makedonien
OSMANISCHES REICH
Saloniki
Tarent
Epirus
Thessalien
1881
Anatolien
Smyrna
GRIECHENLAND
Athen
Ionische Inseln
1863 gr.
osmanische Reichsgrenze 1830
Neue Staaten in Flächenfarbe
Erwerbungen
anti-türkische Aufstände 1875/76
russischer Vormarsch
österreichische Militärgrenze
Die politische Neuordnung des Balkans durch den Berliner K

dtv-Atlas
zur Welt-
geschichte
Karten und
chronologischer Abriss
Von der Französischen Revolution
bis zur Gegenwart
Band 2

Richard Ofshe, Ethan Watters

Die mißbrauchte Erinnerung

Von einer Therapie, die Väter
zu Tätern macht

Aus dem Amerikanischen
von Matthias Reiss und Birgit Brandau
498 Seiten, dtv 30556

»Lesen Sie dieses Buch, und Sie werden begreifen, wie gefährlich die Situation tatsächlich ist.«
Carol Tavris

Was hat es zu bedeuten, wenn sich Erwachsene plötzlich wieder daran erinnern, als Kinder sexuell mißbraucht worden zu sein?

Eine Therapie ist ins Gerede gekommen, die »Recovered Memory Therapy«, zu deutsch »Therapie zur Aufdeckung von Erinnerungen«: Mittels Hypnose wird den Klienten die verdrängte Erinnerung an einen Mißbrauch in der Kindheit zurückgegeben, um sie auf diese Weise von organisch nicht zu erklärenden Krankheitssymptomen zu befreien. Ist diese Therapie ein »Mißbrauch mit dem Mißbrauch«?

Der Pulitzer-Preisträger Richard Ofshe und der Journalist Ethan Watters weisen nach, wie das Trauma des Mißbrauchs und die Erinnerung daran häufig erst suggeriert werden, und sie machen deutlich, welche fatalen Auswirkungen vorschnelle Mißbrauchsdiagnosen auf unsere Gesellschaft haben.

»Ein Buch auch und fast vor allem gegen den Totalitarismus.«
Gerhard Mauz, ›Spiegel‹-Journalist

C.G. Jung – Taschenbuchausgabe

Herausgegeben von Lorenz Jung auf der Grundlage
der Ausgabe 'Gesammelte Werke' dtv 59016
Auch einzeln erhältlich

Die Beziehungen zwischen dem Ich und dem Unbewußten
dtv 35120
Ein Überblick über die Grundlagen der Analytischen Psychologie

Antwort auf Hiob
dtv 35121
In diesem Spätwerk wirft Jung Grundfragen der religiösen Befindlichkeit des Menschen auf.

Typologie
dtv 35122
Die vier "Funktionen" der Jungschen Typenlehre – Denken, Fühlen, Empfinden und Intuition – werden hier dem extravertierten und dem introvertierten Typus zugeordnet.

Traum und Traumdeutung
dtv 35123

Synchronizität, Akausalität und Okkultismus
dtv 35124
Jungs Beschäftigung mit dem Okkulten, auf der Suche nach den Tiefendimensionen des Unbewußten

Archetypen
dtv 35125

Wirklichkeit der Seele
dtv 35126
Eine Aufsatzsammlung zu Themenbereichen, die von der Analytischen Psychologie beeinflußt werden

Psychologie und Religion
dtv 35127
C.G. Jung beschreibt Religion als eine der ursprünglichsten Äußerungen der Seele gegenüber dem Göttlichen.

Psychologie der Übertragung
dtv 35128
Die Übertragung, einer der Zentralbegriffe der Analytischen Psychologie, wird hier umfassend erklärt.

Seelenprobleme der Gegenwart
dtv 35129
In dieser Aufsatzsammlung stellt Jung die Grundfragen der modernen praktischen Psychologie dar.

Wandlungen und Symbole der Libido
dtv 35130
Das zentrale Werk, mit dem sich C.G. Jung von Sigmund Freud löste

Erich Fromm im dtv

»Vielleicht zählt er für künftige Interpreten dereinst zu den Wortführern jener Kraft, die durch ihre mutigen Ideen dazu beitragen können, daß wir toleranter und hilfsbereiter, bedürfnisloser und friedfertiger werden.«

Ivo Frenzel

Arbeiter und Angestellte am Vorabend des Dritten Reiches
dtv 4409

Die Kunst des Liebens
dtv edition 12262

Die Revolution der Hoffnung
dtv 15035

Haben oder Sein
Die seelischen Grundlagen einer neuen Gesellschaft
dtv 30048

Die Seele des Menschen
dtv 35005

Das Christusdogma und andere Essays
Die wichtigsten religionskritischen Schriften
dtv 35007

Psychoanalyse und Ethik
Bausteine zu einer humanistischen Charakterologie
dtv 35011

Über den Ungehorsam
dtv 35012

Die Furcht vor der Freiheit
dtv 35024

Wege aus einer kranken Gesellschaft
Eine sozialpsychologische Untersuchung
dtv 35032

Psychoanalyse und Religion
dtv 35033

Über die Liebe zum Leben
Rundfunksendungen von Erich Fromm
dtv 35036

Es geht um den Menschen
Tatsachen und Fiktionen in der Politik
dtv 35057

Liebe, Sexualität und Matriarchat
Beiträge zur Geschlechterfrage · dtv 35071

Sigmund Freud
Seine Persönlichkeit und seine Wirkung
dtv 35096